PHILIPPVS II. D.G. HISPANIARVM ET INDIARVM REX CATOLICVS ARCH. AVST.

Philip II

World Without End

无止境的世界

The Global Empire of Philip II

腓力二世的西班牙
和历史上第一个
“日不落帝国”

Hugh Thomas

[英] 休·托马斯——著　陈丽——译

上海教育出版社
SHANGHAI EDUCATIONAL
PUBLISHING HOUSE

图书在版编目(CIP)数据

无止境的世界：腓力二世的西班牙和历史上第一个
“日不落帝国”/(英)休·托马斯著；陈丽译.－
上海：上海教育出版社，
2020.5
(西班牙黄金帝国三部曲)
ISBN 978-7-5444-9901-9

Ⅰ.①无… Ⅱ.①休… ②陈… Ⅲ.①西班牙－历史
Ⅳ.①K551

中国版本图书馆CIP数据核字(2020)第053680号

审图号：GS(2019)3910号
上海市版权局著作权合同登记字号
图字：09-2019-654号

责任编辑 林凡凡
封面设计 唐 旭 谢 丽

无止境的世界：腓力二世的西班牙和历史上第一个“日不落帝国”
Wuzhijing de Shijie: Feili Er Shi de Xibanya he Lishishang Di-yi Ge Ribuluo Diguo
[英]休·托马斯 著 陈 丽 译

出版发行	上海教育出版社有限公司
官 网	www.seph.com.cn
地 址	上海永福路123号
邮 编	200031
印 刷	上海盛通时代印刷有限公司
开 本	890×1240 1/32 印张16.25
插 页	12
字 数	377千字
版 次	2020年5月第1版
印 次	2020年5月第1次印刷
书 号	ISBN 978-7-5444-9901-9/K·0068
定 价	118.00元

如发现质量问题，读者可向本社调换 电话：021-64377165

在此，我不免又要对西班牙人的超凡耐心称赞一番了。西班牙人在发现美洲的过程中遭受了众多灾难和不幸，很少有国家像它这样饱经风霜、屡经磨难。尽管如此，西班牙人仍坚持追求“伟业”，锲而不舍，不屈不挠，终于为自己的王国开疆拓土，而往日遭遇的危险和不幸也就此埋葬。他们经历过暴风雨，遭遇过海难、饥荒，经历过原住民的反抗和暴动，忍受过酷暑严冬，挨过瘟疫和其他大大小小的疾病，还忍耐过极度贫困、饱尝物资的极度匮乏，他们的每一项伟大发现都要经历这些挫折。如今，西班牙人驰骋海上、寻找新世界的历史已然远去。诚然，不止一位西班牙人曾为寻找黄金之国付出心血、钱帛，甚至牺牲性命也在所不惜，然而，他们在动身之时并不知道自己能否寻找到传说中的黄金之国。尽管如此，他们之后的第三位、第四位，甚至第五位探险家仍然不会因此泄气。毋庸置疑，他们理应得到那些宝藏，理应抵达人间天堂，理应拥有这一切。如果他们不具备耐心这个美好品质，这一切就不可能被发现。

……

自罗马帝国覆灭后（神圣罗马帝国可以忽略不计，它既不神圣伟大，也不够长久），东方除了奥斯曼帝国之外就没有令人震慑的帝国了；除了西班牙人，西方再没有任何一个国家的君主能将他的羽翼伸展到其他国家。自从斐迪南二世将摩尔人驱逐出格拉纳达之后，西班牙人就一直在努力成为全欧的霸主。

《世界史》，沃尔特·雷利爵士

目录

引言

本书是我完成的西班牙帝国发现、统治美洲的三部曲之第三部，前两部分别是 2003 年创作的《黄金之河》，以及 2010 年创作的《黄金时代》。本书回溯了西班牙 1598 年之前的历史，截止到长期统治西班牙的腓力二世国王逝世之时。腓力二世时期，西班牙的行政长官、殖民者、神职人员以及其他官员都在尽力管理着这个庞大的政治帝国，而不是继续开疆拓土。此后，西班牙帝国的统治又持续了 200 多年，在古巴、波多黎各、菲律宾群岛等地，西班牙的统治长达 300 年之久。但到 1598 年时，西班牙帝国的很多人都从征服者转变成了帝国的守成者。

本书部分章节描写了被征服者的生活，还谈及西班牙征服新地的冒险经历，有些章节如第十一章同时涵盖了这两方面。本书还谈到了西班牙为管理新的帝国领土，在国内进行的一系列准备与安排。

正如欧文·伦纳德（Irving Leonard）多年前在他的大作《勇士传奇》（*Books of the Brave*，1949 年首次出版[1]）中所言，传奇故事对西班牙的殖民探险活动起了一定的作用。众多西班牙人就是受骑士小说的启发才远走他乡寻求财富的。记录麦哲伦环球航行的意大利人安东尼奥·皮加费塔（Antonio Pigafetta）曾说："1509 年我在西班牙遇到的那些人、读过的那些书都告诉我，重洋彼岸会有奇迹，所以我决心去亲身见证这些奇迹。"[2] 三部曲之第二部《黄金时代》，引用了德意志人菲利普·冯·胡滕（Philipp von Hutten）的话说明这一现象："找不到印度群岛，我是死也不会瞑目的。"[3] 卡斯蒂利亚市梅迪纳–德尔坎波镇（Medina del Campo）的贝尔纳尔·迪亚斯·德尔·卡斯蒂略（Bernal Diaz del Castillo）曾在《征服新西班牙信史》一书中写道，当他远远看到墨西哥的特诺奇蒂特兰城时，想起了名著《阿马迪斯·德·高拉》（*Amadis de Gaula*）[4] 里的一段描述。这似乎有点儿奇怪，因为我在《阿马迪斯·德·高拉》中并没有找到关于大城市的描写。不过迪亚斯坚持这么说也是有原因的，他本人肯定认识《阿马迪斯·德·高拉》的作者或者改编者加尔西·罗德里格斯·德·蒙塔尔沃（Garci Rodríguez de Montalvo），他们俩是同乡，两家离得不远。蒙塔尔沃在梅迪纳–德尔坎波镇担任市政议员，与迪亚斯的父亲是同事。

同蒙塔尔沃的《阿马迪斯·德·高拉》一样，迪亚斯的编年史也体现了那个时代的特征，在此之前的 100 多年里不可能出现类似的作品。16 世纪的欧洲出现了一项影响后世的重大技术革新，后来的历史由此延展开来。这项重大技术革新就是谷登堡发明的印刷机，使得文本和图片的大范围传播成为可能。阅读不再是少数精英阶层享有的特权，也不再是那些有钱购买手抄副本的人享有的特权，但凡受过教育的人都可以阅读印刷出来的小册子和书本。印刷机对普及阅读的影响可以同 20 世纪收音机对普及音乐欣赏所起的作用相提并论。随着《白骑士蒂朗》（*Tirant lo Blanch*，又称《战国英雄》）和《阿马迪斯·德·高拉》的出版，西班牙步入了一个新时代。《白骑士蒂朗》由骑士霍安诺特·马托雷利（Joanot Martorell）与玛蒂·霍安·德·迦路巴（Marti Joan de Galba）合创，于1490年在巴伦西亚印刷出版；《阿马迪斯·德·高拉》的首版清晰印刷本于1508年在萨拉戈萨出版。这些作品的印刷出版让“广大民众开始意识到读书也是一种消遣”。[5] 在这个全新的世界里，人们把骑士小说当成现代旅游指南来读，如同《艾斯普兰迪安历险记》（*Sergas de Esplandian*）一书所言，越过下一处海岬，前方肯定就是亚马孙了。

这些骑士小说多方面影响了那个时代的人。意大利佩斯卡拉侯爵、米开朗琪罗的挚交维多利亚·科隆纳（Vittoria Colonna）之夫费尔南多·德·阿瓦洛斯（Fernando de Avalos）年轻时读过很多骑士小说，后来亲自踏上了探险的征程。[6] 耶稣会奠基人罗耀拉的圣依纳爵（Saint Ignatius Loyola）曾在围攻潘普洛纳时不幸腿部骨折，为打发无聊的养伤时日，他慢慢养成了阅读“英雄小说”的习惯。[7] 阿维拉的圣特雷萨（Saint Teresa of Ávila）也描述过她是如何养成阅读骑士小说的习惯的：“当时花那么多日日夜夜来读这些传奇故事似乎也没什么错，不过我还是得瞒着父亲偷偷读。我深深迷上了这些书，得不到新书的时候就会变得郁郁寡欢。”[8] 阅读传奇小说无疑对圣特雷萨的人生产生了影响，对她写作《灵魂的城堡》（*The Castle of the Soul*）也有一定影响。欧文·伦纳德还说，他记得有一位司铎熟知阿马迪斯和其他骑士英雄的事迹，那位司铎还坚信这些故事是真实的，就因他目睹了这些书籍的印刷过程。[9]

征服美洲在某种意义上属于最后的“十字军东征”。与在早期基督教冒险中发挥的作用类似，天主教会在征服美洲期间也发挥了非常显著的作用。在西班牙帝国四处征伐的岁月里，我们可以看到方济各会、多明我会、奥古斯丁修会及耶稣会的身影。基督教就是西班牙帝国手里的一面意识形态大旗，它是帝国扩张的目的，是帝国扩张的借口，也是帝国必不可少的戒律。

在此，要向为我提供帮助的以下友人致谢：企鹅出版社的斯图尔特·普罗菲特及其继任者苏姗·瓦茜蒂和唐纳德·福特斯，威利公司的安德鲁·威利、莎拉·查尔方特、詹姆斯·普伦等。在第三卷的写作中，斯图尔特·普罗菲特给了我很多帮助，用哥伦布喜爱的话说，简直就是“如同奇迹”。斯图尔特为人一丝不苟，富有想象力，博学多识，睿智风趣。

我还要感谢巴塞罗那普拉内塔（Planeta）图书中心的安娜·巴斯特洛、卡门·巴尔塞勒斯通讯社（Agencia Carmen Balcells）的格洛丽亚·古铁雷斯、卡门·巴尔塞勒斯、我出色的法文译者吉约姆·维伦纽夫，法国拉封出版集团（Robert Laffont）的艾格尼·赫斯和简·路易斯·巴赫。还要感谢以下曾与我共事或为我提供咨询帮助的人：约翰·海明夫妇、约翰·埃利奥特爵士、来自墨西哥的达米安和帕洛马·弗雷泽、已故的卡洛斯·富恩特斯、来自里约热内卢的马蒂亚斯·马丁内斯、恩里克·克鲁兹、美国国会议员夸西·科沃腾博士、恩里克塔·维拉·维拉尔教授、朱恩·吉尔博士、康淑爱罗·瓦雷拉教授、塞戈尔韦公爵夫妇、来自奥尔良的杰拉尔达、萨尔巴蒂拉侯爵拉斐尔·阿蒂恩萨、塔马龙侯爵、卡斯特里利翁侯爵及西班牙皇家历史学院（Royal Academy of History）院长堂贡萨洛·阿内斯、位于塞维利亚的西印度总档案馆（Archivo de Indias）馆长维森特·里奥先生、梅迪纳－德尔坎波镇展销博物馆（Museo de las Ferias）馆长安东尼奥 · 桑切斯先生，以及巴利亚多利德议员米格尔 · 安格尔 · 科尔特斯先生。

我的助手特雷莎 · 贝拉斯科、塞西莉亚 · 克拉曼特及卡洛塔 · 里贝罗 · 桑切斯先后为本书付出良多，我对此永远心怀感激。另外，和前两本书一样，特雷莎 · 阿尔苏加雷帮我整理了本书手稿。

此外，我还要提一下让我深受启发，或者说对我的写作大有裨益的几本书：《西班牙传记词典》（见本书参考文献 *DBE*）中有关图书印刷的精彩章节让我获益匪浅，《西属美洲和大洋洲机构组织未刊档案集》（马德里，1864—1884 年，共 42 卷，见本书参考文献 *CDI*）也让我获益颇丰。此外，还有马塞尔 · 巴塔永的《西班牙人伊拉斯谟》、曼努埃尔 · 奥列的《中国伟业》（*La empresa de China*）、曼努埃尔 · 费尔南德斯 · 阿尔瓦雷斯的《腓力二世和他的时代》（*Felipe II y su tiempo*）、约翰 · 埃利奥特爵士的《西班牙帝国》（*Imperial Spain*）、詹姆斯 · 洛克哈特的《卡哈马卡人》（*The Men of Cajamarca*）、《西班牙的秘鲁》（*Spanish Peru*）、尼古拉斯 · 戚浩霖爵士的《新西班牙》（*New Spain*）、欧文 · 伦纳德的《勇士传奇》、杰弗里 · 帕克（Geoffrey Parker）的《腓力二世》（*Philip II*）、费尔南 · 布罗代尔的《地中海与菲利普二世时代的地中海世界》、曼努埃尔 · 希门尼斯 · 费尔南德斯的《巴托洛梅 · 德 · 拉斯 · 卡萨斯》（*Bartolomé de las Casas*）、约翰 · 亨明（John Henming）的《寻找埃尔多拉多》（*The Search for El Dorado*）、路德维希 · 冯 · 帕斯托尔的《罗马教廷史》（*History of the Papacy*）及罗伯特 · 里卡德（Robert Ricard）的《对墨西哥的精神征服》（*The Spiritual Conquest of Mexico*），这些书都让我获益匪浅。

我参考了几本非常有影响力的有关腓力二世的传记，其中曼努埃尔·费尔南德斯·阿尔瓦雷斯的《腓力二世和他的时代》（马德里，1998年）以及杰弗里·帕克的《腓力二世》（波士顿，1978年）给了我很大启发；另外，亨利·卡门为腓力二世所作的传记也颇有影响，同样给予我不少启发。这些书对本书的写作具有重要意义。多年以前，我曾有幸在罗马遇到瑞斯忒斯·费拉拉，如今他已故去；20世纪40年代，他被古巴政府流放，流放期间他为腓力二世非凡的人生作了传记，即《腓力二世》（巴黎，1961年）。小说《阿马迪斯·德·高拉》（1508年）和《白骑士蒂朗》（1490年）也赋予我很多灵感，用西班牙人的话说，这种灵感一触即发（sobre la marcha）。

我要特别感谢妻子温妮莎，感谢她为我写作本书提供的帮助，感谢她不厌其烦地阅读、修改书稿。我也要感谢我的孩子伊尼戈、伊萨姆巴德、伊莎贝拉，感谢他们的支持。最后，我还要向我的女婿乔治斯博士及孙子亚历山大·维罗扎基斯致谢。

序言

巴黎之行

> 虽然国王素来擅长比武，但王后告诉国王这之中必有阴谋，力谏他结束比武，请求国王重新回到自己身边。
>
> ——拉斐特夫人，《克莱芙王妃》（王后凯瑟琳·德·美第奇在劝谏亨利二世结束比武）

1559年，法国同西班牙–神圣罗马帝国联盟缔结了一份条约，这预示着我们开始以现代世界的思维方式来思考问题了。条约缔结前夕，西班牙–神圣罗马帝国联盟出兵法国东北部，在1557年的圣康坦（Saint Quentin）战役和1558年的格拉沃利讷（Gravelines）战役中取得胜利。法国财力耗尽，被迫休战。虽然西班牙依靠其古老而强大的盟友神圣罗马帝国即德意志的支持取得了胜利，但这两场战役依然称得上是一个民族国家（西班牙）战胜另一个民族国家（法国）的战役。

1558年，双方就条约内容在法国北部塞尔康（Cercamp）一座12世纪的修道院中进行协商，后来又在康布雷镇（Cambrai）协商讨论，最后在卡托–康布雷齐镇（Le Cateau-Cambrésis）签订条约。

长期以来，这三个地方都归说佛兰芒语的埃诺地区 (Hainault) 管辖，也属于勃艮第公爵的世袭领地。康布雷盛产“细亚麻布”，因这种优质织物闻名，1530 年著名的“女士们的和平”（Paxis des Dames）就在此达成。这似乎是一个好的开始。

1558 年，即将签署和约的欧洲各大国政要齐聚康布雷镇。来自西班牙的政要有第三代阿尔瓦公爵（Duke of Alba），他是西班牙名将、宫廷重臣、外交大臣。1547 年查理五世在位时，阿尔瓦领军在米尔贝格（Mühlberg）战役中获胜；为隆重纪念这场胜利，意大利画家提香（Titian）创作了一幅阿尔瓦戎装策马的肖像画。参加和谈的还有腓力二世的重臣鲁伊 · 戈麦斯（Ruy Gómez)，曾随腓力的母亲伊莎贝拉王后一道从葡萄牙来到了西班牙。鲁伊前不久被赐予那不勒斯人的头衔即“埃沃利亲王”（Prince of Éboli）。

参加和谈的西班牙代表团成员来自多个国家和地区，其中著名的领导人物还有：阿拉斯主教（Bishop of Arras），即后来的格兰维尔枢机主教（Cardinal Granvelle）；学识渊博的律师维吉利斯 · 凡 · 亚塔（Virgilius van Aytta），曾担任尼德兰枢密院委员长；奥兰治亲王（Prince of Orange）威廉，他是一位富有的尼德兰贵族，当时正和一位名叫伊瓦 · 安利科丝（Eva Elincx）的佛兰德斯女孩传绯闻，崇尚简朴的阿尔瓦因此认为威廉是一位名无能的傀儡王。另一位代表西班牙帝国参加和谈的是埃格蒙特伯爵（Count Egmont），他也是一位杰出的领导人物，出身于埃诺省的名门望族，该家族在 15 世纪勃艮第自治的黄金年代里发挥过重要作用。埃格蒙特伯爵娶了莱茵普法尔茨选侯的妹妹，曾在 1541 年随同神圣罗马帝国皇帝查理五世远征阿尔及尔。1546 年起，埃格蒙特被册封为“金羊毛”骑士，他性情温和、富有魅力、为人随和、英勇无畏，是一名出色的骑兵指挥官，但他也鲁莽轻率，恣意放纵。埃格蒙特指挥过德意志——准确地说是勃艮第——的骑兵，即“黑衫骑士”（Schwartzreitern），西班牙凭借这支队伍在圣康坦战役和格拉沃利讷战役中大获全胜。

法国参加和谈的代表主要有热爱和平的法国陆军统帅蒙莫朗西公爵（Duke of Montmorency）安尼（Anne）[1]，他身后有睿智尚武的洛林枢机主教（Cardinal of Lorraine）的支持。洛林枢机主教是吉斯公爵（Duke of Guise）的弟弟，吉斯公爵能征善战，他于1588年从英军手中夺回了加来。这些法国显贵都得到了当时的宫廷重臣、文人业士让·德·莫尔维利耶尔（Jean de Morvilliers）和塞巴斯蒂安·德·奥贝潘（Sébastien de L'Aubespine）的支持（当时奥贝潘即将出任法国驻低地国家大使）。[2]

说到蒙莫朗西公爵，威尼斯大使马丁·德·卡瓦利（Martín de Cavalli）曾在信中向威尼斯总督这样描述他：“如果和平最终实现了，那陆军统帅蒙莫朗西公爵就是法国的头号功臣；但如果继续征战，那他就是一名囚徒，没有任何功劳可言。”[3]至于他们所效劳的宫廷内部正在上演什么戏码，威尼斯大使总是能给出最准确的判断。

参加和谈的代表团汇集了欧洲的风云人物。阿尔瓦公爵和蒙莫朗西公爵强强联合，前者是腓力二世最信赖、敬畏的权臣，后者则是当时赫赫有名的谈判家。[4]

这次和谈以1559年4月2日至3日和约的签订而告终，包括意大利大部分地区在内的很多领土和边界就此前途未卜，面临被重新瓜分的危险，还有一些边防要塞也落入争夺范围，包括塔拉莫纳

（Talamona）、奥尔贝特洛（Orbetello）、埃尔科莱港（Porto Ercole）和圣斯特凡诺（Santo Stefano）。当时圣斯特凡诺被西班牙占领，西班牙可以借此阻断热那亚（Genoa）和那不勒斯（Naples）之间的贸易往来。[5]此外，和谈还涉及联姻与王位继承问题。英格兰新任女王伊丽莎白是否要嫁给姐姐玛丽女王的鳏夫？法国亨利二世年轻貌美的女儿伊丽莎白·德·瓦卢瓦（Elizebeth de Valois）又该嫁给谁？她是否会嫁给西班牙王储唐·卡洛斯（Don Carlos）？还是她更青睐唐·卡洛斯的父亲腓力二世？对此，阿尔瓦公爵曾从凯努瓦（Le Quesnoy，位于康布雷和巴黎之间的要塞小镇）寄信过来，说因为国王只有一个儿子，所以他应当续弦。[6]在和谈中，双方对加来的处理方式也很滑稽：假如英格兰的伊丽莎白女王要成婚，且婚后育有子嗣，如果其子娶了法国王储的女儿或是法国王太子的女儿，那加来就归伊丽莎白的儿子；但假如伊丽莎白觉得这个方案不妥，可以在8年之内收回加来，但要将50万克朗存入威尼斯银行做担保。[7]

意大利接受了这个几百年之后被司汤达（Stendhal）称为“西班牙暴政”[8]的和约，当时意大利和西班牙都需要抵御土耳其人的进攻，也垂涎着美洲的白银。[9]法国也从和约中捞到了好处，继续保有意大利的一些要塞据点——占有皮埃蒙特区（Piedmont）的5个要塞，包括都灵（Turin）、皮内罗洛（Pinerolo）、萨维尼亚诺（Savignano）及萨卢佐（Saluzzo）地区的侯爵领地。但与科西嘉岛（Corsica）和锡耶纳（Siena）相比，这几个地方都不值一提，科西嘉岛和锡耶纳被置于热那亚总督和托斯卡纳大公（Grand Duke of Tuscany）的管辖之下，而这二人实际上都效忠于西班牙。

阿尔瓦、戈麦斯、奥兰治亲王及埃格蒙特伯爵从康布雷出发前往法国首都巴黎，此前他们在布鲁塞尔出席了“金羊毛”骑士团分会会议。“金羊毛”骑士团是15世纪由“好人”腓力（Philip the Good）在勃艮第成立的，继任君主都把该骑士团视为最高等级的骑士团。阿尔瓦公爵此次前去巴黎其实肩负着全新的使命：代表腓力二世同法国公主伊丽莎白成婚。

婚礼于6月22日在巴黎圣母院西边的大天台上举行。这场婚礼标志着战争已结束。婚礼当天，阿尔瓦一袭盛装，头戴西班牙王冠，新王后伊丽莎白也盛装出席，满身珠光宝气。典礼之后，阿尔瓦公爵给伊丽莎白献上装满各类奇珍异宝的珠宝盒，宝盒上刻着腓力二世的浮雕像。[10] 随后阿尔瓦公爵走进伊丽莎白的卧室，用身体一侧轻轻地碰了一下床边，之后便离开了。因为与腓力联姻，这位王后便被称为“和平王后”。之后法国又举行了一场婚礼，这次是亨利二世的妹妹玛格丽特（Marguerite）与萨伏依公爵（Duke of Savoy）埃马纽埃尔·菲利贝尔（Emmanuel Philibert）成婚。与腓力二世不同，菲利贝尔亲自出席了婚礼，他是第一个成为欧洲政要的萨伏依人。

婚礼结束后举办了比武大赛，还在尚蒂伊（Chantilly）举办了狩猎大赛。在狩猎大赛中，国王亨利告诉尼德兰的奥兰治亲王，说阿尔瓦公爵想利用西法联军清除宗教异端，第一步先从“重灾区尼德兰”开始。亨利国王显然选错了倾吐对象，奥兰治亲王表面上装作若无其事，一言不发，实则惊恐万分，心里倒吸一口冷气。[11]

当时还在著名的圣安东尼大道（Rue Saint-Antoine）安排了一场特别的马上比武大会。从罗浮宫沿着大道可以直抵巴士底狱，过去常常有王公贵族转眼之间就从国王的宠臣沦为了阶下囚。亨利二世擅长骑马用长矛比武[12]，为了留着举办比武盛会，一直都没有铺砌这条大道。比武那天，圣安东尼大道附近的阳台上、雕像周围挤满了围观的西班牙人、法国人、萨伏依人，罗浮宫和巴士底狱之间的廊柱上摆放着象征和平的雕塑。

为期两天的比武大会举办得非常成功。6月30日这天，国王身穿黑白相间的战袍上场，这是他至爱的情妇迪亚娜·德·普瓦捷（Diane de Poitiers）钟爱的颜色。他骑着一匹名叫“不幸”（Malheureux）的战马，在头几场比武中大获全胜。迪亚娜也在现场为国王喝彩加油，尽管亨利身穿她的情敌最钟爱的衣服，王后凯瑟琳·德·美第奇（Catherine de'Medici）还是出席了比赛，当时天气炎热，凯瑟琳请求亨利结束比武，但亨利坚持要按照规则比完3场。一开始他成功击败了萨伏依公爵和吉斯公爵，但接下来挑战他的是一名年轻的胡格诺（Huguenot）教徒，即洛尔热伯爵（Count of Lorges）加布里埃尔·德·蒙哥马利（Gabriel de Montgomery），时任国王在苏格兰的卫队首领。[13]头一个回合下来，二人都没有受伤，也许比武就应该到此为止。但亨利拒绝收起长矛，嚷嚷着“我一定要报仇”，因为头一个回合蒙哥马利差点把他挑下战马。亨利再次发起攻势，打斗非常激烈，长矛都折断了，二人从马上摔了下来，之后蒙哥马利重新站了起来，但亨利却昏迷了，原来是一块4英寸（约10厘米）长的矛枪裂片扎进了他的面罩，伤口鲜血直流。蒙哥马利酿下大祸，他乞求国王予以处罚，国王醒来后——似乎是醒过来了——宽恕了他。之后亨利被送至附近的王室宫殿，即布局凌乱的“杜尔纳尔王宫”（Maison Royale des Tournelles）。这座宫殿有很多小型塔楼，由法国大法官皮埃尔·德·奥热蒙（Pierre d'Orgemont）

在14世纪末主持修建。当时为国王亨利疗伤的有腓力二世从布鲁塞尔派来的比利时著名外科医生安布鲁瓦兹·巴雷（Ambroise Paré），还有当时赫赫有名的安德烈·贝萨留斯（André Vesalius）医生，他是卡洛斯国王和其子腓力二世的御用医生。[14] 出面为国王疗伤的这两名医生医术精湛，两个敌对的君主通过他们联系在了一起，这的确说明当时的欧洲硝烟不再。尽管有名医的悉心治疗，10天后，即7月10日，国王亨利还是去世了[15]，时年41岁，正值盛年，留下4名幼子，他们谁也无力统治一个王国。

因此，亨利那悲痛欲绝的遗孀凯瑟琳·德·美第奇便掌握了法国的实权。凯瑟琳聪明伶俐，是佛罗伦萨"伟大的洛伦佐"（Lorenzo the Magnificent）的曾孙女，统治法国长达30年。摄政之后，凯瑟琳做的第一件事就是拆除国王亨利临终前居住的杜尔纳尔王宫[16]，自己搬去了罗浮宫，之后一直住在那里。在杜尔纳尔王宫的原址上，先是建起了马匹交易市场，后来——从1612年4月起——建起了王室广场（Place Royale），即如今著名的孚日广场（Place des Vosges）。维克多·雨果曾在这个广场居住，他说世界上之所以有这么一个迷人的广场，多亏了当年蒙哥马利的那支长矛。[17]

亨利逝世后的次日，阿尔瓦公爵写信告诉了腓力二世这个噩耗。[18] 虽然法西之间有过征战，但亨利生前十分仰慕腓力二世，还曾告诫臣下也要对腓力二世心怀敬意。前面说到亨利的女儿伊丽莎白嫁给了腓力二世，西班牙人将其称为"和平王后"，这段联姻对法国来说稳赚不赔，本来腓力二世曾提议要同另一位伊丽莎白，即新任英格兰女王联姻（1558年10月，这项提议被驳回），[19] 但西法联姻排除了这一可能。

“法国人字里行间都透露着对陛下您的恭敬，”一个月前阿尔瓦如是写道，“国王身边的人也是如此，三句话里有两句说的都是法国国王（亨利）对陛下您的热爱和友好，说陛下将来还能襄助法国。他们也十分渴望能为陛下效劳，希望以此减少法王亨利因决策失误造成的损失。”[20]

1559 年 8 月，腓力二世从布鲁塞尔返回了西班牙。[21] 腓力二世在其漫长的一生中几乎都生活在西班牙，只在 16 世纪 80 年代继承葡萄牙王位，把葡萄牙纳入帝国版图后，在里斯本生活了两年。在西班牙，腓力二世主要居住在他主建的埃斯科里亚尔（El Escorial）王室宫殿（直到 1571 年，腓力二世才算彻底搬到了这里居住）。埃斯科里亚尔建筑群地处瓜达拉马深山之中，是为纪念 1558 年战胜法国而营造的。自此之后，腓力二世的一言一行都显露出他已把自己视为了“欧洲宪兵”。[22]

腓力二世之所以能扮演“宪兵”的角色，是因为身后有一支五六万人的庞大军队作支撑[23]，此时的腓力二世已经是“美洲宪兵”了。威尼斯大使安东尼奥·蒂耶波洛（Antonio Tiepolo）认为腓力二世当时已是“世界的主宰”。[24]1560 年时，腓力二世的确在全世界独掌霸权。

第一卷

旧西班牙

第一章

开明专制君主腓力二世

承上帝洪恩，腓力二世贵为卡斯蒂利亚国王、莱昂国王、阿拉贡国王、两西西里国王、耶路撒冷国王、纳瓦拉国王、格拉纳达国王、托莱多国王、巴伦西亚国王、加利西亚国王、马略卡岛国王、塞维利亚国王、撒丁岛国王、科尔多瓦国王、穆尔西亚国王、哈恩国王、葡萄牙国王、阿尔赫西拉斯国王、直布罗陀国王、加那利群岛国王、西印度群岛国王及澳洲大陆国王，贵为奥地利大公、勃艮第公爵、布拉班特公爵、米兰公爵、巴塞罗那伯爵、佛兰德斯伯爵、蒂罗尔伯爵、比斯开领主、莫利纳领主、雅典公爵、新帕特拉斯公爵、鲁西荣伯爵、塞尔达涅伯爵、奥里斯坦侯爵、戈里齐亚侯爵……

——腓力二世之头衔，1569 年埃尔西利亚在诗作《阿劳坎纳》中的献词

1560 年 1 月，西班牙新王后“和平王后”伊丽莎白·德·瓦卢瓦来到了潘普洛纳，此前不久，国王腓力二世也回到了西班牙，结束了他的北欧属地之行。新王后年仅 14 岁，肤色呈意大利人特有

的小麦色，让人不禁想起她的祖先来自美第奇家族。伊丽莎白生性活泼，颇有魅力，但长得算不上漂亮，至少在那些威尼斯使臣眼里是这样。[1]虽然腓力二世要比伊丽莎白年长近20岁，但两人情投意合。在给母亲凯瑟琳的信中，伊丽莎白对腓力大加称赞。两人的婚礼上举行了各式各样的庆祝活动，如舞会、狩猎、比武和斗牛，等等。1560年，为庆祝狂欢节，这对新人前往托莱多的宫殿共度佳节，还一同游历了阿兰胡埃斯。在阿兰胡埃斯，腓力详细做了重建花园的规划。现在腓力二世已经遗弃了情人欧弗拉希亚·德·古兹曼（Eufrasia de Guzmán），而欧弗拉希亚已经身怀六甲，孩子很可能就是腓力二世的，于是她很快便嫁给了安东尼奥·路易斯·德·莱昂（Antonio Luis de Leon）。莱昂是第三代阿斯科利亲王（Prince of Ascoli），是个举止得体的那不勒斯人。欧弗拉希亚产下了一名女婴，这名女婴后来在西班牙王宫里过着养尊处优的生活。[2]欧弗拉希亚还出资修建了一座女修道院，专供虔诚的奥古斯丁修会成员使用。

西班牙在佛兰德斯接连获胜，这一系列胜利有着诸多意义非凡的影响，其中之一便是为了纪念胜利，国王命建筑师胡安·包蒂斯塔·德·托莱多（Juan Bautista de Toledo）在瓜达拉马山脚下新修一所规模宏大的修道院，供圣哲罗姆隐修会的修士修行。这所修道院为后来修建埃斯科里亚尔建筑群奠定了基础。

我们之前提过（见作者的另一部作品《黄金时代》），包蒂斯塔·德·托莱多曾在意大利学习建筑，最先在罗马工作，后来去了那不勒斯。他此前一直效力于颇有势力的总督佩德罗·德·托莱多（Pedro de Toledo），即比利亚弗兰卡侯爵（Marquis of Villafranca）；佩德罗主要负责巩固西班牙在地中海地区的势力，为美化那不勒斯做了很多工作。[3]包蒂斯塔·德·托莱多是侯爵的得力助手，还曾在梵蒂冈同米开朗琪罗共事。在黄金时代，意大利和西班牙之间的合作就是如此密切。

1560年，腓力时年32岁；他于1527年3月出生在巴利亚多利德一位名叫贝尔纳迪诺·皮门特尔（Bernardino Pimentel）的贵族即贝纳文特伯爵的家中。当时伯爵一家就住在圣巴勃罗多明我会修道院旁边，腓力的父亲卡洛斯等人都把这座修道院当成大教堂来用。“腓力”（西班牙读音为“费利佩”）这个名字是他受洗时取的，名从他那位朝三暮四的祖父“美男子”腓力（Philip the Handsome）。祖父腓力是尼德兰人，在同西班牙女王“疯女”胡安娜（Juana La Loca）成婚后便成了国王腓力一世。当时年轻有为的阿尔瓦公爵在宫中担任卡洛斯一世的顾问，他足智多谋，后来成了腓力的左膀右臂；阿尔瓦公爵想为腓力取名“斐迪南”，名从他成就非凡的曾外祖父天主教徒斐迪南二世（Fernando the Catholic），但腓力并没有因此更名。

腓力的母亲伊莎贝拉是葡萄牙国王“幸运者”曼努埃尔的女儿，生得美丽，是位很有主见、意志坚定的王后。伊莎贝拉同丈夫卡洛斯是表亲，她身边的朋友和廷臣都是葡萄牙人。[4]

然而，腓力在政治事务上的导师则主要是西班牙贵族佩德罗·冈萨雷斯·德·门多萨（Pedro Gonzalez de Mendoza）[5]，他是著名的因凡塔多公爵（Duke of Infantado）之子，因凡塔多有“西班牙贵族始祖”之称，或者至少是位资历很深的老贵族。腓力的另一位政治导师是胡安·德·祖尼加（Juan de Zúñiga），也是一名举足轻重的政治人物。祖尼加热衷狩猎，在他的影响下腓力也迷上了狩猎。祖尼加生于1488年，是米兰伯爵佩德罗·德·祖尼加－贝拉斯科（Pedro de Zúñiga y Velasco）的儿子，也是赫赫有名的埃斯特雷马杜拉家族成员。[6]祖尼加同“伟大征服者”埃尔南·科尔特斯（Hernán Cortés）[7]的第二任妻子胡安娜是嫡表亲。

祖尼加年轻时起便已同生活放荡不羁的腓力一世结为至交，也是他的得力干将。从1506年到1517年，祖尼加一直待在佛兰德斯，当时他在王室担任的职务微不足道。1511年，祖尼加担任王储卡洛斯王子的教宗侍从和贴身侍卫，随后担任卡洛斯王子的司库（chamberlain）。到了1520年，祖尼加已晋升为卡洛斯一世的首席顾问大臣及家庭教师。祖尼加长期深得卡洛斯的信赖：1522年，卡洛斯派遣祖尼加出使葡萄牙，策反当时在葡萄牙避难的反叛首领[8]；祖尼加还曾受命前往里斯本筹划卡洛斯与伊莎贝拉的婚礼。1519年，在巴托洛梅·德·拉斯·卡萨斯（Bartolome de Las Casas）与大主教罗德里格斯·德·丰塞卡（Archbishop Rodriguez de Fonseca）辩论如何对待印第安人的问题时[9]，祖尼加站在了巴托洛梅这边，后来他还同卡洛斯的权臣弗朗西斯科·德·洛斯·科沃斯（Francisco de Los Cobos）结为至交。

尽管卡洛斯与祖尼加彼此信任，但1541年卡洛斯私下里告诉腓力，祖尼加对科沃斯和阿尔瓦公爵心怀嫉妒，与这两人相比他几乎没有可以自由支配的钱财，为此他心怀不满。（卡洛斯认为是祖尼加的妻子和他众多的子女耗尽了他的钱财。）尽管如此，卡洛斯还是认为腓力再也找不到“比唐·胡安（祖尼加）更忠诚的顾问大臣了”[10]。科沃斯曾这样写道：“胡安·祖尼加完全是为一己之私而兢兢业业，我并不是说他和我作对，你们不要认为我这么说是出于偏见。我觉得他是想牢牢掌握大权，不把我们所有人放在眼里……成为国王身边唯一的顾问大臣——他的野心昭若天日。他当初培育王子时对王子的要求可谓严格苛刻，现在却满是甜言蜜语，言谈举止谨小慎微，他就想凭着谄媚达到自己的目的。”[11] 但生性风流而聪明睿智的廷臣恩里克斯 · 德 · 古兹曼（Enríquez de Guzmán）却把祖尼加当成挚友，说他“品行高尚，值得尊敬”[12]。

祖尼加的妻子埃斯特法尼娅 · 德 · 雷克森斯（Estefanía de Requensens）也出身王室顾问之家，是路易斯 · 德 · 雷克森斯（Lluis de Requensens）的女儿。路易斯 · 德 · 雷克森斯曾担任西班牙舰队指挥官，这支舰队曾随“伟大的将军”贡萨洛 · 费尔南德斯 · 德 · 科尔多瓦（Gonzalo Fernandez de Cordoba）在意大利取得大捷；路易斯还是国王在巴塞罗那的代表。埃斯特法尼娅算得上是腓力的养母，腓力一去巴塞罗那，就经常同她待在一起。其子路易斯 · 德 · 雷克森斯从小便是腓力的玩伴，之后也经常陪伴在他左右，16 世纪 50 年代担任了西班牙驻罗马的外交大使，16 世纪 70 年代担任低地国家总督。年轻时，路易斯还曾因他的加泰罗尼亚口音而在宫廷备受嘲讽。他是腓力最忠诚的部下。

1535 年 4 月，腓力将满 8 岁，从此他便住在自己的宫殿，同伊莎贝拉王后分殿而居，在自己的宫殿里接受教育。当时西班牙虽然是卡洛斯一世的主要王国，但他常年在外，并不经常待在西班牙。[13] 卡洛斯在国外经常收到臣下热情洋溢的报告，其中连连称赞腓力的进步。1540 年 3 月，严厉的西利塞奥主教（Bishop Silíceo）胡安 · 马丁内斯 · 德 · 吉哈罗（Juan Martínez de Guijarro）在给卡洛斯的信中写道，腓力的“拉丁语说得越来越好，并且在课堂上他只说拉丁语”[14]。其实，腓力并没有讲多少拉丁语，至多比他父亲讲的多一点儿而已。哈布斯堡家族的人都钟爱音乐，腓力把更多的精力放在了音乐上，放在了学习流行歌曲及摩尔舞、法国舞上。格拉纳达的路易斯·纳尔瓦埃斯（Luis Narváez）[15]是腓力的音乐老师，他教腓力学习弹奏“比尤埃拉琴”，这种乐器类似吉他，但体积较大，制作简陋。[16]同腓力一起的王室公主们都很热爱舞蹈，她们教会了腓力学跳很多舞。起码到1540年时，狩猎已经是“腓力最喜欢做的事了”，漫步乡间时，腓力可以自由地思考，可以规划宏图伟业，也可以感受恐惧，勾勒梦想。（这也是西利塞奥主教的看法。）

我们不知道腓力是否真的会玩乐器或是唱歌，但他的确很有音乐品位，还兴致勃勃地收藏了一大批乐器，包括10架击弦古钢琴，13把比尤埃拉琴和16支风笛。[17]他还命人制作了219本圣歌集，供王室唱诗班歌手使用，人手一本。腓力不喜欢意大利著名作曲家帕莱斯特里纳（Palestrina）作的曲子，他更喜欢比较传统的单旋律圣歌。不过，帕莱斯特里纳却创作出《马塞勒斯教皇弥撒》（*Liber Secundus Missarum*）献给了腓力[18]，并在1567年发表。当时西班牙王室大约拥有150名音乐家——远远超过了法国、英国甚至是梵蒂冈的王室音乐家数量。

西利塞奥主教身形枯瘦，敌视犹太裔西班牙人，但没过多久便被任命为卡塔赫纳主教，原因是卡洛斯一世居然认为“西利塞奥过于迁就你（腓力）”，因而调走了西利塞奥主教，这简直令人不可思议。胡安·克里斯托瓦尔·卡尔维特·德·埃斯特雷利亚（Juan Cristóbal Calvete de Estrella）接替西利塞奥教授腓力拉丁文；拉斯·卡萨斯的劲敌，即当时的辩论家希内斯·德·塞普尔韦达

（Ginés de Sepúlveda）* 则负责教授腓力历史和地理——在那些心怀成见的人看来，腓力的老师风格各异，这十分危险。卡尔维特虽仅比腓力年长 4 岁，却已能指导他博览群书了。1549 年，卡尔维特还陪同腓力到意大利、德意志地区和尼德兰进行国事访问；1554 年，又陪同腓力一道前往英国迎娶玛丽女王。[19] 后来卡尔维特为当时颇有成就的利马总督佩德罗 · 德拉 · 加斯卡（Pedro de la Gasca）写了第一部人生传记。[20]

足智多谋的恩里克斯 · 德 · 古兹曼曾在回忆录中这样写道，14 岁的腓力"风度翩翩，温文尔雅，聪明睿智，虔诚坦率，沉着冷静""懂得如何井井有条地安排事情"[21]，很明显，他这是在阿谀奉承。恩里克斯还说，腓力虽然身材略显矮小，但长相英俊，"他学识渊博，和蔼可亲而又十分严肃，俨然是一位皇帝，举止稳重老成"[22]。

1539 年，王后伊莎贝拉因难产早逝，而卡洛斯一世此时远在德意志，祖尼加于是又一次掌握了实权，腓力不得不听从他的建议。1543 年，腓力手下仅有 110 名王室成员，包括 1 名文书和 1 名医生，若干守门人、马童及 11 名司铎（这 11 名司铎由西利塞奥领导，当时他已经从卡塔赫纳回来了），还有贴身侍卫和厨子。按照当时的饮食风尚，厨子都很讨厌做鱼，但是经常会做肉、面包、鸡肉和鸡蛋，还会做莴苣、生菜等蔬菜，腓力每周还能吃一次水果——冬季吃橘子，夏季吃梨。有时候，年轻的腓力还会喝点儿啤酒，但到 1551 年西班牙的葡萄酒（通常指地处莫雷纳山的卡萨利亚生产的葡

---

* 西班牙王室官方历史学家，坚称印第安人没有灵魂，应充当西班牙征服者的奴隶。——编者注

萄酒，西班牙征服者常喝）产量开始大幅提高后，腓力就很少饮酒了。当时效忠腓力的青年侍从达 70 人，均出身名门望族。后来腓力手下的官员增加到了 1500 人，由王室总管阿尔瓦公爵负责管理，其中多数官员是他精心挑选出来的，他们实际组成了全西班牙的行政中枢。

1543 年，科沃斯致信卡洛斯一世，信中是这样形容腓力的：

> 腓力已经是一名了不起的君主了，他的学识和能力远远超过了他这个年龄所应具备的能力（腓力当时才 16 岁）。他对事物有着超凡的领悟力和深刻的理解力，在别人看来不可能办到的事他却能够做到。腓力把所有心思都花在了治国理政上，从不游手好闲、偏听偏信，也不沾染任何恶习。他经常同重臣探讨如何治国理政，如何建立一套公正的司法制度等问题。同大臣会谈时，也总是听得津津有味、聚精会神……他常常同我密谈，一谈就是一小时……同我谈完后，还要同卡斯蒂利亚枢密院主席、塞维利亚大主教、宗教法庭庭长费尔南多·德·瓦尔德斯（Fernando de Valdés）一起探讨司法公正等问题，之后还要和阿尔瓦公爵讨论军务。

科沃斯还写道："他总是经过深思熟虑才提出建议，行事稳健，对此我感到非常吃惊。"[23]

法国著名历史学家巴托洛梅·本纳萨尔（Bartolomé Bennassar）认为瓦尔德斯是宗教法庭庭长的"典型代表"。[24] 瓦尔德斯是阿斯图里亚斯人，出生在奥维耶多省（Oviedo）以西 30 英里（约 48 千米）

的小镇萨拉斯（Salas），临近加利西亚省（Galicia）。从1524年起，瓦尔德斯就在宗教法庭任职；1539年，瓦尔德斯继塔贝拉枢机主教（Cardinal Tavera）之后担任卡斯蒂利亚枢密院主席一职；1547年，开始担任宗教法庭议会主席。也许瓦尔德斯同科沃斯颇有交情，因此在1554年腓力二世和卡洛斯一世都不在西班牙的那段时间里，人们都认为瓦尔德斯极有可能担任摄政大臣。直到1568年逝世时，瓦尔德斯（享年80余岁）始终担任着宗教法庭庭长一职；在逝世前，瓦尔德斯物色到了一位理想的追随者、接班人，此人就是心怀偏见的神学家梅尔乔·卡诺（Melchor Cano）。

早在瓦尔德斯担任宗教法庭庭长之前，腓力二世又经历了一次不幸。1545年夏天，他的第一任妻子、表亲玛丽亚·曼努埃拉（María Manuela）在分娩小王子卡洛斯（唐·卡洛斯）时难产而死，年仅18岁。同腓力的母亲一样，玛丽亚也是一名葡萄牙公主。阿隆索·德·乌罗阿（Alonso de Ulloa）说，玛丽亚的死应当归咎于她的两名侍女——玛丽亚·德·门多萨和阿尔瓦公爵夫人，当时二人去参加一场宗教公判大会，留下来侍奉她的侍女是路德宗教徒，这名侍女给她奉上了一颗柠檬，玛丽亚便被这颗柠檬噎死了。其实，玛丽亚更可能是死于因子宫感染而起的产褥热，那个年代的很多产妇都死于产褥热。[25]

腓力二世的第二任妻子是英格兰的玛丽·都铎（Mary Tudor），卡洛斯一世非常希望腓力二世能同玛丽联姻，这样一来就可以将英格兰并入西班牙版图了。腓力和玛丽并不般配，但他还是按照父亲的旨意迎娶了她，这充分证明卡洛斯一世对腓力具有非凡的影响力。玛丽比腓力年长11岁，当时就明确表示不想同腓力有任何亲密关系。然而腓力很清楚，要想确保王位有人继承，他们就应多多繁衍子嗣。

这桩婚姻对双方都无裨益。1554 年，腓力与玛丽在威斯敏斯特举行婚礼。庆典上，腓力二世正式获得了“英格兰国王”的头衔，不过这个头衔经常被人遗忘。[26]

1558 年，玛丽死于恶性肿瘤，此后腓力在佛兰德斯惬意地过了几个月的鳏居生活。据驻马德里的威尼斯大使、知名观察家费德里科 · 巴多诺（Federico Badoaro）[27] 回忆，腓力近日饱受胃病的折磨，“因此，他最近遵照医嘱经常外出散步……平日吃大量糖果、甜品，不吃水果，也不吃任何可能引起胃病的食物”。

另外一名来自威尼斯的外交官安东尼奥 · 蒂耶波洛（他是画家安东尼奥 · 蒂耶波洛的表兄弟）记载道：腓力二世身材矮小，圆脸，蓝眼睛（用他那怀有偏见的话说，就是“有着理查德 · 福特家族特有的偏执顽固的蓝眼睛”），嘴唇突出，“皮肤偏红，看起来就像一名英格兰水手”[28]。至于腓力二世的品性，观察家、大使巴多诺认为：

> 腓力二世生性好静，但又放荡好色，喜欢在晚上乔装外出（那时候的西班牙贵族经常如此——作者注），迷恋各类娱乐游戏……他对待使臣文雅礼貌，不会大发雷霆或是故弄繁文缛节……他常讲笑话，也爱听笑话。虽然用餐时允许弄臣在场，但从不在外面纵声大笑，只有回到自己的居所后才会笑得无拘无束……他听人讲话时非常专注，但几乎不会直视讲话者，眼睛常常低垂，只有环顾四周时才会抬起眼睛。对于别人的提问，他总是回答得言简意赅……他致力于维护和平、

守护已有的属地，而不是发动战争，扩大地盘。查理五世完全按照个人意愿行事，但腓力二世却乐意听取不同的意见，然而，腓力只赢得了西班牙人的尊重与好评，他只与西班牙人为伍。[29]

腓力十分迷恋建筑学，对设计和重建宫殿饶有兴趣，尤其对设计、重建埃斯科里亚尔修道院感兴趣，腓力二世此后在这所修道院中度过了大部分时光。卡洛斯一世退位后在尤斯特修道院（Monastery of Yuste）寄居了两年，父子俩在这一点上倒是挺像。[30] 另一位威尼斯人米格尔·苏里亚诺（Miguel Suriano）写道：

腓力一点儿也不喜欢热闹，他天性好静，自制力强。他既不幽默也不活泼，说话声音低沉。有人要跟他交流时，腓力总是让对方先说，自己从头至尾只是倾听。他一向都很安静，彬彬有礼。和他父亲一样，腓力也喜欢穿黑色衣服，但穿起来并不会显得低沉阴郁。腓力十分注重个人卫生，每个月都要有一套新衣服。他憎恨一切虚荣浮华，认为那有违道德。[31]

研究罗马天主教史的著名历史学家路德维希·冯·帕斯托尔（Ludwig von Pastor）对这一时期的腓力评价不高。帕斯托尔治学严谨，对他而言既没有无足轻重的细节，也没有什么概括是泛泛之论。他这样评价腓力："腓力二世没有行动力，永远都在反复掂量，他总想再争取一点儿时间，迟迟不做出决定。他性喜专制，只要跟治国有关，哪怕再琐碎的事情也要按照自己的意愿行事。他为人顽固，言辞简洁，跟人保持距离，难以接近。腓力唯一确信的事就是任何事永远都有待裁决。”[32] 虽然腓力的确因为自我怀疑而深受其害，但帕斯托尔的评价也失之偏颇。1569 年年初，腓力就给当时的王室会议（Rayal Council）主席迭戈·德·埃斯皮诺萨（Diego de Espinosa）写过一封言悲意切的信：

> 很多事情都不尽如人意，这不免令我痛苦不堪，身心疲惫……若不是格拉纳达的事情（反对摩里斯科人[33] 的战争）不得不处理，我都不知道该做些什么……我想我并不适合今天的这个世界，我很清楚自己本该过着另一种人生，而不是像现在这样，处于上帝赋予我的这个位高权重的位子，这个位子于我而言非常糟糕……唯有向上帝祈祷，请保佑我们得到善待。[34]

很少有王室成员会进行这样的反思。腓力为人处世深受其母伊莎贝拉的影响，在妻子法国王后伊丽莎白·德·瓦卢瓦去世后，他嘱咐司库、佛兰德斯人兰德莱达侯爵（Marquis of Landrada）“宫廷开销要依照我母亲在世时的标准”，也就是要厉行节俭。

腓力一生去过很多地方，在位期间，曾在英格兰待了 14 个月，在德意志待了 15 个月，在葡萄牙待了两年零 4 个月，在尼德兰待了 5 年，还在意大利和法国住过很长时间。很难想象除了他的父亲卡洛斯外，还有哪位君主能有他这样丰富的游历体验，也很难想象有哪一位现代国家的首脑能拥有如此广泛的异国生活经历。

前面提到的威尼斯大使巴多诺还说，腓力“一大早起来就忙着处理政务和信件。每天总是在固定时间吃午饭，午餐的类型和分量都固定不变。他经常用中等大小的杯子喝酒，每天两杯。总的来说，他体质还不错，就是有时候会有轻微的痛风”。腓力的痛风后来日益加重，临去世前还让他备受折磨。

腓力每周要到乡间狩猎三四次，乘着马车带着十字弓去狩猎野味。16 世纪 60 年代初，腓力每天要看望伊丽莎白王后 3 次：早上参加弥撒前看一次；开始工作前看一次；晚上看一次。威尼斯大使注意到，和许多现代卧室一样，“国王和王后的卧室里有两张床，中间有一掌之隔，因为有帘子罩着，所以看起来像是只有一张床”。腓力每天都会去参加弥撒，但一年只领 4 次圣餐。

腓力对宗教的虔诚是显而易见的，他床头放着 42 本书，其中“只有一本与宗教无关”[35]。“虔心侍奉上帝”是腓力常挂在嘴边的一句话。他最钟爱的圣徒是黑面圣母（Our Lady of Monserrat），爱屋及乌，他也对加泰罗尼亚地区偏爱有加（这也可能是因为他钟爱埃斯特法尼亚 · 德 · 雷克森斯的缘故）。此外，腓力对萨拉戈萨的皮拉尔圣母（Our Lady of the Pilar）也心怀崇敬。他时刻密切关注着主教人选的任命。腓力几乎在所有时候都站在宗教法庭这边，不过有一次他也出资支持当时备受推崇的道德家、教会律师马丁 · 德 · 阿斯皮利奎塔（Martín de Azpilicueta）[36]博士去罗马为卡兰萨大主教（Archbishop Carranza）辩护。卡兰萨大主教 1558 年出版了一本有关教义问答的著作，结果该作受到了宗教法庭的质疑。腓力一生收藏了 6000 余件圣物。

腓力的告解神父通常由位高权重之人担任，其中有方济各会的贝尔纳多 · 德 · 弗雷斯内达（Bernardo de Fresneda）[37]，他后来担任了昆卡主教、萨拉戈萨大主教。1553—1577 年，贝尔纳多一直都是腓力首选的告解神父。在他之后，不苟言笑的多明我会修士迭戈·罗德里格斯·德·查韦斯（Diego Rodríguez de Chaves）担任其告解神父。[38] 同卡洛斯一世的告解神父一样，这些人常常就宗教事务之外的议题发表意见。

腓力有上百件雕刻品，主要由大理石、青铜雕刻而成，其中不少是珍藏古董，枢机主教里奇献给腓力的罗马十二帝王大理石雕像、教皇庇护五世* 安东尼奥·吉斯莱乌里（Antonio Ghislieri）赠送给腓力的罗马十二帝王雕像，也都是他的珍藏品。庇护五世为人虔诚又苛刻，是最后一位被正式封为圣徒的教皇。腓力还收藏青铜器，有些是历史学家迭戈·乌尔塔多·德·门多萨（Diego Hurtado de Mendoza）1575 年逝世后遗赠给腓力的（迭戈把自己的珍宝全部献给了腓力）。腓力的藏品当中最有名的便是第二代托斯卡纳大公（Grand Duke of Tuscany）弗朗西斯科·德·美第奇（Francesco de'Medici）[39] 献上的"十字架上的耶稣"，由来自托斯卡纳的大师级雕刻家本韦努托·切利尼（Benvenuto Cellini）在大理石上雕刻而成。此外，腓力还从尼德兰购得一些上乘画作，其中包括知名画家希罗尼穆斯·波希（Hieronymus Bosch）、约阿希姆·帕蒂尼尔（Joachim Patinir）及罗吉尔·范·德·维登（Roger van der Weyden）的画作，其中所购的帕蒂尼尔的作品是《希神渡冥图》。在普拉多和埃斯科里亚尔博物馆丰富多彩的佛兰德斯展厅里，上述藏品是必不可少的陈列。

---

* 圣庇护五世（Pius V, St.，1504—1572），意大利籍教皇，以严酷对待异端分子而著称。1551 年任宗教法庭法官，1556 年任枢机主教，1566 年当选罗马教皇。在位期间，狂热推行教会改革，成功将新教逐出了意大利。1570 年宣布绝罚英国女王伊丽莎白一世，此举恶化了天主教徒在英国的处境。1571 年发动了十字军东侵。——编者注

腓力的藏品当中，更重要的一部分是他在 1559 年委托提香创作的画作，其中包括《迪亚娜和亚克托安》(*Diana and Actaeon*)、《黛安娜和卡利斯多》(*Diana and Callisto*)，还有提香的“诗歌”系列画作。[40] 腓力逝世前，珍藏的画作已达 1000 多幅，此外还从别处继承了 500 幅佛兰德斯画家的画作。[41] 希拉 · 霍尔（Sheila Hale）是一位出色的传记作家，在最近为提香所作的一本传记里说，腓力二世是“提香艺术生涯中最慷慨、最开明、最懂艺术的赞助人”[42]。除画作外，腓力还有一系列藏品，包括钱币、手表、星盘、兵器、盔甲，等等，这些藏品设计奇特，同时代的其他君主都闻所未闻。腓力对这些藏品很感兴趣，虽然他也经常将其束之高阁。

腓力还是一名藏书家，1553 年时，他拥有藏书 812 本；1576 年时，藏书已达 4545 本；到他 1598 年逝世之时，藏书已多达 1.4 万本，其中包括希腊文、希伯来文、阿拉伯文的著作。腓力是当时世界上第二大私人藏书家，藏书量仅次于塞维利亚的费尔南多 · 柯隆（Fernando Colón），相传费尔南多 · 柯隆拥有 1.5 万本藏书。

腓力还把玩过写作，《生物的顺序》(*The Order of Creatures*, 1560 年)、《自然界的多样性》(*The Diversity of Nature*) 可能出自腓力之手，这两本都属于自然历史的范畴。他似乎还写过几首十四行诗。

此外，和同时代的许多人一样，腓力也觉得只要有了正确的方程式，就能从铅里提炼出黄金。说来令人诧异，为了提炼黄金，腓力反复试验，同时涉猎了多门自然科学，但都是浅尝辄止。他还在萨拉曼卡大学设立了数学学院，该院设有 4 个享受王室津贴的教授席位。和其他大学一样，萨拉曼卡大学的教学用语是西班牙语而非拉丁语，由此可见，腓力是一位开明的专制君主。

腓力经常参加社交和各类欢迎仪式。在1564年狂欢节出访巴塞罗那时，腓力选择便装出行，这是因为他曾在蒙宗镇（Monzón）度过了一段非常压抑的时光，不得不出席镇上举行的阿拉贡议会会议。这次到巴塞罗那，他不想再过得那么压抑，所以选择微服私访。后来，他又顺路去了巴伦西亚，那儿正在举办舞会、大型宴会和比武大会。腓力的父亲卡洛斯觉得国王应当在自己的王国内旅行，但腓力并不认同，不过1558年从尼德兰回来之后，他就尽量减少了出国旅行。1598年，腓力对其子，即后来的继承者腓力三世说："在自己的王国内旅行毫无用处，也不是什么体面的事。"这么说也许失之偏颇，和几位天主教徒先王一样，卡洛斯一世通过走访国内的穷乡僻壤，深入了解了这些地方存在的问题和当地的风土人情。

腓力对臣民抱有强烈的责任感，总是尽职尽责，兢兢业业，就这一点而言，他的劲敌对他无可挑剔。然而，腓力生性多疑，连他家族中最聪明的两个人也得不到他的信任，其中一位是卡洛斯一世的私生子，也是腓力同父异母的弟弟、风度翩翩的唐·胡安（Don Juan）[43]；另外一位是他的侄子、帕尔马公爵亚历山大·法尔内塞（Alexander Farnese），法尔内塞是一位很有智慧的将军，是帕尔马城玛格丽特的儿子。[44]腓力似乎很乐意任用性格特点不那么鲜明的人做自己的秘书，例如鲁伊·戈麦斯·德·席尔瓦（埃沃利亲王）及其继任者马特奥·巴斯克斯（Mateo Vázquez），这二人中规中矩，性格都不怎么鲜明。

腓力的父亲卡洛斯喜欢冒险，总是横闯灾祸，至少结果总是不尽如人意，腓力却截然相反，他为人谨小慎微，从他的统治风格上可以看出这一点。腓力非常关注治下的各类统治机构，这些机构正在逐年膨胀。说到这里，我们不免想起腓力孩提时常拿笼鸟来玩，用祖尼加的话说，“只要能去乡间田野”，他就非常乐意了。[45] 腓力身边没有保镖；同他父亲不一样，腓力不喜欢被人称呼“陛下”，他喜欢被称呼“大人”（*señor*）；他不喜欢斗牛，却从不加以谴责，他知道斗牛是西班牙最受欢迎的节日活动。[46]

腓力在同第一任妻子葡萄牙公主玛丽亚结婚前，常常在萨拉曼卡大学听讲。他听过伟大神学家弗朗西斯科·德·比托里亚（Francisco de Vitoria）的课，弗朗西斯科被誉为“国际法之父”。

考虑到腓力作为一国之君对世界历史进程产生的深远影响，我们便会觉得他对艺术的热爱简直算得上是非比寻常。腓力是一个矛盾体：他头脑冷静，才华横溢，又深沉地爱着这片土地；他既是收藏家，又是猎人。不论是他性格当中的这些矛盾面，还是他广泛的兴趣爱好，都给人留下了非常独特的印象。

第二章

腓力二世的官僚治国

我一直深爱着西班牙王国，这片土地孕育了无数英豪。我生于斯，长于斯，父亲在世时我便已统治这里……正是这份对王国的热爱迫使我必须回来，关注并推动王国的发展，所以，我要离开佛兰德斯和意大利的世袭领地，虽然这些世袭领地于我而言也十分重要，但我更热爱西班牙王国。

——腓力二世，1558 年[1]

和 18 世纪普鲁士的腓特烈大帝一样，腓力二世也喜欢别人用书面形式呈送消息给他。正因如此，1566 年，他委派大臣对西班牙境内做了一次民意调查，调查包含 57 个问题，需由地方官员做出回答，调查结果后来写入了调查报告《地缘报告》（*Relación topográfica*）里。腓力此举应该算是当时欧洲君主对自己的王国展开的最彻底的调查了。1570 年，腓力还委托布鲁塞尔著名风景画画家安东 · 凡登 · 韦恩戈尔德（Anton van den Wyngaerde）绘了一幅卡斯蒂利亚主要城市风貌图。[2] 此外，腓力邀请葡萄牙植物学家弗朗西斯科·多明格斯（Francisco Domínguez）[3] 到新西班牙 [*]——他那位于新世界的附属地仔细调研；他还任命胡安·洛佩斯·德·贝拉斯科（Juan López de Velasco）编写美洲宇宙志。[4]1576 年，腓力发布了 49 个问题，要求所有在美洲的官员做出回答。1577 年，“地缘报告”系列正式出版。

早在 1560 年，腓力就开始考虑把马德里定为西班牙王国首都。[5] 他在北欧参观过其他君主的王宫，还照着样子画了草图，交给了建筑学家包蒂斯塔·德·托莱多。腓力之所以考虑首都选址的问题，是因为他觉得集中在一个地方处理政府公文，可以大大提高行政效率。所有喜欢跟文档资料打交道的人都想给资料找一个归宿，集中归类整理，腓力这么想也不足为奇。1545 年，当腓力还是摄政王的时候，他就已经为实现这项计划迈出了第一步——把西曼卡斯城堡改建成了西班牙国家档案馆，这个点子是卡洛斯一世的重臣弗朗西斯科·德·洛斯·科沃斯想出来的。

腓力二世的肖像画不胜枚举。有 1550 年提香创作的《王子腓力戎装图》，现存于普拉多博物馆；还有提香为纪念 1571 年西班牙海军在勒班陀（Lepanto）大败奥斯曼军队而画的《腓力献子图》，描绘了腓力把刚出生的儿子斐迪南献给胜利之神的场景，画作同时融汇了寓言、人文及自然的色彩，很少有画作能同时具备这些特质。此外，还有 1557 年由安东尼奥·莫罗（Antonio Moro）创作的《腓力戎装图》，现存于埃斯科里亚尔博物馆。巴利亚多利德的雕刻博

---

* 该词最初由西班牙探险家格里哈尔瓦使用，指今墨西哥塔巴斯科地区。1521 年科尔特斯用来指他征服的墨西哥地区，次年他获得“新西班牙都督”一职。1535 年，新西班牙总督辖区建立，遂扩大为整个辖区的名称。但在殖民时代，一般仍用来指墨西哥最高法院直辖的墨西哥中、南部地区。——编者注

物馆中还存放着一尊雕刻精美、身穿“金羊毛”骑士装的腓力雕像，这尊雕塑出自无名氏之手，由白色大理石雕刻而成，大约创作于1550年。1565年，意大利画家索福尼斯巴·德·克雷莫纳（Sofonisba de Cremona）[6]也为腓力画了一幅惟妙惟肖的肖像画，画中的腓力戴着一串念珠，这幅画作目前收藏在普拉多博物馆。1550年，巴伦西亚画家阿隆索·桑切斯·科埃略（Alonso Sánchez Coello）[7]也创作了一幅《腓力戎装图》，现藏于爱丁堡的斯特林麦克斯韦尔展览馆（Stirling Maxwell Collection）。1587年，桑切斯·科埃略还创作了一幅花甲之年的腓力身着黑衣的肖像画，收藏于佛罗伦萨的碧提宫。另外，1597年马德里画家胡安·潘托哈·德拉·克鲁斯（Juan Pantoja de la Cruz）还为古稀之年的腓力创作了一幅肖像画，现藏于埃斯科里亚尔博物馆。[8]腓力二世留下了诸多肖像画，在他漫长的一生中，每个阶段都有对应的肖像画，透过这些肖像画，他可以轻松回顾起自己的一生。

腓力的秘书一职相当于现代的部长、大臣，首先要提的就是贡萨洛·佩雷斯（Gonzalo Pérez），一位了不起的顾问大臣。1532年前，佩雷斯曾担任皇帝查理五世的私人秘书、伊拉斯谟的追随者阿方索·德·瓦尔德斯（Alfonso de Valdés）的拉丁语顾问，后来被科沃斯引荐给腓力二世。20世纪的英国历史学家亨利·卡门（Henry Kamen）写道，佩雷斯“性格冷淡、控制欲极强，是地地道道的神父”。他也是一位人文主义者，一个原本皈依了基督教的犹太人。[9]1543年，佩雷斯成为腓力的随从，此前曾在教会担任各类小职务。同年，佩雷斯被任命为国务会议（Council of State）秘书，他是当时唯一受过大学教育的廷臣。佩雷斯曾说：“在过去这些时日里我身体不好，但这并没有妨碍我按时参加会议，因为国务会议做决策的速度非常慢，连瘸子都能赶得上。的确，16名委员背景各异，在很多事情上意见相左，我不知道大家如何才能达成一致。尽管如此，我还是相信陛下面对显而易见的分歧，最终会明白状况，采取对策。”4年之后，佩雷斯这样评论腓力的工作习惯：“在很多事情上，陛下犯了错，而且还会继续犯错，因为他总是与好几个人谈论问题，这次跟这个人谈，下次又跟另一个人谈，对有的人隐瞒情况，又对另一些人透露情况，难怪他总是得出不同的甚至相互矛盾的结论……这样做的弊端很大……”腓力在收到某份文件后曾写信给佩雷斯：“说实话，我完全搞不懂这份文件的意思。我不知道我应该做些什么。我是否应当把这份文件交给别人，让他们发表自己的看法？如果是这样，那又该交给谁呢？时间就这样流逝了，我却不知道该做点儿什么。对此，你有何建议？”[10]腓力二世就是这么坦诚，总是十分坦率地表达自己的观点和对政务的看法。

1566年，腓力即位10年之后，佩雷斯去世了。起先接替他的是他那魅力十足、狡猾又充满野心的儿子安东尼奥，之后是阿尔瓦公爵引荐的加夫列尔·德·萨亚斯（Gabriel de Zayas）[11]。

另一位重要的秘书是埃沃利亲王鲁伊·戈麦斯，他是葡萄牙席尔瓦家族的主要人物，这个家族曾自诩是罗马皇室阿尔巴·隆加（Alba Longa）的后裔。鲁伊·戈麦斯的母亲曾随伊莎贝拉王后来到了卡斯蒂利亚；他的姨父鲁伊斯·特列斯·德·梅内塞斯（Ruiz Téllez de Meneses）是王后的总管。鲁伊·戈麦斯从小便是腓力的玩伴，1526年，他曾作为男傧相在婚礼上为伊莎贝拉王后托起裙裾。埃沃利亲王为人谦逊、性格刚毅，对腓力二世忠心耿耿。他之所以能身居高位，受到重用，原因在于他总能低调从容地做好每一件事。[12] 他一生之中没有迫害过任何人，也没有对他人使用暴力。鲁伊·戈麦斯的影响力来自以下三方面——第一，身为腓力二世的贴身管家，负责每日起居，很容易接近腓力二世；第二，长期陪伴在腓力身边。虽然鲁伊·戈麦斯比腓力二世年长10岁，但自小就陪伴在腓力左右；第三，身为会计主管（*contador mayor*），控制着王室的开支。

埃沃利亲王为人忠厚，但他那漂亮的独眼妻子安娜却并不安分。安娜来自门多萨家族，外祖父是枢机主教，据说在斐迪南和伊莎贝拉当政时期，她的外祖父曾是卡斯蒂利亚的第三任统治者。[13] 安娜深谙人事，通晓史地。1564年，腓力任命埃沃利亲王担任唐·卡洛斯的内侍，似乎借此疏远了埃沃利亲王。腓力解释说是因为自己十足地信任埃沃利亲王，再也找不到像他这样负责任的人了，所以派他去监督自己的儿子。尽管如此，埃沃利亲王还是闷闷不乐。1573年，埃沃利亲王离世，与此同时，他的妻子安娜成了安东尼奥·佩雷斯的红颜知己（至少是这样）。

腓力身边的另一名重臣便是举足轻重的第三代阿尔瓦公爵费尔南多。[14]1559年，费尔南多52岁，卡洛斯一世统治时期他便已经颇有权势了。在米尔贝格战役获胜后，卡洛斯一世唯一信得过的大将就是费尔南多，他还让费尔南多担任王室总管，腓力当政期间他也一直担此要职，于是得以有效控制着王室成员。后来卡洛斯还委任费尔南多在西班牙王室推行严苛的勃艮第礼仪，虽然费尔南多本人并不喜欢这套礼仪，但还是非常高效地完成了任务。阿尔瓦和意大利渊源深厚，他的叔父比利亚弗兰卡侯爵佩德罗曾多年担任那不勒斯总督，佩德罗的女儿莱昂诺尔（Leonor）是第一代托斯卡纳大公科西莫·德·美第奇（Cosimo de'Medici）的妻子；阿尔瓦的另一位叔父胡安在罗马担任主教，颇有权势。

阿尔瓦曾有“顽固贵族”的称号，他从不回避任何难题，所作所为完全配得上这个称号——1565年，阿尔瓦给法国的凯瑟琳王后献计，策划了圣巴托罗缪大屠杀。阿尔瓦为人确实残酷，但也有通达人情的一面，比如他常同士兵甘苦与共，是一位深受士兵爱戴的将领；此外，阿尔瓦对不服管教的人如递交请愿书的宫廷大臣恩里克斯·德·古兹曼也十分和善。自年轻时起，阿尔瓦公爵就已经与宫廷诗人加尔西拉索·德拉·维加（Garcilaso de la Vega）建立了友谊，也是他的赞助人，加尔西拉索曾在第二首牧歌中把阿尔瓦誉为“牧羊人”阿尔巴尼奥（Albanio）。[15] 老年时的阿尔瓦地位尊贵，身份显赫，但依然放荡不羁。

阿尔瓦的童年过得非比寻常。1510年，阿尔瓦的父亲在北非赫尔韦斯（Gelves）光荣战死，他的叔父、第二代阿尔瓦公爵法德里克（Fadrique）将他抚养成人。阿尔瓦的家庭教师是诗人胡安·波斯坎·艾尔莫加伯（Juan Boscán Almogáver，又称胡安·博施），与加尔西拉索·德拉·维加是至交，他翻译的加尔西拉索的《朝臣》（*The Courtier*）是西班牙文艺复兴时期的重要作品，这本书深深影响了阿尔瓦。此外，阿尔瓦比其他西班牙贵族卓越的一点还在于，他精通多门语言——意大利语、拉丁语、德语和法语，艺术修养也是最佳的。[16] 和腓力二世一样，阿尔瓦还是一名藏书家，他在信件中多处提到《圣经》，还提到了刻在铜币上的大天使加百列（Archangel Gabriel）。16世纪70年代，西班牙王室同尼德兰之间的通信往来绝大多数是阿尔瓦处理的。1580年，阿尔瓦向腓力二世谏言，王室应当高薪养廉，给予大臣丰厚的俸禄，以防贪污。[17]

16 世纪 60 年代，另一名重要的顾问大臣是迭戈·德·埃斯皮诺萨，来自塞戈维亚附近的拉斯波萨达斯（Las Posadas），出身于没落的贵族家庭。埃斯皮诺萨生于 1512 年，在成为格拉纳达宗教法庭审判员之前，长期在司法委员会任职，1565 年担任王室会议主席。在接下来的几年里，生性傲慢的埃斯皮诺萨一直主导着王室会议。虽然他总是粗鲁地对待王公显贵，显出一副漫不经心的样子，但他办事极有效率，1568 年，腓力擢升他担任宗教法庭庭长。1572 年，埃斯皮诺萨中风离世，他的位子由他那能干的秘书马特奥·巴斯克斯接任。

腓力晚年时的主要秘书就是巴斯克斯。此人毫无想象力和创造力，但办事非常高效，十分符合腓力的要求。在成为埃斯皮诺萨的私人秘书前，巴斯克斯是卡斯蒂利亚宫廷里的一名神父。埃斯皮诺萨逝世后，巴斯克斯于 1573 年呈信给腓力："陛下似乎还没有秘书的合适人选，不免要躬身批阅数不胜数的公文和信件，耗费大量的时间和精力，对于多数人来说，这样下去肯定会有损健康。"因此巴斯克斯毛遂自荐，主动提出以后由他代为处理呈给腓力的信件，这样可以成倍地节省国王的时间和精力，由他将信件中提到的建议呈报腓力，再由他负责把腓力就这些建议发表的意见记录下来。

最后要说的这位了不起的大臣是格兰维尔伯爵（Count of Granvelle）安东尼·佩雷诺特（Antoine Perrenot），他的父亲是第一代格兰维尔伯爵尼古拉斯·佩雷诺特（Nicholas Perrenot）。尼古拉斯来自勃艮第，出身普通，家乡在奥尔南（Ornans），父亲是名铁匠。尼古拉斯起先是一位拉丁语学者，在多勒（Dole）议会担任法律顾问，后来为尼德兰总督、卡洛斯一世最喜爱的姑母玛格丽特女公爵（Archduchess Margaret of Austria）效力。尼古拉斯是西班牙派驻法国的大使，曾有一段时间作为女公爵的代理在西班牙办公。后来，尼古拉斯为斐迪南国王的使臣马丁·德·萨利纳斯（Martín de Salinas）提供情报，斐迪南国王是卡洛斯一世的弟弟，统治着奥地利。1550 年，尼古拉斯去世，卡洛斯一世悲痛地说，自己似乎“丢了魂”。

安东尼全面继承了其父的一切。在卡洛斯一世的退位大典上，腓力发表了一场非常著名的演讲，据说讲稿就是由时任阿拉斯主教安东尼起草的。此后安东尼一直以顾问大臣的身份受到腓力的重用，他不仅是腓力的政治顾问，还是艺术顾问，曾引荐佛兰德斯画家安东尼奥·莫罗给腓力。安东尼后来担任尼德兰总督、帕尔马女公爵玛格丽特·德·法尔内塞（Margaret de Farnese of Parma）的首席顾问。当时的权贵都非常憎恨安东尼，1562 年，埃格蒙特伯爵（Count Egmont）和合恩伯爵（Count Horn）费利佩·德·蒙莫朗西（Philip de Montmorency）给腓力写信弹劾安东尼，还指派合恩伯爵的弟弟蒙提格尼男爵（Baron de Montigny）佛罗瑞斯·德·蒙莫朗西（Floris de Montmorency）到西班牙代表他们弹劾安东尼。[18] 之后安东尼去了法国东部的贝桑松（Besançcon），在那儿待了好几年，对外说是去探望病母，实际上是退隐。1572 年，安东尼复出，担任那不勒斯总督。在那不勒斯，他评论从马德里收到的指示说：“如果一个人必须等待死亡之令的话，那他可能宁愿这个命令来自西班牙，因为没人能等得到西班牙的命令。”此后，因为他精通 5 种语言，腓力一直在外交事务上十分倚重安东尼。

腓力统治初期，西班牙王国有 11 个事务部，其中最古老、最重要的当属卡斯蒂利亚枢密院（*Consejo Real y Supremo de Castilla*），枢密院由一名主席和 16 名顾问组成，主要负责处理国内的政治事务。17 世纪早期活跃的作家、辩论家迭戈 · 萨阿韦德拉 · 法哈多（Diego Saavedra Fajardo，1648 年曾代表西班牙参加签署《威斯特伐利亚和约》的谈判）称卡斯蒂利亚枢密院是“权力之眼”。[19]

我们第一次听说卡斯蒂利亚枢密院是在 1385 年，此前，卡斯蒂利亚王国在阿尔茹巴罗塔（Aljubarrota）战役中被葡萄牙击败。腓力二世当政期间，卡斯蒂利亚枢密院一周要举行数次会议，但国王只在周五参加。枢密院的分支机构“卡斯蒂利亚秘书处委员会”负责颁布许可令、赦免令等。

与卡斯蒂利亚枢密院处于同等重要地位的是国务会议（*Consejo de Estado*），该机构设立于 1526 年，主要负责西班牙的外交事务。[20]多年以来，多才多艺、细心能干的弗朗西斯科 · 德 · 科沃斯一直担任着会议秘书，也一直是该机构的耳目。他的第一位继任者是贡萨洛 · 佩雷斯，其次是贡萨洛的儿子安东尼奥。没过多久，安东尼奥就把西欧、中欧的外交事务交给了加夫列尔 · 德 · 萨亚斯，自己则负责处理地中海事务，尤其是意大利事务。后来，胡安 · 德 · 伊迪亚克斯（Juan de Idíaquez）接手之后同时负责中西欧和地中海两方面事务，伊迪亚克斯是一大群效忠卡斯蒂利亚君主的巴斯克官员中的一位佼佼者。腓力会参加国务会议的所有会议，他可以算作目前为止经验最丰富、最博学多识的国务会议成员了。虽然该机构的主要职责是处理外交事务，但还承担着其他职能，比如，卡洛斯一世的遗嘱就是由国务会议公布的。[21]

国务会议还控制着西班牙驻外大使馆，大使馆负责向国王汇报别国消息。西班牙在意大利设置了 3 家驻外使馆——罗马、威尼斯、热那亚；在神圣罗马帝国首都维也纳设置了 1 家使馆；还设置驻欧洲的 3 家使馆——法国、英国、葡萄牙使馆。当时大多数驻外大使都要自掏腰包负担驻外一切花销。[22]

汇兑事务部（Council of Orders）和财政部（Council of the Treasury）也非常重要，其中汇兑事务部管理着大部分国内经济，而财政部主要负责处理由事务部（包括卡斯蒂利亚枢密院及阿拉贡议会）拨给王室的款项，[23] 包括营业税、王室地产租赁税，以及越来越多的来自美洲的税款；还包括盐税、关税、向格拉纳达征收的丝绸税，向去往或贩奴到美洲的人征收的许可证税。[24]

西班牙次一级的重要官僚机构还包括宗教法庭事务部（Council of the Inquisition）和营税事务部（Council of the *Cruzada*）。宗教法庭事务部总令人想起西班牙君主承担着信仰的重任，一代代西班牙君主借宗教法庭来维护正统信仰。宗教法庭庭长由宗教法庭事务部提名，实际上是由国王首先提名，然后征得教皇的批准。营税事务部主要负责征收消费税，这部分税款对维持君主制国家的正常运转具有重要意义。

西班牙后来又分别于 1582 年和 1588 年设立了葡萄牙事务部、佛兰德斯事务部。自 16 世纪 60 年代起，这两个事务部中有不少成员活跃于腓力的私人秘书团中。

通过事务部进行统治的模式，是由腓力的曾祖父和曾祖母，即天主教双王斐迪南二世和伊莎贝拉创立的。16 世纪时，事务部里并没有多少贵族，大多数事务部成员都是“律师”，即博学多识的中等阶级，都曾在萨拉曼卡大学、巴利亚多利德（Valladolid）大学接受高等教育。当时西班牙国内的贵族、大公等有爵位的人（第一类是大公，第二类是侯爵，第三类是伯爵）大约有100位，他们拥有大片领地，在领地上俨然是一位小国君主，但这些人（除了上文提到的那些重臣外）在事务部里没法与博学多识的中等阶级相匹敌，也没法操纵国家权力。这些王公显贵远离宫廷，远离政治。[25]西班牙的长子继承制根深蒂固，家族中的长子有时发现，次子才有可能进入事务部任职。然而，16世纪的西班牙行政机构最引人注目的是事务部里充斥着大量神职人员，他们经常发挥关键的政治作用。这些神职人员通常担任首席大臣、主席等要职，例如在16世纪后半叶，西班牙国内的主要政治人物便是宗教法庭庭长、来自阿斯图里亚斯的枢机主教瓦尔德斯和枢机主教菲格罗亚（Cardinal Figueroa）。

腓力二世虽然算不上是伟人，但他的确是个好人，也是一位尽职的君主。在英国，腓力因为1588年无敌舰队战败的事饱受诟病，但与他那苛刻的妻子玛丽女王相比，腓力和他的顾问大臣对英国采取的政策已算相当宽容，但这一点经常被人遗忘。在威尔第的歌剧《唐·卡洛》和席勒的戏剧《唐·卡洛斯》中，腓力二世被刻画成一个残忍的父亲，这两部作品虽称得上是艺术杰作，但算不上是历史学杰作。

第三章

腓力二世和他的帝国

世人永远无法对君主的想法或行为做出公正的评价，他们不知道有人反叛君主或无视君权时，国王会有多苦恼。有时最初的反叛业已平息，危险已解除，但国王还是要采取激烈的报复措施严惩反叛者，人们无从知晓国王这么做是出于政治原因还是出于愤怒，也许在很多人看来，此时实行温和的统治才是明智之举。他们不能理解为什么在国王陛下看来，复仇势在必行，不可阻挡。

——迭戈·乌尔塔多·德·门多萨，《格拉纳达之战》，1570 年

1559 年，腓力二世的新世界（至今仍然有人使用“西印度”一词指代该地区）帝国建立了一套颇有特色的行政系统，该系统主要包括三大权力机构：首先是位于西班牙国内的权力机构，即“西印度院”*

* 西班牙于 1524 年 8 月设立的管理美洲殖民地和菲律宾殖民地的最高立法和司法机构。西印度院只对西班牙君主负责，拥有对殖民地的立法、行政、司法、财政、商业管理、军事指挥、宗教信仰的最高权力，并有权审理殖民地案件。但西印度院缺乏有效执行其决议的力量，18 世纪，其权力逐渐缩小。1834 年，西印度院被永久撤销。——编者注

（Council of the Indies），由 10 名成员组成，他们是巴利亚多利德或西班牙地方法庭的半永久议员；其次是西班牙帝国在新世界的行政管理机构，由国王和西印度院任命的总督、地方长官、公职人员组成；第三大权力机构是统领管区大法官，他们通过最高法院（*audiencia*，又称检审法院）管理新世界的行政区。1556 年腓力二世即位时，西班牙已经设立了 7 个最高法院：1511 年设立圣多明各最高法院，1527 年设立墨西哥最高法院，1538 年设立巴拿马最高法院，1543 年在秘鲁利马省设立最高法院，同年在危地马拉设立边境检审法院（*Los Confines*），1548 年在新西班牙（今墨西哥）设立瓜达拉哈拉最高法院，又于同年在哥伦比亚设立圣菲波哥大最高法院。后来又增设了 3 个最高法院：又于同年在秘鲁设立查尔卡斯最高法院，1563 年在厄瓜多尔基多市设立最高法院，同年在智利的康塞普西翁设立最高法院。

令人不可思议的是，这些形形色色的机构共同构成了西班牙海外统治的行政体系。自 16 世纪 20 年代起，西印度院就是该行政体系的最高机构。起初，它只是卡斯蒂利亚枢密院当中一小撮对西印度感兴趣的成员的集会，没过多久（1524 年之前），成员间的集会就变得更加正式了。

例如，西印度院负责提名和任命美洲殖民地总督、都督（captain-general）、最高法院（检审法院）法官、主教及大主教，该委员会也是上诉终审法庭，不管是民事诉讼、刑事诉讼还是行政诉讼，只要与殖民地事务有关，都由西印度院终审。1559 年时，西印度院主席是年逾七十的路易斯·乌尔塔多·德·门多萨（Luis Hurtado de Mendoza），这是他第 2 次担任西印度院主席，此前曾担任纳瓦拉总督兼都督、卡斯蒂利亚枢密院主席等要职。1568 年门多萨去世。[1]像门多萨这样功勋卓著之人，很早便开始了宦途生涯：1502年门多萨担任王室侍卫，后在纳瓦拉战役*中为国王效力；1515年，其父伊尼哥·洛佩斯·德·门多萨（Iñigo López de Mendoza）一去世，门多萨便去格拉纳达接替父亲担任格拉纳达行政长官。之后门多萨一直在国王手下担任要职。1516年，天主教徒斐迪南二世去世，门多萨作为抬棺侍卫参加了葬礼，和其他几位年轻人一同庄严地将斐迪南二世的棺椁从埃斯特雷马杜拉一路抬到格拉纳达大教堂安葬。后来，门多萨又在阿尔罕布拉宫设计了一座宫殿，供卡洛斯一世和王后伊莎贝拉度蜜月。[2]1534年，门多萨为卡洛斯一世远征突尼斯出谋划策并亲自参加了远征，随后，他兴致勃勃地主张与格拉纳达的摩里斯科人达成和解。1543年，门多萨担任格拉纳达总督。1546年4月，在弗朗西斯科·德·科沃斯的支持下，他得以担任西印度院主席。门多萨从未去过新世界，对新世界的了解都是从旅行者那里听来的。门多萨的弟弟安东尼奥是新西班牙总督，他很可能收到了弟弟的来信，不过这只是猜测，这些信件并没有保存下来。

门多萨的首要任务是安排海军护卫队为来往于西班牙与新世界之间的船只保驾护航，他任命西班牙最出色的海军司令阿尔瓦罗·德·巴桑（Alvaro de Bazán）[3]担任海军护卫队司令。门多萨的弟弟安东尼奥任职新西班牙总督期间政绩卓著，并于1551年担任第三任秘鲁总督，若不是于1552年突然去世，他还将继续担任秘鲁总督。其实，是门多萨迫使56岁的安东尼奥卸任新西班牙总督后继续出任秘鲁总督的，安东尼奥在当时就已称得上是年事颇高了。[4]

---

* 1512年阿拉贡国王斐迪南二世入侵纳瓦拉。——编者注

1562年，葡萄牙埃沃利亲王的得意门生胡安·德·维加（Juan de Vega）继安东尼奥·德·丰塞卡（Antonio de Fonseca）担任卡斯蒂利亚枢密院主席，这件事令门多萨困惑不安。维加曾担任西西里总督和纳瓦拉总督、西班牙驻罗马大使，为人虔诚，性格温和，娶了阿斯托佳侯爵（Marquis of Astorga）之女莱昂诺尔·奥索里奥·萨米恩托（Leonor Osorio Sarmiento），她是耶稣会士（罗耀拉的）圣依纳爵*最早的女信众之一。[5]在腓力二世于1559年回到西班牙之前，门多萨一直隐居在自己的领地内，不问世事。退隐，早已是权贵使用的司空见惯的手段，阿尔瓦公爵就非常巧妙地用过这一招。

门多萨担任的最后一份要职便是从巴黎护送腓力二世的第三任妻子“和平王后”伊丽莎白·德·瓦卢瓦安全抵达西班牙，不过，这份差事似乎与西印度院主席的职责没有明显的联系，就连腓力二世的宫廷大臣也不觉得法国事务要归西印度院管辖。

继门多萨担任西印度院主席的是胡安·德·萨米恩托（Juan de Sarmiento）。萨米恩托是布尔戈斯人，乌罗阿女伯爵（Countess of Ulloa）的儿子，曾任格拉纳达大法官。他成功获得了王后伊莎贝拉的支持，伊莎贝拉提名他担任格拉纳达法官，他因而得获擢升。1552年，萨米恩托成为西印度院成员之一，在此之前，他已是埃沃利亲王的忠实支持者。埃沃利亲王于萨米恩托而言算不上什么大人物，但他身边总有一群忠心耿耿的追随者。卡兰萨大主教（Archbishop Carranza）是萨米恩托的朋友，16世纪50年代，萨米恩

---

* （罗耀拉的）圣依纳爵（1491—1556，1622年3月12日封圣）：西班牙耶稣会创始人、神学家。出身贵族，曾在军中服役。1521年受伤疗养期间，改变了宗教信仰。到耶路撒冷朝圣后，在西班牙和法国从事宗教研究。1537年受神职，1539年成立耶稣会，担任总会长直至去世。——编者注

托虽再次负责调查贸易署（Casa de la Contratación）* 的法规条例，但他处处维护“即将受辱的”卡兰萨大主教的利益，由此可见，萨米恩托是个头脑开明的人。[6]

1565 年，萨米恩托去世，弗朗西斯科·特洛·德·桑多瓦尔（Francisco Tello de Sandoval）继任西印度院主席。特洛是塞维利亚人，父亲和祖父都是塞维利亚的市政议员（又名“二十四人”）。特洛为人冷漠，行事颇有官僚主义派头，因此饱受非议，但与其他西班牙官员相比，他有一个得天独厚的优势：特洛真正去过西印度群岛，了解美洲。[7] 他深知横跨大西洋往返于西班牙与美洲之间，这一路的旅途有多么漫长、多么艰辛：在船上一待就是好几周，好似坐牢，其间还要遭遇船只搁浅，经历晕船等痛苦。在往返途中，特洛经过了加那利群岛和亚速尔群岛，到过新西班牙赫赫有名的港口，即如今繁华依旧的韦拉克鲁斯（Veracruz）港，去过加勒比海湾，沿着狭长的热带海湾一路跋涉到了新西班牙的温带都城古墨西哥城（昔日的特诺奇蒂特兰城），途径佩罗特（Perote）和普韦布拉（Puebla），沿着那条著名的火山夹道一路跋涉。特洛还担任过托莱多宗教法庭审判官、巴利亚多利德大法官。起初，特洛是严谨的塔贝拉枢机主教的门生，后来在塞维利亚担任主教座堂的咏礼司铎，像那个时代的许多公职人员一样，特洛从此平步青云。1543 年，他被任命为新西班牙总督辖区 † 宗教法庭庭长。1544 年，特洛视察新

---

* 卡斯蒂利亚国王 1503 年在塞维利亚港口建立的西班牙帝国王室机构，专门管理殖民地贸易，西印度院成立后，贸易署成为其中的一部分。——编者注

† 新西班牙总督辖区（Virreinato de Nueva España）：西班牙帝国美洲殖民地四大行政区域之一。由哈布斯堡王朝 1535 年建立。辖区的领地范围十分广大，包括北美洲、中美洲、亚洲和大洋洲。为加强防卫，又设立危地马拉都督辖区、古巴都督辖区、佛罗里达都督辖区以及大陆省管区。1821 年，总督辖区被阿古斯汀·德·伊图尔维德结成的同盟征服。——编者注

西班牙总督辖区，[8]解释并推行仁慈而饱受争议的《新法》（New Laws）*。早有人说，特洛“品性廉洁”，是一名非常出色的律师，但是，和其他视察官一样，特洛也觉得自己应该搞点动静出来，于是他便越权弹劾新西班牙总督安东尼奥·德·门多萨，安东尼奥借特洛的越权行为，轻而易举击碎了指控。安东尼奥一直以来都是位令人钦佩的总督，因此，特洛的弹劾着实令他感到苦恼。

1547 年，特洛返回西班牙。在著名的拉斯·卡萨斯和塞普尔韦达争议裁决中，作为西印度事务的法律顾问，特洛自然成了 14 名争议裁决人之一。[9]1565 年 4 月，特洛担任西印度院主席，但任期只有短短两年，1567 年 8 月，特洛担任了财税丰盈的奥斯玛教区大主教。

腓力二世即位时，西印度院的大多数成员是前任主席乌尔塔多·德·门多萨的门生。正如法国著名历史学家圣西蒙（Saint-Simon）所说，全世界的王室生活多多少少都和凡尔赛宫的差不多，腓力二世的生活也不例外。[10]当时，从各国而来的特使策划着种种阴谋诡计，国王在众多顾问的环绕下左思右想，举棋不定，但凡有影响力的政治人物都选择在此时辞职隐居。

西印度院的另一名法律顾问是比利亚戈麦斯（Villagómez），在被派往新格拉纳达总督辖区（委内瑞拉和哥伦比亚）之前，曾是特洛手下的一名法官，后担任塞维利亚首席执法官，还曾担任主要顾问，裁决围绕委托监护权是否可以世袭而引发的争议。新世界实行的委托监护制指的是西班牙王室将一定数量的西属美洲印第安人授

* 1542 年 11 月，西班牙国王卡洛斯一世签署《新法》，保护印第安人，限制委托监护主的权力，旨在废除委托监护制。1544 年，皮萨罗的弟弟贡萨洛·皮萨罗组织对《新法》不满者发动叛乱，逮捕并处死了当时的秘鲁总督，自任秘鲁统治者。——编者注

予征服者的制度。印第安人被委托给白人“监护主”监护，监护主通常是西班牙人。反过来，监护主有责任确保印第安人能够维持生计，并教化他们皈依天主教。当时西班牙国内就委托监护权能否世袭的问题发生了激烈争论。被授予的土地和人口只是在监护主在世时有效还是可以世袭？事实上，比利亚戈麦斯接受了卡斯蒂利亚枢密院的任命，借此成功免于前往秘鲁。

西印度院另一名成员胡安·巴斯克斯·德·阿尔塞（Juan Vázquez de Arce）来自塞戈维亚，其父马丁也是一名公职人员，为王室效力多年，可见官阶世袭在腓力那个时代司空见惯。巴斯克斯曾在巴利亚多利德著名的圣克鲁斯学院求学，后来担任了圣克鲁斯学院院长，之后任职于格拉纳达最高法院，1556年担任西印度院成员，此前参与了对贸易署的调查。[11]

西印度院还有一名成员是格拉西亚诺·布里维耶斯卡（Graciano Briviesca），早年也曾在巴利亚多利德求学，获得了业士（Licenciado）学位，并在当地的档案馆担任了一段时间的文职工作。早年，布里维耶斯卡在王室担任司铎，还曾负责皇家档案馆（1542年创建，位于锡曼卡斯城堡）的筹建工作。布里维耶斯卡是路易斯·乌尔塔多·德·门多萨的朋友，参与起草了开明的《新法》。他曾被任命为哥伦比亚圣达菲最高法院主席，但和比利亚戈麦斯一样，布里维耶斯卡也设法推迟上任时间，最终没有赴海外上任，而是负责调查秘鲁总督卡涅特侯爵（Marquis of Cañete）在秘鲁的履职情况。1560年，布里维耶斯卡辞去了西印度院的职务，转而担任卡斯蒂利亚枢密院委员。[12]

几乎所有事务部（包括西印度院在内）的成员都是世俗的神职

人员，他们为国王服务，去世前都成了主教。到了 1570 年，那些先前在卡斯蒂利亚任过要职的贵族们多数早已辞职，告别了仕宦生涯，阿尔瓦公爵是个例外，他总能让人想起旧有的统治模式。

在新世界，贵族担任的都是最重要的职位，任期比国内要长。1556 年腓力即位时，担任新西班牙总督的是时年 45 岁的路易斯 · 贝拉斯科（Luis Velasco）。1550 年，贝拉斯科继贵族安东尼奥 · 德 · 门多萨担任宏伟的新西班牙“王国”第二任总督，新西班牙可从不把自己看成是西班牙帝国的殖民地。此前，贝拉斯科曾担任纳瓦拉总督，他的祖父佩德罗是卡斯蒂利亚治安大臣（Constable of Castile）的弟弟。卡斯蒂利亚治安大臣的头衔早已由贝拉斯科家族继承。腓力以为贝拉斯科在新西班牙待上一两年，就会离开墨西哥去秘鲁，门多萨也会返回西班牙，没想到贝拉斯科很快就在墨西哥乐不思蜀了。当时的历史学家苏亚雷斯 · 德 · 佩拉尔塔（Suárez de Peralta）这样写道：“只要贝拉斯科在官署，几乎每一天他都摆好了桌子，随时恭候愿意来此用餐的客人。通常总有三四十位客人用餐，贝拉斯科每次必以佳肴招待，菜品至少有 12 道。”[13] 这位口才绝佳的历史学家正是埃尔南 · 科尔特斯的外甥。

贝拉斯科言谈举止很有贵族风范，符合他的身份。他擅长骑马，热衷狩猎，每年给马夫 2000 达克特（ducat）的巨额薪水。贝拉斯科狩猎时会捕射猎鹰、天鹅及仙鹤，他的马厩十分奢华，堪比王室规制，里面的马匹都是优种宝马，驯养得很好。贝拉斯科还有专属的斗牛场，供他周日斗牛。当时新西班牙常常举行斗牛大赛，贝拉斯科本人也会亲自参加最高规格的赛事。历史学家费尔南多 · 贝尼特斯（Fernando Benítez）说道，在那个时代，贝拉斯科身为贵族却深爱着印第安子民，但作为帝国统治的代表，他绝不允许他人有半点逆反之心。在贝拉斯科眼里，克里奥尔人不服管教，像一群叛逆的少年，因此，他也颇为傲慢地对待他们。[14]

秘鲁总督辖区远较新西班牙总督辖区更为富庶。门多萨家族的安德列斯·乌尔塔多·德·门多萨（Andrés Hurtado de Mendoza）即卡涅特侯爵，继佩德罗·德拉·加斯卡之后担任秘鲁总督。卡涅特侯爵的祖父是枢机主教冈萨雷斯·德·门多萨（González de Mendoza）的私生子，而侯爵本人与秘书大臣鲁伊·戈麦斯的妻子埃沃利公主是表兄妹。侯爵的妻子是奥索里奥伯爵（Count of Osorio）的女儿，16 世纪 30 年代，奥索里奥伯爵曾任西印度院主席。侯爵还曾携血统高贵的卡斯蒂利亚贵族随他一同前往秘鲁。卡涅特侯爵是第一位采用安民政策治理秘鲁的总督，1556—1561 年间，他治下的秘鲁宛若西班牙境内的行省。侯爵在秘鲁建立了多所医院，修建了多座桥梁，设立了有专人护卫的法庭，将几个不同的委员会置于统一管辖之下。[15] 侯爵还慷慨地把委托监护权授予阿尔马格罗（Almagro）[16]的追随者，仅仅是因为他觉得他们年事已高，资格较老罢了。

卡涅特侯爵还与印加统治者萨里·拓帕（Sayri Túpac）达成和解，后者在利马受到了卡涅特侯爵的热情招待和崇高礼遇，他的女儿嫁给了耶稣会奠基人圣依纳爵的侄子马丁·加西亚·德·罗耀拉（Martín García de Loyola），从此旧秘鲁和基督教之间的联系日益密切，这在以前是不大可能实现的。

1558 年 1 月 5 日，萨里·拓帕抵达利马，卡涅特侯爵盛情款待，之后卡涅特又在罗埃萨大主教（Archbishop Loaisa）的宫殿为萨里举办了舞会。16 世纪的人们认为，舞会可以解决一切政治问题。舞会上，卡涅特下令授予萨里·拓帕一处地产。萨里·拓帕从桌布的丝绸穗饰上扯下一根丝线，把丝线高高举起，拿它与这块桌布做对比，桌布代表他的祖父阿塔瓦尔帕（Atahualpa）* 的帝国，而丝线则代表他自己的帝国和财富。[17] 但是，人们很快就得知，萨里在奥罗佩萨（Oropesa）、哈吉哈瓦纳（Jaquijahuana）、普卡拉（Pucaría）等地至少拥有价值 1.7 万比索的财产，另外他还有一位做王后的姐姐，名叫居思·华拉凯（Cusi Huaracay）。

有一名叫胡安·德·比韦罗（Juan de Vivero）的奥古斯丁会修士，负责在印加传教。传教颇有进展。他到利马后没多久，萨里·拓帕和他的妻子就受洗皈依基督教了。

卡涅特侯爵任秘鲁总督时虽然在政治上很有成就，但生活得并不快乐。他的花销可观，总在抱怨事事都要花钱。卡涅特侯爵的下属、弩兵队队长马丁·德·阿万达诺（Martín de Avendaño）说，3000 比索的俸禄远不够侯爵花，就算再加上印第安人 4000 多比索的贡赋也还是不够。[18]

后来，卡涅特侯爵给腓力写信说，他从利马给西印度院寄去了 11 封信，却没有收到一封回信，字里行间流露着不满。不出所料，腓力随后便将他召回了西班牙。当时接替卡涅特侯爵的是另一位贵族，其时秘鲁尚未建立由职业文官进行统治的官僚制度。继任卡涅特侯爵的是涅瓦伯爵（Count of Nieva）迭戈·洛佩斯·德·祖尼加－贝拉斯科（Diego López de Zúñiga y Velasco），他同科尔特斯的赞助者贝哈尔公爵（Duke of Béjar）有亲属关系。迭戈统治过加里西

---

* 印加帝国皇帝，1533 年被西班牙征服者皮萨罗处死。——编者注

亚，还为卡洛斯一世远征突尼斯、意大利及法国。涅瓦伯爵于1500年出生在布尔戈斯，父亲是安东尼奥·德·贝拉斯科（Antonio de Velasco），母亲是涅瓦女伯爵（Countess of Nieva）弗兰西斯卡·洛佩斯·德·祖尼加（Francisca López de Zúñiga）。涅瓦伯爵后来娶了下一任新西班牙总督的妹妹为妻。

1560年12月，腓力二世任命涅瓦伯爵为秘鲁总督，当时的秘鲁正肆虐着流感和天花。[19] 在西班牙人到来之前，总督辖区的印第安人从未听说过流感和天花，他们对其没有任何免疫力。上千人乃至上万人死于这两种疫病。

涅瓦伯爵举止古怪，他更喜欢别人称他为“老爷”，而不是“阁下”。他生活放荡不羁，欠了一屁股债。有流言说，涅瓦伯爵追求过罗德里戈·曼雷克·德·劳拉（Rodrigo Manrique de Lara）的妻子，劳拉妒火中烧，遂谋杀了伯爵，诸如此类的流言蜚语一直断断续续地散播着。1564年涅瓦伯爵去世，此后视察官洛佩·加西亚·德·卡斯特罗（Lope García de Castro）一直严密统治着秘鲁，直到1569年西班牙早期最强势的总督弗朗西斯科·德·托莱多（Francisco de Toledo）接掌秘鲁。[20]

涅瓦伯爵和加西亚·德·卡斯特罗都没能处理好与最先征服秘鲁的皮萨罗家族的关系。虽然皮萨罗家族当时已经不再参与秘鲁的行政管理事务，但他们依旧拥有雄厚的经济实力。1556年，埃尔南多·皮萨罗还在监禁之中，当时他和新婚妻子弗朗西斯卡从监护领地（尤其是尤卡伊河谷和阿维斯卡的古柯 * 田地）获得的年收

* 热带灌木，叶子用于制作可卡因。——编者注

入在 10 万比索到 15 万比索之间。[21] 他们还在波尔科拥有玉米田地、古柯田地及银矿。在波托西 * 银矿发现之前，波尔科一直是最重要的银矿产地。

尤卡伊坐落在亚马孙河重要支流乌鲁班巴河（Urubamba）沿岸，印加国王瓦伊纳·卡帕克（Huayna Capac）就在这里建造了宫殿。自西班牙人征服这片土地以来，一直到 1560 年，尤卡伊的古柯产量增加了 50 倍。库斯科的古柯产量最大，远胜于尤卡伊，而且还需向教会缴纳什一税。

皮萨罗家族在西班牙也十分富有，他们在家乡埃斯特雷马杜拉省的特鲁希略（Trujillo）用秘鲁产的白银建造了一座宫殿，名为"征服宫"，宫殿交由皮萨罗家族的仆人埃尔南多·查孔（Hernando Chacón）打理。皮萨罗家族在佐尔萨村（*pueblo* of Zarza，距离特鲁希略以南 32 千米）也拥有地产；在尼加拉瓜和巴拿马也保有着原先的利益，继续拥有巴拿马塔沃加岛（island of Taboga）上的一块监护领地。此外，皮萨罗家族还控制着莱万特公司（Levante Company），该公司采用军事化管理模式，最早实地考察了秘鲁，用武力打开了秘鲁的大门，将其变为西班牙的殖民地。莱万特公司有很多投资者，皮萨罗、阿尔马格罗、帕斯夸尔·德·安达戈雅（Pascual de Andagoya）、加斯帕·德·埃斯皮诺萨（Gaspar de Espinosa）及他的几个儿子起初都是该公司最有权力的股东。[22]

帝国在新世界有一项重要制度，即司法弹劾制（*residencia*），规定任期届满的总督及以下各级官员离任前要经过司法审查和讯问。

---

* 玻利维亚西南部城市，1545 年附近山区发现银矿后建市，后发展为拉美人口最多的城市。现是玻利维亚主要工业中心。——编者注

这种做法最早见于《芝诺大典》(*Code of Zeno*)，5 世纪时东罗马帝国曾实行过该制度。西班牙的《七章律》(*Siete Partidas*)* 也对此做了明确规定：任期结束后，官员留职 50 天，在此期间，如有公众对官员的治理和审判不满，可以提出申诉和指控，以求得公正。司法弹劾一词就是这么来的。[23]

负责司法弹劾的法官会准备一份调查问卷，问题十分直截了当，比如“你是否觉得即将离任的官员按照要求履行了职责？”法官会摒弃心怀偏见的听众的指控。16 世纪时，新世界约有 200 名官员接受了司法弹劾和讯问，这些官员都曾在墨西哥、危地马拉、巴拿马、利马和圣多明各履职。接受调查讯问的官员里包括当时杰出的征服者：新世界的征服者科尔特斯、佩德罗·德·阿尔瓦拉多、努诺·德·古兹曼（Nuno de Guzmán）及弗朗西斯科·德·蒙特霍（Francisco de Montejo）；秘鲁和佛罗里达的征服者埃尔南多·德·索托（Hernando de Soto）；巴拿马征服者佩德拉里亚斯·阿维拉（Pedrarias Ávila）；古巴征服者迭戈·贝拉斯凯兹（Diego Velázquez）；委内瑞拉征服者希门尼斯·德·克萨达（Jiménez de Quesada）；西印度卡塔赫纳征服者佩德罗·德·埃雷迪亚（Pedro de Heredia）。其中对科尔特斯的调查是目前所知为期最长、内容最详细的调查，问卷多达 6000 页。皮萨罗家族无人受到这样的调查，也鲜有其他秘鲁征服者受到讯问。[24]

这一常规的司法弹劾制度留下了大量的调查问卷，为历史学家更好地了解殖民地公职人员的行政情况提供了重要的文献资料。我

* 卡斯蒂利亚法典，最初由卡斯蒂利亚国王阿方索五世在位期间汇编而成，旨在为王国建立一整套规范的统治制度。——编者注

们通过阅读这些文献了解到，当无法合情合理地回答质问时，许多总督会把责任推到国王身上，借故称是在执行国王的旨意。16 世纪时，新西班牙和秘鲁的总督均出身贵族，一方面企图过上王室的豪华生活，一方面努力执行国王的命令，多数人都成功做到了这两点。他们斥资建造了大量宫殿、修道院、教堂，广铺道路，改善交通，创建大型贸易公司，规模之大，史无前例。

第四章

帝国的神权政治

隐者曰："骑士为维护基督教而生，他们不应以怨报怨，而应谦卑地宽恕敌人。骑士的天职是守护教堂，没有他们的守护，教堂则不复存在。"

——霍安诺特·马托雷利《白骑士蒂朗》(1490年)(第33章，英文译本第43页)

西班牙帝国在新世界的早期（16世纪）历史似乎是天主教会历史的一段篇章，甚至是方济各会历史的一章。在此之后，多明我会和奥古斯丁会的影响日益增强，1570年以后，新兴的宗教团体耶稣会及耶稣会士开始主导新世界的传教活动。

贝拉斯科担任总督期间，新西班牙的宗教氛围极其浓厚，统治方式近乎神权政治。在这里，宗教发挥着十分强大的政治作用。1560年，新西班牙有80座方济各会修道院，380名修士；40座多明我会修道院，210名修士；40座奥古斯丁会修道院，210名修士。这些修士当中，有平信徒、新信徒、学员、行政管理人员，还有相当年长的人。大多数修道院位于市镇中心，建得宏伟壮观。当时耶稣会士尚未来到新西班牙[1]，方济各会、多明我会和奥古斯丁会的僧侣、修士便成了传播西班牙文明乃至欧洲文明的先驱。最早来到新西班牙的教会人士多数是大人物，有着超群的个人能力和坚定的宗教信仰。虽然方济各会修士表现杰出，但我们也不能忘了跟他们一起共事的其他修会才华横溢的修士。

我们这个时代是“黑暗时代”，相比之下，那些遗留下来的16世纪墨西哥修道院充分说明，那个时代宗教深入人心、人人充满信念。这些修道院当中，有建于1550年到1571年间的韦霍钦戈（Huejotzingo）修道院；竣工于1531年的特拉马那科（Tlalmanalco）修道院；始建于1549年、竣工于1601年的乔卢拉（Cholula）修道院；建成于1560年的阿科尔曼（Acolman）修道院，这是墨西哥最华美的银匠式风格*建筑，附带一座宽阔高大的露天祭坛；还有始建于1546年的阿克托潘（Actopan）修道院，由奥古斯丁会建造，整体看上去像一座要塞；建于1548年到1559年间的尤里拉普恩达罗（Yurirapúndaro）修道院，也由奥古斯丁会建造。此外，还有两座多明我会修道院，即始建于1570年的瓦哈卡（Oaxaca）修道院和始建于1533年的普韦布拉修道院。

这些雄伟壮观的方济各会修道院的建筑师均来自西班牙本土（“旧西班牙”）。韦霍钦戈修道院的设计师是胡安·德·阿拉梅达（Juan de Alameda）修士，他随同主教苏马拉加来到了新西班牙。特拉马那科修道院的设计师是托里维奥·德·阿尔卡拉斯（Toribio de Alcaraz）修士，来自西班牙东南部阿尔巴塞特省（Albacete）的一

---

* 15世纪末至16世纪西班牙及其美洲殖民地的主要建筑风格。建筑风格华丽，以摩尔式、哥特式和意大利文艺复兴的精细浮雕装饰为特色。——编者注

个小镇。设计阿克托潘修道院的是奥古斯丁会修士、建筑师安德列斯·德·马塔（Andrés de Mata），曾在意大利工作、生活。设计尤里拉普恩达罗修道院的建筑师分别是迭戈·德·查韦斯（Diego de Chavez）修士、佩德罗·德尔·托罗（Pedro del Toro），前者是征服者佩德罗·德·阿尔瓦拉多（Pedro de Alvarado）的外甥。雄伟壮观、金碧辉煌的瓦哈卡修道院的设计师是埃尔南多·卡瓦罗斯（Hernando Cavaros）。设计普韦布拉修道院的是建筑师弗朗西斯科·贝塞拉（Francisco Becerra），来自西班牙卡塞雷斯省（Cáceres）的特鲁希略市，后来在利马和基多工作，设计了利马大教堂。他的外祖父是托莱多大教堂最主要的设计者埃尔南·冈萨雷斯·德·拉腊（Hernán González de Lara）[2]。

幸存下来的征服者为确保被征服的子民理解并接纳天主教，可谓是费尽心机，但还是遇到了不少麻烦。1559年，方济各会修士马图里诺·吉贝尔蒂（Maturino Ghiberti）[3]用新西班牙中部通行的塔拉斯科文（Tarascan）* 出版了一册《教理问答》，但新上任的大主教即第二任大主教阿隆索·德·蒙图法（Alonso de Montúfar）厌恶这本书是用塔拉斯科文写作的，更让《教理问答》的作者吉贝尔蒂震惊的是，1571年，宗教法庭居然盯上了这本小册子。

这些规模较大的基督教修会都有各自的主张。阿西西的圣方济各（Saint Francis of Assisi）1209年创立了方济各会，主张修士和修

---

* 西班牙修士帮助塔拉斯科人用拉丁字母将他们的方言转化为书面语，尤其帮助当地人编纂了拉丁化后的塔拉斯科文词典、语法书。——编者注

会都应秉持清贫修道的原则。* 方济各会的修道团体被称为“属灵派”†、“清规派”[4]，严格遵守着圣方济各制定的会规。1216 年，布尔戈斯人圣多明我（Saint Dominic）创立了多明我会，修会最初也严守清贫，靠乞讨为生，然而在 1475 年之后，会规开始变得宽放，允许修会及个人拥有财产。此后，多明我会修士便专注于布道和自我提高。

1244 年，教皇英诺森四世（Innocent Ⅳ）模仿多明我会成立了奥古斯丁会。该修会严格遵循由希波的圣奥古斯丁制定的行为准则。慈爱圣母会（Mercedarians）由圣彼得 · 诺拉斯科（Saint Peter Nolasco）在 1218 年创立，目的是援救、照料被摩尔人和穆斯林俘虏的基督徒。这些修道会均积极、迫切地响应了美洲的发现和随之而来的殖民征服。‡

1556 年，恰帕斯（Chiapas）§ 的多明我会修士写信给西班牙西印度院，询问国王是否了解特诺奇蒂特兰城（今墨西哥城）和中美洲的修会正在经历些什么。恰帕斯是玛雅人在新西班总督辖区的居住地，巴托洛梅 · 德 · 拉斯 · 卡萨斯曾担任恰帕斯主教。修士们坚称，尽管当地环境坚苦，烈日炎炎，土地干旱，多年以来，多明我会也像方济各会、奥古斯丁会一样，孜孜不倦地传教。多明我会修士在恰帕斯赢得了诸多信众，摧毁了原住民的偶像，一座座教堂拔地而起。有时一两个修会就能激起人们洗礼皈依的热情，偶尔一天之内

---

* 圣方济各规定，方济各会无论修士还是团体，均不得拥有财产。修士们云游四方，在众人中间宣讲教义，帮助穷人和病人。方济各会的影响极大。1226 年圣方济各去世后，修会由于在严守清贫的誓愿上意见不合而产生分裂。——编者注

† 13—14 世纪天主教方济各会中，主张严守清贫、严谨会规的极端教派。——编者注

‡ 例如，慈爱圣母会会士随哥伦布到达美洲，在拉丁美洲创办隐修院。——编者注

§ 位于墨西哥东南部，居民主要是印第安人。——编者注

会有好几千人皈依。[5]但“邪恶的力量无处不在”，传教行为激起了异教祭司的不满，他们召集异教徒掀起了叛乱。16世纪50年代，有异教徒焚毁了恰帕斯多明我会修道院，这些修士及其信徒无家可归，另外约有30名基督徒遭到杀害。其中有两名修士在教堂被谋杀，一名是多明戈·德·维柯（Domingo de Vico）修士，他博学多识，能灵活运用7种当地语言布道。另有一名修士被当作祭品，献祭给了一座异教神像。多明我会修士向危地马拉圣地亚哥城的西班牙人求助，却遭到了拒绝。这些西班牙人无助地告诉修士，王室明令禁止他们踏入维拉帕斯（Verapaz）*管辖区。[6]

更糟糕的是，教会与修会、修会与修会针对哪些问题才是真正的本质问题，产生了诸多分歧。1556年9月，新西班牙总督辖区方济各会会长弗朗西斯科·德·布斯塔曼特（Fray Francisco de Bustamante）谴责当地人崇拜瓜达卢佩圣母（Virgin of Guadalupe）†，当地人说瓜达卢佩圣母曾在1531年显灵。[7]弗朗西斯科还借此指摘蒙图法大主教支持当地人崇拜瓜达卢佩圣母，并坚持认为画在圣母马利亚外罩上的画只不过是印第安人画的，并不是上帝亲手绘制的。蒙图法大主教是多明我会修士，从小沐浴在格拉纳达宽松的教育氛围下，后来在塞维利亚的圣汤玛士教堂任职，就在两天前，他曾布道支持当地人崇拜瓜达卢佩圣母‡。针对弗朗西斯科会长的批判，蒙

---

* 在哥伦布到达美洲之前，这里是玛雅文明地区。西班牙征服者并不是用刀剑征服了维拉帕斯，而是通过十字架。西班牙修士请求当地人和平地皈依基督教，并给这片土地起名叫Verapaz，意思是“真正的和平”。19世纪，该地成为重要的咖啡和蔗糖产地。——编者注

† 在天主教教义中，1531年圣母马利亚以她的形象现身于胡安·迪亚哥面前。“瓜达卢佩圣母”也用来指圣母显灵。她在墨西哥的宗教生活中有着特殊的地位。——编者注

‡ 1556年，蒙图法大主教在一次布道中称赞当地人对瓜达卢佩圣母的崇拜，并赞美一幅画在圣母马利亚外衣上的画。——编者注

图法大主教专门公开对此事进行了调查讯问。方济各会其他修士都对此表示批判，认为崇拜瓜达卢佩圣母行为本身就是偶像崇拜。这一历史事件突出表现了方济各会与大主教之间的恶劣关系。[8]

与此同时，蒙图法大主教撰写了一份声明，称有些教堂只有两名僧侣，却得服务一万多名信众，远远不能满足信众的需求。蒙图法还写道，他听说有些村庄近 10 年来都未曾有一名教士到过那里，即使来了，也只是草草主持一下弥撒和几次洗礼或婚礼，谁也不愿意待在环境恶劣的穷乡僻壤，都争相离开这里，前往气候宜人的富饶之地。他还提到，奥古斯丁会会长曾任命 24 名印第安人为助祭或司铎，但这些印第安人几乎不会说拉丁语，甚至很多人都不认识拉丁文。对此，一名叫安古斯（Anguis）的医生断言，即使是蒙图法大主教亲自任命的印第安司铎，有些也目不识丁，无法胜任司铎这个职位。[9]

卡洛斯一世在位时发布的最后一道政令是命新西班牙总督解决辖区内传教团体之间的争端，解决争端的原则是：未经当地修会批准，任何修会不得向该地渗透。蒙图法大主教对此非常恼火："还能有比这更糟糕的政令吗？完全没有一点儿仁慈精神，就因为这些修会活跃的地方有五分之一、十分之一甚至二十分之一没能做好传播教义、管理圣事的工作？什么样的基督教规才会禁止修会之间互相帮助？这就好像封君反对自己的封臣一样！"[10]

在新西班牙总督辖区，西班牙人对印第安人的宗教信仰怀有偏见本在意料之中。印第安司铎认为，如果一个西班牙人是好人，他就会接受印第安人送来的圣餐。这种观点招致了世俗天主教徒的反感和厌恶。向来思想开明的门多萨总督也多多少少怀有偏见，他宣称，在印第安司铎的教养赶上西班牙本土培养出来的司铎的教养之前，不适宜让印第安人担任司铎。更加开明的蒙图法大主教并不赞同门多萨总督的观点，他让印第安人、混血儿（梅斯蒂索人）和西班牙人一样担任司铎。因此，正如虔诚的莫多里尼亚（Motolinía）所说，[11] 早在1527年就已有印第安人在天主教会担任司铎了。1540年，新西班牙总督辖区就已经有一名塔拉斯科人担任司铎了，这位司铎就是塔拉斯科末代国王辛兹竺·汤胥安（Sintzichu Tanguxan）的孙子巴勃罗（Pablo）。然而，迫于卡斯蒂利亚上级施加的压力，蒙图法大主教最终不得不停止任命印第安人担任司铎。

尽管如此，方济各会修士还是支持了蒙图法大主教任命印第安人担任司铎。例如，原籍丹麦的著名神学家哈科沃·达西亚诺（Jacobo Daciano）修士就曾谴责墨西哥教会的建立严格来讲不合教规，因为这里的教会并不鼓励、支持印第安人担任司铎。哈科沃说起话来十分温和，1513年，有一名来自西班牙的方济各会修士胡安·德·高纳（Juan de Gaona），对哈科沃修士的宗教观点提出了质疑，哈科沃便因此宗教争端逃离了丹麦。此外，墨西哥其他早期宗教人士都是方济各会修士，例如印第安－西班牙混血儿胡安·德·托瓦尔（Juan de Tovar）就是其中之一，他的父亲是西班牙征服者托瓦尔，母亲是墨西哥特斯科科王室的公主。托瓦尔从母亲那里学会了好几种原住民语言，后来在特诺奇蒂特兰城的大教堂担任秘书。16世纪70年代，托瓦尔加入了耶稣会。他学识渊博，有“墨西哥的西塞罗”之美称。另一名虔诚的方济各会修士是塔拉斯科人迭戈·德·巴拉德斯（Diego de Valadés），他是王室私生子佩德罗·德·甘德修士（Pedro de Gande）的门生。1574年，巴拉德斯离开墨西哥去了西班牙，他是第一个在欧洲出版个人著作的墨西哥人，代表作是《基督教修辞和传道祈祷》(*Rhetorica Christiana ad Concionandi et Orandi*)*，1579 年，意大利的佩鲁贾有了这本书的拉丁文译本。

在西班牙，拉斯·卡萨斯和塞普尔韦达之间就如何公正对待印第安人的问题依然争论不休。当时西印度院坚持不懈地劝说负责裁决此项特殊事件的明智之士以书面形式递交他们的意见。[12]1557 年，西印度院就给睿智的多明我会修士梅尔乔·卡诺写信说，其他法官已经就此事给出了意见，梅尔乔也应立即给出意见。然而，我们只能看到修士阿纳亚（Anaya）提出的建议，其他明智之士的观点未能留存至今。阿纳亚认为，征服印第安人是正当的、合理的，通过征服可以阻止印第安人违背自然法则犯下罪行。不过，他认为王室应该出资支持再次远征美洲，这次的远征应由“一心服务于上帝和国王的人指挥，他们会为印第安人树立榜样，他们前来是为了印第安人的福祉，而非寻觅黄金”[13]。阿纳亚还建议，在诉诸武力征服之前，西班牙人应继续坚持向印第安人递交“要求书”†。[14]

在如何对待印第安人的问题上，巴托洛梅·德拉·维加修士（Bartolomé de la Vega）不仅是第一个坚持道义的人，还长期同不计其数的法学博士就这一问题进行论辩。这些法学博士处心积虑地歪曲事实，而德拉·维加却在努力说服西印度院公开出版拉斯·卡萨

---

* 这本书出版于 1579 年，讲述了印第安的历史与文化。——编者注

† 西班牙征服者在殖民过程中，向印第安人下达的战前最后通牒书，1514 年由胡安·洛佩斯·德·帕拉西奥斯·鲁维奥斯授命起草，内容涉及基督教历史、教皇享有至高无上的权威，印第安人有义务臣服于西班牙的统治。“要求书”的目的是为了减轻西班牙征服者屠杀印第安人的负罪感，将战争的责任转嫁给印第安人。“要求书”激起了西班牙人和教会人士的激烈谴责，但这份文书依旧在 16 世纪向 100 多个印第安部落宣读过。——编者注

斯为印第安人辩护的专著*。德拉·维加强调："救赎新世界的居民，抑或毁灭他们的肉体与灵魂，成败在此一举。……这项工作极其重要，对整个世界而言，救赎他们十分有必要。拉斯·卡萨斯已经在这个问题上耗费了许多心血，他一直对此忧心忡忡，度过了无数个不眠之夜。"[15] 然而，墨西哥特诺奇蒂特兰城的市政议会却上书腓力二世，称拉斯·卡萨斯为印第安人的辩护引起了市民的不满，市政议会已经安排两名神学家和律师向西印度院寄送一份陈词，谴责拉斯·卡萨斯这个"胆大妄为的修士，反对他那令人作呕的教条"。看来现在还不是出版辩词的时候。

塞普尔韦达曾写信给科尔多瓦检审官弗朗西斯科·德·阿格特（Francisco de Argote）†，表达了自己的态度。信里说道："我并不主张那些野蛮人应当沦为奴隶，"塞普尔韦达接着写道：

> 但前提是他们必须服从我们的统治。我不主张剥夺他们的财产，只是征服就够了，不要对他们做出不合道义的事情。我不主张对他们滥用权力，只要确保我们的统治是高贵的、值得敬重的，他们能够从中受益即可。如此，我们才可以彻底清除异教习俗和惯例，用仁爱来感化他们，教化他们遵循自然法则，给予他们使徒般的仁慈，吸引他们皈依天主教。[17]

一向耿直、顽固的塞普尔韦达竟然能够以全新的方式来处理印第安人的问题，这说明他可能变得更加老练了。

---

* 指的是拉斯·卡萨斯所著《西印度毁灭述略》，于1522年完成。——编者注

† 出身于科尔多瓦的世家大族，负责裁决如何处置科尔多瓦市宗教法庭没收的财物。[16]——原注

此外，西班牙当时出现了另一场性质不同的宗教危机。1557 年 9 月，罗马宗教法庭*准备了长长一份待焚毁异教书籍新书目，并计划安排两位枢机主教进行监督，确保书商短时间内不会遭受过多损失。不过，伊拉斯谟的书被要求立即焚毁，要一同被焚毁的还有马基雅维利的作品和波焦·布拉乔利尼（Gian Francesco Poggio）† 嘲讽神职人员、修会的诙谐故事集《逸闻妙语录》(*Facetiae*)。此外，西班牙政府吊销了阅读禁书的许可令，只有宗教法庭庭长和枢机主教可以持有特许令，可以阅读禁书。1561 年，西班牙进一步强化了 1502 年颁布的审查制度法，规定所有书籍的扉页都必须印有审查官的许可令，同时规定，任何进口书籍必须获得王室准令，否则涉事人员将被处以极刑。

继 1557 年 9 月罗马宗教法庭制定的禁书书目后，塞维利亚一名叫安东尼乌斯·布莱杜斯（Antonius Bladus）的保守书商又为西班牙政府列出了一份新的禁书名录，同罗马的禁书书目相比，这份禁书名录更为严格。布莱杜斯的禁书名录囊括了“罗马宗教法庭及世界各地其他宗教法庭严令所有基督徒时刻提防的作家、作品”。禁书名录分三类：第一类，严禁该作家的全部作品，即使他们在书中并未书写任何批判宗教信仰的话，一度备受读者喜爱和尊敬的伊拉斯谟就在其列；第二类，严禁该作家某本或大部分作品；第三类，严禁个别被视为“极其危险”的书籍。此外，凡是未写明作者、印刷

---

* 1542 年教皇保罗三世为对付新教而设立，由 6 名枢机主教组成的异端法庭部管理。该部完全独立，在教皇保罗三世和尤利乌斯三世在位期间（1534—1549；1550—1555），罗马宗教法庭的办案并不严格，做法比较温和。——编者注

† 意大利人文主义者、书法家。曾发现许多古典拉丁文手稿，为文艺复兴早期的著名学者之一。——编者注

商及出版地的书籍自动列入禁书名录。未经宗教法庭许可，任何人不得私藏或阅读拉丁文《圣经》以及其他文字的《圣经》译本。名录开列了61家被禁的印刷商。[18] 随后，不计其数的书籍遭到焚毁：在1558年棕榈主日（Palm Sunday）* 的前一天，威尼斯就有多达1万本书被焚毁。但巴黎的索邦神学院和西班牙宗教法庭并没有理会书商布莱杜斯开列的这份禁书名录，1559年，西班牙宗教法庭庭长瓦尔德斯枢机主教发布了他亲自开列的禁书书目。[19]

然而，异端似乎仍在蔓延。1556年，受过良好教育的修士胡利安·埃尔南德斯（Julián Hernández）从日内瓦来到塞维利亚，随身携带了大量加尔文教派书籍。此前为摆脱天主教严苛的教规，他一直躲避在苏格兰和巴黎。此次他打算前往塞维利亚北部以思想自由而闻名的圣伊西德罗修道院（San Isidoro del Campo）。然而，胡利安的《反基督者肖像》（*The Image of Antichrist*）的抄本阴差阳错地落到了一名天主教徒的手中，后者向宗教法庭告发了胡利安。此后有12名修士被迫逃离了圣伊西德罗修道院，几年后，这12名修士多数被处以火刑。胡利安本人在莫雷纳山遭到逮捕，随后在塞维利亚圣弗朗西斯科广场上举行了针对他的宗教公判大会（auto-da-fé）†，并当场立即执行火刑。行刑时，他被绑在火刑柱上，还没来得及诅咒刽子手，就被烧成了灰烬。

与此同时，卡洛斯一世身边的特遣司铎康士坦丁诺·德拉·普恩特（Constantino de la Puente）博士被人质疑信仰不够正统。

---

* 复活节前的星期日。——编者注

† 西班牙宗教法庭的公判大会，判决由世俗当局执行。通常在广场举行，有王室人员在场，大会程序通常包括长途游行、弥撒、宣誓服从判决、讲道和宣判。一般这种公判大会并不惩处被告。——编者注

1558 年 6 月 2 日，宗教法庭庭长瓦尔德斯致信已经退位的卡洛斯一世[20]，谏言称：应将宗教法庭辖区扩展至阿斯图里亚斯的加利西亚地区（瓦尔德斯本人就来自这里）和巴斯克地区；陛下的所有子民负有忏悔义务，理应团结契合；未经考核，中小学教师不得从业；未获宗教法庭许可，所有书籍均不得擅自出版；外国人一律不得贩售书籍；书商均须开列在售书籍名录；告发者有赏，被告发者四分之一乃至三分之一财产将奖励给告发者。[21] 虽然卡洛斯一世并不能亲自处理上述事务，但在他人眼中，他依然对决策有着实质性的影响。

这时，有消息传来，卡兰萨大主教出版了一部模棱两可的教义问答著作，罗马教廷为之震动。部分出于恐慌，睿智而残忍的教皇保罗四世授予西班牙宗教法庭庭长瓦尔德斯特权。[22]1559 年 1 月 7 日，西班牙王室加大了对宗教法庭的拨款，并授权宗教法庭庭长可自行调查所有高级神职人员的行为活动，必要时可予以逮捕。在塞维利亚，有 21 人被指控为新教徒并处以火刑，其中包括一位贵族青年胡安·庞塞·德·莱昂（Juan Ponce de Léon），他是拜伦伯爵（Count of Bailén）的弟弟。[23]1559 年 11 月，一股宗教偏见的浪潮席卷了所有西班牙大学：王室勒令所有在未能获得宗教法庭批准的国外大学读书的卡斯蒂利亚学子回国。尽管这股浪潮目前只涉及卡斯蒂利亚人，尚未波及阿拉贡人和巴斯克人，然而在很多人看来，这无疑是一场大劫难。[24]

1559 年瓦尔德斯开列的禁书书目包括 500 部戏剧，这些剧本被禁的确切原因不得而知，但此后所有的剧作家都谨遵所谓的体统进行创作。[25] 小说《托美思河的小拉撒路》（*La Vida de Lazarillo de*

Tormes）的前两部均被查禁（第二部于1554年在安特卫普出版，小说里的拉撒路*是一条鱼），直到19世纪才在西班牙完整出版。

相形之下，宗教法庭似乎并不介意骑士小说的出版、发行，可谓相当宽待骑士小说。虽然很多权贵乃至摄政王后和年轻的腓力王子都曾埋怨“许多像《阿马迪斯·德·高拉》这类小说都用方言写成……”[26]，瓦尔德斯的禁书书目里并没有一本世俗小说，也许是因为这些小说十分精彩，在宫廷里拥有很多读者（包括皇帝本人、圣依纳爵、阿维拉的圣特雷萨†）。[27]真正令王室忧虑的不是西班牙人到了新世界之后依然会阅读这些小说，而是如此一来，他们可能会培养起阅读小说的习惯。

1561年，为讨论并解决上述争论不休的问题，位于马德里阿托查的多明我会修道院专门举行了一次会议：拉斯·卡萨斯先于腓力二世到达会场，过去他也常常在卡洛斯一世之前就到达会场。在会上，方济各会成员胡安·萨梅罗（Juan Salmerón）为西班牙向印第安人发动战争辩护，辩称印第安人造下了无数“野蛮的罪孽，还保留着野蛮的人祭传统”[28]，因此，对印第安人开战是正义的。拉斯·卡萨斯早先向教皇谏言，如果有人因为印第安人有偶像崇拜的习俗就断定这场战争是正义的话，那就恳请教皇开除他们的教籍。腓力二世为避免会议因讨论印第安战争而陷入纷争，于是把焦点放在管理新西班牙总督辖区内修道院分布的问题上。他下令，新西班牙的修道院之间相距不得少于18英里（约29千米）。腓力解释了制定上

* 见于《约翰福音》。拉撒路是马大和马利亚两姊妹的兄弟，死后4日，耶稣使其复活。在《路加福音》中，拉撒路是一个在世间受尽苦难，死后进入天堂的乞丐。——编者注

† 西班牙天主教修女，神秘主义者。——编者注

述政策的原因："我们获悉，修道院建得过于集中，修士们都想在靠近墨西哥城的绿地上建立修道院，不想在又穷又苦、酷暑难耐的地方落脚，因而导致将近二三十英里（32—48千米）内没有一座修道院。"[29]

1561年，蒙图法大主教和米却肯主教基罗加（Bishop Quiroga）* 起诉新西班牙总督辖区三大修道会虐待印第安人。基罗加主教思想开明，主张乌托邦主义，在帕茨夸罗（Pátzcuaro）负责管理新西班牙中部地区事务。基罗加批评道："印第安人不服管教时，修士就辱骂、痛打他们，扯掉印第安人的头发，剥去他们的衣服，残酷地鞭笞他们，之后又把这些人五花大绑投进监狱……"方济各会的弗朗西斯科·德·里韦拉（Francisco de Ribera）和胡安·基哈诺（Juan Quijano）都隶属于特拉斯卡拉修道院，二人的确曾因一个印第安人言语上激怒了他们而将其逮捕，绑在柱子上施以笞刑。[30]

新西班牙三大修会会长上书腓力二世，称这些纷争正在威胁着教会，恳求腓力想方设法避免教会覆灭于这些祸根。[31] 他们把话题转移到了旧宗教的复活上：1565年10月11日，蒙图法大主教和新西班牙的其他主教在提交给检审法院的记录里，深刻谴责了旧宗教的复活。记录里描写道："这些刚皈依的印第安人兴高采烈地恢复了以前的偶像崇拜、宗教仪式、人祭和迷信。"例如特诺奇蒂特兰城的查尔玛人擅长建筑，他们会在人迹罕至的偏远山洞里集会；在乔卢拉，他们有时会巧妙地把旧宗教的神像藏在基督教的十字架下面。

---

* 墨西哥米却肯州第一任主教，曾于1531—1535年担任新西班牙第二任检审法官。致力于重建墨西哥地区的秩序，将当地分散的人口集聚在医疗小镇"印第安共和国"内。这个小镇是按照托马斯·莫尔的《乌托邦》原型组建的，这样做是为了便于管理印第安人，教化他们皈依基督教，选择过基督徒的生活。他还创建了圣尼古拉斯学院和墨西哥女子学校。——编者注

这些行为一般是在当地首领、旧宗教的司铎或巫师领导下进行的。[32] 但这封给腓力的公开信并未引起任何反响。1563 年，新加利西亚法官阿方索·德·奥塞古埃拉（Alfonso de Oseguera）业士在信中写道，新加利西亚土地贫瘠，人民野蛮残暴，无法在这里建立方济各会修道院。[33]

尽管困难重重，但尤卡坦的梅里达州的第一座大教堂于 1563 年开始动工，1599 年完工。教堂内设有狭长通道，看上去就像一座大宫殿，可以与圣多明各新建的大教堂相媲美。[34]1569 年，另外一座内部设有狭长通道的大教堂在新西班牙欣欣向荣的瓜达拉哈拉市动工。除修建教堂外，当地还取得了一些值得肯定的成就：例如在 1569 年 3 月 21 日，米却肯主教写道："当地印第安领袖大体上接受了天主教，其中一些人已经开始用本地方言向同僚布道了。"[35] 10 天后，孜孜不倦的蒙图法大主教给教皇写信，说他亲自为 5000 名印第安人施了洗礼。[36] 他已经意识到只有修士——尤其是方济各会修士——才能真正理解印第安人的情感。这些修士长年待在这里，过着与世隔绝的生活，至少懂得几门当地语言，多少了解当地的习俗惯例，因此比其他人更加了解印第安人的特点。修道会期望修士能够学习少数几门当地语言（奥托米语、托托纳克语、萨波特卡语、塔拉斯科语、米斯泰克语），并掌握当地的主要语种纳瓦特尔语。

1569 年，多明我会修士路易斯·贝特朗（Luis Bertrán，他后来成了"守护神"）在新格拉纳达（包括委内瑞拉、哥伦比亚、厄瓜多尔以及秘鲁和巴西的部分地区）的布道取得了巨大成功，他一生坚持苦修，胜过常人，因此他的布道颇有说服力。他常常赤脚空腹穿过荆棘满丛、人迹罕至的大树林，顶着烈日长途跋涉前去布道，唯一的精神食粮就是一本祈祷书。他一人至少使两万人成为信众。[37]不久以后，贝特朗离开了新西班牙，不想为西班牙殖民者的暴行担负责任，但他的同伴路易斯 · 维罗（Luis Vero）留下来继续布道，一直到 1588 年才离开。[38] 在西印度院面前，多明我会修士展示了一封写给罗马教皇的信，试图以此证明自己的行为是公正的，他们声明：

> 有人指责我们斥巨资大兴土木。这些建筑其实是为修道院而建造的，很容易就可以核实，因为我们没法把墙藏起来，陛下（信是写给教皇的）您可以来参观、视察，根据您的意愿和需要，采取措施。有一点我们可以向您保证：在新西班牙修建的 48 座修道院当中，除了 3 座尚在修建，其余均已竣工，我们要确保印第安人是在全心全意地修建，没有丝毫怨言……此外，只有少数几座修道院规模较大，其余规模都非常小，风格质朴，没有任何浮夸装饰，也没有滥造多建。在建造过程中，我们没有对印第安人施加任何暴行，他们也非常希望在自己的村庄修建天主教堂，因为除了修道院外，村子里尚无一座教堂……[39]

此前，在 1564 年，拉斯 · 卡萨斯写了他一生之中最后一部著作《答十二疑惑》（*A Solution to Twelve Doubts*），表明了他坚决反对西班牙殖民者的态度。1565 年 5 月，他将本书中的观点进行提炼，上呈腓力二世。很遗憾，这部著作直到 19 世纪才得以出版。

1564 年 3 月 17 日，拉斯 · 卡萨斯立下遗嘱："总有一天，上帝会怒惩西班牙人，他们将为对美洲印第安人发动的不义之战付出惨重的代价。”[40] 拉斯·卡萨斯派驻罗马的代表人曾记录道，一旦拉斯·卡萨斯给他发来消息，他则把消息递交给严苛的新任教皇庇护五世。随即拉斯·卡萨斯又写了一封信向教皇谏言，如果有人仅仅因为异教徒的偶像崇拜就向他们发动战争，或者企图通过战争来传播天主教信仰，那就把他们革出教门。他还给教皇寄去了一本小册子，貌似是他写的第一本小册子。这本册子名为《唯一之路》（*The Only Way*），旨在吸引所有人皈依真正的信仰。极有可能是应拉斯·卡萨斯之请，教皇庇护五世敦促腓力二世“放松对印第安人的宗教控制”。1568 年 11 月，庇护五世给马德里的教廷大使下达了新的指示，涉及如何对待美洲印第安人的问题。庇护五世提醒西班牙国王，只有让基督教在海外殖民地落地生根，他才有权去征服这些土地。因此，国王要履行职责，确保在当地安排优秀的布道者和司铎，还应确保统治当局通过税收为布道者和司铎提供财政支持。印第安人只有接受了足够的指导和教化后，方能受洗。应当为已经受洗的印第安人配备教师，教导他们成为虔诚的基督徒。应当广布修道院，便利当地居民皈依基督教。如果有些地方的印第安人居住分散，就把他们集中到村子里。所有的异教神殿都应被摧毁，所有居住在新世界的西班牙人理应为印第安人树立良好的榜样。[41]

当然，教皇庇护五世也知道，从理论上讲，1508 年教皇尤利乌斯二世在诏书中已经全权授予西班牙国王管辖印第安地区天主教会的权利。* 因此，西班牙国王有权提名修道院院长及主教人选，所有

---

* 1508 年尤利乌斯二世颁发训谕，给予西班牙国王斐迪南二世及其继任者享有“推荐权”的特殊权利，这种权利包括任命教会高级教师和宗教法庭庭长、批准建筑教堂和修道院、划定教区疆界、限制教会财产等。——编者注

与新世界有关的教皇诏书均须获得西印度院同意，但在正式建立教堂之前，仍须正式获得教皇的准许。

16世纪60年代末，美洲的宗教结构发生了变化。首先，到美洲的第一代传教士相继去世：1569年，莫多里尼亚离世；1571年，能用12种原住民语言布道的安德列斯·德·欧默斯（Andrés de Olmos）及尤卡坦主教托拉双双离世；1572年，佩德罗·德·甘德离世。在这些伟人当中，最引人瞩目的恐怕要数佩德罗·德·甘德了，修士迭戈·德·巴拉德斯写道："他本人多才多艺，还教授印第安人各门艺术。"[42] 蒙图法大主教也曾说："我不是墨西哥的主教，佩德罗·德·甘德才是。"*

其次，传教士曾经活动的地区已经发展为城镇，宗教法庭正打算认定详细记录印第安人的传统习俗（如萨阿贡的《新西班牙纪事》[43]）是错误行为，因为它透露出传教士对远古时期的宗教仪式很感兴趣。萨阿贡整理的印第安人对话录《诗篇诵唱》（*Psalmodía*）并未出版，阿尔纳多·德·巴萨西欧修士的《福音书和书信集》的印刷被叫停，甚至连阿隆索·德·莫利纳的《西班牙语–纳瓦特尔语字典》也因为一处印刷错误而受到了攻击和质疑。

当时不只新西班牙面临有争议的棘手问题。在西班牙的第二大总督辖区、西班牙帝国最富庶的总督辖区——秘鲁也面临着一系列有争议的问题。罗埃萨大主教（Archbishop Loaisa）召集神学家召开会议，拟定指南，指导告解神父可以在多大程度上要求监护主及在印第安战争中发财获利的人归还财产。会议通过了在某些案例中实

* 1523年，佩德罗·德·甘德在新西班牙总督辖区下的特斯科科建立了一所音乐学校。1530年，在墨西哥城大教堂组建了一个由当地人参加的唱诗班。——编者注

行过的条例，即获得赦免的前提是归还财产。阿隆索·德拉·佩尼亚·蒙特内格罗（Alonso de la Peña Montenegro）把上述讨论整理成了一本引人入胜的手册，供传教士参阅。这本手册一直使用到18世纪末。[44]秘鲁的第一批耶稣会士之一路易斯·洛佩斯曾这样描写他在秘鲁遇到的西班牙人："他们对待印第安人非常残酷，在他们眼里，印第安人不是人而是畜生，他们如此对待印第安人只是为了攫取白银……"[45]（不出所料，由于洛佩斯过度同情印第安人，因此后来遭到宗教法庭的谴责，被宣判有罪。）

有关拉斯·卡萨斯的争论和他的"恶名"也传到了秘鲁：16世纪70年代，托莱多总督的一位修士朋友发表了一封公开信，题为《捍卫西班牙国王在西印度统治的合法性，反对巴托洛梅·德·拉斯·卡萨斯》[46]，猛烈抨击了拉斯·卡萨斯的立场。他在信中指出，拉斯·卡萨斯从未到过秘鲁，自然对那里的情况一无所知。这名修士坚信西印度是西班牙应得的奖励，是西班牙与穆斯林长达8个世纪鏖战的胜利品。印加人暴虐专横，这位修士争辩说，而拉斯·卡萨斯差点说服国王把秘鲁交由印加人统治，幸好弗朗西斯科·德·比托里亚及时指出了这一事实。拉斯·卡萨斯权高势重，没有几人敢质疑他。为避免西班牙深受其害，应当明确西班牙国王对印第安人的统治地位。这名修士还指出，有些西班牙人为了保全自己，选择同印第安公主通婚，以免印加人有朝一日重掌权力，自己失势。

这名修士还谴责那些"打着热忱的幌子，力图给予印第安人……与他们自身不相称的头衔的人……因为印第安人是劣等人，理应由别人统治……这是魔鬼最狡猾的一桩骗局，他挑选了一个教士来做傀儡，很明显这个人（那就是拉斯·卡萨斯）满腹激情，却言而无信、口出恶言且粗心大意、轻举妄动，这一点从他已经出版的著作中可以看出来，也可以从他在（总督）布拉斯科·努涅斯（Blasco Nuñéz）来到秘鲁时惹出的乱子中看出来”。

让我们回过头来看看当时的欧洲。特伦托会议*和罗马天主教会当时的大力改革和合理调整也结束了。1563 年 12 月 3 日，会议结束时宣布：所有司铎置于主教管辖之下。这给新世界出了一个难题，因为那里的很多堂区都是由修士而非在俗司铎管理的。特诺奇蒂特兰城大主教被迫请求教皇，不要在他的辖区内强制实施这项新规。[47]

特伦托会议反映了罗马天主教会反对宗教改革的宗旨。教皇于 1564 年 1 月批准了会议通过的法令，正式颁布了《特伦托会议信纲》。1564 年 7 月 12 日，腓力二世同意将教令纳入西班牙法律，该教令也适用于所有西班牙领地。特伦托会议尽管花了 20 年时间才敲定这些法令，但事实证明这些法令的确影响深远。庇护五世向桑托·多明戈主教、新世界及“金色”果阿[48]的主教们下达了特伦托会议的法令。1565 年 1 月，腓力二世召开王室会议，旨在贯彻落实特伦托会议通过的全部法令，其中包括改革宗教团体，约束堂区司铎，修订宗教惯例，废除若干古老的宗教仪式，采用新的方式主持弥撒，发布新的祈祷书，发布新日历，变更某些圣徒纪念日，培训传教士，建立高质量的宗教学校。如此一来，天主教会似乎为迎接新的挑战做好了准备。为了在某些方面推进改革、引导改革，新的传教团体孕育而生：耶稣会成立了。[49]

---

* 1545—1563 年在意大利特伦托城召开的罗马天主教会第 19 次普世会议。该次会议进行了彻底改革，规定并阐明了几乎所有在新教徒中存有争议的教义。——编者注

第五章

来自耶稣会的挑战

克服自己。

——依纳爵·罗耀拉最钟爱的训谕

1570年后，耶稣会的创始者来到了新世界，很快就开始领导先前的修会，甚至就连在帝国刚开始立足新西班牙的前50年里发挥至关重要作用的方济各会也要接受耶稣会的领导。

耶稣会是反对宗教改革运动的核心力量，它把重点放在了教育方面。1540年9月27日，耶稣会在巴黎成立，正是在这里，10个名不见经传的年轻人收到了教皇批准成立耶稣会的许可。这10个年轻人多数是西班牙人，说一口蹩脚的意大利语，因而备受挖苦。当时耶稣会由依纳爵·罗耀拉领导，他是巴斯克人。1556年，依纳爵去世时耶稣会已有成员1500人、65个布道团。在这些年里，耶稣会的成员主要以西班牙人为主，依纳爵的主要顾问都是卡斯蒂利亚人，包括曾在巴黎求学的布尔戈斯人胡安·阿方索·德·波朗科（Juan Alfonso de Polanco）、来自马略卡岛西岸帕尔马的赫罗尼莫·纳达尔（Jerónimo Nadal）、来自索里亚省艾尔玛善镇的迭戈·莱内斯（Diego Láinez），还有巴伦西亚人胡安·赫罗尼莫·多梅内奇（Juan Jerónimo Domenech）。胡安·赫罗尼莫·多梅内奇很快就成了耶稣会驻西西里的代表，来自纳瓦拉哈维尔镇的弗朗西斯科·哈维尔（Francisco Xavier，即沙勿略）成了耶稣会驻纳瓦拉的代表，来自巴伦西亚的科斯梅·德·托雷斯（Cosme de Torres）则留在了印度和日本。1556年，西班牙已经建立了若干所耶稣会大学。[1]1554年，加泰罗尼亚前总督、甘迪亚公爵（Duke of Gandia）弗朗西斯·博尔赫亚（Francis Borgia）担任西班牙耶稣会会长。当时在意大利也成立了类似机构，尤其在意大利的阿普利亚地区，这里的人对宗教十分无知，耶稣会士甚至讥笑阿普利亚是"意大利版的西印度"（西班牙人也这么称呼阿斯图里亚斯）。

在所有耶稣会创办的大学里，1599年发布的《教学大纲》（*Ratio Studiorum*）是必修课。这份大纲由来自那不勒斯贵族家庭的修士克劳迪奥·阿奎维瓦（Claudio Aquaviva）撰写。《教学大纲》几乎规定了古典学应教授的全部课程。在此之前，没有一个修会参与过教育事业，而自此开始，耶稣会"手摇上课铃"，把世界各地的孩子陆续召唤进校园，甚至连著名剧作家洛佩·德·维加（也许他还有点儿放荡不羁）也曾在耶稣会创办的学校读书。

1491年，耶稣会创始人依纳爵·罗耀拉[2]出生在巴斯克区吉普斯夸省的家族城堡里，吉普斯夸省地处阿斯佩蒂亚（Azpeitia）和阿扎科西亚（Azcotia）之间，距离圣塞巴斯蒂安20英里（约32千米）。依纳爵的父亲常年在外征战，他有两位兄长，一位是担任司铎的佩德罗·洛佩斯·德·罗耀拉（Pedro López de Loyola），另外一位是在军中服役的马丁·加西亚·德·罗耀拉（Martín García de

Loyola）。依纳爵同卡斯蒂利亚阿利瓦路（Arévalo）要塞的守备司令胡安·贝拉斯凯兹是同窗，胡安·贝拉斯凯兹是第一任古巴总督迭戈·贝拉斯凯兹的堂弟。在 1521 年之前，依纳爵似乎是一名典型的骑士，四处留情、嗜好赌博，还有一个私生子。但在 1521 年潘普洛纳包围战中，依纳爵腿部骨折，接受了两次正骨手术。此后很长一段时间内，他在父亲家中卧床不起，由嫂子马格达莱纳照料。养伤期间，依纳爵想读几本类似流行的《阿马迪斯·德·高拉》《白骑士蒂朗》之类的骑士小说，阴差阳错地拿到了一本撒克逊人卢道夫（Ludolph）写的《耶稣基督传》（*Vita Christi*），这本书完成于 14 世纪末，15 世纪、16 世纪多次再版。

依纳爵决心效仿书里圣徒的事迹。他原本想加入位于塞维利亚的加尔都西会（Carthusian）隐修院*，但很快改变了主意，因为他认识的该修道院僧侣在行修方面都过于放纵。依纳爵于是转而去了加泰罗尼亚，先是去了位于蒙特塞拉特（Montserrat）的本笃会（Benedictine）修道院，后来去了蒙特塞拉特以北几英里的曼雷萨（Manresa），在那儿的一处山洞里过了一年的禁欲生活。1522 年，他在山洞里完成了《精神锻炼》（*Spiritual Exercises*）一书。

1523 年年初，依纳爵前往罗马。同年 3 月，他在罗马收到了主张苦修的教皇阿德里安六世（Adrian VI）的祝福。依纳爵拥有巨大的个人魅力，逐渐开始影响天主教会。回到西班牙的他一无所有，甚至连去圣地的愿望都无法实现。后来依纳爵在巴塞罗那学习拉丁文，之后又在阿尔卡拉–德埃纳雷斯和萨拉曼卡求学。在这些地方

* 天主教隐修会之一，强调修士过独居苦修生活，终日祈祷、读经、默想、严守静默，有“苦修会”之称。——编者注

短暂停留期间，他曾被误当作宗教改革运动的领袖遭到逮捕。1528年，他来到巴黎索邦神学院，认识了萨伏依人皮埃尔·勒·费弗莱（Pierre le Fèvre）、纳瓦拉人沙勿略。依纳爵还认识了3个卡斯蒂利亚人，他们分别是之前提到的迭戈·莱内斯、来自托莱多的阿方索·萨尔梅龙（Alfonso Salmerón），还有尼古拉斯·博瓦迪利亚（Nicolás Bobadilla）。尼古拉斯·博瓦迪利亚的真名为尼古拉斯·阿隆索·佩雷斯（Nicolas Alonso Pérez），曾在巴利亚多利德求学，父亲是一名皈依者。依纳爵还认识了一名叫西蒙·罗德里格斯（Simón Rodríguez）的葡萄牙人，其他的早期"依纳爵门徒"（Iñiguistas，当时他们以此称呼闻名）包括来自萨伏依的克洛德·勒·热（Claude le Jay）和两名法国人，即帕斯卡西奥·布罗埃特（Pascasio Bröet）和让·科杜尔（Jean Codure）。依纳爵第一个真正的追随者是胡安·阿方索·德·波朗科（Juan Alfonso de Polanco），他后来担任依纳爵的秘书。依纳爵接收的第一个德意志门徒是彼得·卡尼修斯（Peter Canisius），在成为门徒之前，彼得已经在科隆完成了博士论文的写作。依纳爵的大多数门徒都获得了博士学位。[3] 至此，依纳爵已经获得教皇的许可，可以自由招募追随者。

很快，依纳爵又收了两名来自威尼斯的门徒：彼得罗·康达利尼（Pietro Contarini）和加斯帕·德·迪奥科提斯（Gaspar de Dioctis）。1536年冬天，康达利尼和迪奥科提斯徒步前往威尼斯，随后又去了罗马，依纳爵则继续留在威尼斯。依纳爵的门徒在罗马受到了西班牙帝国全权公使佩德罗·奥尔蒂斯（Pedro Ortiz）和枢机主教卡拉法（Cardinal Carafa）的欢迎，卡拉法十分有才华，但生性乖戾，对异教毫不宽容，没过多久就出任了教皇一职。

康达利尼和迪奥科提斯后来返回了威尼斯，依纳爵、沙勿略及耶稣会的另外 5 名修士都在这里被授予圣职。随后，该组织从意大利开始向外扩散，到 1537 年时，“依纳爵门徒”已经被称为“耶稣会”了。依纳爵同勒·费弗莱、莱内斯再次前往罗马，在罗马城外的拉斯道达（La Storta），他们看到了基督显灵，基督对依纳爵说：“我会以宽大慈悲眷顾你。”两位枢机主教奥尔蒂斯、康达利尼*给予他们大力支持，奥尔蒂斯陪同依纳爵在那不勒斯和罗马之间的蒙特卡西诺（Monte Cassino）修道院待了 40 天。依纳爵门徒随后在罗马卡彼托山上为他们自己修建了一栋建筑，1538 年 5 月，耶稣会成员在此集会。卡拉法枢机主教批准他们可以布道并主持圣礼。[4]

1540 年，经教皇批准，耶稣会正式建立。1541 年 4 月，依纳爵被推选为耶稣会会长（总管）。在罗马，彼得罗·科达奇欧（Pietro Codacio）为他们提供了一处会所。卡拉法即教皇保罗三世随后便命人为他们修建富丽堂皇、享有盛名的耶稣会教堂，教堂的设计师是贾科莫·维尼奥拉（Giacomo Vignola，1575 年之前，教堂的建筑设计由他负责），教堂的外观则由乔瓦尼·德·罗西斯（Giovanni de Rosis）和 G. B. 特里斯塔尼（G. B. Tristani）负责设计。

1550 年年初，依纳爵完成了会章的初稿，即为耶稣会制定的新会规。此后他一直生活在罗马，直到 1556 年 7 月 31 日离世。在《精神锻炼》一书中，依纳爵希望能“透彻认识自己的罪过，对这些罪过怀有憎恶之心”。“至少，”他认为，“对惩罚的恐惧有助于防止我堕入罪恶的深渊。”

---

* 威尼斯人，把耶稣会看作基督“特殊的圣子”。——原注

《精神锻炼》中的第五条是关于地狱的沉思。依纳爵认为沉思的第一要义便是："用想象的眼睛去看，去看炼狱中的烈火和烈火包裹下的灵魂。第二点便是倾听，倾听那无言的啜泣，倾听那尖叫之声、号啕之声、咒骂之声……去闻那烟瘴味、硫黄味和腐朽的味道……去品尝那些苦涩的东西，如眼泪，如悲伤，如悔恨……去亲身感受周围的熊熊烈火是如何灼烧灵魂的……"[5]

地狱中的灵魂分三类：第一类是在耶稣出生之前就已经堕入地狱的；第二类是耶稣在世时堕入地狱的；第三类，也是绝大多数，都是在耶稣离世后堕入地狱的。在依纳爵看来，承受鞭笞之苦要比承受内心的苦痛舒服得多，肉体之痛是外在的，而灵魂的焦灼与不安则是内在的。

在第二周的学习中，信众首先要做的就是在依纳爵面前展示一位"上帝亲选的人间之王……所有贵族和基督徒都要对他心怀敬意，服从他的教导"。依纳爵将会思考这位"人间之王"是如何同他的子民对话的，他可能会说，"我想要征服所有异教徒占据的领土……"，人应当"追求荣誉，而不应追求耻辱……"，要"创造一段安宁的时光……确保灵魂不会受到多种信仰的纷扰……"，撒旦是人类永远的仇敌。

在第三周，信众应当就举行最后的晚餐的那所房间展开沉思，想象房间是大是小，是何形状。信众要努力把晚餐中的人物可视化，想象自己就在聆听他们的谈话，要努力从他们的观点里得到启发。信众要想象从锡安山到约沙法谷的那条道路，想象道路是什么样；想象客西马尼园，想象它有多宽、多长，是何形状，或者想象客西马尼园的其他特性。用餐时，想象自己同基督和使徒在一张餐桌上共进晚餐，想象基督是如何饮食的，想象他的模样、他说的话。还要深思使徒都是没有接受过教育的人，大多出身卑微。

依纳爵《精神锻炼》第九条便是“人之所以处境荒凉，有多种原因，其中最重要的原因就是人类过于迟钝、懒惰，不勤于精神锻炼，因此，他们必须为自己的过错付出代价，这代价就是人类永远得不到慰藉”。依纳爵希望每一位耶稣会士都能拥有进行自修所需的书籍，因此希望建造一座图书馆。

耶稣会士通过《精神锻炼》坚定了意志，1568年，他们踏上了前往秘鲁的征程。在修士赫罗尼莫·鲁伊斯·德·波蒂略（Jerónimo Ruiz de Portillo）的领导下，他们从塞维利亚和桑卢卡尔－德巴拉梅达启程。鲁伊斯·德·波蒂略来自西班牙的里奥哈，在萨拉曼卡加入了耶稣会，曾担任巴利亚多利德大法官的告解神父。鲁伊斯·德·波蒂略和同伴携带了大量书籍出行，还有几本秘鲁语语法书。一路漂洋过海，这艘船就成了一所流动学校，乘客和水手4人一组，聆听耶稣会士朗读那些“实用的、虔诚的书籍”。1568年3月，他们抵达了利马的卡亚俄港[6]；4月1日，他们抵达利马市。利马第一任耶稣会修道院院长迭戈·德·布拉卡蒙特（Diego de Bracamonte）修士，欣喜若狂地称利马从此将成为“第二个塞维利亚”。很快，耶稣会士就获准在“养育街”建立圣巴勃罗大学（Universidad San Pablo）。这所大学随后成为教授人文学科的中心，鲁伊斯·德·波蒂略在这里组织了丰富多样的活动，路易斯·洛佩斯修士为当地的奴隶讲授了多门启蒙课程。

4年后，1572年9月，在佩德罗·桑切斯修士的带领下，由12位神父组成的第一批耶稣会传教团抵达新西班牙。他们先在普韦布拉成功进行了布道，后又在新西班牙首都墨西哥城布道。传教士纷纷在新西班牙的中心城市如帕慈库罗、瓦哈卡、普韦布拉、特波特佐特兰（Tepotzlán）和加勒比海岸的韦拉克鲁斯建立耶稣会学校。12 位神父迅速掌握了几门原住民语言。到 1583 年，新西班牙已经建立了 8 所耶稣会布道所，共有 150 名神父，他们看起来似乎对印第安人及其生活很感兴趣，备受印第安人的爱戴。[7]

依纳爵的继承者们虽然都能胜任耶稣会会长一职，但都不如依纳爵富有创造力。以迭戈·莱内斯为例，他本是索里亚省艾尔玛善人，后来去了阿尔卡拉修道院。在阿尔卡拉，他遇到了阿隆索·萨尔梅龙，1534 年二人一同前去巴黎拜访依纳爵。在特伦托会议上，莱内斯反对把圣杯交给平信徒，他似乎并不相信君权神授，而是相信上帝把神权授予了主教。在他之后接任耶稣会会长的是弗朗西斯科·博尔哈（Francisco Borja），博尔哈算得上是同龄人里最与众不同的一个了。他是玛丽亚·恩里克斯之子，是卡洛斯一世的远亲。1555 年，博尔哈主持了卡洛斯母亲胡安娜的丧礼。他也是教皇亚历山大六世的曾孙，此前做过几年行政长官，担任过加泰罗尼亚总督和宫廷侍臣。1548 年，博尔哈加入耶稣会，在罗马建立了一所耶稣会大学，学生在此可以学习希伯来文，也可以学习希腊文、拉丁文、修辞学和哲学。这所大学每天都有一堂数学课和道德课，还有两堂关于经院神学的课程。1565 年，正值耶稣会快速发展壮大之际，博尔哈继任耶稣会会长，他凭借超凡的想象力和旺盛的精力管理着耶稣会。

博尔哈的继任者是尼德兰人埃弗拉德·默库里安（Everard Mercurian），他坚定地积极支持耶稣会在东方开展活动，任命意大

利人亚历山德罗 · 瓦利尼亚诺（Alessandro Valignano）管理耶稣会在东方的传教事务。继任默库里安的是克劳迪奥 · 阿夸维瓦（Claudio Aquaviva），他出身于那不勒斯的一个世家大族，该家族一直领有阿尔特里公爵（Dukes of Altri）的头衔，还出了好几位枢机主教。阿夸维瓦在很多方面都可以算得上是耶稣会的第二奠基人。

1579 年 11 月 17 日，阿夸维瓦的堂兄弟、耶稣会士鲁道夫 · 阿夸维瓦（Rodolfo Aquaviva）和耶稣会士安东尼奥 · 蒙特塞拉特（Antonio Montserrat）动身前往谒见莫卧儿帝国皇帝阿克巴大帝[8*]，随行的还有一名皈依基督教的穆斯林弗朗西斯科 · 穆罕默德（Francisco Mohammedan）修士。阿克巴大帝召见了他们，当时阿克巴正忙着筹划由印度教和伊斯兰教合成的新宗教，同时借鉴来自其他教义的宗教仪式。阿夸维瓦修士痛斥了伊斯兰教，说穆罕默德是误导人的先知，是一个没有宗教信仰的人。这种说法自然激怒了穆斯林，阿克巴大帝不知如何决断，虽然他也很想保护这些耶稣会士。耶稣会也得到了莫卧儿帝国首席顾问大臣阿卜杜尔 · 法兹尔（Abdul Fazil）的支持，他曾谈论过"《古兰经》的荒谬"。[9]

耶稣会在远东地区的历史令人难以置信。1557 年，葡萄牙人在中国澳门获准得到了一块暂住地，开启了在澳门之后长达 400 年之久的统治历史。

1559 年，科斯梅 · 德 · 托雷斯（Cosme de Torres）派遣葡萄牙传教士加斯帕 · 维列拉（Gaspar Vilela）和一名日本人（自己起名叫劳伦斯）前往日本传教。托雷斯是巴伦西亚人，曾在马略卡

---

* 1556 年至 1605 年在位，是莫卧儿帝国最伟大的皇帝。在位期间加强中央集权，实行多种改革，扩大帝国疆域，对不同宗教采取温和、宽容的政策。——编者注

岛讲授语法。1538年，托雷斯来到了西印度群岛和新西班牙，在新西班牙，他与苏马拉加主教共事。1542年，托雷斯担任洛佩斯·德·比利亚洛沃斯太平洋航行的随行司铎，随他一道出海（参见第27章）。1548年，托雷斯陪同沙勿略前往日本，1551年，在沙勿略的帮助下，托雷斯在果阿加入耶稣会。他在果阿待了两年半，随后又以传教士的身份去了印度，他的一生真是非同寻常，精彩至极。

1559年，日本征夷大将军授予耶稣会士安全通行许可证。虽然耶稣会已经使不少佛教僧侣改宗，但维列拉还是不得不逃往郊区。维列拉的继任者是神父弗赖伊（Fries），他写道："尽管遭人蔑视，遭人厌弃，受尽虐待和迫害，得不到应有的尊重，但维列拉从不放弃，竭尽所能地传教。"[10]

1543年，葡萄牙人在九州岛南部海岸附近的鹿儿岛登陆，随身携带着当时颇为珍贵的毛瑟枪。毛瑟枪改变了日本人的作战方式。1551年，依纳爵·罗耀拉的密友沙勿略将基督教传入日本，并在京都和日本西部的一些封建领地布道。沙勿略深受欢迎，有些领主积极鼓励皈依基督教，希望借此吸引葡萄牙与日本通商。然而，很多耶稣会士奉行教条主义和不宽容政策，于是引起了一贯宽容的日本佛教僧侣的敌视和反感。

1574年3月，意大利耶稣会士瓦利尼亚诺从里斯本出发前往果阿，他在果阿的一座耶稣会布道所里等了10个月才等到一艘可以载他去澳门的船只。瓦利尼亚诺了解了当时中国国内的情况，也深知传教士此前在中国所做的各种各样的努力和尝试，这些传教士包括：1555年到华的耶稣会士努涅斯·巴瑞托（Núñez

Barreto), 1556 年到华的多明我会修士加斯帕 · 德拉 · 克鲁兹 *，分别于 1560 年和 1568 年到华的耶稣会士弗朗西斯科 · 佩雷斯、詹巴迪斯塔 · 里韦拉（Giambattista Ribera）。瓦利尼亚诺意识到：若想让中国人皈依基督教，这些传教士必须克服语言障碍。意大利传教士罗明坚（Michele Ruggieri）是第一个学习过中文的耶稣会士，于是托雷斯派他前往北京传教。

重大历史事件总是来得猝不及防。1568 年，野心勃勃的日本贵族织田信长（Oda Nobunaga）占领了京都，与丰臣秀吉（Toyotomi Hideyoshi）、德川家康一起组成了幕府傀儡政权，他们都是京都东部地区的封建领主，根据日本天皇的密诏行事。织田信长成了统治日本中部地区的专制领主，开始了国家统一大业。织田信长的手下丰臣秀吉征服了日本西部的大部分地区，而东部地区劲敌斋藤义龙突然死去，这让织田信长得以占据优势，毫不费力地保全了自己的领地。与此同时，来自基督教的挑战也是前所未有的。1578 年，九州岛最有权势的大名大友宗麟（Otomi Yoshishige）改宗，这是耶稣会取得的一项重大胜利。另外，在九州岛，当地领主大村纯忠（Omura Sumitaba）于 1567 年开放长崎为外埠。

1582 年，织田信长自杀，丰臣秀吉继位。在接下来的几年里，丰臣秀吉巩固了在日本中部的统治，在大阪建立的城堡就是他胜利的象征。

当时京都有大约 1500 名基督徒，周边地区分布着更多的基督徒。领导这些基督徒的是京都所司代文书，1586 年，日本僧人要求

---

* 他的中文名字叫“顾神父”，1556 年曾去过广州和澳门。——编者注

将葡萄牙传教士维列拉驱逐出境时，京都所司代文书称，维列拉的观点和立场还可以进一步商榷。事实上，这位文书本人就对基督教很着迷，于他而言基督教就像是吹到日本的一丝新鲜空气。此外，基督教也得到了其他势力的承认，比如织田信长虽然手握重权，控制着日本中部地区，但他对基督徒还是很宽容的。

从欧洲传来的钟表、罗盘等新器物开始对日本经济产生影响。织田信长废除了以往阻碍通商的旧式私人关税壁垒，废弃半垄断行会组织条例及其特权。16世纪晚期的日本迎来了艺术和思想上的黄金时代，这一时期的典型建筑不再是寺庙，而是城堡，京都琵琶湖上的安土城*就是织田信长时代最杰出的建筑成就。1579年7月，瓦利尼亚诺抵达日本，他为人审慎而富有激情。瓦利尼亚诺发现，当时日本只有60名传教士，却在为超过15万基督徒服务，多数传教士还是托钵修会的修士，为了培养更多的耶稣会传教士，瓦利尼亚诺在日本建立了多所神学院。

1587年，在年迈的丰臣秀吉治下，日本的政治局势极大地恶化，甚至禁止葡萄牙传教士在日本传教†。无论如何，耶稣会士已经在日本留下了不可磨灭的印记。

圣·依纳爵的侄孙马丁·依纳爵·德·罗耀拉是方济各会修士，继埃尔卡诺‡（1522年）和英国弗朗西斯·德雷克船长§（1580年）之

---

* 1576年开始修建，3年修成，城楼五层七重，装饰辉煌华丽，是全国统一者的执政场所，建筑结构集中展示了织田信长的伟大、绝对权威和革新精神，是一座具有政治性质的城市。——编者注

† 1587年，丰臣秀吉征伐九州结束后，禁止天主教，下令20日内驱逐传教士。——编者注

‡ 巴斯克航海家，参加麦哲伦船队并担任船长，完成环球航行。麦哲伦死于菲律宾后，率船队继续航行，于次年回到西班牙。——编者注

§ 英国航海家，第一位环球航行的英国船长，曾任舰队副司令，击败来犯的西班牙无敌舰队。——编者注

后，成为第三个完成环球航行的人。1581—1584 年，马丁完成了此次壮举。他从西班牙本土出发，先去了新西班牙，又于 1582 年 3 月离开阿卡普尔科*，携 17 名方济各会修士前往马尼拉。他横渡太平洋，于 1582 年 5 月 24 日抵达马尼拉。此后又去了澳门、马六甲，最后到达印度，最终于 1584 年 8 月回到了里斯本。1585 年，奥古斯丁会修士胡安 · 冈萨雷斯 · 德 · 门多萨（Juan González de Mendoza）的《大中华帝国史》† 一书在罗马出版，该书附录是马丁绘制的“环球航行路线图”。《大中华帝国史》畅销欧洲 50 年之久，欧洲各主要文字均有其译本。无论是正文还是附录，《大中华帝国史》的写作范围都可以说是覆盖了全球。

1601 年，马丁被推选为亚松森和拉普拉塔河流域的主教，1606 年在赴任途中病逝于布宜诺斯艾利斯。尽管冈萨雷斯 · 德 · 门多萨从未到过中国，但他理应受到同样的纪念。1562 年，冈萨雷斯 · 德 · 门多萨以修士的身份前往新西班牙，在米却肯州和墨西哥城任职。1575 年，门多萨离开新西班牙去了菲律宾。后来门多萨担任了西印度院主席安东尼奥 · 德 · 帕迪拉（Antonio de Padilla）的告解神父，腓力二世还指定由他带领使团出使中国，但门多萨并未履行这份使命。他也曾在 3 个差异极大的地区担任主教，包括西西里的利帕里岛、拉斯 · 卡萨斯在新西班牙的老教区恰帕斯州，以及波帕扬（今哥伦比亚）。21 世纪的人几乎不可能取得这样的丰功伟绩。

---

* 墨西哥南部港口城市。——编者注

† 西班牙历史学家门多萨于 1585 年在罗马出版，原书名为《大中华帝国重要事物及习俗史》（*Historia de las cosas más notables, ritos y costumbres del gran reyno de la China*），是欧洲早期汉学的一部里程碑著作，集 16 世纪欧洲中国学著述之大成，对后世的欧洲汉学家产生了极大的影响。——编者注

到 1600 年时，耶稣会在三大洲普通民众的心中已经奠定了牢固的地位，他们成了与众不同、富有智慧的精神贵族，树立了鼓舞人心的典范。尽管总被讥讽傲慢自大，耶稣会士仍旧是勇于牺牲、坚韧不拔、耐心宽容、情操高尚的思想者。耶稣会在 17 世纪取得了令人瞩目的成就。1615 年，第五任耶稣会会长克劳迪奥 · 阿夸维瓦离世，此时的耶稣会已经拥有 550 座布道所、1.3 万名会士。当然，一位纯粹主义者可能会坚持认为，很多成为耶稣会活动中心的区域形式上并不属于腓力二世帝国的一部分，但通俗地讲，耶稣会就是西班牙鼓舞人心的象征。

第二卷

西班牙帝国

第六章

墨西哥的困境

人们可以谈论的，唯有宗教节日和庆典。

——赫苏斯·苏亚雷斯·德·佩拉尔塔，1562 年，墨西哥

总督、最高行政长官、都督是西班牙王室授予西属美洲统治者的最高头衔，尤其在 16 世纪早期，王室更是将“阿德兰塔多”（*adelantado*）的头衔授予他们，这个头衔曾被授予从摩尔人手中夺回土地的西班牙人[*]。阿德兰塔多相当于殖民地最高统治者，在与王室签订协议后，阿德兰塔多自费进行远征，作为回报，王室许可其对殖民地拥有行政管理等大权，同时，其子孙可以继承其权利和头衔。事实上，阿德兰塔多这个头衔很少能延续超过一代人[†]。

在墨西哥城和利马，继阿德兰塔多之后，总督成为殖民地的最高统治者，是卡斯蒂利亚国王的代言人，享有军政大权，他们的言谈举止和生活方式同君主没有什么两样。

---

* 在从摩尔人手里重新夺回西班牙时，阿德兰塔多是国王在前线派出的代表，拥有崇高的权威。——编者注

† 大多数阿德兰塔多只能在几年或稍长一点的时间里维持其地位和权利，他们多数死于同印第安人的战斗，或者死于相互之间的争斗，或者其权利和地位后来被王室剥夺。——编者注

16世纪，新西班牙的总督通常由西班牙国内的大贵族担任：1535—1550年，安东尼奥·德·门多萨（Antonio de Mendoza）担任总督；1550—1564年，路易斯·德·贝拉斯科担任总督；1566—1568年，法尔塞斯侯爵加斯东·德·佩拉尔塔（Gaston de Peralta）担任总督；1568—1580年，马丁·恩里克斯·德·阿尔曼萨（Martín Enríquez de Almansa）担任总督；1580—1583年，科鲁尼亚（不是拉·科鲁尼亚）伯爵洛伦佐·苏亚雷斯·德·门多萨担任总督；1584—1585年，墨西哥城大主教佩德罗·莫亚·德·孔特雷拉斯（Pedro Moya de Contreras）担任总督，他其实是在总督权力交接期间担任该职的；1585—1590年，阿尔瓦罗·曼雷克·德·祖尼加（Álvaro Manrique de Zúñiga）担任总督；1590—1595年，小路易斯·德·贝拉斯科担任总督；1595—1603年，蒙特雷伯爵加斯帕·德·祖尼加－阿塞维多（Gaspar de Zúñiga y Acevedo）担任总督。这些人当中，只有莫亚·德·孔特雷拉斯主教不是贵族出身。[1]

秘鲁总督与新西班牙总督一样，血统高贵，出身贵族。第一任秘鲁总督是布拉斯科·努涅斯，1544年在任。曾担任新西班牙总督的安东尼奥·德·门多萨后调任秘鲁总督，1550年到1552年间短暂地统治过秘鲁。继任门多萨的是卡涅特侯爵安德列斯·乌尔塔多·德·门多萨，1556—1561年间担任总督。1561—1564年，涅瓦伯爵迭戈·德·阿塞维多－祖尼加任秘鲁总督。1564—1568年，业士洛佩·加西亚·德·卡斯特罗统治秘鲁，他不是贵族出身，但受过大学教育。弗朗西斯科·德·托莱多是最伟大的西班牙殖民地总督，于1569—1580年间担任总督；马丁·恩里克斯·德·阿尔曼萨之前曾任新西班牙总督，又于1581—1583年担任秘鲁总督，后来还在利马建立了圣马丁大学。1586 年，统治秘鲁的总督为葡萄牙的比利亚尔东帕尔多（Villardompardo）伯爵费尔南多 · 托雷斯（Fernando Torres），比利亚尔东帕尔多是哈恩省（Jaén）的一个小村庄，托雷斯就是在这里继承伯爵头衔的，他本人也有葡萄牙王室血统。第二位担任秘鲁总督的卡涅特侯爵是加西亚 · 乌尔塔多 · 德 · 门多萨，1589—1596 年在任。小路易斯 · 德 · 贝拉斯科也曾担任新西班牙总督，又在 1596—1604 年间担任秘鲁总督，他为改善印第安人的境况做了许多工作。上面提到的这些总督大多思想独立，处世温和。

按照卡斯蒂利亚地区的统治惯例，帝国境内的所有市镇都可以在市政议会（*cabildos*）的领导下享有自治权，市政议会的组织严格遵循卡斯蒂利亚枢密院的组织方式，由当地居民选举出来的市政议员（*regidores*）和由议员提名的市政长（*alcaldes*）组成。在 16 世纪末之前，市政议员通常由王室任命，议员职位世袭也是司空见惯的事情。但市镇上凡持有财产的成年男性有时也会举行例会。虽然王室指派的官员日益加强了统治，但所有自治市镇在辖区内仍然拥有行政权、司法权，甚至是立法权。此后还产生了“印第安保护者”的头衔，它有时还能发挥一定的作用。* 财政权从一开始就受塞维利亚最大的商业机构贸易署的监督管理，贸易署通过其会计人员、监督人员、司库及代管人员行使权力。西班牙在新世界的其他殖民地多多少少采取类似的统治模式。

议员理论上应由有产者选举产生。新西班牙检审法院第二任主

---

* 1573 年、1603 年，西班牙王室先后在新西班牙和秘鲁总督辖区设立了“印第安人法庭”，以保护美洲殖民地印第安人的权利，由此产生了“印第安保护者”的头衔。印第安保护者代表殖民地总督行使保护印第安人的职权，限制殖民者的权力，防止印第安劳动力灭绝，但其实际效果十分有限。——编者注

席塞巴斯蒂安·拉米雷斯·德·福恩勒阿尔（Sebastián Ramírez de Fuenleal）曾对这里印第安人井然有序的选举感到十分惊愕，他还评论道："吸纳印第安人加入西班牙人主导的市政议会，意味着印第安人将会发现西班牙人所犯下的所有罪恶。"[2] 善良的巴斯科·德·基罗加主教对印第安人在奥登巴省（科尔特斯征服的城市之一）的选举持类似观点，认为这次选举成效之高、组织之有序，简直令人难以置信。

西班牙帝国早期最具代表性的制度是委托监护制，即把土地及其范围内的人口分配给某个征服者的制度。然而，这种半封建制度的效果并不怎么好*，西班牙王室更倾向于把固定额度的贡赋和劳力分配给监护主。到 16 世纪末，委托监护制变成了定居者从特定区域收取贡赋的形式。第一代监护主死后，西班牙王室直接控制了越来越多的实行委托监护制的地区。

组织庆祝宗教节日是西班牙裔拉美官员的另一职责。现代历史学家卡洛斯·吉布森（Charles Gibson）曾就此睿智地评论道，统治者如果不再组织庆祝宗教节日的话，那么无人会服从他们的统治。这同古罗马时期统治者的所作所为何其相似！[3]

16 世纪后半叶，美洲和西班牙主要的地方行政机构都是市政厅，市政议会（cabildo）一词常见于西班牙国内，尤其是在安达卢西亚地区使用，它逐渐替代了市议会（ayuntamiento）一词。大多数市政厅都有两名市政长，10 名市政议员。

---

* 监护主势力的不断膨胀必然对王权统治形成威胁，加之拉斯·卡萨斯主教对监护主暴行的强烈谴责，使得王室决心取消监护制，但由于殖民地白人土地贵族的强烈反对，王室只能做出调整。——编者注

西属美洲的所有管理机构的经费主要来自名目繁多的税收：首先便是皇家伍一税（*quinta*），即私人承租开采者要将当地金、银、钻石和其他贵金属产量的五分之一上缴国王；第二种是关税；第三种是印第安人头税；第四种是教会和政府征收的什一税、国家专卖税（*media anata*），还有一种是救赎税（*cruzada*），缴纳这种税是为了来生能有望过上好生活。

除了征收重税，西班牙还实行“重商主义”的经济政策：宗主国垄断殖民地通商权，由塞维利亚专享贸易垄断权；封锁殖民地同西班牙竞争的所有经济活动；殖民地之间不得通商[4]，殖民地同宗主国之间的贸易只能在波托韦洛港*、农布雷－德迪奥斯港、卡塔赫纳港（后来的哥伦比亚）及新西班牙的韦拉克鲁斯港进行。

1556 年 12 月，一名新官员被任命前往加的斯港登记、注册驶向美洲的船只。当时圣罗卡河口的沙洲给从塞维利亚出海的船只造成了航行困难，因此需要变更既定航线，安排新的航线。这位新任官员是胡安·德·阿维拉（Juan de Ávila），起初，他一年的俸禄是 11.2 万马拉韦尔迪（16 世纪西班牙最小的货币单位），1557 年后增加到了 13 万马拉韦尔迪。自此，所有出海船只都将在加的斯港装船出发。旅客登记这项重任仍然由塞维利亚担当，所有归航船只都必须径直返回塞维利亚，哪怕这些船只是从加的斯港驶离的，回程时也必须直接返回塞维利亚。[5]（归航时沿着瓜达尔基维尔河逆流而上比驶离时沿着沙洲行驶要容易得多。）

虽然西班牙对殖民地设置了诸多限制，但在宗主国与新西

---

* 位于巴拿马科隆省。——编者注

班牙之间建立文化联系却产生了很多积极的影响，其中，知识和学问是万万不能忽略的文化因素之一。1551年，墨西哥城和利马*都建立了大学；1558年，圣多明各建立了圣托马斯·阿奎那大学。大学的规章制度仿照萨拉曼卡大学设立。1535年，总督门多萨在墨西哥城成立了第一家殖民地出版社，胡安·克龙贝格（Juan Cromberger）主管出版社事务，他的父亲是塞维利亚名人——雅各布·克龙贝格（Jacob Cromberger）。我们可以根据1540年胡安死后留下的财产来衡量他取得的成就，他存有446册《阿马迪斯·德·高拉》副本，上千册《骑士的镜子》（*Espejo de Caballerías*）†，325册费尔南多·德·罗哈斯的悲喜剧作品《塞莱斯蒂娜》（*Celestina*）。胡安收藏的印刷书籍远远超过了他的父亲1529年去世时留下的藏书。[6]

在西班牙帝国，墨西哥书画家通过绘制基督教壁画、抄写《圣经》获得了丰厚的报酬，这些手抄本是法律认可的贡品。很多墨西哥的宗教物件都改造成了代表基督教教义的物品。于是，曾经弃用的有大量玄武岩的曲型盆地被用作墨西哥城大教堂的领洗池，我们依然能够通过外面的雕刻看出这里曾经是人祭场。[7]有几位印第安画家参考欧洲传来的印刷品，创作了精美的基督画像。手稿画不仅在宗教宣传中起了重要作用，还是证明继承权、财产权、身份地位和劳力的重要物证。同时，这些艺术作品还有其他的用途。以著名的、已经失传的《特拉斯卡拉的帆布画》（即“The canvas of Tlaxcala”）为例，这幅画完成于1550年，传达的政治内涵远胜

* 利马建立的是圣马科斯大学。——原注

† 该书是马特奥·玛丽亚·博亚朵的浪漫史诗《热恋的罗兰》的散文译本。——原注

于其所描绘的历史事件。画作展现了特拉斯卡拉王子1520年归顺西班牙的历史事件，轻而易举地忽略了王子也曾激烈地反抗西班牙的侵略这个历史背景。[8]

16世纪60年代，新西班牙（墨西哥城）和秘鲁（利马）都有了令人意想不到的发展，先来看看新西班牙的发展。一方面，西班牙征服者与当地印第安人相互之间达成谅解，科尔特斯和后来的征服者控制着印第安的上层社会，笼络有资历、有身份的印第安长者，于是轻而易举地成功控制了成千上万的印第安劳动力。虔诚的方济各会修士莫多里尼亚以此为证，谴责拉斯·卡萨斯夸大了印第安人的艰难处境。[9]当时大多数印第安人已经归顺了西班牙王室，西班牙的征服削弱了原本强大的部落联盟（以墨西加为例），却让不顽强反抗的部落增强了力量（以查尔科部落为例）。[10]1564年，来自塔拉韦拉－德拉雷纳、毕业于萨拉曼卡大学的总视察官（the Visitor）赫罗尼莫·德·巴尔德拉马（Jerónimo de Valderrama）视察新西班牙后向腓力汇报，说这里的修士似乎希望能尽快让印第安人不再缴纳贡赋。（在新西班牙的腹地，贡赋算得上是一大笔收入。）1561年，墨西哥城市政议会建议，应当在墨西哥城的24名市政议员中吸纳6名印第安人，市政厅应当“促进两个种族之间的团结，加速二者的融合”。现代历史学家费利克斯·欣茨（Felix Hinz）坚信印第安文化“没有完全受到压制，只是部分地受到了压制，很多原住民文化在被征服之后依然幸存了下来”。[11]

征服者在殖民地进行的许多改革都是势在必行的，例如废除人祭，取消墨西哥的祭司制度，坚决贯彻一夫一妻制，停办旧式墨西哥学校，废除印第安人传统的贡赋制度。还有一些改革较为隐晦，例如改善原住民奴隶和普通劳工的境况，同时废止当地的蓄奴制。之后没过多久，西班牙王室允许墨西哥旧政权的前首领、前王室成员以及资历较深的老者佩剑或随身携带火绳枪，可以骑配有马鞍和辔头的马匹。当地一些有封号的印第安人可以继续保有封地，封地依然可以由后代继承。[12]

墨西哥和加勒比海港之间有了更为便捷高效的供给线。早在1540年，每天可能有100辆骡车往来于韦拉克鲁斯和墨西哥城之间；稍后几年，每天都有3000匹马往来于墨西哥城外的塔库瓦（Tacuba）与西部之间；到1600年，每天有3000头骡子进入墨西哥。

至1560年，委托监护制开始让位于西班牙私人所有的大庄园制（*hacienda*），在这种制度下，庄园主不受任何封建契约的限制，也无须承担任何封建义务。蒙提祖马的3个孩子就这样悄无声息、轻而易举地跻身西属殖民地贵族之列。几年之后，一些韦霍钦戈*的印第安市政议员对西班牙的政策深表感激："陛下把我们聚居到新的市镇，我们的身心都由此受益，这种好处难以用言语描述。事实上，我们聚居在一起之后，如果有人生病了，他可以随时进行忏悔、接受洗礼，当然，如果他愿意，邻居们也可以帮助他，死后将他安葬在教堂里……我们可以来教堂听布道，大家都可以生活在一起……如果我们散居在山野的话，所有这一切将无从谈起。"[13] 就算有少数印第安人会赞同上述说法，这种说法也的确不同寻常。韦霍钦戈镇曾是来自卡斯蒂利亚的征服者迭戈·德·奥尔达斯（Diego de Ordaz）的监护领地，他是科尔特斯的部下。

* 地处依兹塔西华特尔火山（Iztaccíhuatl，又称"白夫人"）的东侧。——原注

当地教友会（*cofradía*）促进了种族之间的合作。教友会是圣事主持者组成的世俗性质的宗教组织，主要是为了崇拜某一位女神或圣母马利亚。参加教友会可以让人获得精神的宁静和集体认同感。教友会组织源自西班牙本土。早在15世纪，仅塞维利亚就有12个类似团体，有些在21世纪依然存在。16世纪时，有些教友会以独立的形式在墨西哥得以重建，17世纪时，出现了更多的教友会。自16世纪20年代起，富有想象力的方济各会修士佩德罗·德·甘特（Pedro de Gante）就力图促进基督教庆典仪式与当地文化的融合。融合后的宗教仪式和庆典可能意味着崇拜当地主保圣人或某位早期传教士的圣物。通常情况下，这类宗教庆典都会在基督教与异教之间形成一种“调和的妥协”。[14]

新西班牙被征服后依然留存了传统的“各色市镇”[15]，正如雅克·苏斯戴尔（Jacques Soustelle）在《古代墨西哥的日常生活》（*Daily Life in Ancient Mexico*）中所描述的一样。总镇（*cabeza*）是旧贵族的所在地，是征收贡赋的中心，是雇佣劳工的集聚点。但在被征服之后，原有的印第安贵族失去了权力，贡赋的征收和劳工的招募形式发生了改变。很快，私有的大庄园成为新西班牙最大的社区。[16]即使所有的督办（*corregidor*）都要履行基督教的相关使命，有义务公正地对待印第安人，保护他们的财产，例如保证西班牙人放牧牛群时不得侵害印第安人的农场，他们也还是得保全庄园主的利益。到16世纪60年代，在墨西哥河谷地区仅有的36个委托监护区中，已有11个收归王室所有，而这11个监护区的收入占总监护区收入的四分之三。[17]第一代监护主去世后，监护领地逐渐沦入私人之手，这意味着必须重新分配土地。

和第一任总督安东尼奥 · 德 · 门多萨一样，新西班牙的第二任总督路易斯 · 德 · 贝拉斯科也是一位有教养、有身份的绅士。1511 年，贝拉斯科出生于卡斯蒂利亚省帕伦西亚附近的历史名城卡里翁－德洛斯孔德斯。我们已经提到过他极其热情好客，擅长骑射、热衷赛马。[18] 因为他的敬业勤恳，贝拉斯科比门多萨的俸禄高出了四分之一。[19] 贝拉斯科还主持了一次声势浩大的保护生态环境的改革。西班牙征服新世界后，带去了大量的鸡、猪、驴、山羊、绵羊、牛群、骡子和马匹，还引进了“畜牧制”，有多少西班牙人来到美洲，就有多少牲畜跟着他们一起来到了这里。西班牙人专注于他们特殊的“癖好”，比如，第一代征服者砍伐了大量原生木材，用作建筑材料或燃料。西班牙的犁比原住民的掘地棍耕得深很多，牛羊群把那里的土地啃得寸草不剩（造成了水土流失）。据载，到 16 世纪末新西班牙已经有羊群 1.2 万只或 1.5 万只，在正常情况下，羊群的数量一年之内就可以翻一番。[20]

有些变化的确引人注目。当时印第安人扩大了龙舌兰、仙人掌的种植规模，面对传染病肆虐和传统社会崩溃所带来的焦虑，新一代印第安人要靠龙舌兰酒来缓解焦虑。到 1570 年时，主要的玉米种植园都掌握在西班牙人手里。尽管如此，西班牙征服者还是会使用印第安人在被征服之前的耕种方法，例如把农作物种植在整齐排列的小山丘上，一个小山丘播撒五六粒种子，每公顷土地播撒约 4000 粒种子。

当时墨西哥的黄金河谷地带大面积实行委托监护制。这块监护地本来是授予胡安 · 哈拉米略（Juan Jaramillo）的，他是埃斯特雷马杜拉人，来自赫雷斯－德洛斯卡瓦列罗斯附近的塞尔瓦铁拉－德巴尔卡罗塔。哈拉米略娶了科尔特斯身边著名的翻译官玛丽娜，由此才得到了这块面积庞大的监护地。16 世纪 60 年代，这块监护地受到了奇奇梅克人的威胁，后者开始劫掠温顺的奥托米人（这个民族在 12 世纪时就发展到了顶峰）和西班牙定居者[21]。奇奇梅克人四处打劫时，西班牙的犁正在取代原住民的掘地棍，畜牧制正在遍地兴盛，单一农作物——通常情况下是玉米、小麦——正在培植，不再像过去那样种植多种农作物。

虽然耕作方法与农作物种植正在发生改变，但原住民的饮食习惯相比之下没有发生什么变化。印第安人的主食依旧是玉米，他们依然喜欢特斯科科湖产的食盐，喜欢吃青蛙、虾、蝾螈、幼蜓、水蛇等水产品，也喜欢食用其他鸟类、丛林狼、狗、鹿、犰狳及鼬等动物的肉。原住民把玉米做成玉米粉圆饼（墨西哥薄馅饼），每顿必须现吃现做，不像面包，玉米粉圆饼很容易变干，几小时候后就不能食用了[22]。节庆时原住民会杀狗吃肉。他们还制作各类饮品，绝大多数都含酒精，例如梅斯卡尔酒、赤芀骰酒（*chinguito*）、兔血酒等，最主要的饮品是用产自科利马州或索昆斯科（Socunusco）的可可豆制成的巧克力饮料。

到 16 世纪末，新西班牙所有的牧草地、荒地、林地及水源全部向居民开放。实际上，可以说任何有草地的地方就有放牧。原住民没有畜牧经验，也没有任何规章制度来管理牧草的使用，相反，在西班牙，农民的行为会受到许多复杂的习惯法的影响。在西班牙本土，牧民通常精通农业，既是庄稼汉又是牧牛人。在新世界，放牧者是欧洲白人，而农民是被征服的原住民。牛的主人一般都是欧洲人，经常无视原住农民的权利。为了控制牧草地，西班牙人经常使用非洲黑奴，他们身强体壮，却又麻木不仁、残酷无情，往往充当西班牙庄园主的代理人。西班牙统治美洲的早期，绝大多数牧羊人的确是黑人和奴隶，有时庄园主索性不用牧羊人，实行放养。

1520 年前，原住民的水上交通工具通常是把橡树干中心挖空而制成的大型木舟。木舟凹槽较浅，船底呈方形，熟练的木工大约一周就可以造好。印第安人保留了他们的造船技术，而当地西班牙人则主要使用畜力运输或使用轮式运输工具。

监护主与放牧者之间自然存在竞争关系，虽然他们都有西班牙血统。监护领地在监护主的管理下，成为大地产制的雏形，监护主想种什么就种什么，他们还可以利用监护领地上分配的印第安人开展各种各样的拓荒活动。

16 世纪晚期，墨西哥河谷地带有 26 个农场，每个农场种植了不到 1440 平方米的小麦[23]，小麦产量占墨西哥河谷地带谷物总产量的 5%。还有 80 块规模中等的农场，小麦产量占总产量的 70%，每个农场小麦的平均种植面积在 1440—6480 平方米之间。另有 7 个大型农场承担着河谷地带 22% 的谷物产量。到 1570 年时，绝大多数小麦农场的面积达到了 60.7 万平方米，最大的有 242.8 万平方米。[24]1560—1600 年，小麦的种植面积增加了 4 倍，谷物产量增加了 12 倍。[25]

为了防止不负责任的放牧者在耕地上纵容牲畜啃食牧草，总督贝拉斯科花了很大力气来清除印第安村落的牲口，甚至禁止在 4.8 千米以内的公用牧草地放牧，将牲口啃食麦茬的时间限制在两个月内。但到 1600 年，因为原住民人口锐减，正如加州大学伯克利分校历史学家莱斯莉·伯德·辛普森（Lesley Byrd Simpson）所说，放牧者主导了一场“大规模的生态革命”。[26]这场革命（如果这算一场革命的话）的推进伴随着大庄园制的到来，监护主或是耶稣会等宗教团体进一步促进了革命的发展。位于梅斯基塔尔河谷的圣卢西亚（Santa Lucia）耶稣会占有的大庄园在这场革命中取得了巨大的成就。[27]

原则上讲，在分配监护领地时，西班牙统治者已经尽其所能地尊重了印第安人的许多私有财产的合法性，例如，蒙提祖马就从父亲那里继承了一大片广阔区域。科尔特斯原本打算直接认可印第安人的私有土地和西班牙人占有的监护领地，但因为征服者的破坏和西班牙人的贪婪，科尔特斯的这一计划基本上算是中断了。在征服墨西哥后的100年时间里，西班牙人在墨西哥河谷地带约有850块私有地产。[28]

如果原住民能证明自己手中的私有财产是在被征服前通过继承而得来的，那么他们就可以保有这些财产。然而，原住民大规模的死亡导致人口锐减，短短几个月，很多土地成了无主之地。

西班牙人一门心思想要破坏传统墨西哥社会留存下来的一切有价值的元素。他们禁止墨西哥人举办传统的球类比赛，认为传统球类比赛受到了魔法和巫术的操控；还禁止墨西哥人举办飞鱼公演，就是一名印第安人拽着一根绑在高杆顶端的绳子不断地旋转，直到最后缓缓落地。不过这两种活动都还是保存了下来。原住民的服饰也发生了很大变化，布料改用龙舌兰纤维、棉花或羊毛织就，后来龙舌兰布料（赫纳昆纤维或剑麻）逐渐被棉纺织品替代，棉纺织品主要由妇女纺织，当然，也有印第安男子纺织棉布。

总之，出于各自的利益考虑，新世界的西班牙人即克里奥尔人与当地印第安人都做出了惊人的改变与调整。暂且搁置他们相互之间的偏见不论，当然，存在这些偏见是可以理解的，如此大的改变调整要归功于这两个民族和他们的文化。

第七章

征服者的后裔贪求太多

在我们眼中，她是严厉的继母；

在异乡人眼中，她却是温柔的母亲。

——弗朗西斯科·德·特拉萨斯，新西班牙

征服者的后裔浮夸自负，野心勃勃，注定要给16世纪60年代的新西班牙招致灾难。随着埃尔南多·科尔特斯的长子、第二代瓦勒侯爵马丁从旧西班牙归来，这场灾难便拉开了序幕。陪马丁一同回来的还有他的两个同父异母的兄弟路易斯和马丁二世，路易斯是征服者科尔特斯与安东尼亚·德·埃莫西利亚（Antonia de Hermosilla）的儿子，马丁二世是科尔特斯与翻译官玛丽娜的儿子。

第二代瓦勒侯爵马丁出生于1533年，是科尔特斯和第二任妻子胡安娜·拉米雷斯·德·阿雷利亚诺（Juana Ramírez de Arellano）的儿子，其母阿雷利亚诺是权贵贝哈尔公爵的侄女。马丁自小在西班牙宫廷长大。1548年，马丁·科尔特斯曾随同腓力王子前往佛兰德斯；1554年，曾作为贵族委员会成员前去伦敦恭贺腓力和玛丽·都铎女王成婚。1541年，马丁随父亲参加了悲惨的阿尔及尔远征；

1558 年，他同埃格蒙特伯爵在圣康坦战役中获胜。马丁继承了科尔特斯所有的财产，其中包括 2.3 万名家臣，可见马丁非常富有，不愁吃穿。1563 年，腓力二世安排他返回了新西班牙。[1]

马丁 · 科尔特斯在新西班牙的地产总面积达 5 万平方英里（约 12.9 万平方千米），土地年收益高达 8 万比索，可谓是相当大的一笔财富了。他可能是当时世界上最富有的个人。这些地产包括塔库瓦亚镇（Tacubaya）、位于墨西哥河谷地带的科约阿坎镇（Coyocán），以及墨西哥瓦哈卡州的土地。

在新西班牙，第二代侯爵行事傲慢，穷奢极欲。他想让西班牙王室永久承认自己是新西班牙王国继总督之后的第二人。马丁命人刻了一大枚银质印章，上面刻着交叉双臂的他和一顶王冠，写着"马丁 · 科尔特斯，第二主要统治者"[2]。马丁第一次使用这枚印章是在缴纳伍一税的时候，当时的司库、刚被授予新西班牙大公称号的奥图尼奥 · 德 · 伊瓦拉（Ortuño de Ibarra）看到后对马丁说，不应使用与王室印章相似的印章。新西班牙总督后来没收了这枚印章，寄回了西班牙。

1563 年 8 月，马丁 · 科尔特斯拒绝陪同总督路易斯 · 德 · 贝拉斯科会见总视察官赫罗尼莫 · 德 · 巴尔德拉马，反之，他私底下为巴尔德拉马接风，招待宴盛况空前，贝拉斯科得知后大为恼火，不过，马丁本意也是为了引起他的不快。总督与总视察官之间的权力分配本就十分模糊，马丁 · 科尔特斯的做法更是恶化了二人之间的矛盾。访问伊始，巴尔德拉马就同第二代侯爵待在一起，这样有失体统的做法引起了激烈争论，触犯了众怒。埃尔南多 · 科尔特斯宿敌的后代（例如，古巴都督贝拉斯凯兹朋友的后代）都仇视这位新侯爵。自16世纪20年代起，这种不和就已经存在了。

然而，当时新西班牙面临的最严重问题仍然是如何对待监护主和如何处理监护领地的问题。蒙提祖马二世的女儿、塔古巴监护主伊莎贝尔·蒙提祖马（Isabel Montezuma）到处慷慨捐赠，连受惠于她的奥古斯丁会修士们都恳求她不要再捐赠了。1542年颁布的《新法》旨在限制监护主的权利以保护印第安人的权利，然而《新法》还未来得及普及和介绍，甚至还未来得及得到监护主的理解，许多西班牙定居者就已经认为王室正打算彻底废弃委托监护制了。总督、公职人员、神职人员和修道院在监护制下对印第安人拥有所有权，而这一权利却要被突然废弃了。《新法》宣称，将不再授予、认可新的监护领地。监护主一旦去世，其监护领地归王室所有，不再世袭继承。监护领地上原有的印第安人归身掌数权的督办管理，王室发现，督办这一职务可以履行多方面职责，能够有效管理新西班牙的基层社会。那些依旧在监护领地上劳作的印第安人必须以货币形式向监护主缴纳贡赋，不得以私人劳役代替贡赋。

虽然第一任总督安东尼奥·德·门多萨对新西班牙产生了许多积极影响，但到16世纪60年代，怨气依旧弥漫在西班牙最有势力的权贵中间，不满迅速升温。监护主苦恼的另一个问题是伤寒症等疾病导致印第安人大量死亡，人口锐减意味着劳动力的供给远远不能满足他们的需求。[3]

新西班牙总督贝拉斯科曾派人到各地巡视，解决纠纷，而印第安人很快就发现，通过诉讼，他们可以从争端中得到补偿。征服者为此倍感焦虑。贝拉斯科的新政策从一定程度上弥补了天花、伤寒症、麻疹乃至流感造成的人口锐减所带来的恐慌。最严重的两次流行病发生在1545—1548年和1576—1581年（半数人口丧生），但在小范围内，当地发生的流血冲突或多或少也都造成了不小的人口损失。[4]

为了应对流行病和其他疾病引发的各类问题，西班牙移民转而采取了很多非法措施。西班牙移民在当地建立了许多牧羊场，开设了多家小作坊，雇用印第安人在小作坊里纺织羊毛料。小作坊本来是犯人和奴隶劳作的场所，后来西班牙移民与人身自由的印第安人签订合同，让他们在此劳作。虽然早在16世纪30年代，就已经有劳动力受雇佣到谷地里工作，领取工资，[5]然而许多西班牙作坊主和工场主还是经常把印第安人反锁在屋子里劳动，门外派印第安守卫把守，简直和监狱没什么两样。当时特斯科科有8家手工工场，霍奇米尔科有4家，阿斯卡波察尔科有2家。到1595年时，普韦布拉-德洛杉矶新城的纺织工场多达40家，平均每家有45名雇工（最大的纺织工场里有120名雇工）。[6]1573年，这些新兴的纺织工场年均能生产5万匹羊毛料。[7]

造成新西班牙社会难题的另一个原因是第一代征服者的后裔非常厌恶方济各会善待印第安人的做法。正是因为方济各会致力于发展教育，才出现了安东尼奥·巴莱里亚诺（Antonio Valeriano）这样的人物。巴莱里亚诺是新西班牙最杰出的学者，曾管理墨西哥城达20年之久，很有教养，精通拉丁文，能翻译维吉尔的诗，妻子是蒙提祖马的侄女。和巴莱里亚诺一样，包蒂斯塔·德·孔特雷拉斯（Bautista de Contreras）修士也在方济各会办的圣克鲁斯-德特拉特洛尔科（Santa Cruz de Tlatelolco）学校上过学，还用纳瓦特语翻译了（坎普滕的）托马斯（Thomas à Kempis）* 的作品。而且，在 1553 年圣诞节期间，一位阿斯卡波察尔科的印第安人创作了一首圣诗，诗歌描写了化身为奇珍鸟即特拉洛克鸟的天使来祝贺耶稣诞生，东方的 3 位国王将耶稣称为“珍宝，绿咬鹃”，受害的希律王之子被喻为“破损的翡翠项链的碎块”。

这片土地危机四伏。16 世纪 50 年代，一名叫赫罗尼莫 · 洛佩斯的文员反复预言说，让原住民学习拉丁文和“科学”知识势必会产生异端邪说，当地人势必会掀起暴动：“印第安人学习拉丁文，除了用来察觉西班牙司铎是否在胡言乱语，还有什么用？”[8] 这样说的人可不止他一个。1555 年教会委员会下令审查所有印第安人创作的圣诗和圣歌。

人口锐减、劳动力缺乏，以及印第安文化发生变化的一系列危险征兆，这一切共同导致了征服者的后裔在 16 世纪 60 年代陷入困境。在征服者的后裔追求反复无常、穷奢极欲的生活之时，矛盾终于爆发。16 世纪 60 年代，第二代瓦勒侯爵经常在宅邸载歌载舞，侯爵的表兄弟赫苏斯 · 苏亚雷斯 · 德 · 佩拉尔塔（Jesús Suárez de Peralta，科尔特斯小舅子的儿子）是一位杰出的作家，他说：“大家谈论的只有庆典和盛装，庆典之多前所未有。”[9] 这些庆典挥霍巨大。有一次，马丁 · 科尔特斯在祝酒时发起了一个挑战，看看谁喝得最多，还想出一项惩罚措施：如果有人拒绝灌醉对手，就把他的帽子砍成碎片。此外，还有各种各样的化装舞会，舞会上有上百名喝得醉醺醺的纨绔子弟，宴会结束后他们经常骑马出去寻觅印第安女孩。

---

* 德意志天主教修士，1413 年在尼德兰奥古斯丁会隐修院受神职，终身从事抄写书稿和辅导新修士的工作，可能是《效法基督》的作者。——编者注

这位第二代侯爵似乎耽于享乐，难以克制。

侯爵还起诉自己的叔叔埃尔南多·古铁雷斯·德·阿尔塔米拉诺（Hernando Gutiérrez de Altamirano）欠了自己的钱，原因是古铁雷斯曾请侯爵吃了一顿大餐。古铁雷斯可真是够倒霉的（古铁雷斯的父亲曾对古巴都督迭戈·贝拉斯凯兹进行任期审查[10]）。1563年，马丁·科尔特斯从旧西班牙回到了新西班牙，此举给了新西班牙的克里奥尔人（现在的西班牙人认为自己是克里奥尔人）一股无名的自信。[11] 马丁似乎生来就比他接触到的西班牙官员优越一等，坊间不时传来让他做国王的传言。[12] 此时，新西班牙的总督依然是路易斯·德·贝拉斯科，他彬彬有礼，仁慈宽厚，温文尔雅，非常喜欢赛马，反对让印第安人承担常规义务之外更多的工作。

1564年7月31日，贝拉斯科因心脏病发作突然去世，贝拉斯科的儿子称是瓦勒侯爵的恶劣行径加速了父亲的离世。[13]

历史学家费尔南多·贝尼特斯写道，贝拉斯科和国王卡洛斯一世的葬礼一样盛大，没什么两样。送葬的队伍从会计奥图尼奥·德·伊瓦拉的宅邸出发前往圣弗朗西斯科教堂。出席葬礼的有6位主教、最高法院法官、总视察官赫罗尼莫·德·巴尔德拉马率领的哀悼队伍，哀悼队伍的前排分别是30名贫穷的印第安人和30名贫穷的西班牙人。后来成功征服菲律宾的莱加斯皮（Legazpi）也出席了葬礼，身后跟着600名士兵，这些士兵已分配给他去征服东方。[14] 贝拉斯科是第一位在任期间去世的新西班牙总督，官方葬礼办得隆重盛大，采用的是巴洛克风格葬礼仪式。此后，巴洛克风格开始流行，塑造着殖民地墨西哥的风格。

1564年贝拉斯科的离世给新西班牙留下了权力真空，一时之间无人接任总督一职，高级官员只剩佩德罗·德·比利亚洛沃斯、赫罗尼莫·德·奥罗斯科，以及年迈的最高法院院长弗朗西斯科·塞诺斯（Francisco Ceinos）。长达数月，新任总督的人选一直未定。贝拉斯科的儿子路易斯一直翘首期盼可以接任，他的确如愿以偿，但却是20多年以后的事情了。

在这段漫长的空位期，新西班牙的殖民者中间弥漫着诸多不满。例如，墨西哥城市政议会对最近西班牙王室颁布的取消监护领地继承权的决议大为光火，有些位高权重的市政议员竟然请求国王不要再任命总督，如果非要保留总督职位的话，那么应当将此职位授予征服者的后裔。这一危险的提议于1564年8月21日正式以决议的形式提交给墨西哥市政议会。[15] 随后，几名市政议员提议任命第二代侯爵马丁·科尔特斯为都督。另外两名征服者的儿子，也是埃尔南多·科尔特斯旧友的侄子——阿隆索·德·阿维拉（曾同蒙特霍一起到过尤卡坦半岛）和吉尔·冈萨雷斯·德·阿维拉扬言要煽动一场风暴，然而马丁·科尔特斯并未给予他们支持。[16]

不满情绪日益滋长。最高法院决定先发制人，于是逮捕了马丁·科尔特斯，把他和阿维拉兄弟关押在同一座监狱里，还逮捕了科尔特斯的另外两个儿子和其他“活跃分子”，其中包括迭戈·阿里亚斯·索特洛（Diego Arias Sotelo）的弟弟巴尔塔萨·德·索特洛（Baltasar de Sotelo）。迭戈·阿里亚斯·索特洛的妻子是蒙提祖马的孙女莱昂诺尔。[17]

这起被指控为阴谋的事件牵涉的主要家族包括：帕切科·博卡内格拉家族（Pacheco Bocanegra）、冈萨雷斯·达维拉家族（González Dá Vila）、维拉努埃瓦·塞万提斯家族（Villanueva Cervantes）及苏亚雷斯·德·佩拉尔塔家族。[18] 他们都宣布自己有权统治新西班牙总督辖区。

1565 年 4 月，墨西哥城的局势进一步恶化，马丁阿贝利萨街（Martín Aberraza Street）发生暴动，暴动的一方是贝尔纳多·德·博卡内格拉（Bernardo de Bocanegra）和他的兄弟埃尔南多·德·科尔多瓦（Hernando de Córdoba），另一方是胡安·苏亚雷斯·德·佩拉尔塔、阿隆索·德·佩拉尔塔〔监护领地是特斯阿特兰（Tezuatlán）〕、阿隆索·德·塞万提斯及几个纳赫拉人，守卫到达前，阿隆索·德·塞万提斯受了伤。马丁·科尔特斯站在了博卡内格拉兄弟这边，监护主努尼奥·德·查韦斯·博卡内格拉（Núño de Chávez Bocanegra）之妻玛丽娜·巴斯克斯·德·科罗纳多（Marina Vázquez de Coronado）当时是马丁的情妇。[19] 马丁·科尔特斯“天真地以为只要自己在街上吆喝一声，大家都会自动站到他这边”，以为有了弟弟兼私人管家路易斯·科尔特斯的支持，人们都会听命于他。但当时的大法官胡安·德·萨马诺（Juan de Sámano）拒绝与马丁为伍，同样拒绝的还有市政议员胡安·德·巴尔迪维索（Juan de Valdivieso），他是墨西哥大学的第一批毕业生，也是路易斯·科尔特斯的小舅子。接着双方发生了斗殴，路易斯·西富恩特斯（Luis Cifuentes）和埃尔南多·帕切科（Hernando Pacheco）这两名德高望重的市政议员被囚禁在市政厅，而巴尔迪维索也被投入了公共监狱。

1565 年夏天，埃斯皮诺萨·德·阿亚拉业士带着被激怒的监护主到阿隆索·德·阿维拉的宅邸集会，我们前面提过阿隆索·德·阿维拉是著名征服者阿隆索的儿子，这些监护主提议反抗总督制——实际上是反抗王室——认为总督制注定会剥夺他们后代对监护领地的继承权。这些监护主包括佩德罗·德·阿吉拉尔（Pedro de Aguilar）、巴尔塔萨兄弟、希洛特佩科（Xilotepec）领地的监护主佩德罗·德·克萨达（Pedro de Quesada），以及瓜达拉哈拉征服者、卡德雷塔监护主的侄子克里斯托瓦尔·德·奥纳特（Cristóbal de Oñate）。他们都是墨西哥城最有权势、最富有的人。

为了保留委托监护制，1565 年秋天监护主又举行了类似集会。阿隆索·德·阿维拉和马丁·科尔特斯愚蠢地宣扬“国王想从我们的口中把面包抢走”。他们谈论要杀害最高法院法官及其他政府官员，已故总督的大儿子路易斯和小儿子弗朗西斯科·德·贝拉斯科就更在其列了。监护主们要煽动整个新西班牙叛乱。阿隆索·德·阿维拉率领一队人马戴着面具去墨西哥城中心大教堂前面的佐卡洛广场（Zócalo）游行，他把自己装扮成蒙提祖马的样子，头戴王冠，和同谋一道大摇大摆地从马丁·科尔特斯的宅邸前游行经过。瓦勒侯爵在宅邸举办了一场舞会，屋子里所有的瓷器故意绘着王冠下面的一个字母 R，暗示必须由瓦勒侯爵统治。之后，阿隆索组织了一场集会，在会上向密友和同谋们简述了计划。

第一组人负责杀害法官和总视察官，第二组暗杀其他王室官员，第三组则负责烧毁所有政府档案资料。之后马丁·科尔特斯将召集民众，在佐卡洛广场发表演讲，路易斯·科尔特斯则接管圣胡安－德乌卢阿（San Juan de Ulúa）港口，马丁的哥哥、科尔特斯的私生子马丁二世将占领富有的萨卡特卡斯城（Zacatecas），连同城里的所有银矿一并占有。另一位征服者的儿子弗朗西斯科·德·雷诺索（Francisco de Reinoso）会在普韦布拉建立政权，之后第二代侯爵马丁·科尔特斯将会被宣布为王。到时将分封新的公爵和侯爵、重新分配所有土地。阿隆索·奇科·德·莫利纳（Alonso Chico de Molina）将会满载珍宝前去拜见教皇，以确保政变获得教皇的认可。埃斯皮诺萨·德·阿亚拉业士要将马丁·科尔特斯的儿子、继承人从塞维利亚带回新西班牙，但是谄媚的埃斯皮诺萨却在野心和恐惧之间摇摆不定，热情猛然抖落千丈。与此同时，阿隆索·德·阿维拉为了牵制住所有参与谋反的人，要求他们签署一份支持谋反的书面文件。[20]

后来，监护主们的阴谋不得不因为阿隆索·德·阿维拉生病而中断，新西班牙暂时陷入了沉默，不过大家依然继续讨论着西印度院将针对新西班牙制订什么计划。[21]1566 年春，另一名西班牙贵族、来自纳瓦拉的法尔塞斯侯爵加斯东·德·佩拉尔塔被任命为新任新西班牙总督。他有着丰富的从政经历。在下达的委任状中，西印度院用长达 57 段的内容连篇累牍地反复陈述曾下达给他的前任贝拉斯科总督的那些命令。[22]

1566 年 4 月 5 日，巴尔塔萨·德·阿吉拉尔背叛了马丁，把阴谋计划的详情透露给了小路易斯·德·贝拉斯科，“科尔特斯阴谋集团”就此轰然瓦解。阿隆索和奥古斯丁·德·维拉努埃瓦以目击证人的身份作证，佩德罗·德·阿吉拉尔把他所知道的一切都告诉了多明我会，多明我会又向最高法院告发这一切阴谋。克萨达兄弟和埃斯皮诺萨·德·阿亚拉业士也背叛了朋友。但当时谣传王室想要废止委托监护制，所以反叛的念头依然很活跃。然而在整个 6 月，科尔特斯家族和朋友忙着给第二代侯爵的新生双胞胎受洗。烟花四起，小提琴、竖琴和鲁特琴发出悠扬的乐声，这一切伴着这场受人热嘲的战役共同庆祝着墨西哥城大教堂举行的圣礼，庆典上觥筹交错，热闹非凡。

1566 年 7 月 16 日，最高法院法官指控马丁·科尔特斯领导了一场政变，阴谋将新西班牙从西班牙王室的统治下分离出去。科尔特斯大为震惊：他明明受到了以阿隆索和吉尔·冈萨雷斯·德·阿维拉为首的对王室不满的监护主的支持，从没想到有一天自己会被王室清算。当然，某种阴谋的确存在，但还不能明确马丁·科尔特斯、弟弟路易斯、哥哥马丁二世究竟在多大程度上积极参与了这场阴谋。

阿维拉家族恐怕是参与程度最高的，他们受到了指控和审判，旋即在佐卡洛广场被斩首示众，高贵的头颅在木桩上悬挂了数月。[23] 路易斯·科尔特斯也受到了指控，被判处死刑，但并未行刑。若干地位较高的克里奥尔人被软禁。[24] 四处弥漫着焦虑和恐慌，本属于阿维拉家族的库奥蒂特兰监护领地——墨西哥河谷最为富饶的监护领地，如今被王室接管了。[25]

新任总督加斯东·德·佩拉尔塔和来自圣多明各的新任检察官塞斯佩德斯·德·卡德纳斯（Céspedes de Cárdenas）到达新西班牙后，才开始审判克里奥尔人。佩拉尔塔生性善良、宽容大度、幽默诙谐、睿智有才。1566 年 7 月，佩拉尔塔携妻子莱昂诺尔一道来到了韦拉克鲁斯，他是第一个在妻子的陪伴下来到新西班牙的总督，很快，他们启程去了墨西哥城。[26] 佩拉尔塔途中阅读了大量关于新西班牙的相互矛盾的报告。11 月，佩拉尔塔在墨西哥城正式就职，之后，他暂停了所有对阴谋者的审判，阅读了所有审判记录，亲自审问了几名被告。佩拉尔塔宽大处理了第二代侯爵马丁·科尔特斯，释放他出狱，甚至邀请马丁在自己的陪伴下出席骑马比武大赛。这引起了法官们的愤怒，他们早已习惯了自行行使权力，因而编造了佩拉尔塔和所谓的法国间谍之间来往的故事——这是当时西班牙世界惯用的诬陷手段。在去往韦拉克鲁斯的路上，法官们成功销毁了佩拉尔塔那份宽宏大量的报告，代之以言辞刻薄地指控总督的报告，并以急件的形式发往西班牙国内。很快，西印度院收到了这份报告。

1567年6月，腓力二世任命3名法官*组成代理检审官委员会[27]，负责调查阴谋的全部情况。佩拉尔塔被召回西班牙，由三法官之一的阿隆索·德·穆尼奥斯（Alonso de Muñoz）代行总督之权，但他并无总督的头衔。早在1567年3月，佩拉尔塔就准备了一份事关重大的备忘录，阐明了调查中遇到的所有问题。[28]

穆尼奥斯与佩拉尔塔截然不同，毫不宽容，反而一门心思地命人修建新监狱；还没等另外两名代理检审官抵达新西班牙，“穆尼奥斯的地下城”就已经在建了。有64人被指控谋反，其中8人被判死刑（实际处决7人），其余人则处以罚金或驱逐出城。有6名克里奥尔人被判到北非奥兰的大船上服役。在没有任何犯罪证据的情况下，巴尔塔萨兄弟、佩德罗·德·克萨达、小克里斯托瓦尔·德·奥纳特、巴尔塔萨·德·索特洛或被绞死，或被溺死，或被处以分尸的极刑。博卡内格拉兄弟（贝尔纳迪诺、费尔南多、弗朗西斯科）也备受酷刑的折磨。然而，无人招供，确实也没有什么可供认的。贝尔纳迪诺·德·博卡内格拉的母亲和妻子不断地呼吁、申诉，他才得以被撤销死刑，判处在国王的桨帆船上服役20年，

---

* 其中一名检审官加斯帕德·德·杰拉巴在前往新西班牙的路上葬身大海。——原注

并没收财产。其他克里奥尔人所受处罚相对较轻，第二代侯爵马丁·科尔特斯和弟弟路易斯以政治犯的身份被遣返西班牙，将由西印度院对其进行审问。[29]路易斯被判在奥兰服役10年；侯爵马丁得以释放，但必须留在西班牙；哥哥马丁二世显然也是备受折磨，后来新西班牙总督承认马丁二世“几乎没犯什么罪”，因此他终于在新西班牙获释。[30]

代理检审官的做法惹起了诸多不满和抱怨，国王腓力二世因此认为阿隆索·德·穆尼奥斯已经失去了理智，于是下令撤销阿隆索·德·穆尼奥斯代理检审官一职。接任穆尼奥斯的是路易斯·德·维拉努埃瓦业士和巴斯科·德·普加（Vasco de Puga）博士，这两名年轻法官之前被总视察官巴尔德拉马免职。现在他们再次回到了新西班牙，在墨西哥城的圣多明各修道院里，维拉努埃瓦告诉穆尼奥斯，他和他的同事路易斯·卡里略（Luis Carrillo）已被免职，应在收到免职消息的3小时内离开此地，前往西班牙。然而，穆尼奥斯和卡里略并没有直接前往西班牙，而是逃到了韦拉克鲁斯港，登上开往西班牙的船只，同船而行的还有总督佩拉尔塔及其他去西班牙的人。途中，卡里略因中风离世。[31]国王腓力二世盛情召见了佩拉尔塔。穆尼奥斯卸任退休，不久便去世了。

整个事件笼罩着层层谣言，很难确切知道究竟发生了什么事情。的确有人策划谋反，但没有切实行动。这场阴谋显然是西班牙王室与新西班牙贵族之间的一场权力斗争，冲突的根源在于1542年的《新法》破坏了双方之间的相互信任。新西班牙这颗镶嵌在西班牙王冠上闪闪发光的宝石，竟然经历了如此可怕的动荡，实属新西班牙的悲剧，但在新西班牙，两个种族之间的关系却得到了明显改善。[32] 值得注意的是，许多墨西哥旧贵族被吸纳进统治者上层。如今，很多新西班牙人不再认为自己是被征服的民族，而将自己视为征服者。这些旧贵族也可以过上和征服者一样的生活，可以骑马，可以随身佩戴刀剑乃至穿着盔甲。

第八章

恢复和平的新西班牙

对于大多数墨西哥人而言，脱离西班牙王室意味着恢复旧日的秩序，意味着结束由征服而引起的空位期。与此形成鲜明对比的是，人们对新西班牙“总督制”的态度却成了一段插曲。

——奥克塔维奥·帕斯，《一位漂泊在外的爱国者：墨西哥的历史和政治》，第 157 页

1568 年 5 月，王室任命马丁·恩里克斯·德·阿尔曼萨担任新西班牙第四任总督[1]，同年 11 月 11 日，恩里克斯正式就职，开始了他长达 10 余年的统治，直至 1580 年卸任。他给这个新辖区——这的确是个新辖区——带来了和蔼可亲的前任加斯东·德·佩拉尔塔执政时所没有的稳定。然而恩里克斯保守、固执，他解释说自己的统治哲学是“避免一切创新，如果实在有必要，也要谨慎推行”[2]。对于腓力二世和王室而言，恩里克斯是一名无可挑剔的官员。他热爱历史，喜欢保存各类档案和文件，明智地认为这是实行善政最好的保证之一。他理解得没错。在新西班牙和秘鲁担任总督期间，恩里克斯始终恪尽职守。他当然不会容忍克里奥尔人与伊比利亚半岛人之间发生激烈冲突，也不允许世俗神职人员与方济各会修士之间相互较劲。恩里克斯为人相当审慎且富有决心，意志坚定。

恩里克斯是阿尔卡尼伊塞斯侯爵（Marquis of Alcañices）的第三个儿子。阿尔卡尼伊塞斯侯爵是卡斯蒂利亚国王阿方索十一世男系的直系后裔，与斐迪南二世的母亲胡安娜·恩里克斯是远亲，因在1520—1521年间的西班牙城市公社起义（*Comuneros*）中效忠西班牙王室而被授予侯爵的头衔。恩里克斯出生在巴利亚多利德，自幼在王宫长大，妻子是阿吉拉尔－坎普侯爵（Marquis of Aguilar y Campóo）的女儿玛丽亚·曼雷克·德·卡斯蒂利亚（María Manrique de Castilla）。他的众多儿子里只有一个（名字也叫马丁）不是修士。他的一个妹妹嫁给了担任过秘鲁总督的孔德·德·涅瓦（Conde de Nieva）。可见，恩里克斯也是西班牙帝国早期的重臣权贵之一，与其他权贵有着各种各样的亲属关系。1568年被派去新西班牙时，恩里克斯已年过六旬。显然，他之前没有任何从政经验，当时的人都认为只要是贵族就能够胜任管理一职，有能力处理印第安事务，就像威灵顿公爵后来所说的那样，只要是位绅士，就能领导大众。

佩德罗·莫亚博士来自科尔多瓦的贵族家庭，一心想在墨西哥建立宗教法庭，为嘉奖莫亚这份热情，恩里克斯同意他担任墨西哥大主教。为了庆祝莫亚担任大主教一职，墨西哥举行了非常隆重的庆祝仪式，特别上演了胡安·佩雷斯·拉米雷斯（Juan Pérez Ramírez）的欢快剧目《神父佩德罗与墨西哥教会的精神契约》（*The Spiritual Betrothal of Pastor Pedro and the Mexican Church*）。拉米雷斯是第一位出生于墨西哥的剧作家，不久后成了司铎。接下来上演的是剧作家费尔南·冈萨雷斯·德·埃斯拉瓦（Fernán González de

Eslava）创作的有关莫亚被授予圣职的一段戏剧性对话。埃斯拉瓦是塞维利亚的名人，大约在1560年来到了新世界。剧本的主人公是黑白混血儿，他所说的台词令台下的宗教法庭检察官捧腹大笑，却让总督恩里克斯懊恼不已。[3]剧中的“信念”“希望”“慈善”及“墨西哥教会”等角色含带的寓言色彩，在这位严谨古板的总督看来具有含沙射影的讽刺意味，令人无法容忍。其中有一则关于征收消费税的笑话，惹得恩里克斯叫停演出，征收消费税可不是随便能用来打趣逗乐的题材。恩里克斯在致西印度院的一封信里写道，“这让我浑身不舒服”“的确，没有人会赞成的，圣职和宗教方面的话题肯定不能用来搞笑作怪”[4]。

很快就有一篇讥讽总督和消费税的文章被钉在了教堂的大门上，愤怒的恩里克斯立即囚禁了嫌疑人冈萨雷斯·德·埃斯拉瓦和弗朗西斯科·德·拉米雷斯。莫亚大主教*把自己撇得干干净净，谁让宗教法庭检察官多明戈·德·萨拉萨尔（Domingo de Salazar）修士通过并同意了这次演出呢！多明戈·德·萨拉萨尔来自巴斯克地区阿拉瓦省的拉瓦斯蒂达，是一名司铎，他睿智聪慧、精力充沛。冈萨雷斯·德·埃斯拉瓦出狱后继续创作他诙谐风趣的对话，看来这次短暂的牢狱之灾并没有让他吃什么苦头。

1568年6月7日，腓力二世在阿兰胡埃斯签发了恩里克斯的委任状，内容和往常一样，长达57段。其中规定：新任总督要格外重视建立新修道院和新大学，为梅斯蒂索女性混血儿和当地的女孩提供教育；另外，还要新建一批医院；总督要继续把印第安人聚居在

---

* 莫亚曾在卡斯蒂利亚的穆尔西亚担任过宗教法庭庭长。——原注

市镇上，不能让他们散居在乡野山村；修道院之间的距离不能过近；在银矿里干活的印第安人尤其要加以优待；彻查把印第安自由人当奴隶对待的案件；在制糖厂干活的只能是非洲黑人，不能是印第安人；严查从西班牙本土偷运到此的书籍，确保宗教法庭禁书目录中的书没有散播到新西班牙。

就职之前，恩里克斯就受到了严峻的考验。1568 年 9 月，恩里克斯在西班牙护卫队的护送下，随珍宝船（经常负责把新西班牙的珍宝和货物运回宗主国）一起抵达新西班牙。但在恩里克斯抵达韦拉克鲁斯港之前，热衷冒险的英国水手约翰·霍金斯（John Hawkins）就已经在圣胡安－德乌卢阿港装好了一船奴隶。霍金斯没有想到恩里克斯的护卫队人数如此之多，在接下来的战斗中，这一小撮英国舰队被毁，霍金斯和他的表弟、年轻聪慧的弗朗西斯·德雷克乘着仅剩的一只船狼狈地逃回了英国。霍金斯后来倾注一生制造坚固性更高的英国战舰，而德雷克也终其一生尽其所能地去打击、报复西班牙舰队。[5]

1581 年，恩里克斯离开新西班牙去秘鲁任职，修士安东尼奥·庞塞（Antonio Ponce）在给方济各会会长的日志中绘声绘色地描写了新西班牙的自然人文景观。新西班牙是美丽的水乡，依偎在湖水的怀抱之中，人们在“查那巴斯”浮岛上——也叫“浮动的花园”——种植蔬菜、水果和喂马的草料。墨西哥人用长棍划着木舟，每天都把木炭、柴薪、谷物、毛毯和陶器送到这里来。正如恩里克斯离开新西班牙到秘鲁赴任时所说，新西班牙有“两个共和国需要管理”，一个是印第安人的，另一个是西班牙人的。但是，“印第安民族的命运十分悲惨，所有善良的基督徒都理应同情他们”。[6]

但新西班牙也面临着两个难题：一是乱丢垃圾导致河道淤塞；二是建筑物开始逐年下沉。为了改善这种情况，建筑工人开始在大厦下面修筑支墩。此外，这里还常遭洪灾，一到夏天泄湖就会发出“致命的”恶臭。

从卡斯蒂利亚省的巴尔德佩尼亚斯（Valdepeñas）来的西班牙司铎贝尔纳多·德·巴尔武埃纳（Bernardo de Balbuena）* 写了一首诗，精妙绝伦地概述了上述景色。1600年时，贝尔纳多还是个堂区司铎，即将前往新西班牙首都，后在墨西哥城写下了《伟大的墨西哥》（*La Grandeza Mexicana*，1604年）和著名的《贝尔纳多与龙塞斯山谷之战的胜利》（*El Bernardo o Victoria de Roncesvalles*，1624年）。贝尔纳多后来成了牙买加男修道院院长，之后又在波多黎各担任主教。他是杰出的抒情诗人，创作的短诗十分受欢迎。让我们欣赏一下他的短诗片段：

> 我迷失在众生之间，漫无目的地悠游，
>
> 没有了你，没有了自我，也没有了上帝，甚至连生命都不复存在，
>
> 之所以没有了你，因为你不会总是陪伴着我，
>
> 之所以没有了自我是因为没有了你，我自己便也不复存在……
>
> 没有了你，我便没了幸福和宁静，

---

* 墨西哥早期最重要的杰出诗人之一，是文学史上文艺复兴运动与巴洛克运动的过渡诗人。《伟大的墨西哥》是其最著名的诗篇，分为9部，共4万行。贝尔纳多的诗歌富于感染力，充满想象，形式丰富多变，充分表达了诗人对墨西哥风土人情的热爱。——编者注

请再看我一眼，回到我的身边，

给我带来你，带来自我，带来我的存在，带来上帝，带来生命。

当时墨西哥城大约有4000名白人定居，不计其数的印第安人通过辛苦劳作供养着他们。[7]城内还有很多非洲黑人，数量与西班牙人不相上下，大多是奴隶，也有一些自由人，他们独断专行，靠着庞大的黑人数量和体格优势操控整个城市的物资供应。印第安人只能通过堤道进入都城，以极低的价格把货物贱卖给非洲黑人，黑人再以高于数倍的价格转手倒卖出去。[8]

自1573年起，一座崭新的大教堂在墨西哥城拔地而起，大教堂的设计师正是弗朗西斯科·贝塞拉。和皮萨罗家族一样，贝塞拉也是埃斯特雷马杜拉大区特鲁希略市人，与恩里克斯总督一道从西班牙来到了墨西哥。[9]大教堂剩余的设计工作由布尔戈斯人克劳迪奥·德·阿塞内加（Claudio de Arcienaga）继续完成。[10]和文艺复兴时期西班牙的其他大教堂一样，这座教堂也有5个中殿。教堂顶部呈哥特风格，顶部以下则采用文艺复兴时期的设计，大门是古希腊多利安式设计。这座大教堂的建筑风格丰富多样，要归功于坎塔布连人胡安·米格尔·德·阿圭罗（Juan Miguel de Aguero），他曾负责梅里达教堂的建筑设计，后来还负责设计墨西哥城卡门女修道院。新教堂内设一间圣器室和一间会议厅，一开始便以拥有一幅西蒙·佩雷恩斯（Simón Pereyns）创作的圣母马利亚的精美画像而自豪。[11]

此时的墨西哥城有6家医院，其中4家是专门为西班牙人看病的，另外一家是给印第安人的，还有一家是给非洲人和混血儿的。

这里有7座修道院：一座属于多明我会（圣多明各），两座是奥古斯丁会的，其中之一被出人意料地设计成中等学校的模样；另有两座是方济各会的（由一群赤脚修士所建，他们是圣科斯马斯和圣达米安的信徒，也是圣弗朗西斯的忠实信徒），还有一座是耶稣会所建。1572年，第一批耶稣会神父抵达新西班牙，共有12人，他们在这里的一处居所站稳了脚跟。[12]新西班牙还有加尔默罗会修士，他们修建了圣塞巴斯蒂安（St Sebastián）印第安区。城内有7座女修道院，包括雷金会（Reginists）、圣克拉拉会（Santa Claras）、始胎会（Conceptionists）、圣母会（Marianists）、圣哲罗姆女隐修会（Jeronymite nuns ），还有苦行会和隐修会。修女当中甚至包括厨艺精湛的厨娘，修女们为无处不在的圣母像缝制盛装，唱着令人迷醉的摇篮曲，还时不时地陷入对爱情的美好幻想中。耶稣会密切关注着玉米的种植，也十分关心龙舌兰酒的生产。18世纪时，墨西哥河谷的圣哈维尔（San Xavier）大庄园一年可以生产3000吨—3500吨龙舌兰酒。[13]

不同的宗教团体在不同的区域传教，财力雄厚的方济各会主要在特诺奇蒂特兰城（墨西哥城）、特拉特洛尔科、特斯科科、特拉马那尔科（Tlamanalco）及霍奇米尔科传教，多明我会主要在查尔科、塔库瓦亚及科约阿坎传教，奥古斯丁会则集中在阿科尔曼，在库尔华坎和米克斯奎科（Mixquic）也有分布。[14]

16世纪70年代，多数女修道院种植了欧洲的果树，有橘子树、柠檬树、苹果树、桃树、石榴树、葡萄树，也有柳树和白杨。当时欧洲的野花已经在这里随处可见了。

印第安人则继续过着令欧洲历史学家难以想象的神秘生活。他们常常穿一件上衣，肩膀系一块棉麻斗篷，有时候也会戴帽子，赤着脚、光着腿走路，虽然有时也会穿草鞋和长裤；妇女则通常穿着镶边长裙或短裙。很少有西班牙人知道他们在想什么，而且每年都有印第安人死于疾病，他们的人口数量一年比一年少。

印第安人睡觉的方式还和以前一样，不在吊床里睡觉，更不在床上睡觉，而是在席子上睡觉。他们的房屋陈设简陋，吃饭的时候，他们就坐在屋里地上吃，没有餐桌和椅子。屋子里当然有几张基督画像，可能还有用来装东西的篮子，有磨石或者研磨用的石头，他们在上面做玉米面饼。从西班牙引入的蜡烛实质性地改善了印第安人的生活。

这一时期的新西班牙获得了平稳的发展，总督恩里克斯功不可没。1576 年，新西班牙暴发天花，疫情十分严重，恩里克斯甚至勇敢地亲自照顾得了天花的印第安人。他还免除了许多印第安人向王室缴纳的贡赋。尽管如此，仅 1569 年一年，即恩里克斯上任的第一个年头，他就向西班牙宗主国运回了价值 1111211 比索的银币，这比往年的收益要多得多。[15] 恩里克斯还尝试主持修建特斯科科湖排水系统，即后来的韦韦托科（Huehuetoca）* 排水渠，但当时未能修建起来。

这项巨大的水利工程耗时 3 个世纪之久才彻底完工。1600 年时，有 2000 名印第安人在修建排水渠，到 1608 年，通过从特斯科科湖引向低地的新水道，水流已经可以从墨西哥河谷注入大海了。这条排水渠高 13 英尺（约 3.9 米），宽 213 英尺（约 65 米），最深可达

---

* 位于墨西哥河谷西北部的小镇，镇上居民说奥托米语。——原注

175 英尺（约 53.3 米），总长度达 4 英里（约 6.4 千米）。

马丁·恩里克斯极力提倡使用“汞合金”，一种利用水银的全新方法。[16] 恩里克斯还大力提倡出口巴西苏木和其他红木，也非常支持腓力二世的“原生药物学”。16 世纪 70 年代，弗朗西斯科·埃尔南德斯博士就在忙着收集、统计新西班牙有药用价值的草本植物、树木和其他植物，到 1576 年，他撰写的药草分析和图解著作多达 16 卷。[17]

虽然恩里克斯因为剧作家拉米雷斯和冈萨雷斯·德·埃斯拉瓦创作的戏剧而大发雷霆，但他的确乐于赞助艺术和学术的发展，《墨西哥语版基督教义》就是在他的赞助下出版的，由多明我会修士贝尼特斯·费尔南德斯（Benítez Fernández）在 16 世纪 60 年代创作；他也赞助出版了才华横溢的方济各会修士阿隆索·德·莫利纳在 1571 年完成的《卡斯蒂利亚方言词汇》（*Vocabulario en lengua castellana*），还赞助出版了胡安·德·科尔多瓦修士 1578 年写成的《萨波特卡人的语言艺术》（*Arte en lengua Zapoteca*）。他还支持出版科学专著，有阿隆索·洛佩斯的《手术学》（*Treatise on Surgery*，1578 年），奥古斯丁·法哈多修士的《简易解剖和手术治疗》（*Tratado breve de anatomía y cirugía*），还有弗朗西斯科·布拉沃（Francisco Bravo）博士的《手术药物学》（*Opera medicinalia*）。[18] 布拉沃是塞维利亚人，于 16 世纪 60 年代来到了新西班牙。在这里，他与当时学识渊博的拉丁文专家、新西班牙首府的史官弗朗西斯科·塞万提斯·德·萨拉萨尔（Francisco Cervantes de Salazar）结为至交。布拉沃以其创作的拉丁文对话录闻名，他将其中 3 部精彩介绍大学及其宗旨的对话录付梓。[19] 布拉沃还是研究美洲疾病的专家，尤其对“鼠型斑疹伤寒症”颇有研究，这是一种热病，和麻疹一样，也因斑点感染而起。

恩里克斯执政时期，新西班牙从宗主国进口了大量同时代的最佳书籍，内容多样，从费尔南多·德·罗哈斯的著名对话录《赛乐丝汀娜》(*La Celestina*)[20]到1554年无名氏所作的《托尔梅斯河边的小癞子》，从《阿马迪斯·德·高拉》到《白骑士蒂朗》，再到加尔西拉索·德拉·维加和胡安·博斯坎·阿尔莫加维尔的诗作，应有尽有。从韦拉克鲁斯港运来的大批书籍中还有维吉尔、塞内加和奥维德等拉丁诗人的作品。这些书籍自然是由技艺娴熟的赶骡人用骡子驮运到墨西哥城的。到16世纪70年代，这些书已经成了新西班牙的一道风景线，就如同它们也是宗主国的一道风景一样。[21]

1580年，马丁·恩里克斯打算卸任退隐，但腓力二世却命他担任秘鲁总督一职。出于对王室的忠诚，恩里克斯接受了任命，但他知道，和第一任总督安东尼奥·德·门多萨一样，这一任命无异于判了死刑，因为当时他已经72岁高龄了。恩里克斯先去了奥登巴(科尔特斯成功征服的地方)的一处西班牙庄园，在那里等候继任者科鲁尼亚伯爵[22]洛伦佐·苏亚雷斯·德·门多萨的到来，并向苏亚雷斯·德·门多萨精要概述了他统治期间新西班牙潜在的挑战和困难。十分罕见的是，恩里克斯的委任状中没有关于“司法弹劾制”[23]的规定，他担任总督期间王室也未派遣总视察官前往新西班牙。1581年2月9日，恩里克斯从阿卡普尔科乘船前往秘鲁的卡亚俄港，这段航程长达3个月之久。

之后的新西班牙总督都享有与恩里克斯一样的社会地位，但道德修养都不如他。1580年10月4日，洛伦佐·苏亚雷斯·德·门多萨正式就职，直到1583年年初卸任。对于工作中遇到的很多与自治市有关的问题，他都没有能力去应对。和贝拉斯科一样，他也是在任职期间离世的。接任洛伦佐的是阿尔瓦罗·曼雷克·德·祖尼加，从1585年一直任职到1590年。[24] 在阿尔瓦罗到任之前的这段空位期，暂由佩德罗·莫亚·德·孔特雷拉斯主教担任总督。莫亚的身份有点儿特殊，除了主教和临时总督外，他还是新西班牙宗教法庭庭长和总视察官，为人简朴严正。总督曼雷克·德·祖尼加的头衔是比利亚曼雷克侯爵，是贝哈尔大公的儿子，后来继承了大公的爵位。曼雷克有一座奢华的宫殿，妻子布兰卡·德·贝拉斯科是曾经担任秘鲁总督的涅瓦伯爵之女，也是恩里克斯总督的侄孙女。比利亚曼雷克侯爵严厉谴责了纺织场虐待印第安人的恶行，他经常造访纺织场，甚至还严厉谴责这类工场的建立，他坚持让工场主当着官员的面支付印第安人工资，还安排督办核验登记印第安自由人名单。督办是由王室任命的市镇官员，一直到19世纪都是非常重要的职位。

比利亚曼雷克侯爵统治期间不遗余力地实施了一切他认为代表王室意志的措施——他牢牢控制着总督区的偏远地区，根基深厚的新西班牙地主等群体为此倍感焦虑。比利亚曼雷克侯爵还严控巨大的水银交易市场[25]，监管酒水买卖，设法以保障王室利益的方式监管教会。他还尽力保护人口数量日减的印第安人，此举触动了教会和地主的利益，因为教会和地主长期以来都是靠使用印第安劳动力来获利的。此外，他还进一步落实前几任总督实施的印第安人聚居政策，将他们集中在组织管理有序的市镇上。

当时，新加利西亚最高法院的一名法官想娶一位克里奥尔姑娘，而殖民地的法官是不能娶西裔拉美人的，比利亚曼雷克侯爵为这位法官感到惋惜。然而，当地民众强烈支持促成这段婚姻，最后总督为了执行所谓的王室法律，领兵阻止了这场婚姻。比利亚曼雷克侯爵在这件事上的立场非常荒诞，结果因此被解职，还被监禁了一段时间。[26]

1590 年，小路易斯 · 德 · 贝拉斯科接替比利亚曼雷克侯爵成为总督，他是新西班牙第二任总督路易斯 · 德 · 贝拉斯科的儿子。小路易斯 · 德 · 贝拉斯科的妻子玛丽亚是第一任总督安东尼奥 · 德 · 门多萨的外甥女，其父是著名征服者马丁 · 德 · 伊尔西欧（Martín de Ircio）。马丁 · 德 · 伊尔西欧是少数从西班牙北部的洛格罗尼奥移民到新西班牙的人之一，他跟随科尔特斯的劲敌班彼罗德 · 纳尔瓦埃斯来到了新西班牙。小路易斯 · 德 · 贝拉斯科已经从比利亚曼雷克侯爵那里全面了解了新西班牙的概况。小路易斯 · 德 · 贝拉斯科曾跟着他父亲在新西班牙度过了大部分少年时光。

小路易斯 · 德 · 贝拉斯科是 16 世纪新西班牙的最后一任总督，但他再次于 1607—1611 年间担任新西班牙总督。1596—1604 年，他又担任秘鲁总督，这 8 年的任职时间令他疲惫不堪，一心想回到卡斯蒂利亚。他也是除奥尔特亚主教之外唯一两次担任新西班牙总督的人，但奥尔特亚的任期非常短，仅从 1696 年持续到了 1701 年。1611—1617 年，小路易斯 · 德 · 贝拉斯科担任西印度院主席，他也是唯一一位卸任后在西印度院荣升高位的总督。他简直可以称得上是位“超级总督”，担任总督长达 17 年。不久之后，王室下令禁止去新世界任职的总督携带家眷，包括妻儿在内，以防在新世界产生根基深厚的新贵族。

过去这些权贵去新世界时都从宗主国带去一大批亲朋好友，与出生在新世界的克里奥尔人相比，这些欧洲人享受的特权更多。到 1600 年时，来自欧洲的西班牙人与克里奥尔人之间出现了不可逾越的鸿沟，另外，在世俗官员和神职人员之间也产生了公开的隔阂，当时新西班牙大约半数的土地掌控在神职人员之手，他们十分富有。

谈到 16 世纪末新西班牙的社会特点，不要忘记还有征服者培养出来的大批印第安手艺人、裁缝、艺术家和珠宝商。他们高效生产着大量的马具和包括手套、羊毛布、鞋帽在内的皮货。一大群原住民凭着学到的新手艺过上了不错的生活。在乡下，农民开始学习牛耕，种植小麦等新品种农作物。

1598 年腓力二世去世，新西班牙的印第安人的精神和活力大不如前，正如征服者在卡洛斯一世退位时失掉了锐气一般。很多印第安人学会了西班牙语，但多数人依然说纳瓦特语，正因如此，当时的克里奥尔人对印第安文化心存质疑，认为印第安文化只不过是一种民间信仰。佩德罗 · 德 · 冈特修士在特诺奇蒂特兰城创办的大学在他离世后就关闭了，1580 年方济各会在特拉特洛尔科创办的大学也日益衰落了[27]，这部分是因为前几任总督为大学提供的补贴不再随要随有了。虽然这一时期建造了一批非凡卓越的建筑，包括墨西哥城大教堂、皇家医院、多明我会修道院及奥古斯丁会修道院，但这些建筑实际上出自第一批殖民者之手。17 世纪时新西班牙有很多饱学之士，但他们都不是混血人或印第安人，而是克里奥尔人和西班牙人。耶稣会也开办了为数众多的学校，但只接收欧洲人。墨西哥人开始学习绘画，但他们模仿的是欧洲人的绘画风格，放弃了本土的绘画风格。

墨西哥也已经在践行一些宗教仪式，如婚礼、洗礼、斋戒、某种形式的忏悔（经常性的忏悔，而不是一年一次的忏悔）及圣供等，这些仪式虽然看起来与基督教仪式相似，但二者之间终究不能画等号，传统的宗教仪式在哪里都不可能直接转化为新的宗教仪式。印第安人当时也接受了“灵魂”的概念，但他们却把它延展到了动物和没有生命的物体上，显然越出了基督教的信仰范畴。

17 世纪末，圣依纳爵的侄孙、旅行家马丁 · 依纳爵 · 德 · 罗耀拉修士曾写道，新西班牙幅员辽阔，无边无际。每天都能发现新的民族，征服他们很容易，这些人“臣服于我们神圣的天主教信仰，他们十分温顺，而且很聪明，领悟能力强”[28]。到 1600 年时，马丁修士认为，很多印第安人都深深着迷于教会的宗教仪式。原住民对基督教的热情某种程度上远胜于西班牙人，他们会投入很多精力装点教堂。马丁还说，墨西哥人天资聪颖，没有什么东西是他们模仿不来的，他们是引人注目的歌手和器乐演奏者，但“他们的歌声并不能帮助他们改善境地”。

博学开明的方济各会修士莫多里尼亚于 16 世纪 20 年代来到了新西班牙，他曾说，新西班牙的印第安人践行基督教宗教仪式的现象表明他们已经摒弃了曾经的巫术和迷信崇拜。但另一位同样博学的方济各会修士贝尔纳迪诺 · 德 · 萨阿贡并不同意，相反，他认为旧式的印第安宗教仪式与正统的基督教仪式之间存在着深层次的不同。[29] 巴斯克历史学家赫罗尼莫 · 德 · 门迭塔会说纳瓦特语，他于 16 世纪 80 年代写成了《印第安宗教史》（*Historia Eclesiástica Indiana*），书里说在基督教传入之前，印第安人认为“以前我们只做别人命令我们做的事，现在我们有了极大的自由。这对于我们没什么好处，因为我们的恐惧不再是外在的，而是源于内心了。”[30]

当时频频运往新西班牙的书虽不如门迭塔的《印第安宗教史》这样篇幅巨大，但这里的确有一大批读者渴望阅读有关某个基督教人物的一流著作。此外运往新西班牙的也不乏思想性强的书籍，《马可·奥勒留金卷》(*Golden Book of Marcus Aurelius*)就是其中之一，其实是一部汇编了大主教安东尼奥·德·格瓦拉杰出思想的格言集。除此之外，加尔西·罗德里格斯·德·蒙塔尔沃的《阿马迪斯·德·高拉》和《艾斯普兰狄恩的冒险》这类骑士小说也在新西班牙深受欢迎。风靡一时的还有费利西亚诺·德·席尔瓦的《尼西亚的弗洛里塞尔先生》(*Don Florisel of Niquea*)，这本书“能促人行侠仗义，从自己的非凡经历中体验冒险精神，在遭遇挫折时找到些许安慰”。[31] 和现代畅销书一样，每隔一两年，就会有这类新书风靡一时。[32] 当时另外一本畅销书是阿隆索·德·埃尔西利亚的《阿劳坎纳》，写的是西班牙征服智利的故事，是在阿里奥斯托（《疯狂的奥兰多》的作者）和塔索（《耶路撒冷的解放》的作者）的启发下写出的一部史诗巨著。[33]16世纪70年代，墨西哥城和利马还充斥着奇幻的哥特式小说，其中之一就是皮埃尔·博乌阿提奥（Pierre Bouaisteau）的《奇妙的历史学家》(*Historias Prodigiosas*)，这本书是从法文版翻译过来的，[34] 书中提到了各类鬼怪、动荡以及受尽折磨的灵魂和怪兽。很多书商从畅销书中获利颇丰，巴伦西亚人胡安·德·蒂莫内达曾于1564年在巴伦西亚编辑出版了《茶余饭后》(*La Sobremesa*)一书，里面收录了很多奇闻逸事，“饭后闲谈”就出自这本书。

第九章

托莱多总督在秘鲁

陛下是西班牙王国的合法统治者。

——总督托莱多致国王腓力二世

秘鲁的政治局势曾因第一任征服者后裔之间的相互争夺而长期陷入动荡不安，直到1569年这一局面才告一段落。腓力二世自1558年继位以来，统治一直相对稳定，然而其父卡洛斯一世的统治却变幻莫测，令人难以捉摸。一直以来，秘鲁总督辖区久经内战和一连串危机，直到1569年5月20日才干过人的弗朗西斯科·德·托莱多被任命为总督，动荡和暴乱的悲惨岁月才终告结束。

弗朗西斯科·德·托莱多是奥罗佩萨伯爵（Count of Oropesa）之子，是阿尔瓦公爵的堂弟。他是一名非常虔诚的基督徒，每周都会参加礼拜圣事，在当时已经鲜有人这样做了。他是阿尔坎塔拉军界成员之一，还曾在尤斯特修道院悉心照料过病中的卡洛斯一世，也是耶稣会新任会长圣弗朗西斯科·德·博尔哈的密友。[1]

秘鲁近现代历史学家吉尔莫·罗曼（Guillermo Lohmann）认为，在西班牙统治秘鲁长达250年的时间里，托莱多是40位秘鲁总督当中最杰出的一位。[2]当时在马德里和巴利亚多利德有一个由生性傲慢的埃斯皮诺萨枢机主教领导的委员会，该委员会起草了下达给托莱多的书面指令。委员会其他成员包括时任西印度院主席的路易斯·门德斯·德·基哈达（Luis Méndez de Quijada），西印度院成员胡安·巴斯克斯·德·阿尔塞（Juan Vázquez de Arce）和戈麦斯·萨帕塔业士（Licenciado Gómez Zapata），还有来自卡斯蒂利亚枢密院的胡安·德·姆纳顿尼斯（Juan de Muñatones）博士以及国王的首席秘书鲁伊·戈麦斯。宫廷要臣费利亚公爵（Duke of Feria）戈麦斯·苏亚雷斯·德·菲格罗亚（Gómez Suárez de Figueroa）也是该委员会成员，曾担任大使，他行为浪荡不羁，是国王忠实的朋友，却是阿尔瓦公爵的死对头。托莱多本人也出席了该委员会。

起初委员会下达给托莱多的指令只有一段话，告诫新任殖民地总督要警惕说话口无遮拦的修士们。国王腓力二世说他清楚"生活在这些地方的神职人员如何以保护印第安人为名而忙着关心印第安人是否得到公正的对待，印第安贵族的权力是否得到了保护……招致了许多流言蜚语"。[3]在托莱多看来，这些修士有越权之举，他为此还稍稍动过让宗教法庭压制这些修士的念头。

不得不提一句，这位新任总督还认为拉斯·卡萨斯的观点"贻害无穷"，他抱怨道："狂热、心怀不轨的恰帕斯主教的书成了攻击西班牙统治美洲的矛头。"托莱多总督还注意到，修士总是敏于谴责诸多"专制的，不正义的"事情，甚至还试图保护印第安人不纳税，而这些正是他以往的一贯做法或是他心里正在盘算的事情。

委员会起草的指令书中要求托莱多禁止言情骑士小说在殖民地传播，当时因为多种原因，这些被看成是"败坏道德"的作品。尽管如此，这些小说却在新世界广受欢迎，就连托莱多这样强势的总督也无法严禁宗主国向秘鲁出口类似的出版物。[4]

在前往新世界之前，托莱多做了很多准备工作，他找来了所有能找到的在秘鲁任过职的人，与他们沟通交谈，了解情况。1569年3月19日，托莱多离开桑卢卡尔－德巴拉梅达前往新世界，8个月后，在11月30日这一天，到达利马——在当时，西班牙高级官员去秘鲁赴任一般都需要8个月的航程。[5]托莱多在船上度过了一段比较宁静的日子，有充裕的时间去阅读，加那利群岛、卡塔赫纳及巴拿马港口确实也没什么可娱乐消遣的，因此他几乎不会受到任何干扰和诱惑。托莱多到达秘鲁后做的第一件事就是到访利马的方济各会修道院和耶稣会创办的圣巴勃罗大学，他想知道这些从事神圣传教活动而又热心俗务的人到底在想什么。之后，这位新任总督千方百计地搜集了尽可能多的拉斯·卡萨斯的著作并尽数销毁，甚至请求国王下令禁止再向秘鲁出口这类书籍。1570年1月1日，他又去了一次圣巴勃罗大学，同学校里的耶稣会士共进晚餐。

托莱多挑选了7人组成内阁协助他处理政务，这项举措非同寻常，因为一般而言，总督更倾向于所有的事情都亲力亲为，依靠朋友提供建议。不过，这的确是明智之举。托莱多的内阁成员中，首席内阁也是最重要的一位成员是他的堂兄弟、多明我会会长加西亚·德·托莱多（García de Toledo），他是一名杰出的作家，著名的《尤卡伊编年史》（*Memorial de Yucay*）就出自他手（曾随同第一任总督安东尼奥·德·门多萨去过新西班牙，后来成了圣特雷萨的挚友）；其次是耶稣会士何塞·德·阿科斯塔（José de Acosta），1570年他从梅迪纳－德尔坎波来到秘鲁，他的家族出了5名耶稣会士、2

名修女；[6]第三位是利马最高法院法官格雷戈里奥·冈萨雷斯·德·昆卡（Gregorio González de Cuenca），他在秘鲁生活了 15 年之久，曾与前两任总督涅瓦伯爵、卡涅特侯爵共事；第四位是拉普拉塔最高法院法官胡安·德·马蒂恩索（Juan de Matienzo）；第五位是极具洞察力的波洛·德·翁德加多（Polo de Ondegardo）业士[7]；第六位是负责国内事务的秘书大臣阿隆索·鲁伊斯·德·纳巴姆尔（Alonso Ruiz de Navamuel），其人为人无情，留下了一本记述总督托莱多丰功伟绩的大作《见证总督托莱多的功绩》（*Testimonio en relación de lo que hizo el Virrey Toledo*）；第七位也是一名法官，即佩德罗·桑切斯·德·帕德斯（Pedro Sánchez de Paredes）业士。以上各位是总督托莱多精英政权的支柱（“顶梁柱”）。[8]

托莱多在秘鲁偶然发现，几所非常优秀的教育机构正在提供高质量的教育，例如，利马第一任大主教赫罗尼莫·德·罗埃萨（Jerónimo de Loaisa）就在教堂附近开办了一所备受尊敬的学校，博学多识的贡萨洛·德·特雷霍（Gonzalo de Trejo）负责管理校务。多明我会也开办了几所类似的学校，圣马科斯大学的前身就是多明我会修道院。1568 年，即托莱多来到秘鲁的前一年，多明戈·德·圣汤玛士（Domingo de Santo Tomás）出版了第一本盖丘亚语基础语法书。阿隆索·马丁内斯正是使用这本语法书来教授盖丘亚语的。此外，马丁内斯也教授哲学和神学课程。圣汤玛士 1540 年左右来到了秘鲁，担任过利马一所修道院的院长。盖丘亚语是秘鲁最重要的方言，印加人统治的所有地方都说盖丘亚语。有一点应当引起注意，在秘鲁生活的绝大多数西班牙人和印第安人始终坚持不懈地为子女提供高质量、高层次的教育，许多印第安人和西班牙人的富有家庭都会为孩子聘请家庭教师，其中既有印第安教授，也有西班牙教授。耶稣会是1568年来到利马的，之后便致力于对两个民族开展教育，热心劝导他们皈依天主教。

不过，总督遇到的首要问题与教育无关，仍旧是委托监护制的问题。1570年时，秘鲁的监护领地仍归1538年被授予领地的那批征服者家族所有。和新世界其他地区一样，秘鲁也就委托监护制的永久保留问题进行过长期讨论。在西班牙国内，严明的埃斯皮诺萨枢机主教针对此事在1571年成立了专门委员会，但到最后该委员会也没有讨论出个什么结果。在秘鲁，人们渐渐接受了将三分之一的监护领地作为永久保留地。埃斯皮诺萨主导的委员会认为，应当授予所有监护主伯爵或男爵的头衔，毕竟有些监护主大力赞助了新殖民地，只有异教徒、违反教规和犯下叛国罪之人的领地应当予以没收。要不是弗朗西斯科·皮萨罗的嫂子伊莎贝尔·穆尼奥斯首次在秘鲁积极开展小麦种植的话，情况又会如何呢？[9]

1555年，安东尼奥·德·里韦拉代表西班牙征服者告诉西印度院，如若取消秘鲁的委托监护制，定会引起严重骚乱。1556年，腓力通知西印度院，说他已经决定永久保留委托监护制。腓力显然是出于经济上的考虑才决定这么做的，西班牙征服者已经承诺要给他500万达克特*。

然而，西印度院却坚决反对该决定。当时腓力的父亲卡洛斯一世国王还在世，住在尤斯特修道院，依旧乐于随时给出意见，他说："这个问题始终困扰着我，我一直想理清它。"卡洛斯一世在位时并

---

* 旧时在欧洲许多国家通用的金币。——编者注

不同意对此采取任何新政策。事实上，如果腓力把这个问题拖到他即位是再好不过了，到时卡洛斯一世就会说："你可以根据自己的意愿行事，自行决定。"[10]但到腓力登上王位之后，也没找到比他父亲的决定更省心、更简便的决定。

这个问题一直悬而未决，直到1584年，一位德高望重的地主加斯帕·德·里韦拉再次提出委托监护制的问题。加斯帕自1563年起就一直生活在西班牙。针对这个问题，他提出了很多富有创意的解决方法，但所有提议均被置之不理，最后这个问题再次被弃置一旁。

托莱多总督在秘鲁执政的第一年，耶稣会就出现了大动荡，影响波及罗马，涉及在新世界取得了显著成绩、发展得欣欣向荣的耶稣会的核心目的及其活动范围。当时耶稣会内部出现了分歧，分歧的一方由利马圣巴勃罗大学来的胡安·德·阿科斯塔修士及神父米格尔·德·富恩特斯主导，另一方由库斯科第一所耶稣会大学的首任校长胡安·德·祖尼加修士主导。

耶稣会密切关注着印第安的人口总数。托莱多总督想要多多建立耶稣会大学，但当时耶稣会士遵照远在罗马的耶稣会会长博尔哈枢机主教的指令，暂不考虑增加大学的数量。博尔哈想要牢牢控制住耶稣会的发展。[11]托莱多派博尔哈的密友布拉卡门特神父前去梵蒂冈说服博尔哈。

不巧，博尔哈于1572年9月去世，因而也就没必要花费心思去说服他了，在他之后担任耶稣会会长的是佛兰德斯人埃弗拉德·默库里安（Everard Mercurian）。默库里安派遣以胡安·德拉·普拉萨（Juan de la Plaza）为首的特使团访问秘鲁。普拉萨从政经验丰富，但却墨守成规，缺乏想象力，而陪他同去的都是一些富有创造力、天赋极高的人，其中包括在罗马耶稣会大学教授哲学的胡安·德·蒙托亚（Juan de Montoya）、西班牙一所耶稣会学校的校长巴尔塔萨·皮纳斯（Baltasar Piñas），此外还有意大利画家贝尔纳多·比蒂（Bernardo Bitti）[12]、音乐家梅尔乔·卡诺（Melchor Cano）。普拉萨虽然行事有官僚派头，但却意识到了人们应该很乐意在西班牙建立一所神学院专门培训要去西印度传教的神职人员——他提出这个建议后，遭到了修士阿科斯塔的反对。阿科斯塔后来于1575年担任秘鲁耶稣会总管事（*provincial*），他认为培训新传教士的工作最好由利马的圣巴勃罗大学来完成，而不是塞维利亚。

当时，利马市圣巴勃罗大学在阿科斯塔的主持下发展得欣欣向荣。250名印第安人的孩子庄严朗诵着西塞罗和荷马诗歌，朗诵声传到了阿科斯塔和巴尔塔萨·皮纳斯的房间。这是一项多么令人瞩目的成就！数百名成年学生都在等着上阿科斯塔讲授的道德课，弗朗西斯科·德·托莱多则继续在大学里设置教授印第安语包括艾马拉语、盖丘亚语在内的教职。

利马的耶稣会士模仿维吉尔创作六步韵诗，模仿贺拉斯、品达写作颂歌，在闲暇时间读诗或写诗，戏剧也是他们生活里重要的一部分。

阿科斯塔最终没能说服总督认可秘鲁耶稣会的主要目标是帮助印第安人。16世纪80年代，秘鲁就混血儿和克里奥尔人是否可以加入耶稣会产生了争论，最终在这个问题上，人们采取了宽容政策，此后混血儿开始在耶稣会发挥非常重要的作用。但新任耶稣会会长、来自那不勒斯贵族世家的克劳迪奥·阿夸维瓦强烈反对实行宽容政策。秘鲁的耶稣会士整日提心吊胆，生怕他们在秘鲁的法律地位（存在的合法性）进一步受到损害，不过，事实却并非如此。[13]

1596 年，阿夸维瓦宣布，秘鲁的耶稣会士只有相当熟悉盖丘亚语方能擢升司铎，他先前可不这么认为。他现在变得十分渴望增进对当地居民的理解，还下令耶稣会士学习“安哥拉人的语言”（可能是非洲黑奴使用的语言）。

阿隆索 · 德 · 巴萨纳（Alonso de Barzana）是 16 世纪 80 年代秘鲁杰出的语言学家，也是弗朗西斯科 · 德 · 托莱多的门生，受到了他的提携。巴萨纳出生在西班牙昆卡市塔兰孔附近的贝林琼村，父亲是村里的医生。巴萨纳负责教授西班牙人盖丘亚语及其他几门当地语言，到访过利马山谷的很多印第安村落。巴萨纳一直强调教育、指导印第安人远比促使他们皈依更重要。在 1574 年 4 月致西印度院主席胡安 · 德 · 奥万多的信中，圣巴勃罗大学校长巴托洛梅 · 埃尔南德斯也提出，在让印第安人皈依之前，应当首先帮助他们在有序的政治制度下，过上文雅的、有教养的生活。

秘鲁耶稣会建立之日起就拥有丰富的优质藏书，书籍收藏在圣巴勃罗女修道院的一座小型图书馆里。随着划拨给耶稣会的预算款项逐渐增多，耶稣会的藏书量不断增加。到 16 世纪末，情况有所转变，开明商人佩林（Perlín）兄弟把马德里一栋房子的租金专门用于资助利马的耶稣会扩大藏书。当时西班牙也有其他捐赠而来的图书，这些藏书均被送往利马。安东尼奥 · 里卡多（Antonio Ricardo）把出版社从新西班牙迁到了秘鲁的圣巴勃罗；1584 年，一本双语版的教义问答在圣巴勃罗出版，这是第一本在秘鲁印刷出版的书籍。

16 世纪 90 年代，圣巴勃罗大学迎来了更加辉煌的时期。埃尔南多 · 德 · 门多萨修士此时担任了圣巴勃罗大学校长，他之前还建了一家医院；同期，他的哥哥加西亚 · 乌尔塔多 · 德 · 门多萨就任秘鲁总督。兄弟二人发起组织了几个后来十分著名的兄弟会，正是这些兄弟会鼓励、激发了西班牙的天主教平信徒。（兄弟会每年在街上举行游行活动，他们的音乐、富有创意的花车至今还能赋予忠实的信徒无穷的灵感。）富有才华的意大利药师阿古斯蒂诺 · 萨勒姆布力诺（Augustino Salumbrino）用了 10 年时间改革了圣巴勃罗大学的药典，药典里提到的退烧用的金鸡纳碱在奎宁的发现史上做出了众所周知的贡献。[14]

16 世纪 80 年代的圣巴勃罗大学已经日渐成为新世界最大的土地所有者。在接下来的 200 多年里，广袤的农村土地为耶稣会的发展奠定了坚实的经济基础，他们在秘鲁拥有的第一座大庄园位于钱凯（Chancay）、苏尔科 (Surco) 附近，是由两名基督教慈善家胡安 · 马丁内斯 · 伦希福（Juan Martínez Rengifo）、迭戈 · 德 · 波拉斯 · 萨格雷多（Diego de Porrás Sagredo）赠予的。钱凯的农场盛产小麦、蔓草、橄榄，苏尔科农场有 800 头牛、250 只山羊，还有一家制糖厂和大片甘蔗地。后来，圣巴勃罗大学又买下了距离利马 100 英里（约 161 千米）的一座大庄园，蓄养了 8500 只绵羊，为圣巴勃罗大学供应肉制品和毛织品。[15]

何塞 · 德 · 阿科斯塔修士是出类拔萃的耶稣会传教士，为了履行耶稣会和托莱多总督交代的任务，他前往库斯科察看耶稣会在那里的工作，中途还绕道去了万卡韦利卡（Huancavelica），视察那里的水银矿。阿科斯塔检查了矿井的分布，尤其是矿工的居住条件，还询问矿工的经济收入和当地的气候状况。阿科斯塔很清楚，万卡韦利卡的水银矿为偏僻荒凉的波托西银矿分离提取白银提供了必不可少的支持，* 他也到访过波托西镇。阿科斯塔不满意的地方主要有两点：第一，矿工的薪水太低；第二，对印第安人进行精神和人身隔离。这两点无疑会让每一位基督徒都感到良心不安。

阿科斯塔认为，如果不是实行强制劳动制度（米达制 †）的话，西班牙不可能在秘鲁建立起自给自足的社会。他想寻找更为人性化的方式解决社会资源的供应问题。他告诉托莱多总督，万事莫坏于强制对印第安人征收贡赋了。阿科斯塔还去了其他地方，如巴拿马（1585 年）、基多（1586 年）、智利（1593 年）及秘鲁的豪哈省（1596 年）。

1578 年，耶稣会圣巴勃罗大学的发展壮大危及托莱多总督在利马建立的圣马科斯皇家大学的发展，到 4 月时，大多数虔诚的学生都去圣巴勃罗大学报到了，而圣马科斯大学的大教室几乎空无一人。圣马科斯大学校长洛佩斯 · 瓜尔尼多（López Guarnido）向总督抱怨，所有聪明的学生都想去修会主办的学校上学，因为那里的老师博学多才。在托莱多看来，圣巴勃罗大学的耶稣会士仗着教会和罗马教皇的支持拒绝配合实施他的教育计划，独立于计划之外，建设自己的课程体系，这无疑会危及他的事业。简而言之，耶稣会经过在秘鲁短短 10 年的发展，已经在各方面产生了巨大的影响，不再只是迎合王室的利益了。1578 年 10 月 11 日，一位街头公告员高声宣读了

---

* 白银生产的一个关键因素是水银的供应，西属美洲使用的水银主要来自西班牙南部的阿尔马丹和秘鲁中部高原的万卡韦利卡。——编者注

† 西班牙统治秘鲁时期对印第安人实行的徭役制度。“米达”一词来自盖丘亚语，意为“轮换”，原指印加时代抽调印第安人为酋长、官吏和国王从事农业劳动以及修建大规模公共工程的一项制度，西班牙统治秘鲁后沿用了这一制度。1574 年由秘鲁总督托莱多正式颁布实施。在具体实行中，印第安人的工资一再被克扣，工时一再被延长，矿井劳动条件恶劣，因此印第安人的死亡率十分之高。——编者注

总督下达的政令，禁止任何平信徒学生读私立大学，还要求每一名学生都必须读大学。这则政令先是传达给了大学的多明我会的神父，然后又传达给了圣巴勃罗大学的耶稣会士。

阿科斯塔毅然决定抵制总督的政令。他向罗马和马德里提出申诉以求获得帮助。在埃斯科里亚尔宫，腓力二世仔细研究了这些文件，并于1580年2月22日颁布的政令中像往常一样建议总督与耶稣会达成妥协。国王要求托莱多总督重新开放圣巴勃罗大学，准许耶稣会教授各门语言和人文学科。此外，圣巴勃罗大学也可以开设哲学和神学课程，虽然圣巴勃罗大学当时并未同时开设与这两门课程配套的常规课程。然而，圣巴勃罗大学没有资质提供学历学位，学生如果想读耶稣会大学，他们可以去上，但如果想要获得官方的学位学历，就必须在官办大学注册学籍并修读相关课程，而圣马科斯大学却是唯一一所能颁发业士、硕士和博士学位的大学。

圣巴勃罗大学的人文系后来成了官方正式认可的圣马科斯大学的预科学校。此外，耶稣会士还有权利在利马教授拉丁文、希腊文等古典学课程，但讲授这类课程并不能获得相应的薪水。

尽管面临重重限制，到1600年时，圣巴勃罗大学又恢复了往日的辉煌，众多学子慕名前来，各行各业的人都习惯敲开这所大学的校门，寻求建议和指导。甚至连16世纪末任秘鲁总督的小路易斯·德·贝拉斯科都向耶稣会神父询问——不管他的前任们曾经做过什么——他是否能强迫印第安人去新发现的矿井工作。对此，神父埃斯特班·阿维拉和胡安·佩雷斯·德·梅纳乔（Juan Pérez de Menacho）的答复是：尽管他们不会对强制劳动发表任何意见，但对于总督提出的这个具体问题，答案很明确，他们不会允许总督强迫他人在新发现的矿井工作。[16]

之后，利马的耶稣会教授声名远扬，从巴拉圭到智利，各类法律和道德问题源源不断地提交到圣巴勃罗大学，博学多识的神父对其中一些问题总能给出巧妙的回答。[17] 此时的圣巴勃罗大学继续靠私人捐赠维持运转，16 世纪 80 年代，财力雄厚的监护主和农学家捐赠了一块葡萄园、一家制糖厂等其他用地，一并捐赠的还有在其用地上劳作的奴隶。[18]

在此背景下，托莱多总督推行了一系列行政改革，深远影响了秘鲁日后的发展。他密集推出了多项法令，[19] 颁布各样章程，大力促进采矿业的发展，加强对采矿业的管理，并在印第安人和西班牙人定居的市镇安排由政府任命的市政议员。规范原住民的贡赋缴纳形式，一律以达克特币缴纳，进一步巩固在矿场和公共建设上推行的米达制。为便于管理和传教，和新西班牙一样，托莱多也把原住民聚集在市镇上，兴修公共工程，如修筑道路、架设桥梁等。许多市镇可以自主进行选举。到了 1575 年 11 月，托莱多总督开始筹划在总督区的大型市镇组织选举，[20] 理论上，所有年满 21 岁的成年男子都有投票权。

弗朗西斯 · 德雷克在环游世界时的确抢劫过太平洋沿岸的秘鲁，但这次抢劫对这个蒸蒸日上的帝国不足为患。

托莱多总督此时虽已是花甲之年，但依然精力充沛，有着非凡的洞察力，他深谙人性，也清楚自己究竟能从博学的耶稣会士那里得到多少有益的建议。因为他的贵族身份，托莱多可以直接上书腓力二世，历数殖民地统治的薄弱环节。他还不惜冒着危及他在西印度院良好声誉的风险，指责他接触过的最高法院法官。[21] 托莱多行事如此不拘一格，不顾同僚感受，以致当时的视察官克里斯托瓦尔·拉米雷斯·德·卡塔赫纳在西印度院主席胡安·德·奥万多面前谴责他，说秘鲁的总督府里住的不是官员，而是神。后来有人写了一首嘲讽歌，呼吁大家把托莱多总督奉若神明。[22]

国王腓力曾命托莱多镇压瓜拉尼人的一个部落，这个部落十分勇猛，足智多谋，却残忍野蛮。他们派了30个部落领袖去丘基萨卡（Chuquisaca）高地同托莱多谈判。1576年，该部落非常机智地宣称圣詹姆士曾对他们显灵，并向总督保证以后绝不会与西班牙人开战，每周五守小斋，杜绝近亲结婚。部落代表表示，希望能效忠于上帝和西班牙国王，也希望能给他们派一些修士，他们甚至还给总督展示了几个十字架。[23]

还是1576年这一年，托莱多总督得知许多西班牙移民残酷虐待印第安人，于是开始想方设法让他们人道地对待印第安人。此外，他发现辖区内急缺司铎，例如，整个基多*教区就只有一位司铎。很多印第安人反映，他们不能够理解新领主对他们的所作所为，有些人甚至在受洗后照旧悄悄地敬拜旧日的神灵。这正是托莱多总督最后开始在总督辖区进行整体视察的原因，他意图清除哥伦比亚人残存的传统宗教信仰。他还帮助移民智利的西班牙人对抗南部的阿劳干人（Araucanian）。

托莱多很快便在广大辖区内进行了详细全面的视察，其间陪他同行的有耶稣会士阿科斯塔、法官胡安·德·马蒂恩索（Juan de Matienzo）、为人严肃的观察员波罗·翁德加多业士。视察结束，

---

* 基多后来成为厄瓜多尔的一部分，此时尚属于秘鲁总督辖区，印加人曾统治过这里。——原注

回到利马后，托莱多将辖区划分成 50 个区域，每一区域都有自己的督办和行政长官。每一个市镇均要设立市政议会，议会由市政长或法官领导，下设各类地方行政官。原住民（*naturales*）由酋长（*caciques*）管理。自此以后，双社区的管理制度成为西班牙统治的核心政策。那些拥有 100 名子民的酋长叫“*pichacas*”，有 500 名子民的酋长叫“*picho-pichacas*”。该政策借鉴了印加人旧日统治秘鲁的政治制度。

印第安人不得拥有任何欧式武器，黑人和穆拉托人*不得居住于印第安人社区内，以防后者受激进思想的毒害。酋长的统治权可以世袭，他们无须缴纳贡赋，但要负责向市镇上 18—50 岁的成年男子征收贡赋。

1570 年 1 月到 1572 年 3 月，托莱多总督还出资派人调查生活在 11 个地区的 200 名印第安人，询问他们对印加人的历史及其风俗习惯的看法，这种普调方法印加人也经常使用。[24] 总督派人问的主要问题有：第一位印加国王曼科 · 卡帕克（Manco Capac）是否通过武力征服对库斯科地区的印第安人实行专制统治，把他们驱逐出自己的家园？之后的几位印加国王是否也用同样的方式对待印第安人，直到第四位印加国王迈拓 · 卡帕克彻底征服印第安人？印第安人是不是从来都没有自愿承认印加国王是他们的主人，只是出于对印加帝国残暴统治的恐惧而臣服于他们？还有“你跟你的祖先是否都不曾选举印加人为王？印加人是通过暴力和不停地向印第安人灌输恐惧意识而维持专制统治的吗”？

---

* 黑人与白人的第一代混血儿，或有黑白两种血统的人。——编者注

印第安人的回答轻而易举地证实了印加人献祭过很多可爱的孩子，多数印加人十分懒惰，有些则嗜血成性。总之，调查是为了证明印加统治秘鲁的历史就是一部血腥的野蛮历史，借此托莱多总督可以证明西班牙人的到来解放了印第安人。托莱多写信给国王腓力二世汇报调查结果时总结道：“陛下是西班牙王国的合法统治者，理应视印加人为暴虐的篡位者……陛下对印第安的统治深得人心。为确保陛下在这里的统治权，陛下要为印第安人制定法律，要求他们服从这些法律。”托莱多希望可以借此结束在诸多重要问题上的纷争，希望“国王、国王的顾问大臣及秘鲁人，即使是在有些无知的人（如拉斯·卡萨斯）大声叫苦连天的时候”[25]，也不要再像过去那样感到良心不安和困惑。

托莱多非常明智，他争取到了法官胡安·德·马蒂恩索的支持，后者的祖父于1505年担任贸易署首位检察官。胡安·马蒂恩索所著《秘鲁的统治》（*El gobierno del Perú*）一书描述了印加人的专制暴政，描述了他们是如何频频杀害孩子、用孩子做人祭的，当时的确有几千名婴孩被杀害。马蒂恩索补充说：“西班牙人发现这些王国的时候，这里杳无人烟，原住民违背天性犯下种种恶行，因此，西班牙的征服是正义的，并且获得了教皇的承认。尽管征服秘鲁最微不足道的理由也已足够说明一切，但我们还是要说，光是印加人的暴政就足以证明西班牙征服秘鲁王国是正义的、公平的。”他还说，西班牙征服秘鲁后，印第安人学会了经商，从中得到了好处，更别说他们还开始使用欧洲的机械装置和农业工具了，这对于他们大有裨益。[26]

总督托莱多通过增税政策大幅提高了王室在秘鲁的年收益，王室的年收入从10万达克特增加到了100万达克特，1580年时，从秘鲁运往塞维利亚的所有珍宝从60年代的价值3000万达克特增加到了6400万达克特。当时秘鲁运往西班牙的贵金属就占到了美洲贵金属总量的三分之二。

托莱多一直想跟最后一代印加人和解，这意味着要把印加帝国的后裔图帕克·阿马鲁请下山来，但遭到了图帕克的拒绝。图帕克说，我听说有位圣人叫（罗耀拉的）圣依纳爵，我会向这位圣人的后裔称臣。托莱多于是派马丁·依纳爵·德·罗耀拉修士前去会见这位印加国王。图帕克带着250名印加人出发佯装前往智利，随后转道去了库斯科。西班牙人在库斯科逮捕了图帕克，并以莫须有的叛国罪处决了他。库斯科的妇女询问图帕克："国王，您究竟犯了什么罪而遭此厄运？让这些刽子手连同我们统统杀掉吧！与其苟活着做凶手的奴隶，不如同您一起赴死来得更痛快！"[27]托莱多因此最终遭到了国王腓力二世的训斥，卡洛斯一世也曾因为皮萨罗杀害印加国王阿塔瓦尔帕而责备过皮萨罗。腓力二世对托莱多说，西班牙给秘鲁派去总督不是要杀害他们的国王，而是要为那里的国王服务。[28]

最后，托莱多要求佩德罗·萨米恩托·德·甘博亚（Pedro Sarmiento de Gamboa）撰写秘鲁史，驳斥迭戈·费尔南德斯*《秘鲁的历史及贡萨洛·皮萨罗的叛乱、暴政史》（*La Historia del Peru y la historia del alzamiento y tiranía de Gonzalo Pizarro*）一书中的虚假记述。费尔南德斯这本书于1571年在塞维利亚出版。和马蒂恩索的观点不同，费尔南德斯认为印加帝国在秘鲁建立的统治是正义的，他

* 人们常称他为"帕伦西亚人"，因为他是在帕伦西亚出生的。——原注

们是通过选举而获得统治权的。西印度院禁止费尔南德斯的书在普通民众中间流传，秘鲁的西班牙人对这一举措拍手称快。1572 年 10 月 24 日，库斯科的市政议会宣布："当我们读到描写我们自己（征服者）的历史叙述时，总觉得写的是另外一群人。"[29]

萨米恩托是托莱多总督最有才华的下属，足迹遍及整个秘鲁，走访记录了当地最年长的居民的回忆。萨米恩托部分参考了征服者发布的档案和声明，同时运用走访得来的口述资料，在此基础上完成了秘鲁史的写作。1572 年 2 月 29 日，萨米恩托把这部著作交给托莱多审阅。托莱多向秘鲁当地的名流之士大声朗读了书中的内容，请他们校订。这些名流之士都说除了一些小错误外，这部史书写得很好，甚至连当时还在世的少数几个跟随皮萨罗来到秘鲁的早期征服者也认可书里的内容和观点。这部著作修订后便呈送给了腓力二世。

当然并不是每一个人都认可这本书，阿科斯塔谴责道："在我看来，有些人尽力宣扬的这些虚假的统治权来头显然不能为王室的权威提供辩护，更不用说那些骗子了，他们坚持认为印加人实行的就是暴政，以此来支持自己的观点……这一点是我们不能理解或承认的，因为抢劫一个贼也是犯法的，不能因为别人犯下了罪行，就说我们的统治是正义的。"也许是腓力二世的性格使然，他并未许可这部历史著作出版。3 个多世纪后的 1906 年，萨米恩托这部著作才得以由理查德 · 皮奇曼在德国哥廷根出版。

1577 年 4 月，圣马科斯大学的新教学楼在利马落成，新楼坐落在奥古斯丁会的圣马塞洛修道院原址，落成当天也是圣马可的纪念日，因此这位圣者的名字便广为人知了。[30] 托莱多说服检审法院允许校长人选通过自由选举产生，最终，一位名叫佩德罗·费尔南德斯·德·巴伦苏埃拉（Pedro Fernández de Valenzuela）的平信徒法官当选为圣马科斯大学的第一任校长。[31] 费尔南德斯是科尔多瓦人，曾就读于萨拉曼卡大学，他的当选让欧洲大学的传统在千里之外的新世界得到了创造性的实践。

第十章

女修道院和圣人

噢耶稣，我的灵魂
万千花海和绿橄榄枝
环绕在你身旁
看起来多么英俊潇洒

时值午夜
我的耶稣还不曾到来
是谁如此幸运
能得他陪伴？

——利马的圣罗莎，约 1598 年

1580 年 5 月 26 日，在新西班牙担任总督多年的马丁·恩里克斯·阿尔曼萨继任弗朗西斯科·德·托莱多成为秘鲁总督。恩里克斯为人含蓄内敛，在新西班牙的统治十分成功。恩里克斯的委任状收录在 1580 年 6 月 3 日的一份备忘录里，委任状和以往的任职书一样冗长，但对新总督的要求却写得更加明确、清晰。总督的第一要务是解决利马市由宗教和教育问题引发的棘手的政治纠纷和钩心斗角。[1]恩里克斯性情温和，这一点使得他能够尽力在骄傲的圣巴勃罗耶稣会大学与圣马科斯王家大学之间维持均势。[2]正因如此，1581 年 2 月恩里克斯才得以告诉腓力二世，耶稣会在胡安·德·阿蒂恩萨修士的英明领导下，已经做好了负责利马市所有人文学科的教学工作的准备，教授人文学科也是该大学的任务之一。[3]阿蒂恩萨曾经在巴利亚多利德的耶稣会大学担任校长（他的父亲巴托洛梅·德·阿蒂恩萨是卡斯蒂利亚的一名律师）。1581 年，圣巴勃罗大学解除了托莱多总督设下的种种限制，重新对外开放。

任命温和宽厚的恩里克斯到利马接替托莱多担任秘鲁总督，充分说明了腓力二世想改变托莱多残酷的统治方式——尤其是上一章中提到的他对待印加人的方式。

16 世纪 80 年代另一激动人心的智识成就来自博学多识的修士巴勃罗·何塞·德·阿里亚加（Pablo José de Arriaga），他是一位才华横溢的人文主义者，约于 1563 年出生在贝尔加拉的巴斯克镇。阿里亚加*完善了圣巴勃罗大学的课程设置，这就是后来耶稣会士引以为豪的由 5 门课组成的《教学大纲》[4]。塞万提斯在田园小说《伽拉忒亚》（*La Galatea*）里列举了他在利马听说过的 11 位秘鲁诗人的名字，小说里还有一首题为《卡利俄珀之歌》（*Canto de Calíope*）的诗，足见当时的利马已经成了众人瞩目的文化中心。[6]利马市在 1583 年已经有了一台印刷机，秘鲁总督区印刷出版的第一本书是

---

* 阿里亚加为圣巴勃罗大学编写了一本著名的教材《基督教演说者七章》（*Rhetoris Christiani, Partes Septem*），1619 年在里昂印刷出版。这本书目的之一是把圣巴勃罗大学人文学科的优秀学生培养为出色的公众演讲者。——原注

《基督教义及教义问答》(*Christian Doctrine and the Catechism*)，该书于 1584 年获得了宗教法庭的出版许可。[7]1605 年，塞万提斯名作《堂吉诃德》首次出版，小说的上卷于同年已经传播到了利马市。[8]

和新西班牙及整个西班牙世界一样，骑士小说依然在运往秘鲁的书目当中占据一席之地，此外，运往秘鲁的书籍还包括法律章程、路易斯 · 德 · 莱昂修士和路易斯 · 德 · 格拉纳达修士等神秘主义者的作品。同时，多明戈 · 德 · 索托和圣托马斯 · 阿奎那等哲学家的作品，还有一些与科学有关的阅读材料也在利马传播，如当时市面流传的贝尔纳多斯 · 德 · 格奥迪奥诺（Bernardus de Gordiono）的《医学论》(*Libro de Medicina*)及佩德罗 · 德 · 梅迪纳的《驾驶守则》(*Regimiento de Navegación*)——一本有关航海知识的重要手册。[9]

恩里克斯总督一到利马就接见了新任大主教托里维奥 · 德 · 莫格罗韦霍（Toribio de Mogroviejo），他故去后被封圣。托里维奥来自莱昂的比利亚克希达，博学多识，国王腓力在塞维利亚见到他时就对他印象深刻。托里维奥特立独行，他是平信徒，在萨拉曼卡大学讲授法学，腓力二世任命他为大主教时他连神职人员都不是。托里维奥并不想接受国王的委任，却不得不服从命令，因此于 1581 年抵达利马。在那里，他发现教区内有上千公顷的大森林，有雄伟壮阔的山峦和美丽的海岸线。仅是拜访那些由他负责教化的当地居民就用了 7 年时间。托里维奥了解到，利马受洗的印第安人虽然不计其数，却对基督教一无所知。[10] 为了能让这些人实现真正意义上的皈依，托里维奥命人建立了教堂、医院、隐修院及神学院（利马的第一所神学院建于 1591 年）。他学会了盖丘亚语和其他几种当地语言，成了第二位为保护印第安人的权利而奔走呼号的传教士，拉斯·卡萨斯会为他感到自豪的。托里维奥大主教为印第安人维权的行为激怒了不少殖民者，尽管如此，他依然坚持维护印第安人的权利，因此受到他们的爱戴和尊敬。托里维奥不顾艰难险阻，足迹遍布教区的每一个角落。

但与此同时，征服者也在想方设法地争取总督的支持。例如在1582年，阿维拉的圣特雷萨的兄弟奥古斯丁·德·阿乌马达（Agustín de Ahumada）致信恩里克斯，请求总督允许他组织远征军到附近的宝山埃尔多拉多探险，说埃尔多拉多是他“见过的最富有、人口最多的地方”[11]。埃尔多拉多后来成了秘鲁的行省即图库曼省。这封信证明秘鲁总督有权开发南美洲未挖掘的财富命脉，至少是允许他人去开发。（恩里克斯最后同意阿乌马达带队探险。）

后来的秘鲁总督与托莱多、恩里克斯·德·阿尔曼萨一样，都是贵族出身。1581年2月9日，恩里克斯从新西班牙的阿卡普尔科启程，于当年9月23日抵达利马，后于1583年3月12日在任上离世。之后担任秘鲁总督的是葡萄牙的比利亚尔东帕尔多伯爵费尔南多·德·托雷斯－波图加尔（Fernando de Torres y Portugal），他是1585年3月31日被任命为总督的，后于1586年11月21日抵达利马。在此之前，他在家乡哈恩省的阿拉伯温泉上建了一座宫殿，担任哈恩省的最高行政官。1579—1583年，他担任塞维利亚市市长，这段经历对他在利马担任总督非常有帮助。波图加尔一直担任秘鲁总督到16世纪80年代末，到1589年时，他实在体力不支，倍感疲倦，由此被免职，1592年回到西班牙后因病去世。接替比利亚尔东帕尔多伯爵担任秘鲁总督的是加西亚·乌尔塔多·德·门多萨，他在1589—1596年间担任秘鲁总督一职，他庞大的家族成员基本都是为王室服务的公职人员。他的父亲是卡涅特侯爵，曾于1556—1561年担任秘鲁总督。乌尔塔多·德·门多萨早先治理智利时曾对智利境内的阿劳干人发动了激烈战争，他也是第一位携妻子同来的利马总督。

16世纪秘鲁的最后一位总督是小路易斯·德·贝拉斯科，他是新西班牙第二任总督贝拉斯科的儿子。小贝拉斯科的童年和青年时期都是在新西班牙度过的，他曾在1590—1595年和1607—1611年两次担任新西班牙总督。1596—1604年他在利马担任总督一职，这8年的时间让他疲惫不堪，非常渴望回到卡斯蒂利亚。回国后，贝拉斯科又于1611—1617年担任了西印度院主席。

西印度院更倾向于让贵族担任秘鲁总督、新西班牙总督，而不愿让那些受过良好教育的中等阶级人士担任。在1603年到1695年间，按照恩里克斯留下的先例，秘鲁的13位总督中有7位曾在新西班牙担任总督一职。

在弗朗西斯科·德·托莱多担任总督期间，他发现自己与女修道院院长总有分歧，女修道院院长的行为挑战了总督和王室的权威。[12]秘鲁最杰出的教会史学家路易斯·马丁修士说，这些女修道院“是不服管教的、独立的女性王国，在一个男性主导的社会里，她们不断炫耀着自己的自由和独立”[13]。一位总督给国王写信说：“如果丈夫管不住妻子，他又如何能管得住生活在修道院这个半自治王国里的上千名女性呢？”[14]托莱多总督也向国王抱怨利马的奥古斯丁女修道院一直与男修道院作对。

托莱多当政期间，仅利马就有13座女修道院，还有6座贝居安会院（虔信女性的安居所[15]）。这些女修道院占据了利马五分之一的土地，里面的女修士数量超过利马市女性人口总量的五分之一还多。其中有6座大型女修道院，每座容纳的女修士达数百人。这些女修士几乎都是克里奥尔人，即在秘鲁出生的非印第安人。1600年时，女修道院主要有康塞普西翁女修道院，这是一位西班牙王室司库的遗孀莱昂诺尔·德·波托卡雷罗（Leonor de Portocarrero）在1561年建立的；还有1573年由弗朗西斯·皮萨罗的嫂子伊内斯·穆尼奥斯·德·里韦拉（她是阿那华纳加斯的监护主，本身就很富有）修建的圣母马利亚女修道院（La Encarnación）、1584年由卢克雷西亚·桑索雷斯（Lucrecia Sansoles）修建的圣三位一体修道院（La Santísima Trinidad）、1602年由莫尔塔拉侯爵的妹妹伊内斯·德·里韦拉修建的赤足女修道院（Las Descalzas），还有1602年修建的圣克拉拉女修道院，以及1624年由两姐妹露西亚和克莱拉·德拉·达佳（Clara de la Daga）修建的圣卡塔利娜女修道院，两姐妹多年担任该修道院院长。当时库斯科有3座规模较大的女修道院：方济各会的分支圣克拉拉女修道院，里面的女修士都身着方济各会长袍；多明我会的圣卡塔利娜女修道院，由库斯科主教管辖；还有加尔默罗会女修道院，这里面的女修士都遵守着阿维拉的圣特雷萨定下的会规。此外还有12座小型贝居安会院和女修道院。当时阿雷基帕、波托西、拉普拉塔、科尔多瓦、圣达非、通哈（南美洲北部的一个小镇）及瓦曼加都有女修道院，其中瓦曼加的圣克拉拉女修道院由路易莎·迪亚斯·德·奥雷（Luisa Díaz de Oré）及她的5个颇有权势的女儿掌管。有一处监护领地由另一位颇有权势的母亲伊莎贝尔·德尔·埃斯特特（Isabel del Estete）控制着。

这些女修道院给这块地区留下了不可磨灭的地理印记。修道院那长长的石墙通常能延伸不止一个街区。一进入女修道院，参观者就会被那狭长美丽的院墙、精心维护的花园及中心建有喷泉的小庭院所震撼，修道院里还有成排的工坊、教室、用餐室、宿舍及教员办公室，也许还有医院和药店。多数大修道院的中心会建有一间间单人小室，小室还分楼上和楼下。很多附属的小修道院都建得比较大，光是这块地方就够女修士住了。在小修道院里可能还会举办音乐会甚至戏剧演出。修道院中还有用作接待外来访客、亲戚朋友、官员及商人的会客室。女修士内部也有等级，蒙着黑色面纱的女修士构成了其中的特权阶层。修道院中还有一些新信徒，她们在这里为自己的宗教生活做准备，虽然这些新信徒也要遵循女修士的生活习惯，但她们的修士生活还不够正式；她们也是享有特权的女修士，过着和女修士一样的生活；此外，还有很多仆人和非洲奴隶——有些是在秘鲁出生的非洲奴隶，有些是日本奴隶和穆斯林奴隶。通常情况下，成为女修士的贵妇人一般都有属于自己的奴隶，奴隶就住在她们的住所里，服侍她们，连姓氏也跟随她们。另外，我们不要忘了还有专业的送信员，负责在修道院与外界之间建立联系，有时代表整个家族与外界取得联络，因为偶尔会有家族全体入住修道院，包括母亲和女儿、表姐和表妹、姑姑和侄女、远亲及密友等，她们在修道院里又形成了一个具有黏性的群体。全体入住修道院的家族可能会组织音乐会、烟花展会、戏剧表演和庆祝游行。这些修道院女贵族摒弃了修道院的长袍，身着华服，过着奢华的生活，总督和主教有时都会感到无比震惊。那些擅长唱歌或弹奏古琴、吉他的女修士就可以展示才华，以此代替申请神职时交纳的款项。秘鲁女修道院的音乐活动非常出名，不同的修道院之间还会相互竞争，力求演出最精致的音乐项目，其中便包括一种类似于“滑稽歌剧”的“玩具音乐剧”（*juguete musical*），甚至可能还有《黑奴之歌》（*canciones de negro*），即非洲奴隶歌唱的歌曲。

女修士往往越过低矮的篱墙或街边的阳台同外界谨慎地交谈，如此一来，便能轻松地维持修道院与外界的联系。每天都会有告解神父和司铎来到女修道院，告解神父负责女修士的忏悔工作，司铎则负责给她们做弥撒。相比之下，主教来修道院的次数并不多，一年最多来一次。但主教每一次来阵势都非常壮观，女修士要在风琴、小提琴、鲁特琴及竖琴的伴奏，唱诵“Ecco Sacerdos et Pontifex”（“信仰耶稣”）。修道院会以丰盛的早餐招待主教，用餐完毕后，主教开始仔细巡视修道院，期间由女修道院院长陪同，不过主教也会偶尔跟几位女修士和一两个新信徒交流，最后主教会根据视察情况撰写一份报告，由女修道院院长在礼堂宣读。报告大体上是在评论修道院的住所通常装饰得过于豪华，里面有很多不严格遵守规矩的侍女和奴隶；这里经常组织一些不合法的娱乐活动，女修士衣着华丽、时尚，不穿长袍，也不戴面纱；这里还经常有很多秘密活动，甚至还会有斗牛表演，女修士动不动就在音乐活动上斥以巨资。同时有人问到这样的问题：捐资修建的图书馆附近的喷泉旁站的那位衣着考究的年轻男子是谁？是女修道院院长的外甥？是副院长的情人？是主教的秘书？或者是基督本人？偌大一个修道院，有谁知道他是谁呢？

频频造访女修道院的通常还有居家修女（*beatas*）和用纱巾蒙面的女人（*tapadas*）。居家修女就是那些保持贞节，经常捐赠行善，多数时间待在教堂和礼拜堂的女士，但她们还不是真正意义上的修女。居家修女似乎享有某些特权，普通人可以向她寻求宗教方面的帮助。用纱巾蒙面的女人则是世俗女性，她们穿着时尚，衣服的料子是产自中国的丝绸缎面，装饰着尼德兰编织的蕾丝，身上还喷着东方香水。为了隐瞒身份，用纱巾蒙面的女人经常披着一条妖艳的披巾。到了 1600 年，用纱巾蒙面的女人在利马成了一个备受诟病的角色，之后一直为人所不齿。我们姑且认为她们去女修道院只是为了探视亲属吧。

16 世纪晚期，秘鲁的居家修女当中最有名的要数弗洛雷斯·德·奥利娃（Flores de Oliva），她被誉为“利马的圣罗莎”。弗洛雷斯出生于 1586 年，当时照顾她的印第安女仆看到躺在婴儿床上的弗洛雷斯双颊泛出了两朵美丽的玫瑰花样，正因如此，她才得以很早就接受宣福礼。人们认为这个小孩是“不带刺的玫瑰”。罗莎是当时最受欢迎的居家修女之一，从 1606 年起，她就穿上了多明我会的白色圣袍，锡耶纳的圣凯萨琳修道院就是以她为灵感而建的。罗莎每天都会去玫瑰圣母教堂（Our Lady of the Rosary）、洛雷托圣母教堂（Our Lady of Loreto）及雷梅迪奥斯圣母教堂（Our Lady of Remedios），其中玫瑰圣母教堂属于多明我会，另外两座教堂属于利马的耶稣会，罗莎成了这 3 座教堂的“女护持”，即为圣母穿衣、侍奉圣母的人。她住在家里花园中的个小棚屋里，一生虔诚祈祷、苦行赎罪，生活简朴，常常亲自做针线活儿。罗莎歌唱得很好，她聪明睿智，自己创作诗歌，这些诗歌后来被编成了表达圣爱的歌曲，人们都说她的音乐吸引了所有的小鸟。据说她能在一夜之间种出绝美的鲜花，能在瞬间赶走花园里成群的蚊子。不同年龄段的女性都会拥到修女罗莎的住处，连耶稣会和多明我会的大人物也都会来。据说在她临死前，罗莎常去的一座教堂中挂的一幅由罗马人安吉利诺·美多罗（Angelino Medoro）创作的基督像开始流汗，这一直以来都被看作是神迹。年仅 30 余岁的罗莎的离世给宗教上的剧变和动荡制造了契机，也由此产生了很多英勇献身的故事。修女们为罗莎整整祈祷了一周，身强体壮的男性则甘愿为她牺牲。

在利马，女修道院并不是唯一的文化中心，虽然修道院给人的印象不及女修道院那么深刻，但它们也有自己的艺术家。在隶属于多明我会的罗萨里奥修道院，出生于塞维利亚的迭戈·德·荷耶达（Diego de Hojeda）院长创作了《克里斯塔达》（*La Cristada*），这本书用通俗的语言讲述了基督的一生，可能是 16 世纪末西班牙最杰出的圣诗。[16]

利马有着琳琅满目的商店、繁华的商业街，也有多才多艺的手艺人、忙碌的蜡烛制造商，还有银器匠一条街，有重门朱户、富丽堂皇的私人宅邸，还有庄严辉煌的修道院，在这个新兴的庞大帝国里，利马是这片富饶土地上名副其实的首府。这里经常举办各种竞赛活动（如铁环竞赛），在别出心裁的娱乐活动方面，秘鲁没什么可从欧洲借鉴的，自己的娱乐活动就已经足够丰富多彩了。

同时我们也不能忘了坐落在腹地的库斯科城，虽然这座城市不能跟利马相提并论，但它坐落在一片富饶的山谷中，这里满是各色果树，现在还有两个西班牙式的大广场，广场之间通着一条店铺林立的繁华街道。大教堂、耶稣会大学，以及方济各会、慈爱圣母会、多明我会的修道院这些宏伟壮丽的宗教建筑，再加上数不胜数的喷泉，这一切都让库斯科成了一颗耀眼的明珠。

第十一章

智利及其征服者

这个国家地处新世界最偏僻的一角，是西班牙的铁蹄越过秘鲁之外踏得最远的地方。这里上演着形形色色的事件，然而，要想了解这里发生的一切，可谓难上加难……

——阿隆索·德·埃尔西利亚《阿劳坎纳》序言

16 世纪下半叶的智利战乱不断，西班牙殖民者与当地印第安人征战不休。智利的印第安人已经学会了如何使用西班牙武器，也学会了如何在战争中驾驭马匹。圣地亚哥依然是智利的首都，而伟大征服者佩德罗·德·巴尔迪维亚（Pedro de Valdivia）在 16 世纪初建立的几座城市零零散散，地处偏僻。1554 年，利马总督任命弗朗西斯科·德·比利亚格兰（Francisco de Villagrán）担任智利都督，比利亚格兰曾长期与巴尔迪维亚共事；1563 年，比利亚格兰被授予阿德兰塔多[1]的称号，但西班牙仍旧未能在智利建立起有效统治。

比利亚格兰的故乡是位于莱昂的桑特瓦斯－德坎波斯，他参加了西班牙对土耳其的突尼斯战争，还与征服巴尔迪维亚的劳塔罗

（Lautaro）进行过苦战。劳塔罗是马普车人，1557 年在向圣地亚哥进军途中被杀，此前他已经占领了康塞普西翁城。到 1558 年，比利亚格兰的继任者加西亚 · 乌尔塔多 · 德 · 门多萨已经收复了所有失守的城市，但这份胜利并不长久。后来继任智利都督的是更为睿智有才的马丁 · 依纳爵 · 德 · 罗耀拉，他在 1598 年库巴尔瓦（Cuvalva）战役中丧生。

在智利，到处可见印第安人的部落，松散的部落组织意味着西班牙无法给予他们致命一击。* 这里层峦叠嶂，丛林茂密，非常便于印第安人开展丛林游击战，发起突袭。西班牙人屡次从利马派遣远征军前往智利征服印第安人，战争异常残酷，但他们还是没能彻底征服这里，每次征战都会严重破坏西班牙人的居留地，但他们不久总能重建家园。如果某位印第安部落酋长战死了，很快就会有新的酋长继承他的位子。1600 年时，没人知道智利的未来会是什么样子——是变成伟大西班牙帝国的一部分，还是保持独立。

这些无休止的征战因为一名杰出诗人的参与而变得浓墨重彩，这位诗人就是阿隆索 · 德 · 埃尔西利亚 – 祖尼加，他出身巴斯克的贵族家庭，也是一名征服者。在他的史诗《阿劳坎纳》中，埃尔西利亚别出心裁地描绘了 16 世纪西班牙人同印第安人战斗的场景，他那美妙的语言让这场冲突变成了一段传奇。

埃尔西利亚出生于 1533 年，比腓力二世小 6 岁，他后来将《阿劳坎纳》献给了腓力。埃尔西利亚的父亲是福尔顿 · 加西亚 · 德 · 埃尔西利亚（Fortún García de Ercilla），母亲是来自贝尔

* 西班牙人把生活在比奥比奥河以南的印第安人称为阿劳干人。——原注

梅奥的莱昂诺尔·德·祖尼加。贝尔梅奥是巴斯克沿海地区的一个渔港，位于比斯卡亚（格尔尼卡就坐落在离这里几英里远的内陆地区）。埃尔西利亚幼年丧父，从小家庭穷困，但后来他们一家却得到了王室的帮助。埃尔西利亚的母亲莱昂诺尔成了伊莎贝拉王后的女仆，阿隆索则成了腓力王子的侍从，因此他得以遍游意大利、德意志地区和低地国家。1551 年，阿隆索去了当时西班牙的非正式首都巴利亚多利德，旁听了拉萨·卡萨斯与胡安·希内斯·塞普尔韦达的著名辩论。[2] 之后阿隆索护送玛丽亚公主出嫁维也纳的马克西米利安二世，即后来神圣罗马帝国皇帝。1554 年，阿隆索还陪同腓力王子前往英格兰同玛丽·都铎成婚，由此目睹了泰晤士河谷美丽的草甸，而这正是《阿马迪斯·德·高拉》一书主人公居住的地方。

1552 年，腓力任命卡涅特侯爵安德列斯·乌尔塔多·德·门多萨担任秘鲁总督，同时任命赫罗尼莫·德·阿尔德雷特（Jerónimo de Alderete）担任智利都督[3]，阿尔德雷特出身名门望族托德西利亚斯家族，在讲到征服新西班牙的时候我们提到过该家族；埃尔西利亚作为阿尔德雷特的侍臣一同去了智利。卡涅特在秘鲁的首要任务就是镇压由弗朗西斯科·埃尔南德斯·希龙（Francisco Hernández Girón）领导的克里奥尔人起义。之后，和其他总督一样，卡涅特侯爵开始思考如何处理智利的问题。

埃尔南德斯·希龙是埃斯特雷马杜拉大区的卡塞雷斯人，1535 年到新世界后，便参与了一起秘鲁最臭名昭著的市民骚乱。他憎恨《新法》，为反对将《新法》引入新世界，发动了一场暴动，但很快就被卡涅特的军队镇压了。1554 年，埃尔南德斯·希龙在利马的一座大广场被绞杀，内脏被掏空，之后被分尸。他的妻子门西亚·德·阿尔玛丽兹（Mencía de Almariz）和他的母亲在利马建立了道成肉身（Incarnation）女修道院，门西亚成了这座修道院的第一任女院长。

到16世纪70年代，智利已经建立了数座女修道院，其中最重要的是奥古斯丁女修道院和圣克拉拉女修道院。奥古斯丁女修道院坐落在圣地亚哥，由曾经伴随巴尔迪维亚探险的一群船长的遗孀建于1575年；圣克拉拉女修道院由伊莎贝尔·德·普拉森西亚（Isabel de Plasencia）所建，坐落于智利中南部的奥索尔诺，不久之后便同圣地亚哥的奥古斯丁女修道院合并了。

1556年，阿尔德雷特在正式就职前去世了，卡涅特侯爵随后任命他才思敏捷的儿子加西亚·乌尔塔多·德·门多萨担任智利都督，乌尔塔多·德·门多萨带着埃尔西利亚等人立即从利马启程前往智利赴任。到智利之后，埃尔西利亚被派到康塞普西翁指挥西班牙人作战，在那儿生活了好几年，在此期间战事连绵不断，大约有5万名阿劳干人死于战争，而埃尔西利亚得以保全了性命。埃尔西利亚似乎被征服者门西亚·德·尼朵斯（Mencía de Nidos）深深打动了。门西亚·德·尼朵斯是一位美貌、勇毅的女征服者，英勇地参加了康塞普西翁保卫战。当时，埃尔西利亚已经开始创作著名史诗《阿劳坎纳》，诗作重点描写了西班牙征服秘鲁与智利之间几个小山谷的经过，但诗里的小山谷其实象征着一片大陆。

《阿劳坎纳》第一篇中的几节非常经典，脍炙人口：

我眼前的智利是一片偏远的月牙形沃土，
紧邻南极冰海。
这里的人民刚毅尚武，骁勇善战，
邻国无不闻风丧胆。

虽然饱受内部统治者和外族的奴役，
但它身体里始终流淌着桀骜不驯的血液。
这片土地上的王者，也从未
向外来征服者卑躬屈膝。

这里的海岸线由北向南绵延无止境，
沿着人迹罕至的边境线向南就是太平洋。
这片土地从东向西，
蜿蜒不足百英里，但却要用最宽广的尺子去丈量；
河流从南纬二十七度，向南汇入麦哲伦海峡，
太平洋与智利的河流在此交汇。

在这片土地的另一边，这些波澜壮阔的海洋，
拍打着南大陆的悬崖峭壁。
用激烈的浪花肆意撞击着大陆，
两边的海洋虽渴望终得汇聚奔腾，
但却滋养着这块将它们割裂的土地。
它们一如既往地奔腾着，
穿过了麦哲伦海峡，

这第一位海洋探险者用自己的名字命名的地方。[4]

1558年在康塞普西翁时，埃尔西利亚的年轻朋友胡安·德·皮内达（Juan de Pineda）等人在热烈庆祝腓力正式成为西班牙国王，就在这时，埃尔西利亚与他们发生了争执，被关进了监狱。新上任的乌尔塔多·德·门多萨判其死刑，所幸埃尔西利亚最后死里逃生，重获自由。埃尔西利亚来到帝国之城（La Imperial）寻找吃食，不料中了印第安人的埋伏，但他最终擒获并处死了这些首领，其中包括印第安人首领图库巴尔（Tucupal）、考波利坎（Caupilican）、兰戈（Rengo）、加尔巴利诺（Galvarino）及林科亚（Lincoya）。史诗《阿劳坎纳》都对他们有所记述，其中提到加尔巴利诺被剁去了双手，而考波利坎在斩首之前皈依了基督教。

埃尔西利亚之后去了利马，获得了宽恕，还参加过几次短暂的征战，例如组织王军镇压反叛者洛佩·德·阿吉雷。[5]他后来去了巴拿马，穿过了太平洋沿岸的农布雷－德迪奥斯（Nombre de Dios），在新世界经历了8年的波折后，终于在1562年回到了西班牙。

回到卡斯蒂利亚之后不久，在1562年，埃尔西利亚就去中欧寻找自己的妹妹玛丽亚·马格达莱娜（María Magdalena），当时玛丽亚和他的母亲都是玛丽亚王后的御用女仆。1565年，埃尔西利亚回到了马德里，出版了他的著名诗作《阿劳坎纳》的第一部分，第二部分和第三部分在1570年和1590年相继出版，仅第一部分就让他声名远播，为他赚了一大笔稿酬。

1565年，埃尔西利亚同玛丽亚·巴桑成婚。玛丽亚·巴桑的父亲是吉尔·桑切斯·巴桑（Gil Sánchez Bazán），母亲是西班牙女王的御用女仆玛格丽塔·德·乌加特（Margarita de Ugarte）；巴桑和著名的圣克鲁斯侯爵是表兄妹，圣克鲁斯侯爵 1571 年取得了勒班陀战役大捷。埃尔西利亚 16 世纪 80 年代参加过几次西班牙的著名战役，例如参加过在亚速尔群岛对抗安东尼奥·德·克拉托（Antonio de Crato）的战役。1588 年，埃尔西利亚的一名私生子随无敌舰队出征抗击英格兰，不幸与大船“圣马科斯号”一同沉没，葬身大海。

埃尔西利亚的诗作为这一时期的自传体诗确立了独一无二的典范。一位美洲文学史家这样写道：“深刻的感情、摄人心魄的故事以及战争中栩栩如生的人物描写，让这部诗作不仅成了美洲最杰出的史诗，也成了 16 世纪西班牙最杰出的史诗。”[6] 埃尔西利亚对当地风土人情的描写脍炙人口，例如第十章有关宗教节日的描写十分有名。伏尔泰在一篇有关史诗的随笔里，把《阿劳坎纳》里科洛科波对阿劳干人的演讲与《伊利亚特》中涅斯托耳对其子安提罗科斯、希腊领袖的演讲进行了比较。

《阿劳坎纳》生动地再现了埃尔西利亚参与过的美洲和欧洲的重大历史事件。不过，作者也描写了他听说的 1557 年发生的圣康坦战役。史诗最吸引人的部分讲述了 1553 年征服者巴尔迪维亚去世后，西班牙人对抗阿劳干人的战役。诗人大篇幅描写了双方军队首领之间的个人决斗。在埃尔西利亚笔下，他和同伴热那亚人安德里亚成了这次胜利的功臣，这自然令智利都督加西亚·乌尔塔多·德·门多萨感到不满。门多萨反感埃尔西利亚把自己放在无足轻重的位置，因此委托出生在智利的诗人佩德罗·德·奥纳（Pedro de Ona）也写一部诗作，这部诗作名为《阿劳干人的统治（第一部）》（*Primera Parte de el Arauco dominado*），完成于 1596 年，诗歌中部分对自然景色的描写十分精彩、优美，要不是《阿劳坎纳》如此吸引人，这部诗作可能也会广受称赞。

埃尔西利亚歌颂了阿劳干领袖勇猛无畏的精神，这在同类型的著作里十分少见，与之形成了鲜明对比。尽管如此，这部诗歌依然十分畅销，仅在埃尔西利亚生前就再版了 10 次之多。[7] 埃尔西利亚对阿劳干人不吝赞美，他的书却能如此畅销，这在当时的确令人吃惊。塞万提斯可能是埃尔西利亚的朋友，非常欣赏他的作品，读过《堂吉诃德》的人可能还记得读者在堂吉诃德的房间里从大火中抢救出了 3 本书，[8] 其中一本就是《阿劳坎纳》。*

1594 年，埃尔西利亚在马德里去世。此时的智利已经成了隶属于秘鲁的一个沉寂的都督辖区，秘鲁总督在加强智利地区的防卫方面发挥着关键作用。

然而，这里一直散布着有关智利南部的传说。16 世纪 40 年代，阿古斯丁·德·萨拉特（Agustín de Zárate）† 沿智利西海岸一路向南航行至南部某一地区，他写道："在南部广袤的土地上住的全是女人，他们只有在适合生产的时候才允许男人留在这里……她们的女王叫'伽柏易米拉'（*Gaboimilla*），在当地这个词的意思是'黄金天堂'，据说她们铸造了大量黄金。"[9] 然而，萨拉特和其他智利征服者从未自西向东地进行探索，因为这需要到达亚马孙河。关于亚

---

* 另外两本分别是科尔多瓦的胡安·鲁福所写的《奥地利》和巴伦西亚的克里斯托瓦尔·德·比鲁埃斯（Cristóbal de Virués）所写的《蒙特塞拉特》。《奥地利》是一部关于奥地利的唐·约翰与勒班陀战役的史诗，《蒙特塞拉特》记叙了蒙特塞拉特修道院的起源。——原注

† 巴利亚多利德人，历史学家、文职官员，也负责征税。——原注

马孙河流域的故事始终是个传说，每个人都是在快要到达亚马孙河时就返程了，因此导致人们对这片广袤的地域几乎一无所知。尽管如此，萨拉特依然是一位非常成功的历史学家，他创作的秘鲁征服史后来被译成了法文、英文、德文及意大利文。

第十二章

征服尤卡坦

……他们循原路折回了尤卡坦半岛北部。我们沿海岸线航行，在一处海岬上发现了一座非常美丽的塔楼，据说里面住的都是女人，没有男人，有人说她们是亚马孙人的一支。其他塔楼似乎都建在镇上，但船长（格里哈尔瓦）不允许我们上岸。

——胡安·迪亚斯修士，1518 年 5 月

我们的祖先是多么的简单啊！除了用弓箭、棍子和石头，他们不知道其他的杀人方法；除了从草药中提取毒药，他们不知道还有别的毒药。

——乌尔塔多·德·门多萨《格拉纳达之战》，1627 年

1556 年腓力二世继承西班牙王位时，蒙特霍家族早已率领一群精明能干的卡斯蒂利亚征服者，为腓力成功征服了尤卡坦半岛。蒙特霍家族来自萨拉曼卡，在新世界，其他家族（如皮萨罗家族、阿尔瓦拉多家族、科尔特斯及他的堂兄弟等）也是由家族中的数名成

员带领若干征服者征服新地的。

此时的新西班牙疆土北达加利福尼亚，南至巴拿马运河，疆域无比辽阔。加利福尼亚是西班牙帝国最北部的省份，加尔西·罗德里格斯·蒙塔尔沃的魔法小说《艾斯普兰狄恩的冒险》中提到，“加利福尼亚”是科尔特斯为纪念亚马孙人的神秘国度而命名的。玛雅人生活在恰帕斯省、尤卡坦省、危地马拉省部分地区。新西班牙后来按照人口和面积被划分为大小相当的不同区域，也就是后来我们所知的各省份和都督辖区。

1535年年底或1536年年初，方济各会的哈科沃·德·特斯特拉（Jacobo de Testera）修士和其他4名修士得到了新西班牙总督安东尼奥·德·门多萨和最高法院（检审法院）的支持，前往尤卡坦半岛传教。[1]1541年，特斯特拉担任代理主教，他回了一趟卡斯蒂利亚，短暂停留后又于次年返回新世界，这一次他派遣著名的莫多里尼亚修士及其他12名修士前往危地马拉，指示他们深入尤卡坦临近省份传教。这一行人里包括路易斯·德·比利亚尔潘多、洛伦佐·德·比恩韦尼达[2]、梅尔乔·德·贝纳文特、胡安·德·埃雷拉，他们4人后来成为尤卡坦省家喻户晓的人物。莫多里尼亚对当时在格拉西亚斯－阿迪奥斯省（地处中美洲最东端的海岬上）的征服者弗朗西斯科·德·蒙特霍*说，他支持在尤卡坦传播基督教，他还鼓励比恩韦尼达穿越杜尔塞湾（Golfo Dulce）到南部地区传教。莫多里尼亚德高望重，修士都把他的心愿当成指令来执行。1545年，比利亚尔潘

* 西班牙殖民者，1514年随佩德拉里亚斯·达维拉来到美洲。1519年随科尔特斯远征墨西哥，被任命为维拉克鲁斯市市长。1526年被卡洛斯一世封为阿德兰塔多，获权征服尤卡坦半岛并任都督。1535年获任洪都拉斯都督，与阿尔瓦拉多发生冲突，1539年改领恰帕斯。——编者注

多、贝纳文特、埃雷拉从新西班牙的恰帕斯和帕伦克启程前往尤卡坦，目标就是传教。后来又有 4 名方济各会修士直接从西班牙来到了尤卡坦。[3] 比利亚尔潘多修士学会了玛雅语，经常用玛雅语布道，据说在他的影响下有 2.8 万名印第安人皈依了基督教。

新世界为特斯特拉提供了巨大的机会。他的哥哥是文艺复兴时期法国国王弗朗索瓦一世的内侍，特斯特拉第一次去印第安是在 1529 年，当时他已经是天命之年了。1533 年，他担任方济各会在新西班牙的布道团名誉团长，后来又担任印第安人布道团总代理主教。特斯特拉来新西班牙之前曾在西班牙布道。由于特斯特拉没有学过任何一门当地语言，因此到达新西班牙后，他起初借助图画（后来被誉为“特斯特拉象形文字”）与当地人交流。之后，正如上文所说，大约在 1535 年年底或 1536 年年初，他同其他 4 名修士去了尤卡坦。

特斯特拉后来短暂地在西班牙待过一段时间，在返回新西班牙的途中，他派遣莫多里尼亚和其他 12 位著名方济各会修士去了危地马拉，指示他们在尤卡坦邻近地区开展传教活动。1533 年 5 月，特斯特拉给国王卡洛斯一世写信，谴责有些罪恶之人想要劝说殖民者不要相信印第安人有能力过上正常生活。他批评道，“这些人（包括我自己）太过挑剔、懒惰，不愿意下功夫学习印第安人的语言”“也毫无热情去打破语言的屏障，进入印第安人的内心世界”。他还精彩地评论道：

怎么能说印第安人无能呢？他们能建起这么宏伟的建筑，能创作如此动人的作品，他们当中有银器匠，有画家，有商人，他们擅长主持会议，擅长发表演讲，他们懂礼仪，知道如何组织宗教节日、婚礼庆典和其他神圣节日……如果有必要，他们能表达自己的喜怒与感激；他们还会唱诵圣歌，能根据音位进行风琴伴奏；他们会谱曲，还会教别人去欣赏宗教音乐；他们还能用我们教给他们的布道词向他人布道。[4]

1543 年 7 月，在颇受争议的 *《新法》颁布之后，特斯特拉修士在新西班牙总督辖区首府墨西哥城受到了大批当地人的热情接待：

这些印第安人纷纷给他献礼，为他搭起凯旋拱门，把他要通过的街道打扫得干干净净，在他身上撒满柏树枝和玫瑰花，让他坐在轿子里抬着他（这和旧式的墨西哥君主如蒙提祖马享受的待遇差不多），这都是因为他和其他方济各会修士一直对印第安人说，他们要让印第安人回到西班牙国王统治这里之前的状态。印第安人听闻后十分兴奋，纷纷出来觐见特斯特拉修士，仿佛他就是这里的总督。[5]

弗朗西斯科 · 德 · 蒙特霍（绰号莫佐，征服者阿德兰塔多弗朗西斯科 · 德 · 蒙特霍的儿子）也在尤卡坦热情接待了这些新来的方济各会修士[6]，他"把他们带到自己的宅邸，毕恭毕敬地招待，这样印第安人也会仿效他如此礼遇这些修士"[7]，还竭力为他们提供帮助。他在坎佩切为方济各会修士修建了一座教堂，并告诉当地酋长，这些

* 下文中的蒙特霍指老蒙特霍，莫佐则指老蒙特霍的儿子。编者注

修士来这里是为了指引他们追寻真正的信仰，帮助他们过上更好的生活的。自然，这些酋长都是玛雅人。

1535 年，科尔特斯旧友阿德兰塔多蒙特霍被任命为洪都拉斯都督，后来却被伟大征服者佩德罗 · 德 · 阿尔瓦拉多赶到恰帕斯任都督。阿尔瓦拉多去了洪都拉斯，这块殖民地因此得以免遭毁灭。1536 年，西印度院坚持让阿尔瓦拉多回到洪都拉斯镇压当地印第安人的反抗，阿尔瓦拉多重建了西班牙在洪都拉斯的统治秩序，之后非常愤怒地回到了危地马拉，因为西印度院于 1540 年强迫他与蒙特霍交换统治区域——其实，蒙特霍并不想来洪都拉斯，他现在倒是对自己的新领地恰帕斯兴致勃勃。尽管如此，阿尔瓦拉多还是在 1540 年出任了恰帕斯都督，但是他把自己在墨西哥河谷富饶的霍奇米尔科监护领地，连同这里硕果累累的果树和花草以及其他福利一起赠给了蒙特霍，算作补偿。[8]

1541 年，阿尔瓦拉多猝然离世，洪都拉斯市政厅陷入一片混乱；次年年初，洪都拉斯市政厅向蒙特霍请求援助。[9] 总督和新西班牙检审法院提名最高法院法官阿隆索 · 德 · 马尔多纳多（Alonso de Maldonado）出任危地马拉都督，将洪都拉斯纳入其管辖范围，此举进一步激化了矛盾。1544 年 5 月，马尔多纳多出任边境检审法院（audiencia of Los Confines）主席。边境检审法院最初建立于格拉西亚斯－阿迪奥斯市。

阿德兰塔多蒙特霍成功将尤卡坦的区划面积从塔巴斯科的科皮尔科河（Copilco River）一直延伸到了危地马拉的乌卢阿河（Ulúa River）。1535 年，尤卡坦和洪都拉斯合并为面积更广的洪都拉斯都督区，蒙特霍任洪都拉斯都督。1539 年，他又将恰帕斯并入其中。

然而，蒙特霍一直未能完全管控尤卡坦，直到 1540 年，边境检审法院调换了中美洲各都督，至此他才得以完全控制尤卡坦。有一个名叫胡安 · 德 · 莱尔马（Juan de Lerma）的商人，来自布尔戈斯附近的莱尔马镇，靠从中美洲向加勒比群岛贩卖奴隶赚钱，他被任命为尤卡坦的财政大臣及洪都拉斯司库。

很快，阿德兰塔多蒙特霍开始向尤卡坦增兵，其中包括他年仅 18 岁的侄子，即另一位弗朗西斯科 · 德 · 蒙特霍（绰号索夫里诺）。没过多久，蒙特霍的儿子莫佐也准备动身前往尤卡坦，老蒙特霍的指示更坚定了他动身的信念："你必须竭力保证跟你一起生活、一起行动的人都是真正的基督徒，让他们远离邪恶和罪恶，不要让他们亵渎神灵……第三，你应该……去坎佩切镇……在蒂荷（T-ho）附近建立一座城镇，在这里施行劳役摊派制（*repartimiento*）……"[10] 老蒙特霍现在开始表现得像一位开明的独裁者。

与他那阅历丰富的父亲相比，莫佐表现得更为睿智，但处世不如他父亲灵活。莫佐知道尤卡坦没有黄金，但这里有很多像绣花棉布、蜂蜜、石蜡、靛蓝染料、可可豆及奴隶等可供出口的优质商品。[11] 阿德兰塔多蒙特霍依旧掌控着尤卡坦，但这一时期他似乎将自己的权力局限在寻找杰出的船长、士兵及殖民者方面。

莫佐是乘木舟去尤卡坦的，同堂兄索夫里诺在恰姆波顿会合。之后他们带着约 40 人去了坎佩切，以圣弗朗西斯科的名义重建了这座城市，从这 40 人里挑出了 30 人作为坎佩切的市民。[12]

在他们出发前，又有 200—300 名从新西班牙来的训练有素的西班牙士兵和不少印第安雇佣兵加入他们的队伍，这些雇佣兵有一部分是阿德兰塔多蒙特霍在阿斯卡波察尔科（Atzcapotzalco）的监护领地招募来的，他们是说纳瓦特语的墨西哥人。莫佐把贝尔特兰·德·塞蒂纳留在坎佩切替自己打理事务。通过让监护领地上的印第安人远离领地，老蒙特霍巧妙地打破了这里原有的组织，他这个人的确不容小觑。

莫佐在尤卡坦地区的征服计划在乡村地区推行得十分缓慢，每一个村庄都能够自给自足，人口充足，供给系统组织有序，能够充分满足人口的需求。除非有足够的援军，否则他们根本无法征服下一个地方，为防止出现孤立无援的情况，每一纵队配有一个通信兵。

莫佐和他的父亲蒙特霍一起构想出来的这一计划堪称完美，被描述成“和罗马人一样高效”的计划。[13]要实施计划就得采用新战术，例如在道路两旁挖掘壕沟，增加每一长列纵队的中央兵力以便于随时作战，两翼有步兵护卫。骑兵在当时双方进行的阵地战中可谓是发挥了关键作用，当地印第安人面对高头大马毫无防御能力。西班牙官方编写的《梅里达的故事》里有一段评论：“他们（印第安人）起初真的以为马匹连同骑马的人是一个整体，是一整只动物。”[14]此外，西班牙的火器、长矛、短剑、十字弓，最重要的还有剑，都使西班牙人在作战中占据绝对优势。虽然原住民坚守阵地，但却始终未能克服对火绳枪的恐惧，而激战时上述武器碰撞发出的声音也令他们战栗不已。[15]

1541年秋，征服者离开了坎佩切，并给蒂荷派去了一名副将。西班牙人在蒂荷受到了印第安酋长的热情招待，他们在这里建立了一座西班牙城市，就是后来的梅里达城。据一名叫迭戈·桑切斯[16]的征服者说，双方之间的关系后来逐渐恶化，因为印第安人的“灵魂既傲慢自大又顽固不化”。西班牙人何尝不是如此？

这片西班牙人从16世纪30年代起就非常了解的地区现在已经变得面目全非：马努（Manu）地主和索图塔（Sotuta）的克库姆（Cocum）发生了激烈战争，希乌（Xiu）部落几位重要领袖惨遭杀害，尤卡坦几乎成为一片废墟。此外，半岛上所有居民的储粮已经消耗殆尽，连玉米也没得吃，紧接着1542年暴发了严重的饥荒，印第安人食不果腹，只能吃树皮。希乌部落为了躲避饥荒而施行人祭，他们把奴隶抛入奇琴·伊察的深井中，希望自己能得到救赎，而克库姆与此同时却放火烧了希乌部落贵族居住的地方。

恰坎（Chakan）的玛雅人非常仇视西班牙人，双方的敌对根深蒂固。这些玛雅人被一名来自佩瓦（Peba）小村庄的祭司鼓动，打算发起一场彻底消灭入侵者的战争。然而，依然有与西班牙人友好的当地人，他们向西班牙人报信，警告他们当地玛雅人将会在图奇坎（Tuchican）袭击西班牙人（"很多印第安人会发起攻击，人数多如牛毛"）。后来蒙特霍·索夫里诺趁着天黑抓捕了这名祭司。

西班牙人与印第安人之间的战役进行得异常艰苦，在此期间，双方改阵地战为游击战，1542年1月，经过激烈的游击战，西班牙人最终在原来的蒂荷旧址上建立了梅里达城。这座城市之所以叫"梅里达"是因为"征服者在这个地方用石灰建了很多建筑，建筑上面的装饰物让人联想起西班牙的罗马城梅里达"。[17]有70名士兵被提名为梅里达城的公民，也组建了市政厅。西班牙人委托从普韦布拉来的经验丰富的设计师胡安·德·索萨（Juan de Sosa）修士规划一座新城，并请弗朗西斯科·埃尔南德斯修士设计一座教堂。自此以后，美丽的梅里达就成了尤卡坦的首府。

第十三章

尤卡坦征服落幕

这些纪念碑就这样庄严肃穆地伫立在热带雨林腹地，碑石设计得非常别致，雕刻精美，装饰华丽……我不妄图评论纪念碑发挥的道德示范效应，我理应在它们面前保持静默。

——约翰·劳埃德·斯蒂芬斯，1839 年

尤卡坦的征服者并未过上高枕无忧的生活。迭戈·洛佩斯·德·科戈尔路德（Diego López de Cogulludo）修士在《尤卡坦史》（*Historia de Yucatán*）中回忆道，1543 年，某个叫纳奇·克科姆（Nachi Cocom）的人率领 6 万玛雅人再次挑衅西班牙人，“西班牙人只有用利剑才能击败玛雅人”[1]。科戈尔路德还说，幸存下来的玛雅人永远逃离了尤卡坦，他们再也没公开发起过阵地战[2]。

后来，弗朗西斯科·德·蒙特霍（莫佐）开始派遣数队士兵深入尤卡坦远郊作战。印第安人抵抗的方式就是毁坏一切可能对西班牙人有用的物件。然而，梅里达战役却摧毁了印第安人抵抗西班牙人的背后势力，当地酋长落入西班牙人手中。蒙特霍的秘书罗德里戈·阿尔瓦雷斯在后来的一次质询中坦言，他曾“仁慈”地瓜分了

70 座玛雅村庄。[3]

莫佐跟老蒙特霍说自己应暂时留在梅里达，于是老蒙特霍指派侄子索夫里诺前去攻占科尼尔（Conil）。莫佐和索夫里诺两兄弟制订了针对奇金科尔（Chikinchel）部落和伊卡布（Ecab）部落的作战计划。这些忠心耿耿的西班牙人希望科尼尔能成为当地的商贸中心。莫佐采取行动打击尤卡坦内陆地区如索图塔的酋长，向这些酋长宣读了“要求书”，要求他们接受西班牙为印第安人制定的效忠准则，这势必遭到拒绝；不过心高气傲的纳奇 · 克科姆虽然战败了，但却认可了西班牙人的最高统治地位，莫佐准许他保留统治权，但却是以卡斯蒂利亚国王封臣的身份。之后莫佐派遣他的姑丈阿隆索 · 洛佩斯前往卡洛特穆尔（Calotmul）的南部、东南部地区，这些地区当中就包括希乌部落的领地，当时希乌部落还没有跟随马尼族一同与西班牙结盟。

1543 年，莫佐开始远征科丘阿（Cochuah），他为这次远征做了充分的准备工作。与此同时，索夫里诺率兵前往尤卡坦东北部地区，最后蒙特霍两兄弟在梅里达东部的特科（Tecoh）会师。之后他们一起出征查乌阿卡（Chauaca），并于 1543 年 5 月 24 日在这里建立了巴利亚多利德市，跟随他们远征的四五十名士兵被提名为这里的市民。附近的萨奇（Sací）部落酋长却开始在麾其村落人（*puebolos*）的支持下发动了新的起义，索夫里诺的手下弗朗西斯科 · 德 · 谢萨（Francisco de Cieza）只带 20 人就占领了萨奇。与此同时，梅里达也在酝酿着起义，不料罗德里戈 · 阿尔瓦雷斯先发制人。索夫里诺继续穿过伊卡布，前往加勒比海地区的科苏梅尔岛，这座岛屿是科尔特斯发现的，征服者并未遇到任何抵抗就征服了这里。

往返科苏梅尔的路途满布危险，危险并非来自印第安人，而是因为来往途中会遭遇海上风暴。索夫里诺命令谢萨带领一小撮人继续同库察（Cochuá）的玛雅人战斗，谢萨后来赢得了战役的胜利。之后，西班牙人把巴利亚多利德市划分为 39 块委托监护区，这是因为“此地位于南美大陆的中心……比查乌阿卡的环境更有利于健康，气候也较为干燥……这是美洲最好的城镇……城镇建在草地中央，四周广袤无比，沙石林立，灌木丛生……两边是两口甘甜的水井……水井深邃，水位直径超过 1790 英尺（约 546 米）……蒙特霍将军命人沿东—北、东—西走向修筑了宽阔的道路”[4]。

后来，阿德兰塔多蒙特霍及他的儿子把尤卡坦东南部乌艾米尔－切图马尔（Uaymil-Chetumal）地区的控制权先是交给了新的征服者豪尔赫·德·比利亚戈麦斯（Jorge de Villagómez），后又交给了加斯帕·帕切科及其家人——其子梅尔乔和侄子阿隆索。1544 年年初，阿隆索深入科丘阿地区，却遭到了印第安人的抵抗，这是西班牙在印第安地区打得最残酷的一场战役，帕切科家族采取了异常残暴的军事行动。他们的确成功摧毁了敌人。老蒙特霍和小蒙特霍深受文艺复兴思想的熏陶和洗礼，反对帕切科家族残暴的做法，却没能约束住他们。

1548 年 2 月，方济各会的洛伦佐·德·比恩韦尼达修士对帕切科家族进行了谴责：“罗马暴君尼禄都没有他（阿隆索·帕切科）残忍。”他向卡洛斯一世报告说：

> 即使当地人不跟他开战，他也会把当地抢劫一通，掠走粮食。当地人只能心惊胆战地躲进灌木丛……因为只要让他抓住，

他就会放狗咬他们。印第安人因恐惧仓皇逃走，来不及播种，所以他们最后都死于饥饿……那里的村落本来有500—1000人，但现在100人的村落都算得上是大村落了……阿隆索·帕切科用绞刑架亲自绞杀了很多人，他称“用绞刑架来结束这些人的生命算得上很好的惩罚了”。杀完人后，他就会说：“看！我把他们了结得多好！”……[5]

1544年，8名方济各会修士受命前来尤卡坦地区开展传教活动，其中有4名来自危地马拉、4名来自新西班牙。这项传教活动由方济各会单独负责，参与传教的修士包括前面提到的洛伦佐·德·比恩韦尼达，他是专程从危地马拉来到尤卡坦的，一路步行到了坎佩切，沿途边走边布道。另一位是修士路易斯·德·比利亚尔潘多，他是首位开始钻研并理解玛雅人语言的西班牙人，为玛雅语编撰了语法书和词典，由此可见他惊人的决心和毅力。短短几年，梅里达的方济各会学校就接收了2000名印第安男孩，教授他们用印第安文字阅读、写作。比利亚尔潘多修士甚至还教一位玛雅人阅读欧洲的文本，学习西班牙文版的基督教义，还教他唱拉丁语圣歌。方济各会还在希乌部落领地奥克斯库兹卡（Oxkutzcab）建了一座修道院，1547年时又在这里建了一所学校。据说玛雅人阴谋烧毁这座修道院，后来消息泄露，策划此事的26名玛雅贵族即将在广场上被处以火刑，但比利亚尔潘多修士极力为他们求情，他们终于可以免于一死。马尼族贵族阿·库库姆（Ah Kukum）皈依了基督教，受洗名为弗朗西斯科·德·蒙特霍·希乌（Francisco de Montejo Xiu）。

这一时期的西班牙人屡屡取胜，主要得益于他们“在压力之下高度的自律精神”。此外，他们组织严密，倍加珍视每一个西班牙人的生命，在与印第安人作战时绝不因为人力成本而踌躇犹豫，随时根据需要增兵，因此能顺利穿越一个地区。另外，弓箭、步枪、火绳枪、大驯犬，尤其是托莱多产的刀剑在战役中发挥了关键作用；在地势平坦的地区，骑兵战自然能取得成功，但尤卡坦狭窄的石径通常不适于马匹行走。玛雅人坚韧强壮（梅里达的市政议会评价玛雅人“骁勇好战，有丰富的作战经验”），富有创造力，例如，他们在路上设置陷阱，这样敌人的马匹就会在凹坑中跌伤。但他们目光短浅，一心只想着让外来者离开自己的土地，认为西班牙人只是路过的候鸟而已。在传统的玛雅战事中，掠夺战利品、捕获祭祀用的俘虏是主要作战目的，玛雅人在这一点上和墨西哥人一模一样，然而，玛雅人发现西班牙人要比预期的难对付，西班牙人的入侵一方面带来了新式武器，同时更给这里带来了新的疾病，导致玛雅人口数量大幅减少。这些年中，尤卡坦半岛上的人口数量已从 80 万锐减到了 25 万。

尤卡坦半岛原有 4 座城镇，都属于今天的梅里达市。1550 年时的梅里达有大约 70 户西班牙人家，巴利亚多利德有 45 户，坎佩切有 40 户，而萨拉曼卡 · 德 · 巴卡拉尔仅有 15—20 户。这 4 座城镇共同管理着尤卡坦半岛。差不多 10 年之后，即 1558 年腓力二世继承王位之时，尤卡坦半岛上有 400 户西班牙人家，他们的房子自然是按照西班牙建筑风格设计的，但因为这些房子是由玛雅人建造的，所以正如因加 · 克伦丁南（Inga Clendinnen）所说，这些房子上有“难以除去的印第安味道”。为图凉爽，西班牙人也在吊床上睡觉，和印第安人一样，他们也开始习惯在女人磨制玉米粉的声音中醒来。

只有最底层的西班牙人才会娶印第安女人为妻，中上层西班牙人则只会让她们做女仆。[6]

当时伟大的恰帕斯主教巴托洛梅·德·拉斯·卡萨斯还在维拉帕斯省，计划在不使用暴力的前提下和平布道，支持多明我会修士。正如我们之前反复说的，拉斯·卡萨斯对待印第安人的慷慨宽容的态度惹怒了众多西班牙殖民者。1545 年 3 月 20 日，拉斯·卡萨斯在一封给基督徒的精神指导信里写道，他拒绝接受西班牙人向他做告解和忏悔，除非他们归还从印第安人手中夺走的土地；同时，为了保护印第安人，他极力提倡通过 1542 年《新法》的全部条款。信里他还言辞激烈地谴责了对执行《新法》犹豫不决的殖民者。这封书信应当引起我们的重视。殖民者拒绝承认拉斯·卡萨斯在尤卡坦享有宗教精神方面的领导权，还试图通过食物管控削弱拉斯·卡萨斯和多明我会的实力，殖民者甚至还为此拒缴纳什一税。方济各会支持殖民者对拉斯·卡萨斯和多明我会采取的措施，这是因为方济各会日渐认为尤卡坦是本会领地，不容他会干预。无奈之下，拉斯·卡萨斯只得为殖民者布道，却不接受他们的忏悔。

不出所料，玛雅人发动了新的起义，起义波及整个尤卡坦半岛。许多城市如库普尔（Cupul，起义中心城市）、库察、索图塔（Sotuta）及乌艾米尔–切图马尔的首领已经接受了西班牙人的领导，但很多人尤其是祭司依然时刻准备复仇。大多数玛雅人都无法忍受委托监护制，以及监护制下任人摆布的劳工管理制度。很久之前，玛雅人就非常憎恨托尔特克人（Toltec）对他们的统治，现在他们同样对欧洲人满怀憎恨。

1546 年 11 月 8 日满月时分，尤卡坦东部的玛雅人愤然起义。

他们集中最大规模的兵力攻击巴利亚多利德新城，屠杀了城里大多数的监护主及其妻儿。有些监护主被钉到了十字架上，有些被放在柯巴树脂（一种主要用来制作清漆的树脂）上炙烤，有的被绑起来当作箭靶子，有的还被挖出了心脏。贝尔纳迪诺·德·比利亚戈麦斯的心脏就被掏了出来，在被砍去头颅和主要器官之前，他被绑在一条绳子上，拖着穿城而过。起义者派遣信使把此类胜利的消息送到半岛各处，目的是煽动其他玛雅人掀起更大规模的复仇狂热。[7] 巴利亚多利德和萨拉曼卡·德·巴卡拉的西班牙人基本上都遭到了蹂躏。

玛雅人不只屠杀西班牙人，也杀害所有曾为西班牙人效力的印第安人和拒绝起义的印第安人，很多印第安劳工因此惨遭杀害，数量多达 600 人。玛雅人还屠杀了西班牙人蓄养的动物，包括马匹、牛群及鸡、狗、猫等其他家禽家畜。他们把欧洲人种下的树木和其他植物连根拔起。这是一场全方位的大屠杀。

西班牙很快重整旗鼓。他们允许善待西班牙人的部落奴役自己抓获的反叛者，可以把这些奴隶卖到加勒比岛上的种植园主那里。[8] 以罗德里戈·阿尔瓦雷斯为首的梅里达市政议会正竭尽全力动员士兵参战保卫巴利亚多利德。阿尔瓦雷斯还抓捕了少数当地的部落首领，阻止他们加入叛乱；另一名梅里达市政议会的议员弗朗西斯科·塔马约（Francisco Tamayo）则带领 40 名西班牙人和大约 500 名印第安人收复了巴利亚多利德。他们半路上遭到了敌军的阻挠，尤其在伊萨马尔（Izamal），但最终突破重围解救了被围困的要塞巴利亚多利德。索夫里诺也带着 30 匹战马赶往巴利亚多利德，而阿德兰塔多蒙特霍依然留在坎佩切。当时，统率巴利亚多利德的司令塔马约·帕切科终于成功突破了重围；其间德高望重的监护主布拉斯·冈萨雷斯（Blas González）的遗孀胡安娜·德·阿萨摩尔（Juana de Azamor）* 主动照料伤员，她说："我年纪尚轻，我选择与我的丈夫同在，因为这里是我们生活的家园，我们不会抛弃家园。许多伤病员集中在我家，我悉心照料、治疗他们，直到他们痊愈……当时整座城镇还没有医生。同样，我也鼓励他们不要离开这片土地，要留下来为陛下效忠。"[9]

没过多久，莫佐确定了军事反攻的大方向，索夫里诺则带军重新征服库普尔部落领地——此次起义的核心地区。到 1547 年 3 月，这场起义已被镇压了下去。

上百名玛雅人被处以火刑，还有很多人遭到逮捕。参与起义程度最深的酋长和祭司被处决，其中包括智拉姆·阿尼瓦尔（Chilam Anbal），他自称是"上帝最小的儿子"，这种同宗关系在宗教里鲜为人所提及。最后一块领地奇金科尔也被西班牙人征服了。

此次镇压起义的战争远比之前蒙特霍的征服战残酷得多。索夫里诺比其他征服者都更温和，更厌恶使用武力，然而，就连他也在这场战争中犯下了许多骇人听闻的罪行，例如，他放狗撕咬玛雅士兵，还杀戮了一些玛雅妇女。起义被镇压后，阿德兰塔多蒙特霍惩治了战争期间犯下滔天暴行的将领（至少他在 1547 年 2 月写给卡洛斯一世的信中是这么说的）。[10] 起义结束时西班牙人共拥有 2000 名印第安人奴隶，其中大多数来自库普尔部落，然而，不久之后阿德兰塔多蒙特霍就宣布蓄奴是违法的，下令所有奴隶都应带到他面前

---

* 她的哥哥及家人都在监护领地遭到杀害。——原注

来当面释放。索夫里诺也召集了当地主要的部落首领，申明他的目的是用正义、平等的方式统治印第安人，为印第安人谋福利，他还通过翻译询问这些部落首领当初为什么要造反，他们回答说主要是受了祭司的唆使。[11]

蒙特霍一家非常精明地找到了玛雅的部落首领，把他们召集到自己家里，尽力向他们示好。比利亚尔潘多修士大力向玛雅人布道，解说基督教的精髓，还鼓励部落首领把子女送到梅里达的方济各会修道院创办的新学校。这所新校目的是在宗教信仰方面指引、教导青少年，并教授他们学习写作、唱诵圣诗。这所学校办得非常成功，最后连一些重要的玛雅部落首领都皈依了基督教。后来比利亚尔潘多和贝纳文特修士去了马尼，阿德兰塔多蒙特霍一直渴望马尼能够基督教化。两位修士在这里也建起了一所新学校，不过遭遇了诸多困难，其中一部分原因是奴隶制在玛雅人心中根深蒂固，尤其在西班牙的同盟希乌部落里更是如此。

当时有很多人提议把尤卡坦从恰帕斯教区分离出去，单独成立尤卡坦主教辖区。拉斯 · 卡萨斯极力支持。终于在 1562 年，弗朗西斯科 · 德 · 托拉（Francisco de Toral）被任命为尤卡坦第一任主教[12]，这是拉斯 · 卡萨斯和危地马拉代理都督阿隆索 · 马尔多纳多一手安排的，这么一来印第安人就直属于西班牙王室管辖，受以拉斯 · 卡萨斯为首的多明我会的监督。尤卡坦地区征服者个人名义下的监护领地不复存在。

多明我会在尤卡坦半岛的布道活动开展得十分顺利，与方济各会相比，从一开始印第安人就非常乐于接受多明我会，愿意遵从其教导。拉斯 · 卡萨斯返回了恰帕斯担任主教，并确保多明我会获得的额外权力得到了王室的认可。

然而，阿德兰塔多蒙特霍却认为这些修士过于偏袒印第安人，边境检审法院主席阿隆索·马尔多纳多极力支持这一观点，马尔多纳多后来成了蒙特霍的女婿。[13] 马尔多纳多支持阿德兰塔多蒙特霍征服杜尔塞湾的想法，但当时新西班牙最高法院法官迭戈·德·埃雷拉却站在了修士这边，出面反对马尔多纳多。检审法院开始限制蒙特霍的权力，禁止他再进行任何征服性质的远征，但蒙特霍对此置之不理，坚信杜尔塞湾属于自己。索夫里诺和莫佐跟着老蒙特霍远征杜尔塞湾，1564 年，莫佐在这里建立了一座名叫新塞维利亚的城镇。

自此，尤卡坦这块历史上水源丰富、土壤肥沃的战略要地落入了新西班牙殖民者的手中。在接下来两代人的时间里，这里冲突不断，暴力和危机交织，玛雅辉煌灿烂的历史已被遗忘，成为过去，来自旧卡斯蒂利亚萨拉曼卡市的蒙特霍家族在这块土地上发迹……然而，矛盾和冲突尚未结束。

第十四章

来自阿斯图里亚斯的伟大征服者

这些领袖征战无数，却没有一位被认为是全能的。[1]

——梅嫩德斯·德·阿维莱斯，1565 年写于佛罗里达

1565 年 3 月，佩德罗·梅嫩德斯·德·阿维莱斯（Pedro Menéndez de Avilés）受腓力二世之命开始远征北美洲东南部地区。梅嫩德斯·德·阿维莱斯是来自西班牙阿斯图里亚斯的征服者，他曾南征北战，长得英俊不凡。梅嫩德斯受命征服的地方就是之前波多黎各英雄冒险家胡安·庞塞·德·莱昂在 1513 年命名为“佛罗里达”的地方，据说这里鲜花盛放，故庞塞名之为“佛罗里达”。[2] 梅嫩德斯来自阿斯图里亚斯第二大港口城市阿维莱斯（第一大港口城市是希洪），此次出征肩负着两项使命：第一，宣布此地为西班牙领土，臣服于西班牙国王；第二，驱逐入侵此地的法国新教徒。弗朗索瓦一世继承王位后法国就宣称，凡是西班牙没有实际占领的印第安地区，法国人一律有权定居。

西班牙早先曾尝试征服佛罗里达——一次由庞塞·德·莱昂亲自领导；还有一次是在 1512 年，由圣多明各最高法院的两名法官胡

安·奥尔蒂斯·德·马蒂恩索和卢卡斯·巴克斯·德·艾利翁（Lucas Váquez de Ayllón）领导。科尔特斯在新西班牙的劲敌班彼罗·德·纳尔瓦埃斯后来也曾试着征服这里，与他同行的还有伟大的“徒步者”努涅斯·卡韦萨·德·巴卡（Núñez Cabeza de Vaca），然而最后只有努涅斯·卡韦萨·德·巴卡幸存了下来。[3]以上这些征服者始终未能征服佛罗里达，他们当中无人知晓北美大陆到底有多大，也不知晓这里蕴藏着丰饶的资源和财富。

法国在佛罗里达的活动直接挑战了1559年法西之间签署的《卡托－康布雷齐和约》，和约里法国承认了西班牙对印第安地区拥有控制权。1562年2月，航海经验丰富、热衷冒险的航海家让·里博（Jean Ribault）率领法国舰队驶离迪耶普，腓力二世大为恼火，阿尔瓦公爵不得不严厉谴责西印度院，因为它未能阻止将欧洲的宗教战争引入新世界。

梅嫩德斯·德·阿维莱斯是国王腓力二世信得过的知己，替国王执行过数起重要而复杂的任务，例如在圣康坦战役中提供了关键的海上力量的支援，因此，1559年梅嫩德斯受命护卫腓力二世从佛兰德斯返回西班牙，这是一项艰巨的任务，更是一项至高无上的荣誉，此后腓力二世愈加青睐梅嫩德斯·德·阿维莱斯。似乎当时的腓力就早已意识到这位征服者是一个大人物，预见到日后他必将对其委以重任。

1565年3月，腓力要求梅嫩德斯汇报佛罗里达的情况。梅嫩德斯刚开始远征之旅，他的门生就向他描述了侵扰佛罗里达的不仅有法国人，还有英国和葡萄牙的“海盗”。[4]

1565年6月，梅嫩德斯率领995名水手和117名移民者及其家属离开加的斯前往佛罗里达。在加那利群岛，梅嫩德斯又挑选了上千名志愿者同行，如此，他手下共有大约 2600 人，分乘 26 艘船。梅嫩德斯之前去过几次西印度，十分熟悉航行路线。

梅嫩德斯 · 德 · 阿维莱斯在宗教信仰上无比狂热，在他看来新教徒异端和佛罗里达的美洲原住民信仰的都是“邪恶”的教义。他也坚信一定存在一条西北向的通道，可以由大西洋直通太平洋（当时太平洋又名为“南海”）。如果法国人已经在佛罗里达定居了（这似乎也是极有可能的），他就指挥 4 艘军舰，携带士兵、水手和 4 名耶稣会修士等 1000 人讨伐这些法国人，把他们都驱逐出去。这样一场远征估计要耗费 5 万达克特。

加勒比海域似乎总是不断受到外来入侵，尤其是经常受到法国入侵的威胁，16 世纪 40 年代，圣地亚哥 – 德古巴和哈瓦那无数次遭遇入侵和抢劫。1550 年，法国舰队甚至纵火焚烧了西班牙加利西亚省的菲尼斯特雷，劫持了 26 位公民，还杀死了 4 个人，法国舰长供认这是在前往西印度途中犯下的罪行。有一次，梅嫩德斯 · 德 · 阿维莱斯向腓力二世报告，就在一年前，法国人驾着 4 艘船竟然抢劫了圣多明各，霸占了那里的财富，还抢劫了马格丽塔的珍珠岛。1555 年，法国的另一名叫雅克 · 德 · 索瑞斯（Jacques de Sorès）的“海盗”占领了耸立于哈瓦那海湾的岬角埃尔莫罗（El Morro），雅克 · 德 · 索瑞斯还有另一个颇为麻烦的身份——狂热的路德宗信徒。负责守卫这座要塞的胡安 · 德 · 洛韦拉（Juan de Lobera）被俘，古巴都督贡萨洛 · 佩雷斯 · 德 · 安古洛（Gonzalo Pérez de Angulo）被迫逃到哈瓦那郊外避难。

一直以来，古巴都是一块与众不同的殖民地。[5] 这里的印第安人口数量锐减，原本稀少的西班牙移民人口数量居然也在大幅下降。西班牙允许古巴岛延迟推行 1542 年颁布的《新法》。为了方便从波托韦洛和韦拉克鲁斯驶来的西班牙商船在此集结，哈瓦那的城址从古巴岛的沿海南部一直迁到了沿海北部。西班牙舰队计划在此集结，并遴选一支海军护送他们穿过巴哈马群岛和墨西哥湾暖流回到西班牙。哈瓦那有一处宽阔的海港，足以容纳数百艘船只，海港北部的入海口非常狭窄，因此在战略上易守难攻。

索瑞斯离开后，西班牙人开始重建哈瓦那的防御工事，和往常一样，他们使用进口非洲黑奴来做苦力。[6] 很快，哈瓦那（当时哈瓦那正逐渐成为古巴的首都）就建起了 3 座堡垒，由 400 名士兵守卫。此外，还新建了 3 座修道院，其中圣弗朗西斯科修道院至今仍算得上加勒比海域最著名的建筑之一。没过多久，哈瓦那的西班牙裔人口就达到了 600 人，还有上千名黑奴。[7] 在 1571 年到 1600 年间，在哈瓦那停泊的船只达上千艘。[8] 在 16 世纪，因为西班牙商船在这里集结的缘故，哈瓦那一度成了前往西印度的重要起航点。[9]

梅嫩德斯 · 德 · 阿维莱斯知道除了海盗外，加勒比海危险重重，例如圣多明各市及其附近地区有 5 万黑奴，而西班牙人却只有 4000 名，黑奴随时有可能掀起一场起义。梅嫩德斯还在报告中指出，所有“印第安的村落里都没有防御工事，也没有火炮”，另外，“但凡有 200 人定居的地方只有 50 人才是陛下的臣民，其余都是葡萄牙人、黎巴嫩人、希腊人、法国人、佛兰德斯人、德国人——可谓民族众多……他们都没有效忠陛下的热情，还允许任何海盗光天化日之下在这里登陆，烧杀抢掠”。梅嫩德斯还说，西班牙统治的印第安城镇没有任何真正意义上的防御工事，甚至连一堵像样的城墙都没有。为此他提出了若干应对之策，其中包括武装西班牙船队，建立一支名副其实的战舰。[10]

哈瓦那这一时期发展迅速，它作为商船集结返航地点的重要地位得以巩固，逐渐发展成了一座繁华兴盛的城市。一位古巴历史学家在研究了大量哈瓦那档案文献后指出，“这些资料就是古巴繁荣的明证”[11]。还有人说当时哈瓦那有大量的中国瓷器，还有异彩纷呈的文艺演出、舞会及其他娱乐活动。1586 年，伟大的冒险家弗朗西斯 · 德雷克意图登陆哈瓦那，但此时的哈瓦那已经建起了非常完备的防御体系，德雷克根本无法登陆，更别谈抢劫了。

说到远征佛罗里达，腓力国王批准了梅嫩德斯加固防御工事的提议，并任命梅嫩德斯为阿德兰塔多，授权他到达北美洲后立即修筑防御工事。天主教会的布道工作也是佛罗里达征服计划里的重要一部分，除了前面提到的 4 名耶稣会士外，西班牙舰队中还有 10—12 名来自其他修会的修士。梅嫩德斯应该是获得了阿斯图里亚斯贵族的支持，他同意赞助 4 艘轻帆船（小型的浅海船）、6 艘单桅帆船和 500 名人手。在这 500 人当中，大约有 100 名农夫和 100 名水手，还有一些石匠、木匠、兽医、铁匠、理发师和外科医生。所有人都配备火绳枪、十字弓和盾牌。其中大约有 200 名已婚人士——这说明西班牙打算在佛罗里达建立永久殖民地。另有 500 名非洲奴隶，承担一些苦重的杂活。

为了承载众多人员和物资，梅嫩德斯 · 德 · 阿维莱斯打算开动他 900 吨重的三桅帆船“圣佩莱奥号”（*San Pelayo*）[12]，这艘舰船轻而易举就可以承载 300 人和绝大多数必需品。“圣佩莱奥号”行驶速度较快，有上好的炮甲板，易于驾驶。把必需品运抵佛罗里达后，“圣佩莱奥号”还要继续前往新西班牙。假使梅嫩德斯能于1565年5月底出发，那么他将得到1.5万达克特的酬劳。王室准许他的“阿德兰塔多”头衔延续两代人，他自己和他的儿子或女婿都可以保留该头衔。此外，梅嫩德斯每年还能额外得到2000达克特，以补贴他出资赞助地方行政长官和军事长官的职位。如果他愿意的话，梅嫩德斯还可以任命一名权力仅次于他的副手。他还有权分配佛罗里达的土地，分别用作种植园、农场及牧场，但不得侵犯当地印第安人的权利。梅嫩德斯本人可以拥有25平方英里（约65平方千米）的土地来种植农作物，将其作为侯爵领地。但和往常一样，所有矿产资源的开采权归王室所有。梅嫩德斯可以拥有两个渔场，其中一个用来养鱼，另一个用来开采珍珠；还可以拥有两艘承重600吨的帆船，此外，还有两艘舰载艇和6艘单桅帆船。这些船只均可直接驶往加那利群岛，无须在塞维利亚港和桑卢卡尔港接受审查。梅嫩德斯俘获的任何外国船只均可自行处置，前提是被俘船只三分之一的货物归王室所有。不过，梅嫩德斯要负担这次远征的全部开销，当然他也会从中获得甚多好处。

这份授权书规定了彼此的权利和义务，但似乎全都是在取悦这位阿斯图里亚斯人，还准许尽可能少地限制他参与西印度的商贸活动。梅嫩德斯明确表示他希望从阿斯图里亚斯人和比斯开人中间挑选随他一同远征的人员，他们“最适合统治佛罗里达，一方面是因为他们的天性，另外一方面还因为他们之间有血亲关系，有着深情厚谊”[13]。反过来，王室可以就此建立抵御法国的军事堡垒——这也是阿尔瓦公爵（腓力二世的主要军事顾问）出于大局考虑而极力渴望实现的事情。但事实上，当时法国有两支远征佛罗里达的军队，其中一支尚在途中，由经验丰富的诺曼人让·里博率领，另一支在伦奇·德·洛多尼埃（René de Laudonnière）的率领下已经抵达佛罗里达。这两支队伍加在一起的规模和实力与梅嫩德斯的远征军不相上下。

梅嫩德斯于1565年6月底启程，较原定计划为晚。3艘快帆船用来装载物资，还有4艘一层甲板轻舟和一艘旗舰，即体积庞大的三桅帆船“圣佩莱奥号”。另有一艘18排桨的桨帆船（确切来说这是一种平底船）[14]和一艘双桅帆船，即“埃斯佩兰萨号”（*Esperanza*）。“圣佩莱奥号”载有300名士兵、火炮、弹药，以及足够一年用度的航海必需品，包括酒、船上食用的饼干、橄榄油、大米及大豆等。梅嫩德斯还携带了250支火绳枪、100套盔甲、30把十字弓、600件其他武器，另外还有众多长矛、30套马鞍、8座教堂钟和祭坛器具——这些都是为即将建起的新教堂准备的。此外，他还携带了同印第安人交易用的布料。

这300名士兵当中，有138人是西班牙工匠和手艺人，[15]主要来自卡斯蒂利亚、埃斯特雷马杜拉、安达卢西亚。首席领航员是一名叫贡萨洛·加永（Gonzalo Gayón）的阿斯图里亚斯人，他此行的报酬是400达克特。

舰队在海上遭遇了风暴，航程受阻，但还是于当年7月4日抵达了加那利岛上的拉斯帕尔马斯。在横渡大西洋的时候，舰队也遇上了风暴，等到了波多黎各圣胡安再次集合时，舰队规模有所减小（有些船只已经受损）。在圣胡安，梅嫩德斯·德·阿维莱斯把船队重新整顿为12队，每队50人，由一名船长统领。每队都有一名掌旗官、一名司铎、一名中士，还有一名号手和一名鼓手。此外，另设一名指挥官负责统领所有船队，担任指挥官的是梅嫩德斯的女婿佩德罗·德·巴尔德斯，虽然只有 25 岁，但却久经沙场（曾经在意大利打过仗）。佩德罗·德·巴尔德斯每年的俸禄为 300 达克特。

法国此时又在圣约翰河（以法国国王查理九世命名）河畔的卡罗琳城堡建了一个指挥所作为法国在当地的总部。卡罗琳城堡原由船长奥贝尔（Aubert）率领其他 28 个人所建，但没过多久奥贝尔被谋杀，而里博也返回了欧洲，所以洛多尼埃担任了这里的指挥官。洛多尼埃是一名尽职的水手，但在他那些信奉胡格诺教的意志坚定的下属看来，[16] 此人性格过于和善。此外，他和一名妓女同居的事也令这些胡格诺教徒十分不快。

梅嫩德斯在波多黎各重整舰队后，于 1565 年 8 月 15 日前往佛罗里达。和法国人一样，他们也在卡纳维拉尔角逗留了一段时间，与此同时，里博率领的法国船只也即将抵达卡罗琳城堡，保卫此地。梅嫩德斯在自己所建的圣奥古斯丁城附近登陆，并在这里正式宣布佛罗里达归西班牙国王腓力二世统治。梅嫩德斯对所到之地和所见之人都了如指掌：他对印第安人的了解远甚于对法国人的了解，他谨慎地同印第安人进行外交上的接触。在致信一位耶稣会朋友时，梅嫩德斯见解独到地描述了佛罗里达印第安人的宗教仪式：

> 大多数人都崇拜太阳和月亮，用死雄鹿或其他动物来祭祀。在祭祀太阳时，他们每年都会举行三到四次宗教仪式。这时候他们会举行斋戒，连续三天不吃不喝不眠。如果有人体力不支，受不了斋戒，那他就会被视为劣等人，遭到同胞的谴责。相反，在斋戒中表现最好、成功熬过这些难关的人则会被

命为首领，大家都对他毕恭毕敬。这些印第安人身体都很健壮，步履轻快，擅长游泳。

“这些领袖征战无数，”梅嫩德斯·德·阿维莱斯还说，“但却没有一位被认为是全能的。”[17]

与此同时，法国人在卡罗琳城堡商议决定进攻西班牙人，但西班牙人的领袖更具远见、更富谋略，梅嫩德斯明白，如果法国人攻打圣奥古斯丁的话，后方卡罗琳城堡的守备一定不足。梅嫩德斯于是安排300名士兵驻扎在圣奥古斯丁，由他的兄弟巴托洛梅统领；他自己率其余部众袭击卡罗琳城堡。梅嫩德斯一举攻破了卡罗琳城堡大门，西班牙人一拥而入，杀死了在场的所有法国卫兵，约有130人。卡罗琳城堡立即更名为“圣马修”（又名圣马特奥），因为这天在新历正好是圣马修纪念日。[18]其他法国将领则在梅嫩德斯答应不杀害他们的情况下投降了，但梅嫩德斯却给西班牙报告说这些法国人——大多属于路德宗——无条件投降了。然而，梅嫩德斯还是继续屠杀了约200人，其中包括指挥官里博。只有少数几人幸免于难，他们要么是天主教徒，要么是乐师。

梅嫩德斯在佛罗里达海岸布下重兵，确保后方守备力量雄厚，之后便去了古巴，同意西班牙增派部队前来支援，增援部队由他的侄子佩德罗·梅嫩德斯·马克斯（Pedro Menéndez Márquez）率领。1565年11月5日，梅嫩德斯·德·阿维莱斯在给西班牙国王的信中描述了自己在佛罗里达的丰功伟绩，他要求国王准许他成为辖西印度群岛、南美大陆（南美洲的主要大陆，尤其是委内瑞拉—哥伦比亚地区）和太平洋地区的都督，国王授予了他该头衔。

梅嫩德斯答应组建一支小型护卫队，保卫从加勒比海到纽芬兰的整个北美海岸。他在信中还提到一同随行的3位耶稣会士才智出众，天主教也会在佛罗里达扎根，另外，佛罗里达的新省会建在前法国据点“皇家港”（靠近今天佐治亚州的萨瓦纳），即位于北部的圣埃伦娜（Santa Elena）。

作为回报，这位阿德兰塔多还想获准贩卖1000名奴隶，王室于是向他颁发了许可证。梅嫩德斯任命4名出身高贵的阿斯图里亚斯人担任自己的副手。[19] 一名叫桑乔·德·阿西那加（Sancho de Arcienaga）的巴斯克人率领17艘船、1500人来到了古巴，增强了古巴的守备力量，也极大地补充了“圣佩莱奥号”因船员哗变而损失的兵力。后来，人们居然在北欧发现了“圣佩莱奥号”的残骸！

梅嫩德斯留下4名副手管理这片他刚征服的地区，自己则于1567年7月返回马德里接受国王的赏赐和征服向风群岛的新任务。[20] 梅嫩德斯在西班牙被视为战无不胜的杰出将领，难怪没过多久欧洲的将领就经常在嘴边提及他。

1566年4月1日，梅嫩德斯·德·阿维莱斯在这一天清楚地展示了自己是如何守卫西属印第安地区的。[21] 首先，他在佛罗里达建起了圣奥古斯丁城，摧毁了让·里博和伦奇·德·洛多尼埃一两年前建立的法国据点。他坚持认为自己在这里处决的“不是法国人，而是路德宗的人”。在腓力国王接见法国驻马德里外交大使雷蒙·德·富尔克沃（Raymond de Fourquevaux）时，大使就这次“大屠杀”提出了抗议。对此，腓力国王满不在乎地答复说，被处决的都是异教徒，况且他们甚至都没有获得法国政府的许可就去了佛罗里达，“为保全王国和领土，为抵制暴力，有时不必墨守成规”[22]。

为此，法国一名叫多米尼克·德·古尔格（Dominique de Gourgues）的天主教徒报复性地发起了另一场入侵佛罗里达的远征。1568 年春，古尔格占领圣马特奥要塞后，绞杀了所有被俘的西班牙人，还在一块石碑刻下报复性的碑文：“我杀死的不是西班牙人，而是叛徒、强盗和凶手。”

让西班牙政府和阿德兰塔多梅嫩德斯备感棘手的是后者与高傲的古巴都督弗朗西斯科·加西亚·奥索里奥（Francisco García Osorio）之间争执不休。奥索里奥来自马德里南部的奥卡尼亚（Ocaña），信仰天主教的伊莎贝拉女王十分钟爱这里。奥索里奥长年在小型舰队服役，多年前还负责把埃尔南多·德·索托护送到佛罗里达去。1565 年，奥索里奥被任命为古巴都督，同年梅嫩德斯起航前往佛罗里达。奥索里奥认为自己高贵无比，因此想尽办法妨碍梅嫩德斯·德·阿维莱斯。梅嫩德斯手下的两名指挥官戈杜伊和科尔多瓦在古巴的圣地亚哥被他轻率地处决，据说是因为冲撞了奥索里奥的副官马丁·德·门多萨。[23] 梅嫩德斯随后任命巴尔塔萨·德·巴雷达斯（Baltasar de Barredas）戍守哈瓦那港入口，但奥索里奥却认为巴雷达斯无法胜任这项使命，之后便逮捕拘留了巴雷达斯，并派遣亲信佩德罗·德·雷多布兰（Pedro de Redobrán）取而代之。梅嫩德斯出其不意地赶到古巴逮捕了奥索里奥，让自己的门生班德拉斯（Banderas）担任古巴都督一职。像之前的秘鲁和新西班牙一样，古巴的西班牙人之间有段时间也内讧不断。不过，梅嫩德斯·德·阿维莱斯凭借异常强势的性格和西班牙宫廷对他的厚爱，彻底击败了奥索里奥。1567 年 10 月 24 日，刚从佛罗里达返回西班牙的梅嫩德斯·德·阿维莱斯就正式接替奥索里奥担任古巴都督，他仍将继续掌有佛罗里达军事指挥权，并主要通过业士弗朗西斯科·萨亚斯（Francisco Zayas）来间接管理古巴。奥索里奥离任前的司法弹劾就是由萨亚斯负责执行的。

萨亚斯不得不应对来自法国的又一次威胁。1579 年，法国人皮埃尔·弗兰克（Pierre Franc，又叫“佩德罗·埃尔·巴斯科”）率军从托尔图加*出发，对哈瓦那发动了一场劫掠性的远征。靠近古巴东端的巴拉科阿（Baracoa）遭到洗劫，在迈西角（Cape Maisí）附近，一艘载有 59 名奴隶的西班牙贩奴船也被法国截获。同期，一名英国水手即弗朗西斯·德雷克的同伴约翰·奥根翰姆——在西班牙人看来他是名海盗，但在英国的德文郡却被视为英雄——从牙买加出发抢劫了古巴。[24] 约翰·奥根翰姆最后被西班牙抓获，1575 年在利马被处以绞刑。[25]

梅嫩德斯·德·阿维莱斯的副手萨亚斯替他管理古巴直至 1571 年 3 月。当时，西印度院建议对古巴都督的人事安排做出调整，“哈瓦那需要的都督既不能是阿德兰塔多，也不能是他的亲信”。梅嫩德斯虽然不再担任古巴都督，但这并不代表他的地位和职位有所下降。相反，他被任命为舰队总司令，负责肃清西班牙和佛兰德斯沿海一带的海盗——这些“海上乞丐”严重损害了西班牙到尼德兰的海上事业。王室任命阿隆索·德·卡塞雷斯·奥力多（1573 年 1 月 3 日被任命为总视察官，当年 11 月 14 日抵达哈瓦那）前去西属印第安地区调查梅嫩德斯任期内的情况，面对指责和批评，梅嫩德斯不做只字辩解。同年 12 月 13 日，梅迪纳·德尔·坎波世家出身的加

---

* 托尔图加位于伊斯帕尼奥拉岛，很快便成为法国的非正式据点，他们在这里建起了“圣多明各”殖民地，即后来讲法语的海地。——原注

布里埃尔·德·蒙塔尔沃继梅嫩德斯担任古巴都督。[26]

梅嫩德斯·德·阿维莱斯到尼德兰不久，还未来得及在此做出真正的贡献，便因感染瘟疫于 1574 年 9 月 17 日离世了，所幸他生动地记录了自己在新世界的经历。[27] 梅嫩德斯·德·阿维莱斯是为数不多的既能在旧世界，也能在新世界屡战屡胜的西班牙征服者，他的离世对西班牙而言是巨大的损失。

西班牙在佛罗里达建起的一小片殖民地保存了下来，这里暂时不再遭受法国人的侵扰。后来，有关英国要在圣马利亚海滩附近的弗吉尼亚建立殖民地的谣言开始四处传播，* 西班牙把“弗吉尼亚”误当成了“佛罗里达”。谣言虽然是假的，但却预示着美洲未来形势的发展。此时的英国对于西班牙而言还只是一抹阴影，并不构成实质威胁。

梅嫩德斯·德·阿维莱斯在佛罗里达的成就无可争辩，但由于地理因素，西班牙始终未将佛罗里达纳入战略部署，佛罗里达也未深刻影响西班牙帝国的身份认同。由于所处地理位置，佛罗里达在历史上久经动荡，经常受到各国野心家的觊觎，直到 1845 年，佛罗里达才最终被纳入美利坚合众国的版图。

---

* 这次远征由理查德·格伦威尔和拉尔夫·莱恩率领，莱恩后来成了这块富庶殖民地的第一任统治者。这两位是丁尼生小说中的主人公。——原注

第十五章

尤卡坦岛上的方济各会

尤卡坦，非岛也。

——迭戈·德·兰达，《尤卡坦纪事》，1566 年

到 1560 年时，西班牙几乎已经结束了对尤卡坦半岛的征服。次年，尤卡坦成了方济各会的教区，方济各会成了唯一有权对这里的印第安人布道的修会。他们把尤卡坦分成若干区域，在坎佩切、马尼、伊萨马尔、梅里达附近的孔卡尔（Conkal）、阿金察（Ah Kin Chel）、梅里达城建起了修道院。这些地方也建起了正规学校，传播基督教，给予学生宗教信仰方面的指导。尤卡坦半岛似乎成了一块由修士主导的模范殖民地。

莫利纳·索利斯（ Molina Solís）修士记录了梅里达这一时期的生活。每天太阳升起后，年长的修士就会高举着十字架从教堂出发，十字架在他们手里宛若一面军旗：

他们逐门逐户地叫孩子们来……唱诵祈祷词，然后去教堂……修士会给他们讲解基督教义，一直讲到做弥撒的时候。

之后这名修士会向这些孩子提问，看看他们的知识掌握得怎么样。孩子们每天上学，几年之后就可以获准离开学校。男孩子离校后会帮父亲在田地劳作，女孩子则帮母亲做一些“女人的活计”。教会要求父母晚上陪孩子一起祈祷，重复基督教义……在学校，成年印第安人可以学习唱歌和音乐。修士也会组建唱诗班，用长笛、风琴、小提琴甚至竖笛伴奏。[1]印第安人学会了演奏这些乐器，而且演奏得非常出色。[2]

有些监护主认为方济各会的布道工作妨碍了印第安人在领地上劳作，因而强烈反对。但马科斯·德·阿亚拉（Marcos de Ayala）* 等监护主则非常支持方济各会的布道工作。阿亚拉的监护领地位于尤卡坦半岛的巴利亚多利德城外，他大力支持在当地为印第安人开办学校，还亲自向当地的酋长布道。他还富有创意地把桑树种植引进到尤卡坦半岛。[3]

埃尔南·桑切斯·德尔·卡斯蒂略（Hernan Sánchez del Castillo）、弗朗西斯科·洛佩斯等征服者强烈反对方济各会的布道，在这之后的1549年，洛伦佐·德·比恩韦尼达和路易斯·德·比利亚尔潘多等几名修士认为市政议会——议员全部是西班牙人——应当在地方事务中有发言权。但这样一来，就连最初的征服者蒙特霍家族也陷入了困境，他们在这里拥有地产，但却不是这里的市民。某个叫弗朗西斯科·贝拉斯凯兹的人占领了蒙特霍家族在塔巴斯科的监护领地，阿德兰塔多蒙特霍闻讯后立即从梅里达匆忙赶往塔巴

* 马科斯·德·阿亚拉曾在意大利服役，参加过对土耳其的作战，还在匈牙利和维也纳服过兵役，在蒙特霍·莫佐征服尤卡坦时，他曾担任地方行政长官。——原注

斯科。在塔巴斯科，原先支持蒙特霍的伊尼戈·涅托（Íñigo Nieto）抓捕了弗朗西斯科·贝拉斯凯兹，并把他同另一名市政议员阿隆索·巴伊恩（Alonso Vayón）一起囚禁在了坎佩切。蒙特霍要求贝拉斯凯兹交出王室保险柜的钥匙，但贝拉斯凯兹坚决不给。蒙特霍于是撬开了保险柜，夺回了王室授予自己监护领地的授权书，返回了梅里达。

贝拉斯凯兹继续抗议，并得到了最高法院的支持，最高法院法官决心逼迫蒙特霍交出塔巴斯科的监护领地。法官们通常都不喜欢征服者，他们任命法官弗朗西斯科·德·乌加尔德（Francisco de Ugalde）负责没收蒙特霍的所有监护领地。蒙特霍看到书面铁令后放弃了挣扎。这位阿德兰塔多甚至被迫放弃了马尼的监护领地，他原本打算把这里变成世袭领地的。1549 年 2 月，布拉斯·科塔（Blas Cota）博士奉命对老蒙特霍进行任期调查。科塔博士是葡萄牙裔，精通教会法。

佩德罗·德·阿尔瓦拉多去世后，阿隆索·马尔多纳多一直代理危地马拉都督一职，在此期间科塔担任阿隆索的副手。1549 年 5 月 3 日，科塔开始对蒙特霍在梅里达的任期展开调查，自此接管了尤卡坦，暂停了老蒙特霍及他的儿子（莫佐）、侄子（索夫里诺）的职务。[4]1549 年 6 月底，科塔公布了老蒙特霍的任期调查报告，报告送到了西班牙，虽然离判决生效还有一段时间，但蒙特霍家族在殖民地统治的合法性已被剥夺——尼古拉斯·德·阿瓦雷特（Nicolás de Abalate）修士从西班牙带来消息说，整个尤卡坦半岛的土地所有权已归新西班牙最高法院所有。

任期调查结束后，新西班牙总督门多萨任命加斯帕·苏亚雷斯·德·阿维拉为尤卡坦市市长，阿隆索·德·曼雷克为塔巴斯科市市长。苏亚雷斯实际包揽了殖民地的全部大权，上任后他将在地区内巡视，禁止强制劳动，虽然他本可以安排印第安人为教堂和修道院工作；严禁蓄奴，并规定在尤卡坦半岛上劳动的印第安人理应领取薪水；禁止继续远征。此外，对印第安人传教的工作被当作重中之重。苏亚雷斯·德·阿维拉于1551年4月抵达尤卡坦，同期，曼雷克也在塔巴斯科正式就职。[5]至此，危地马拉最高法院（洛佩斯·德·塞拉托任最高法院主席）全权接管了尤卡坦和塔巴斯科。不久，尤卡坦和塔巴斯科又被归入了新西班牙总督辖区。*

1551年3月，阿德兰塔多蒙特霍返回西班牙，期望可以得到革职后的补偿，然而门多萨总督已经任命他为一支小型舰队的临时总指挥官，负责把墨西哥的金银财宝运回西班牙。在当时，这种临时任命极为常见。蒙特霍在哈瓦那遇到了返程途中的秘鲁舰队，这支舰队由桑乔·德·别德马（Sancho de Biedma）统率。随后，别德马担任了秘鲁舰队和本该由老蒙特霍负责指挥的小型舰队的总指挥官。[6]

托马斯·洛佩斯·梅德尔（Tomás López Medel）随后担任任期审查官，负责对即将离任的官员进行任期调查。新官上任三把火，他深深同情那些生活中还要谨守教规的修士；他希望阻止印第安酋长在异教神祇前召集民众唱诵歌曲；想把印第安人聚集在村落里，不再过散居的生活；坚持要求印第安人遵守宵禁令，要他们上餐桌用餐（西班牙人很重视这一点）；还要求印第安的部落首领遵守一夫一妻制——在玛雅人看来这简直是天翻地覆，十分极端，但西班

* 1527年西班牙在危地马拉建立了危地马拉都督辖区，墨西哥的尤卡坦和塔巴斯科起初归该都督辖区管理。都督辖区虽然由新西班牙总督管辖，但仍拥有半自治地位。——编者注

牙人认为这一点至关重要，虽然他们能容许男主人有女仆，但绝不允许一夫多妻。

1551 年 6 月，阿德兰塔多蒙特霍返回了塞维利亚。他去了马德里，之后又去了巴利亚多利德，最后终于找到西印度院去陈述他的案子，当时西印度院就在巴利亚多利德市。在他的女婿马尔多纳多法官的帮助下，委员会认真听取了老蒙特霍的案子，最后撤销了许多针对他谋取私利的指控。但在 1553 年秋，还没来得及自证清白，老蒙特霍就在家乡萨拉曼卡离世了。40 年前，正是在萨拉曼卡，他加入了佩德拉里亚斯舰队，开始了他在美洲非凡的戎马生涯。

老蒙特霍是一位开明的征服者，1550 年他离开尤卡坦时，这里已经有了琳琅满目的西班牙商品，包括西班牙产的无花果、椰枣及石榴。他还培育了很多美洲人没见过的蔬菜和水果，包括白菜、莴苣、芜菁、洋葱、大豆及甘蔗，还有葡萄、橘子和柠檬。老蒙特霍还曾尝试在尤卡坦种植小麦，并从西印度群岛引进了椰子、大蕉、曼密苹果树，同时继续种植玉米、美洲大豆、辣椒、棉花等当地原产农作物。西班牙农民曾尝试饲养家畜，还从尤卡坦向新西班牙和旧卡斯蒂利亚出口硬檀木。费尔南多 · 德 · 布拉卡蒙特（Fernando de Bracamonte）把靛蓝染料引入了欧洲，阿德兰塔多本人还在香伯顿（Champoton）建了一家小型制糖厂，（和大多数制糖厂一样）这家制糖厂也以非洲黑奴（大多来自莫桑比克）为主要劳力。印第安人继续用尤卡坦产的棉纱织布，依然食用产自卡托切的盐，和过去一样，他们依然会制作石蜡和陶器，把棉布和可可豆作为流通货币。西班牙人会雇用尤卡坦的印第安人做奴仆、庄稼人、织布工。西班牙人来到这里后，尤卡坦很快就出现了新的混血人种，从 1545 年起，尤卡坦的梅斯蒂索人在人口中所占比例明显增多。

正如托马斯·洛佩斯·梅德尔所说，玛雅贵族依然会定期召集民众举行祭祀，纪念自己的历史，这是尤卡坦这一时期宗教结构的典型特点。[7]同时，尤卡坦已经建起了12座方济各会修道院，其中6座是石质建筑。尤卡坦的200处村落都有自己的教堂、学校和接受过培训的教师。所有重要部落的首领都已受洗，虽然他们并不知道受洗的意义究竟是什么。方济各会已经在这里建立了一套控制网络。每一天，教堂的钟声召唤着孩子们去上学，召集成人开始祈祷。在不同的月份都要庆祝相关的基督教节日，节日庆祝的频率堪与古玛雅人的庆典相当。印第安人有条件接受圣礼，但几乎没有机会在临终前受终敷礼，因为司铎数量很少，没办法顾及将死之人。印第安人也很少进行忏悔，因为懂玛雅语的修士数量很少。没有几个印第安人会参加圣餐仪式，他们会观看弥撒礼但却很少参与。当然，修士们知道印第安人依然会进行异教崇拜，不过并没有对此实施严厉惩罚，最严肃的莫过于偶尔的鞭刑。1560年，一位方济各会修士发现了“非常严重的欺骗行为及邪神崇拜”，但也只是召集了部落首领和贵族，庄严地向他们说教而已。据说在萨巴特克地区也发现还有异教崇拜的现象。

然而，到了1562年5月爆发了一场类似革命的事件——这是西班牙帝国统治美洲前50年里发生的最激烈的一次抗议。两名印第安男孩外出狩猎时发现了一个装满异教神像和头骨的山洞，他们把这件事报告给了马尼附近方济各会修道院院长佩德罗·德·休达·罗德里戈（Pedro de Ciudad Rodrigo）修士。休达手下有6名修士正在学习玛雅语，他们“学着用印第安人的文字阅读和写作，还把印第安人的语言简化为语法的形式，这样便可以像学习拉丁文一样学习这门语言了”。[8]

休达等人召集了附近的40名印第安人，对他们进行质问。印第安人承认神像是他们的，也会偶尔来祭拜，这样的祭拜附近到处都有。休达武断地对这些印第安人施以酷刑，他让人把印第安人吊起来鞭打，并在脚上绑上巨石，直到他们供出其他神像。此外，还有一种叫“布罗”（*burro*）的水刑至今闻名，受刑者会产生正在被溺死的错觉。这些印第安人随后被送交宗教公判大会。

当时方济各会的另一名修士迭戈·德·兰达带着文书弗朗西斯科·德·奥罗斯科（Francisco de Orozco）来到尤卡坦进行正式调查。[9] 兰达博学睿智，但为人严肃、勤勉、苛刻。他和其他修士对当地人进行了大规模逮捕，不加分辨地对4500多名印第安人施以酷刑，其中158人因此丧生，还有大约30人被迫自杀。这和同期在新西班牙首府墨西哥城进行的另一场规模相当的邪神崇拜审判大相径庭，伟大的胡安·德·苏马拉加（Juan de Zumárraga）大主教担任主审官，他明令严禁在审判中滥用酷刑。1562年在尤卡坦审判中滥施的鞭笞、罚款、强制做10年苦力等惩罚，却在墨西哥城被苏马拉加大主教明令禁止了。

1562年7月12日，兰达修士精心策划了一场宗教公判大会。他用流利的玛雅语向一大拨人发表了演说，其后尤卡坦最高行政长官迭戈·基哈达（Diego Quijada）代表世俗权力机构用西班牙语发表了讲话。讲话完毕后便立即对犯人进行处决。犯人们被绑在笞刑柱上，早已被打得皮开肉绽，这次又遭了200鞭。这次的刑罚牵涉甚广，哪怕是出于保护亲属而拒绝供出这些神像的，都要被处罚。大量的神像和镶着珠宝的头骨在此付之一炬。基哈达默许了这一切，以此表明政府全力支持修士的政治立场。

这起事件是如此残酷无情，算得上是西班牙美洲征服史上最臭名昭著的审判了，酷刑令人闻风丧胆，印第安人不敢交出神像，只得极力隐藏更多的神像。很多人在这次审判中自杀了，索图塔教区的庄园主洛伦佐 · 科克姆（Lorenzo Cocom）就是其中之一。兰达派人对邻近的所有教区进行了调查，严厉谴责马尼的印第安人复辟他们邪恶的传统，公开祭祀或私下里秘密祭拜邪神，甚至在教堂的祭坛前、在路边的十字架前举行异教仪式。有人告诉他，印第安人曾说："我们真正的上帝并不是上帝，而是恶魔，是西班牙人圣灵的敌人……"[10]

事实上，方济各会真正的敌人是西班牙征服者，征服者看到方济各会修士竟然随意捏造事实，无不感到震惊。有位征服者多日以来为马尼市特科卡斯教区的一位部落首领迭戈 · 乌斯辩护，他相信乌斯是无辜的。乌斯身体很壮实，但连他都无法承受吊刑的痛苦。洛伦佐 · 蒙特罗索（索图塔教区的助理司铎）等世俗神职人员在人们的劝说下旁听了这些修士是如何严酷审讯犯人的[11]。梅里达市政议会派遣高级官员华金 · 德 · 莱吉萨莫（Joaquín de Leguízamo）和弗朗西斯科 · 德 · 布拉卡蒙特会见兰达，恳求他不要采用这种残暴的审讯方式。

尤卡坦的首府梅里达如今来了一位新任主教，即睿智温和、颇有教养的弗朗西斯科 · 托拉。托拉是乌韦达人，乌韦达（Ubeda）地处安达卢西亚东部，也是西班牙帝国著名的秘书大臣弗朗西斯科 · 德 · 洛斯 · 科沃斯的故乡。托拉一直在波兰王国布道，后在

1577 年成为新西班牙方济各会总管事。在新西班牙，他帮助贝尔纳迪诺·德·萨阿贡修士*完成了《佛罗伦萨药典》(*Florentine Codex*)的修订工作，[12] 由此得以免除日常的杂务。托拉能用纳瓦特语和西班牙语两种语言布道，此外，他不仅会说普韦布拉的波波洛卡语，还编写了关于该语言的语法书和词汇书。1552 年，托拉作为墨西哥修会的管理人员返回西班牙参加了方济各会成员大会，返回新西班牙时从卡斯蒂利亚又带来了 36 名修士。1555 年，托拉试图让印第安人免缴什一税，但最后没能成功。

但托拉主教来坎佩切的经历并不愉快，在这里他遇到了莱吉萨莫，莱吉萨莫郑重其事地把最近发生的一系列事情都告诉了他。在距离梅里达 15 千米时才有两名修士正式接见了托拉，照理说托拉是他们的上司，这样的接待方式违背了教规。托拉要求兰达把邪神崇拜的审判权悉数交到自己手上，但遭到了兰达的拒绝，兰达依然留在索图塔，还坚持认为梅里达的方济各会不应接待托拉。

1555 年 8 月 14 日，托拉首先接管了梅里达的方济各会修道院，之后便另觅居所。由于同这里的修士不和，所以被迫住在了蒙特霍家族的宫殿，宫殿大门顶端的盾徽上刻着西班牙士兵践踏哭泣的印第安人的图样，但这里宽敞明亮，通风很好。托拉立即为身陷囹圄的印第安酋长改善了居住环境，让他们搬到了更舒服的地方。

8 月 20 日，托拉见到了兰达。兰达深信索图塔的部分印第安人最近在举行人祭，宣称有些名义上的天主教男教师不仅参加了祭祀活动，还是这类活动的组织者和策划人。他坚称人祭的核心仪式就

---

* 萨阿贡当时已经意识到在征服的头几年里，当地人只是表面皈依了基督教而已。——原注

是在教区教堂里宰杀孩童，死者要么被钉死在十字架上，要么被挖掉心脏，而人祭活动背后的主谋就是已经自杀的洛伦佐·科克姆，虽然兰达的旧友胡安·纳奇·科克姆（Juan Nachi Cocom）也参与了此类活动。待仪式结束后，死者的遗体就会被抛到深井里。[13] 这些孩子从哪来的呢？有人说有些是从邻近村落绑架来的，有些则是公开贩卖来的。

在 8 月 20 日的会谈中，托拉再次确认了兰达等修士拥有审判权，但他声明要严禁酷刑。兰达恼羞成怒，拒绝参与以后的任何审判，于是双方只能通过彼此的文书进行交流。托拉关注的是兰达他们在审判方面缺乏法律依据、滥用刑罚、缺少审判记录等问题，而兰达则认为这些问题无足轻重，并不构成严重的罪行。

托拉决定亲自审判被囚禁的部落首领。虽然加斯帕·安东尼奥·智（Gaspar Antonio Chi）与修士们来往密切，更是兰达的亲信，托拉还是让他担任翻译。每一位酋长的供词基本一致：

> 神父审问之前，他们就一直在说实话，但神父却不相信他们，还把他们吊起来施以酷刑。于是所有的部落首领一致同意再被问到这些事情时，就谎称他们用死人进行人祭。他们以为通过这种方式，就能免遭酷刑和监禁……[14]

托拉要求兰达允许费利佩·布鲁塞拉斯（Felipe Bruselas）、胡安·德拉·普韦布拉（Juan de la Puebla）两名修士审讯期间记录印第安人的供词，这两名修士也主张禁止酷刑，主动提出为印第安人记录供词。在 1555 年 9 月 3 日到 9 月 9 日，他们记录了 15 份不同的供状，里面说这些印第安人在过去 10 年间用孩童进行过 35 场人祭仪式，但仪式并不在教堂举行，而是在旧的秘密神庙里举行。人祭仪式多种多样，例如在奇琴·伊察，不仅死人的遗体要被丢进深井里，连活着的孩子都会被抛进水里，目的是让他们“祈请神灵”。似乎大多数部落首领都参加过一场或几场这样的祭祀仪式。

托拉还从索图塔监护主胡利奥·德·曼加纳（Julio de Mangana）那里得到了一份报告，曼加纳四处寻找传言被用作人祭的儿童的下落，寻找他们的尸体。然而，他找到的尸体并不多，部分因为印第安人的名字非常相似，他难以辨别。

最后，托拉得出结论：从长远看，没有几个印第安人犯下邪神崇拜的罪行，他们充其量只是进行了一些零散的祭祀活动，造成这一现状的直接原因是修士进行的布道和教化不足。于是，托拉判定修士有罪，罪责在于越权行事，做事极端，尤其是教区司铎兰达。同时，兰达也在气急败坏地寻找可以推翻主教论断的证据。9 月 16 日，胡安·皮萨罗与弗朗西斯科·德·米兰达之间发生了不快。[15] 皮萨罗支持兰达，而米兰达则支持托拉。尤卡坦最高行政长官迭戈·基哈达本想保持中立却没能做到，毕竟他已经支持了兰达的行动。9 月 17 日，当地的修士说只要印第安人“坚持崇拜邪神”的话，他们就无法为这些印第安人主持洗礼，在印第安人放弃邪神崇拜之前，最多只能安排 5 名修士进行布道。

自然，没有一个西班牙人能够容忍人祭，但还没有确凿证据证明印第安人在定期举行人祭。但邪神崇拜就不同了，修士声称民众崇拜邪神是冒犯基督。然而，殖民者并没有计较这些问题，不论玛雅人是不是异教徒，不管发生了什么，他们都只想让玛雅人在自己的领地内劳作。他们希望结束目前不确定的局面，尤其想知道最后谁能在这场纷争中胜出，是兰达还是托拉。[16]

1562 年，新西班牙方济各会代理总会长洛伦佐 · 德 · 比恩韦尼达修士回到了尤卡坦，他支持托拉，如此一来，兰达和托拉之间原本势均力敌的形势开始向着有利于托拉主教的方向转变。1562 年 1 月，托拉公布了对被囚印第安部落首领的判决，托拉只是轻微地处罚了他们，随后便让多数人都返回了自己的部落。大部分殖民者认可了这一判决。托拉还发现，修士在搜集印第安人崇拜邪神的证据时杀害了大约 160 人，[17] 为此他谴责了修会管事兰达，多数殖民者积极响应并支持托拉的做法，在他们眼中兰达沉迷于权力，讨厌诸多限制和规定，为人傲慢无礼，因此十分厌恶他。1563 年 1 月，兰达声称吊刑不过是一点儿皮肉之苦，而笞刑也不过就是抽几鞭子而已，通常只是轻轻抽几下罢了。[18]

1563 年，兰达回到西班牙上诉。同期，托拉在梅里达的方济各会修道院举行弥撒圣礼的庆祝仪式。胡安 · 皮萨罗修士负责布道，他和来自特鲁希略市的皮萨罗家族之间有血亲关系。在说到耶稣从加利利去犹地亚的时候，皮萨罗祈祷说："西班牙基督徒非常痛恨这些异教的邪神走狗，他们是上帝的敌人，也是我们神圣信仰的敌人，希望西班牙人的做法能够让上帝感到欣慰。"他感叹道："这些本应惩罚他们的人……却在帮他们辩护，这些人非但没有折磨他们，却还在安慰他们。"在修道院外面，托拉用纳瓦特语谴责了皮萨罗，还命令印第安人哪怕是一杯水也不要给这些修士。皮萨罗认为自己成功羞辱了主教。[19]

有些修士给国王写信支持托拉，信函是根据印第安部落酋长的意思写的。据说，有一位名叫弗朗西斯科·德·蒙特霍·希乌的玛雅人和另外3名部落酋长在信中写道：

> 教区的方济各会修士已经给陛下和方济各会的主教写过几封信了，信中称赞了迭戈·德·兰达修士及其同伴用酷刑折磨我们、杀害我们、诽谤我们的事件，他们还把一些家人用卡斯蒂利亚语写的部分书信寄给印第安人，由印第安人签字之后再送到陛下手中。希望陛下理解那不是我们的观点，我们是这片土地上的部落首领，没必要扯谎、歪曲事实。希望兰达和他的同伙都能为他们犯下的罪行得到应有的惩罚。[20]

塞维利亚的西印度院起初相信托拉主教的说法，但兰达来西班牙时却带来了之前没有提过的关于秘密祭拜的新证据。西班牙的方济各会成立了专门委员会对此事进行调查。[21]最后该委员会考虑到印第安人崇拜邪神的恶劣行为，判定兰达的做法符合正义和公平，主教的做法是错误的。因此兰达被判无罪，他得意扬扬地去了方济各会在托莱多的修道院圣若望天主修道院，这也是他最初求学的地方。同时，在尤卡坦，有一名叫塞巴斯蒂安·巴斯克斯（Sebastián Vázquez）的文书受命在此调查官员在该教区的履职情况，他在这里展开了为期3个月的调查。路易斯·塞斯佩德斯·德·奥维耶多（Luis Céspedes de Oviedo）被任命为尤卡坦最高行政长官，受命对前任基哈达展开任期调查。[22]1565年11月，塞斯佩德斯抵达尤卡坦，他发现基哈达改善了这里的路况，为了减轻印第安人的负担，基哈达还鼓励使用骡子，但这位最高行政长官似乎有些不务正业，没能在尤卡坦动荡之时很好地发挥领导作用，他还主动让权给兰达，允许后者的权力远远大于自己。塞斯佩德斯以债务问题为由监禁了基哈达，基哈达回到西班牙后，西印度院立即给他减了刑。1571 年，基哈达在西班牙离世。

与此同时，主教托拉和市政议会与修士在权力分配上争执不休，而西印度院站到了托拉的对立面。托拉对整个尤卡坦教区展开了主教视察，还去了科苏梅尔岛，自从科尔特斯 1519 年到过这里之后，就很少有西班牙人来这里了。主教发现这里的修士都对他心怀怨恨，他几乎不能发挥什么影响力。[23] 经过 1562 年的一系列恶劣事件后托拉打算辞职，他觉得这些修士和兰达一样可恶，他开始认为印第安人是圣洁的，这块土地也是“一块满是纯石的湖泊”。他向国王请求回到墨西哥定居，但国王拒绝了，尽管如此，他还是在 1571 年返回了墨西哥，在那里的方济各会修道院安顿下来。

托拉品德高尚，但却毁于这个时代的残酷无情和兰达的仇视。1570 年时，恩里克斯 · 德 · 阿尔曼萨总督制定条例禁止神职人员囚禁、鞭笞印第安人，印第安人因此免遭宗教法庭的审查，在他们眼里，这些印第安人都过于单纯，很多人没有受过良好的教育。[24]

此时尤卡坦方济各会的布道工作一度陷入绝境，迫于形势，西印度院重新起用兰达，1571 年托拉去世，兰达随后被任命为尤卡坦主教。兰达此时已经完成了名作《尤卡坦纪事》（*Relación de las cosas de Yucatán*），书中他那令人意想不到的渊博和洞见弥补了他的偏见。[25]1573 年 10 月，兰达带着招募的 30 名修士来到了坎佩切，驱赶了大部分司铎，只留下个别教堂需要的司铎和其他 3 位能说一口流利玛雅语的司铎。兰达让自己身边的修士都开始学习玛雅语。

在1562年之后的11年间，尤卡坦经历了巨变。兰达主教命令格雷戈里奥·德·富恩特奥维胡纳（Gregorio de Fuenteovejuna）修士调查坎佩切邪神崇拜复辟的情况，并开始下令惩罚异教崇拜。坎佩切的新任最高行政长官弗朗西斯科·马伊（Francisco Mai）在印第安酋长的支持下，来到了墨西哥最高法院庭前谴责修士和主教兰达的罪行。最高法院要求兰达遵守新的法律条令，仁慈对待所有的印第安人。

兰达给时任尤卡坦最高行政长官弗朗西斯科·贝拉斯凯兹·德·希洪送信，要求他能够继续对异教徒进行惩罚，不过遭到了拒绝。之后他又前往墨西哥检审法院，请求法院准许他使用刑罚，法院虽然从头到尾听完了他的请求，但并没有给予他任何支持：贝拉斯凯兹在这点上坚持了自己的立场。直到1579年离世前兰达还在继续无谓地挣扎着，想甩开这些束缚。

这场残酷纷争背后的事实是什么？现当代著名玛雅史学家因加·克伦丁南认为兰达担任代理主教期间，的确还有人祭习俗的残余。[26] 她的说法极有可能是正确的。

尽管如此，这位方济各会的代理主教在纷争平息的若干年后游览尤卡坦时，依然受到了各个村庄的热情款待，当地人奉上鲜果、火鸡和鲜花，还为他跳舞，这让兰达深感欣慰。西班牙帝国，尤其是在尤卡坦地区，开始有意识地扮演着文明布道者的角色。尤卡坦的原住民还在某处设立了布道坛。布道开始前会有一名穿着考究的印第安人在布道坛上对着神职人员喋喋不休，另一名印第安人在一旁打鼓伴奏。[27] 这些仪式是西班牙对印第安人做出的让步与妥协，历经艰辛才得以公开举行。

第十六章

拉普拉塔河与巴拉圭

（首领）说到了亚马孙人，还告诉我们他们是多么的富有，我们格外欣喜，指挥官立即询问是否可以经由水路去到那里，有多少航程……

——乌尔里希·施米德尔从德意志航行至拉普拉塔河和巴拉圭，1567 年（《征服拉普拉塔河》，哈克路特出版协会出版，第 81 卷，伦敦，1891 年）

古巴拉圭的传说讲的是来自大西洋的两兄弟瓜拉尼（Guarán）和图皮（Tupí）征服邻国（今巴西）的故事。两妯娌争吵不休，无奈之下族人准许两兄弟分家。分家之后图皮留在了巴西，瓜拉尼去了巴拉圭，占领了包括低地查科在内的广袤地域。

瓜拉尼的后裔直到 16 世纪还经常过着游牧生活，因巴拉圭大河众多，鱼类丰富，故他们主要以捕鱼为生。他们有时也会猎杀野味。瓜拉尼人形成了原始的、粗放的农业生产体系，但却没有形成也并不需要中央集权政府。他们服从首领的统治，首领主要通过自身强有力的人格魅力来统治子民。不过，当时已经形成了部落事务部，部落首领服从部落事务部的决定。瓜拉尼人性格坚毅，比如他们对痛苦的忍耐程度极高，但热爱和平，不喜滋事。他们天生与人为善，待人友好，即使是征服者，他们也愿意与其交友。

巴拉圭河西岸的查科部落却没这么温和，他们惧怕、厌恶、蔑视新来者（不管是旅行者还是征服者），还经常恐吓他们。不过在15世纪时，查科地区的部落就被远在秘鲁的印加人统治着，至少也是被印加人间接统治着。[1]

西班牙开始入侵瓜拉尼人和图皮人始于几次远航。1516年，胡安·迪亚斯·德·索利斯（Juan Díaz de Solís）第一个远航至此，索利斯不幸中途丧生，同伴也被当地印第安人全部屠杀。第二次远航是麦哲伦的环球航行，1520年麦哲伦船队驶入拉普拉塔河的河口，后经多次调整航向，终于抵达太平洋。[2]

1526年，威尼斯探险家塞巴斯蒂安·卡沃特（Sebastian Cabot）率船队远征南美洲南部。1526年4月，卡沃特船队驾着3艘航船从西班牙的桑卢卡尔出发，计划前往摩鹿加群岛。卡沃特派胡安·阿尔瓦雷斯·拉蒙（Juan Álvarez Ramón）沿乌拉圭河一路向北溯流而上，但拉蒙在途中遇难，死于雅洛斯（Yaros）部落之手。

卡沃特则将穿过麦哲伦海峡前往摩鹿加群岛的使命忘得一干二净，他沿拉普拉塔河的河口继续行驶，来到了拉普拉塔河与卡加拉纳河（Carcaraña River）的交汇处，在今天的罗萨里奥市以北30英里（约48千米）处建立了圣斯皮里图斯（Sancti-Spiritus）要塞。卡沃特留120人戍卫要塞，戍卫部队由安达卢西亚人努诺·德·拉腊（Nuño de Lara）统辖，他自己则沿着巴拉那河继续北上。在行至水流湍急之处无法继续前行时折了回来，又沿着巴拉圭河继续航行至该河与贝尔梅霍河（Bermejo River）的交汇处。随后掉头向南航行，与迭戈·加西亚·德·莫格尔（Diego García de Moguer）[3]会合，莫格尔主动提出助卡沃特一臂之力，但卡沃特傲慢地拒绝了，并把莫格尔遣回了西班牙。卡沃特花了大约3年时间寻觅金银珠宝，但收获甚微，最后返回了西班牙。[4]

戍守圣斯皮里图斯的卫队后来也惨遭不幸。拉腊手下的一位将领塞巴斯蒂安·乌尔塔多有位美丽的妻子露西亚·米兰达（Lucia Miranda）。当地部落酋长曼格瑞（Mangoré）被米兰达的美貌深深吸引，趁着多半卫队出去打猎、勘察的时候向要塞发起进攻，他自己却在作战中阵亡了，他的弟弟斯洛浦（Siropo）掳走了露西亚。之后双方多次交战，包括露西亚在内的大部分西班牙人都被杀死了，还有少数几个幸存者逃到了东边与巴西的葡萄牙人会合，葡萄牙人也是经历了千难万阻才在这里建起了自己的殖民地。到1530年时，拉普拉塔河及其支流附近已经没有西班牙人的踪影了。卡沃特在非洲北部的奥兰也蒙受了耻辱，那里无人听从他的指令。

当时的确传说巴拉圭腹地有一座“白银之城”，它被誉为“恺撒之城”。加西亚·莫格尔当时却在塞维利亚静待时机，一时之间无人再组织前往拉普拉塔河的探险远航了。

注入大西洋的拉普拉塔河看起来与大西洋无异，这是因为从河的南岸或是从今天的布宜诺斯艾利斯城一直向北望去看不到任何清晰的海岸线。和海洋一样，拉普拉塔河的潮汐也时涨时落，“唯一的不同就是河水的颜色，拉普拉塔河的河水呈土红色，而不是蓝色或绿色”。[5]不论从哪个角度一眼望去，拉普拉塔河都无比宏伟壮观，令人难以忘怀。但在16世纪晚期，要顺利通过拉普拉塔河依然十分困难。

我们在前面提过，[6]1534年佩德罗·德·门多萨率领的11艘船只、1300名殖民者远征的目的地正是拉普拉塔河宽阔的入海口。这次远征建立了第一块殖民地，即后来的布宜诺斯艾利斯。

门多萨的远征军与瓜拉尼人之间反反复复发生过几次战斗，由于当地以游牧业为主，没有农业种植的传统，因此门多萨的军队食物匮乏，饱受饥饿之苦。门多萨的副官胡安·德·阿约拉斯（Juan de Ayolas）[7]是布尔戈斯人，此前是布尔戈斯有名的富商，他在圣斯皮里图斯建立了一块新据点；1535年，阿约拉斯更其名为布维埃诺-埃斯佩兰萨（Buena Esperanza）。之后阿约拉斯留在了布维埃诺-埃斯佩兰萨，弗朗西斯科·鲁伊斯·加兰（Francisco Ruiz Galán）任其副手，而贡萨洛·德·门多萨则去巴西寻找食物，乔治·利希滕斯坦则沿巴拉那河继续向北航行。1536年6月15日，阿约拉斯又在卡加拉纳河流域建立了新据点基督圣体城（Corpus Cristi），此前王室财政大臣、佩德罗·德·门多萨的侄子贡萨洛·德·阿尔瓦拉多带领100名西班牙人一直在这里的驿站、堡垒两用建筑里坚守着。

阿约拉斯开始了第二次远征，他驾着纵横帆双桅船沿巴拉那河溯流而上。来自蒙特罗斯（位于今天的布尔戈斯省）的埃斯皮诺萨的王室官员胡安·德·萨拉萨尔·德·埃斯皮诺萨（Juan de Salazar de Espinoza）也跟着阿约拉斯远航，随行的有100人，这100人都乘着新造的纵横帆双桅船航行。[8]贡萨洛·德·萨拉萨尔（Gonzalo de Salazar）则跟随埃斯皮诺萨航行。阿约拉斯在途中还娶了当地酋长的女儿塔玛提亚（Tamatía）为妻——若不是因为女方来自当地备受尊敬的大户人家，这桩姻亲定会招致更多的流言蜚语和造谣中伤。

一路南行的佩德罗·德·门多萨此时在途中高烧不退，于是奄奄一息的他带着半数人马缓缓艰难前行返回西班牙。门多萨任命阿约拉斯为继任者，很快他们就放弃了新殖民地布宜诺斯艾利斯，弗朗西斯科·鲁伊斯·加兰是这块殖民的最后一位统治者。与其说是因为西班牙人持续受到印第安人的威胁而放弃的，倒不如说是因为这些殖民者因缺乏食物而日益虚弱，为争夺食物互相残杀，还出现了人吃人的骇人现象。

阿约拉斯继续沿巴拉那河航行，偶尔看到一点儿财富的征象就欣喜万分，比如看到加工好的银器就认定此地一定有银矿。佩德罗·德·门多萨的同伴乌尔里希·施米德尔详细记录了沿途的自然地理情况。乌尔里希·施米德尔是来自巴伐利亚施特劳宾的征服者，早先得到了韦尔瑟银行业家族的支持。[9] 他传神地描述了这些异域的热带鸟雀、美丽的花朵、形状奇特的短吻鳄、可怕的蛇虫是多么地令他们万分惊愕。

施米德尔还写到他们遇到了一支亚马孙部落，这些人只有一个乳房，个个都是拉弓射箭的能手，虽然他们既没有金矿也没有银矿，但祖祖辈辈生活的这片土地确实蕴藏着大量财富。[10] 这次远航遇到的最危险的挑战来自米佩尼印第安人（Mepene Indians），他们集结了 500 只独木舟来抵抗西班牙人的入侵。但和往常一样，西班牙靠先进的武器赢得了战争，尤其是托莱多产的剑刃十分锋利，长剑所向披靡。在巴拉圭河流域的一处弯道，当地酋长兰巴雷（Lambaré）率领一支瓜拉尼队伍试图阻止西班牙人，西班牙人最终在这处弯道附近建立了日后的亚松森。亚松森城也是殖民地巴拉圭的首都，适宜居住，土地肥沃，种满了果树和鲜花。阿约拉斯计划在这里建造一座城市。总而言之，无论在旧西班牙，还是在新世界，建造城市都是西班牙人的主要建设活动。亚松森距海 1000 英里（约 1609 千米），自布宜诺斯艾利斯被舍弃后，亚松森和大西洋之间就再无其他殖民地了，巴拉圭的殖民者因此产生了与世隔绝的感觉。

布尔戈斯市民胡安·德·阿约拉斯其实是巴拉圭殖民地真正的建立者，温顺宽容的瓜拉尼人给他建立殖民地提供了极大的帮助。在巴拉圭河西岸，查科族的阿加斯人（Agazes）、圭库鲁人（Guaycurús）等都敌视西班牙人，只有瓜拉尼人欢迎并接纳了他们。

阿约拉斯现在可以愉快地定居亚松森了，集中精力将这里建设得更繁华、更富有——露天广场、统治者官邸、监狱、方济各会修道院、教堂都相继建立起来。然而，1537 年他又远征他方，可能是为了找到传说中蕴藏银矿、地处内陆腹地的“恺撒之城”：事实上，现在被称为“银河”的拉普拉塔河入海口曾被佩德罗·德·门多萨殖民，之所以称拉普拉塔河这条大河为“银河”是因为谣传这条河流的上游蕴藏着丰富的金属矿。在早先的远航途中，阿约拉斯抵达过拉普拉塔河口岸，在这里新建了一块殖民地，为其取了一个教名“坎德拉里亚”（La Candelaria）。接下来，阿约拉斯率领 127 名船员一路向西航行，想寻找他建立的幅员辽阔的殖民地与秘鲁的接壤之处。1538 年，他终于来到了接壤之处，可惜他落入了印第安人之手，印第安人杀死了阿约拉斯及远航船队中的所有人。

此前阿约拉斯把一位刚毅的巴斯克人多明戈·马丁内斯·德·伊拉拉（Domingo Martínez de Irala）留在了坎德拉里亚。马丁内斯出生于西班牙吉普斯夸省的名镇蒙德拉贡镇[11]，吉普斯夸省地处维多利亚市与杜兰戈市之间。1534 年，马丁内斯随佩德罗·德·门多萨航行去了布宜诺斯艾利斯。1536 年，阿约拉斯首次探险远征，其间马丁内斯负责指挥一艘双桅帆船，陪在马丁内斯身边的是罗德里戈·德·塞佩达（Rodrigo de Cepeda），他是阿维拉的圣特雷萨的弟弟，也是第二代皈依者。1536 年，马丁内斯把布宜诺斯艾利斯的多数居民渡送到了亚松森，领导、管理着亚松森 250 名定居者。有人说，马丁内斯之前曾想彻底摧毁布宜诺斯艾利斯这第一块殖民地，这样一来他就成了该地区唯一的西班牙将领了，卡韦萨·德·巴卡声称，正是因为马丁内斯想摧毁布宜诺斯艾利斯，才导致阿约拉斯被杀。然而，这一指控缺乏证据，根本站不住脚。德意志征服者乌尔里希·施米德尔认为马丁内斯品德高尚，忍耐力极强，做人做事也很能服众。

马丁内斯·德·伊拉拉似乎原本想留在坎德拉里亚，但为了寻找粮食等给养物资又返回了亚松森，途中意外地遇到了胡安·德·萨拉萨尔·德·埃斯皮诺萨。胡安·德·萨拉萨尔从已经废弃的布宜诺斯艾利斯航行来到这里，就是为了帮助马丁内斯建立新的居留地。随后他们二人一同前往亚松森，到那之后就忙着建设城市。很快，鲁伊斯·加兰将军也加入了他们建设亚松森的队伍，鲁伊斯·加兰是布宜诺斯艾利斯的最后一位统治者，曾长期逗留在拉普拉塔河下游。马丁内斯·德·伊拉拉的追随者此时已有 600 人，他们多数都是门多萨远征军中幸存下来的成员，还有几位阅历丰富的征服者。这些定居者已经适应了巴拉圭独特的气候环境，帮着在这里发展真正的农业，不过，他们也习惯了把瓜拉尼人作为奴隶贩卖到西班牙。

马丁内斯·德·伊拉拉具备征服者的许多典型特点，和其他征服者一样，他很快就开始向追随者分配监护区。他设计了两种形式的监护区：一种是亚科纳科（*yanaconas*），这里是被征服的印第安人聚居区，聚居区里的印第安人实际上都是奴隶，这一身份模棱两可，他们既履行所有义务，又享有某些权利；另外一种是米塔幺（*mitayos*），是主动臣服的印第安人聚居区，这些印第安人享有各种特权，例如可以自由挑选喜欢的地方作为居留地。

米塔幺监护区内 18—50 岁的成年男子每年必须为监护主劳动 2 个月。理论上，每一块居留地都配有一名司铎。

亚松森此时已初具城市规模和特色。这里有了地方行政官员，也建起了法院大楼。西班牙王室还授予亚松森一枚盾牌，盾牌上刻有圣布莱斯（Saint Blaise）和圣母升天（Virgin of the Assumption）的雕像[12]，还刻有一座城堡、一棵棕榈树。（很快，棕榈树雕像就换成了一只蹲坐在落叶树下的雄狮。）其他市镇也迅速建立起来，依照惯例，这些市镇也都配有教堂、监狱、露天广场及政府办事处。

在著名的“徒步者”阿尔瓦尔·努涅斯·卡韦萨·德·巴卡于 1542 年春意外来到亚松森之前，马丁内斯·德·伊拉拉就已经为新殖民地的建立打下了基础。马丁内斯并不是十分热忱地欢迎卡韦萨·德·巴卡造访此地。卡韦萨·德·巴卡刚刚被授予南美洲中部某地（一位历史学家称其为“人河之国”）的阿德兰塔多。卡韦萨·德·巴卡花了 6 个月时间从圣卡塔利娜（位于今巴西东海岸）出发一路步行来到了亚松森。卡韦萨·德·巴卡坚持认为圣卡塔利娜恰好毗邻葡属巴西的西部边境，论证说桑托斯河就是这条边境线。

16 世纪 30 年代，卡韦萨·德·巴卡耗时 5 年从佛罗里达徒步到达新西班牙的索诺拉，创下了历史纪录。这次崭新的热带地区徒步远行多多少少没那么艰难，一大群追随者跟随卡韦萨·德·巴卡浩浩荡荡地参加了这场徒步远行。1541年10月卡韦萨·德·巴卡从圣卡塔利娜出发，经由伊瓜苏瀑布，于1542年3月抵达亚松森，佩德罗·埃尔南德斯完整记录了这次远行。佩德罗·埃尔南德斯曾随佩德罗·德·门多萨远征，后来成了卡韦萨·德·巴卡的秘书。[13] 埃尔南德斯在书里多次批评了卡韦萨·德·巴卡对随行的西班牙人傲慢无礼，却只字未提卡韦萨·德·巴卡对瓜拉尼印第安人的所作所为。[14] 据卡韦萨·德·巴卡和追随者报告，他们穿越的地区十分美丽富饶。

卡韦萨和追随者抵达亚松森后，起初还受到了热烈欢迎，这座新首都的市民已经数年没有听到任何关于西班牙国内的消息了，然而没过多久，新来者与老练世故的东道主之间的关系明显恶化。双方之间最大的分歧在于东道主指责新来者虐待印第安人，马丁内斯·德·伊拉拉谴责卡韦萨对待印第安人的方式过于残酷。卡韦萨实际上是友好善待佛罗里达的北美印第安人的，他也找到了不少马丁内斯虐待瓜拉尼人的证据。不过，瓜拉尼人并不是双方产生矛盾的根本原因，导致欧洲人与原住民之间关系恶化根本原因是善变的圭卡里（Guaycaró）部落。

马丁内斯·德·伊拉拉并没有停下探险远征的脚步。卡韦萨到亚松森后没过多久，马丁内斯就乘着4艘双桅帆船从亚松森出发，继续沿着巴拉圭河溯流而上，也许是想找到一块属于自己的领地。马丁内斯一行途中遭遇了当地酋长阿拉卡尼（Aracané）率领的印第安武装的袭击，他随即处死了被俘的阿拉卡尼，激起了其他部落首领塔瓦雷和康拉布拉内（Conaramblané）的反抗。马丁内斯继续深入巴拉圭河上游的查科地区。1542年，卡韦萨·德·巴卡也从亚松森启程一路逆流而上探险，随行的有数百匹马、400名火绳枪兵[15]和1200名瓜拉尼弓箭手，但这次远航一无所获，勇猛的卡韦萨只好返回亚松森；但在亚松森，卡韦萨出乎意料地发现此时他面临着来自四个人的质问与指责：第一个是弗朗西斯科·德·门多萨，他聪明睿智，是佩德罗·德·门多萨的儿子；第二个是费利佩·德·卡塞雷斯[16]，自封为行政官员，十足的阴谋家；第三个是加西亚·贝内加斯（García Venegas），王室新任财政大臣；此外，还有胡安·德·萨拉萨尔·德·埃斯皮诺萨，圣地亚哥方济各会成员，博学多识，温文尔雅，机智勇敢。卡韦萨和这四人之间发生了一些小冲突，冲突中卡韦萨被俘，虽然他此时可能还是阿德兰塔多，但仍被监禁了起来。亚松森市民选举马丁内斯·德·伊拉拉成为阿德兰塔多，但实际上并没经过任何正式的选举程序。马丁内斯命人把卡韦萨押送回西班牙，卡韦萨被押上了一艘双桅帆船，船只驶向拉普拉塔河，越过大西洋回到了西班牙。卡韦萨的主要盟友胡安·德·萨拉萨尔、佩德罗·德·埃斯特罗皮南（Pedro de Estropiñán）也被逮捕，沿拉普拉塔河流放到了大西洋。

卡韦萨·德·巴卡与马丁内斯·德·伊拉拉两大阵营之间的冲突持续了好几年，直到瓜拉尼印第安人和阿加斯印第安人决心起义，收复失去的全部领地，双方之间的冲突才告一段落。马丁内斯·德·伊拉拉选择在阿雷基帕（Arequía）丛林迎战，西班牙人轻而易举地赢得了胜利，马丁内斯·德·伊拉拉从此成为亚松森事实上的最高统治者。

马丁内斯·德·伊拉拉依然念念不忘秘鲁遍地是财富这个美梦，他向同伴提出了一个犀利的问题：他们是愿意远航穿过巴拉圭河、通过危险重重的查科地区，一路长途跋涉到秘鲁去，还是愿意留在亚松森过相对安逸舒适的生活？有一半的追随者选择远征秘鲁，马丁内斯答应亲自率他们远征，并任命佩德罗·德·门多萨的私生子弗朗西斯科·德·门多萨暂时统治亚松森。

马丁内斯沿着巴拉圭河逆流而上，一直到了圣费尔南多。他们一行在此下船，要船长把船停泊在此，没想到这一等就将近两年。之后马丁内斯便带着远征队向西行进，穿过了这片完全未开发过的土地。一路上他们蹚过了水流湍急的大河，穿过了干涸无水的沙漠，忍受疾病与炎热的折磨，还同充满敌意的印第安人发生过战斗。他们跋山涉水，穿越沼泽泥地，蹚过堰塞水潭，一路上还得提防碰到有毒的丛林植物、遇到可怕的爬行动物或者猴子，最后终于抵达了马丁内斯所说的秘鲁边境。他们一行在边境等了好几个星期，终于接到来自利马的消息，要求马丁内斯留在此地。后来，有谣言称代理总督佩德罗·德拉·加斯卡贿赂了马丁内斯，劝说他不要再向西行进。

马丁内斯·德·伊拉拉是通过非正式程序被选举为亚松森的阿德兰塔多的，因此他的地位并不稳固。于是他派自己最得力的部下努夫洛·德·查韦斯（Ñuflo de Chaves）去了利马，查韦斯是埃斯特雷马杜拉人，来自卡塞雷斯省附近的圣克鲁斯镇*，圣克鲁斯镇原本属于皮萨罗家族所有。在利马，查韦斯努力提名马丁内斯为亚松森的阿德兰塔多，但没有成功。拉·加斯卡派信使把这个坏消息报告给马丁内斯·德·伊拉拉，但马丁内斯却唆使印第安人在途中伏击

* 西班牙语作 Santa Cruz de la Sierra，意思是群山的神圣入口，位于西班牙埃斯特雷马杜拉地区的特鲁希略市。——编者注

了这名信使。最后信送到了马丁内斯的手中，信中内容暧昧不清，拉·加斯卡的态度模棱两可，但这封信却足以说服马丁内斯，让他确信返回亚松森是最明智的选择。

跟随马丁内斯的征服者嘲笑了他返回亚松森的决定，他们原本预想的是远征结束时自己在秘鲁可以名利双收。马丁内斯努力安慰了他们，大家一起回到了坎德拉里亚。在这里他们找到了当初停泊的船只，这些船在荒无人烟的巴拉圭上游停泊了 18 个月之久。1549 年，等他们回到亚松森时，马丁内斯发现亚松森发生了短暂的内乱。代理都督弗朗西斯科·德·门多萨声称马丁内斯和同伴死在了远征途中，并在阿玛斯广场上马丁内斯的宅邸中自立为阿德兰塔多，然而，很快就遭到了指责和质疑。迭戈·德·阿夫雷乌（Diego de Abreu）对此非常不满，于是抓捕并处决了门多萨，取而代之成为阿德兰塔多。阿夫雷乌也是第一批随佩德罗·德·门多萨来到美洲的征服者。没过多久，阿夫雷乌就听说马丁内斯·德·伊拉拉还活着，而且已经在返回亚松森的路上了。很快，有人发现马丁内斯在亚松森城外安营扎寨，城外绝大多数西班牙居民陆续加入了马丁内斯一行。阿夫雷乌身边的人见势而逃，只剩 50 人还跟随他，其中大部分是他的亲友。阿夫雷乌带着这 50 人逃到了附近的森林里，马丁内斯不战而胜，平安地回到了自己的宅邸。

很快努夫洛·德·查韦斯也回到了亚松森，他从秘鲁带来了绵羊和山羊，这在巴拉圭还是头一次见。随他同来的还有几个利马的征服者，他们的主要任务是担任查韦斯的贴身护卫，但拉·加斯卡还秘密指示他们策划起义反抗马丁内斯·德·伊拉拉。马丁内斯巧妙地阻止了这项计划的实施，抓获了若干主谋，处决了卡马尔格和米格尔·乌鲁迪亚二人。查韦斯似乎并没有参与这项阴谋，没过多久便与弗朗西斯科·德·门多萨的女儿成婚了。

马丁内斯继续追击迭戈·德·阿夫雷乌，最后在附近的森林中将他抓获并杀死。之后，马丁内斯就忙着整治他广袤而远无边界的殖民地了。1553 年，马丁内斯在巴拉那河汇入乌拉圭河处的圣胡安建造了一座要塞，但却因为印第安人的不断袭击和骚扰于 1555 年被迫放弃了圣胡安。有时候就连生性温顺的瓜拉尼人也会对西班牙人构成威胁，据一些记录和报告，一名西班牙士兵被瓜拉尼人生吞活剥了。此外，印第安酋长有时也会向马丁内斯求助，比如在1555年，几位瓜拉尼部落酋长请求马丁内斯帮他们对抗巴西的图皮人，瓜拉尼人猜测这些图皮人正是因为背后有葡萄牙人的支持，所以才总是骚扰他们。马丁内斯·德·伊拉拉于是远征图皮人，屠杀了大批图皮人，随后在宏伟壮观的伊瓜苏瀑布附近举行了异常隆重却荒谬可笑的盛典，庆祝图皮人归顺卡洛斯一世。

在完成了雄心勃勃的征服计划返回亚松森途中，梅斯蒂索翻译埃尔南多·迪亚斯（Hernando Díaz）误导这些西班牙人说，他们靠这些独木舟可以轻而易举地渡过巴拉圭河上某些水流湍急的河段。但事实上，湍急的水流冲走了独木舟，淹死了很多印第安人和西班牙人。更糟糕的是几个随马丁内斯·德·伊拉拉征战的人途中生病，从埃斯特雷马杜拉来的贵族阿隆索·恩西纳斯（Alonso Encinas）驾船组织了一支特别急救队，还从西班牙带来了身强力壮的战士。恩西纳斯的船只载着伤员逃离了湍急的河流。巴拉圭河的河岸非常陡峭，丛林密布，根本不适于人类生存。

狡猾的翻译埃尔南多·迪亚斯自然被判处了死刑，但在行刑的前一天夜里他成功逃跑了，一路逃到了巴西。在巴西，迪亚斯也因其他罪行而被判刑，这次是被流放到一座沙漠孤岛上，但他最后还是成功逃脱了。迪亚斯的动机究竟是什么，我们不得而知。

马丁内斯·德·伊拉拉没能在拉普拉塔河口建立新港口，但他决定要在通向巴西北部的巴拉那河上建一处这样的港口，以对抗野心勃勃的葡萄牙人。马丁内斯的副手加西亚·罗德里格斯·贝拉瓜（García Rodríguez de Veragua）也在维拉－德翁蒂韦罗斯建立了一块新殖民地。新殖民地驻军不多，马丁内斯的女婿佩德罗·德·塞古拉以及迭戈·德·阿夫雷乌的旧部也来到了这里，加强了殖民地的守备力量。就在此时，一名叫尼古拉斯·科尔曼（Nicolas Colman）的英国人给大家留下了深刻的印象，他"是所有人当中最坚决勇敢的那个，有一天晚上他注意到一些人决定偷偷地在临时的木筏上过夜，而佩德罗·德·塞古拉正在清点过夜的人数"。待木筏驶离之时，突然出现了满载印第安人的上百只独木舟，西班牙人用火绳枪击退了印第安人。战斗期间，印第安人只能用弓箭来对付西班牙人，他们杀死了一名西班牙士兵，以及几名与西班牙人为伍的印第安人。马丁内斯·德·伊拉拉此时则忙着建造新教堂，即后来的巴拉圭大教堂。

西印度院先后任命海梅·雷斯坤（Jaime Resquín）和胡安·德·萨纳夫里亚（Juan de Sanabría）为亚松森的阿德兰塔多，这样的人事任命让马丁内斯这名来自巴斯克的阿德兰塔多备受打击。第一任阿德兰塔多海梅·雷斯坤在赴任途中去世了，这让第二任阿德兰塔多胡安·德·萨纳夫里亚也心生畏惧，于是推迟了出发上任的时间。不过萨纳夫里亚还是派了一名叫胡安·德·萨拉萨尔·德·埃斯皮诺萨的人代他前往亚松森，萨拉萨尔很了解巴拉圭，他于 1552 年从桑卢卡尔出发，最后抵达了桑托岛附近的圣维森特。他在圣维森特停留了 3 年，直到 1555 年才开始了去亚松森的最后一段旅程。他从岛上带了一头公牛和几头母牛。他们在现在的阿根廷草原上放养了很多马匹，自佩德罗·德·门多萨来到这里后，马匹数量成倍增加。马丁内斯非常欢迎萨拉萨尔，这让人很意外，不过随着佩德罗·费尔南德兹·德拉·托雷（Pedro Fernández de la Torre）的到来，这段友好的关系变得更加稳固。托雷是巴埃纳人，于 1556 年来到了亚松森，担任巴拉圭第二任大主教。托雷还从西班牙带来了一封信，信中正式任命刚毅的巴斯克人马丁内斯为亚松森的阿德兰塔多。

然而，马丁内斯还没来得及享受新职位带给他的喜悦之情，就在 1557 年年初去世了，享年七十，对于一个征服者来说这算得上是长寿了，尤其对于一生不断征战、经历重重危险的征服者而言更是如此。马丁内斯一生戎马，不知疲倦，他为西班牙帝国在巴拉圭河沿岸建起了与秘鲁和新西班牙享有同等重要地位的殖民地。

第十七章

洛佩·德·阿吉雷的疯狂冒险

无人见过我因受挫而悲伤，或因胜利而喜悦。

——霍安诺特·马托雷利，《白骑士蒂朗》，1490年

1558年，西班牙王室解除了对继续探险远征的禁令（这份禁令是巴托洛梅·德·拉斯·卡萨斯促成的），秘鲁总督、卡涅特侯爵安德列斯·乌尔塔多·德·门多萨于是履行此前已经计划好的征服“奥马瓜（Omagua）及埃尔多拉多（El Dorado）”的计划——这两个地方是传说中位于基多北部的黄金国。这次远征并未照原计划由“伟大的佩德罗”“太阳之子”的弟弟戈麦斯·德·阿尔瓦拉多领导[1]，他是墨西哥征服战中的幸存者；戈麦斯希望这次远征由他指挥，但实际上最后却由探险者佩德罗·德·乌苏亚（Pedro de Ursúa）领导，乌苏亚是纳瓦拉人，家住潘普洛纳附近的一个村子里。1545年，乌苏亚曾随同叔叔米格尔·迪亚斯·德·阿门达里斯（Miguel Díaz de Armendáriz）远征卡塔赫纳，阿门达里斯是新格拉纳达（哥伦比亚）的新任法官和行政长官。[2] 乌苏亚成功镇压了新格拉纳达偏远山区（圣玛尔塔的内华达山区）的泰罗纳印第安人（Tayrona Indians）的起

义，随后便被任命为圣玛尔塔地区最高行政长官。

乌苏亚的事业进展得十分顺利，他在圣玛尔塔的统治也很成功，他的军事才能受到了高度赞赏。乌苏亚接受过良好的教育，温文尔雅，却也勇猛异常，在战斗中能随机应变。加西拉索·德拉·维加说，他是一位十全十美的绅士，广受钦慕。

秘鲁总督任命乌苏亚为奥马瓜地区和埃尔多拉多地区（随后他将发现并征服这两地）的行政长官，还额外授予他任命官员的权利。此外，乌苏亚还应"关爱被征服的印第安人，在他认为适合西班牙人生活的地区建立居留地，所言所行必须忠于教会与西班牙国王，为教会与王室谋福祉"。[3]这次远征由总督资助费用，这种做法在利马极不得人心，因为总督的开销来源于当地税收，这无异于增加了利马的财税负担。

尽管如此，秘鲁人对这次远征依然抱有极大的热情。所有秘鲁人都听说过新格拉纳达住着"黄金人"的传说，许多无业征服者都非常渴望能进行新的探险。大约有 370 名西班牙人加入了远征队，有的是过去秘鲁印第安人叛乱战争中的幸存者，有的是触犯教规而幸存下来的人，此外，还有几千名印第安人也报名参加了探险队。

我们不禁会认为一个人去探险无非是为了过上好日子，但这次探险者中有很多人为的是能在征程中陪伴乌苏亚美丽的混血女仆伊内斯·德·阿蒂恩萨（Inés de Atienza）。在 16 世纪 50 年代，伊内斯被誉为"秘鲁最美的女人"，她的父亲布拉斯·德·阿蒂恩萨（Blas de Atienza）来自卡斯蒂利亚的瓜达拉哈拉，母亲是来自豪哈的一名印第安人。伊内斯可谓倾国倾城，无数人为她倾心，尽管她已经嫁给皮乌拉省的监护主佩德罗·德·阿科斯（Pedro de Arcos）了，但上了年纪的总督安东尼奥·德·门多萨却还让想她来自己的宫廷。1559年阿科斯去世后，伊内斯爱上了当时大名鼎鼎的乌苏亚。乌苏亚最后说服伊内斯和其他12名妇女，其中大多数是梅斯蒂索人，还有一些是黑人（很有可能是奴隶），让他们以宫廷人员的身份伴随他一道远征“埃尔多拉多”。

这次远征开始于1560年9月26日，从多个角度看，这次远征都是16世纪西班牙人进行的一次最为特别、最不平凡的远征。乌苏亚和追随者自利马启程向北航行，很快就来到了马拉尼翁河的支流瓦亚加河（Huallaga River），马拉尼翁河是一条汇入亚马孙河的大河。这里的热带雨林常年下雨，绵延的雨水很快挫伤了远征队员的士气，伊内斯和她的女仆们也越来越不受欢迎，她们在这里享受着王室宫廷般的待遇，探险队成员对她们十分反感。虽然困难重重，西班牙人还是在河岸建起了一座名叫马丘法罗（Machufaro）的市镇，这附近有很多可以食用的甲鱼。[4] 远征队此时即将抵达马拉尼翁河，他们有一段时间被称为“马拉尼翁人”。

乌苏亚在马丘法罗镇的统治维持了一阵子，但没过多久洛佩·德·阿吉雷（Lope de Aguirre）就带头掀起了叛乱。阿吉雷是来自巴斯克的征服者，非常痛恨西班牙人的统治，他想让费尔南多（埃尔南多）·德·古兹曼领导这次远征，古兹曼“是秘鲁、梅因及智利的领主和王子”[5]。

阿吉雷是个与众不同的怪人，他来自吉普斯夸省的奥尼蒂亚，邻近巴拉圭征服者马丁内斯·德·伊拉拉的故乡蒙德拉贡镇。在巴斯克，“阿吉雷”这个名字很普通、很常见，他可能是某个贵族的私生子。阿吉雷似乎是1539年去了美洲，参与了16世纪40年代秘鲁爆发的所有叛乱，最后加入了秘鲁代理总督拉·加斯卡的军队，对抗贡萨洛·皮萨罗；他一度靠驯马为生。神父佩德罗·西蒙（参与了此次探险）在记述乌苏亚的远征时写道，阿吉雷：

> 身材矮小，体质单薄，五官不端正，面庞窄小，长着黑胡子和鹰一般的眼睛，他打量人的时候，尤其是生气的时候，眼睛瞪得非常严厉；他善言谈，讲起话来滔滔不绝；在跟别人对话时，如果他所说的能得到赞同，他就会表现得胸有成竹，但如果得不到赞同，则会表现得软弱怯懦；他身体健壮，吃苦耐劳。不管是步行还是骑马，他都会把自己武装得严严实实，身上总穿着一层或两层铠甲，戴着腹甲，佩一把长剑和一把匕首，还带着一支火绳枪和一柄长矛。

在 1554 年秘鲁的丘基卡加（Chuquinga）战役中阿吉雷腿部受了伤，自此落下了残疾，走路一瘸一拐的。西蒙修士还说他：

> 是一切善者和善行的敌人，尤其反对祈祷，他不允许任何人在他面前祈祷。有一次看到士兵手上戴着念珠，他一把扯走念珠并摔碎，说他不想要信仰基督教的士兵，也不想要祈祷的人……除此之外，如果有必要，他手下的士兵可以和他掷骰子。他对手下的士兵说……尘世只属于强者，世间没有救赎，活着就是身处地狱；他的皮肤比乌鸦还黑，他会犯下所有邪恶和残忍的暴行，他将名垂千古，流芳百世……他可能还会向卡斯蒂利亚国王展示亚当的意志，看看自己是否是国王在美洲的

继承人……[6]

乌苏亚离开秘鲁前就有人警告他要提防阿吉雷，但乌苏亚不以为意，他对自己的声望颇为自信，也相信能躲过一切危险。还有人强烈要求他不要带着伊内斯及其女仆出征，乌苏亚也拒绝了。一路上他几乎没做任何防备，而是尽情地同美丽的伊内斯待在一起，他在做任何重大决定时都会跟伊内斯说。

然而，在 1561 年 1 月 1 日夜间，乌苏亚身边只有一名叫洛尔卡的侍卫陪着。热带雨林气候潮湿，乌苏亚可能因此生病了。夜半时分，阿吉雷带着几个人来到了他的住处。“先生，你来此有何贵干？”乌苏亚问道。话音刚落，他就被乱刀砍死了，他的同伴也瞬间被杀，但伊内斯却幸免于难。

阿吉雷说服了随行的探险者支持费尔南多·德·古兹曼做新领袖。剩下的 270 名西班牙人中有 186 人签署了一份声明，表示支持古兹曼，尊古兹曼为他们的亲王及领主，并开始称他为“阁下”。阿吉雷很快就证明自己口才非凡，他坚决阻止远征队伍效忠于国王腓力二世。西蒙说，古兹曼因此变得：

> 傲慢自大，他希望自己能加冕为国王。同时他也变得沉重严肃起来，因为对于一个想要在短期内得到王室荣耀的人来说，保持外表的庄重神秘很有必要。他要求享受亲王级别的寓所、服务和服侍；他任命一名切肉者做自己的管家，还任命了几名侍卫、侍从，给他们开天价的俸禄……这笔钱最后也是从秘鲁辖区的王室金库里出。

古兹曼经常独自一人用餐，餐桌礼仪甚为考究。在一条杳无人烟的亚马孙河支流上，有这样一位高高在上的君主凌驾于所谓的“王国”之上，这真是莫大的讽刺！这里物资匮乏，危险四伏，气候恶劣。阿吉雷说服了远征队放弃寻找埃尔多拉多，随他一同沿海返回秘鲁，在秘鲁发动起义讨伐总督，推翻他的统治。阿吉雷建造了两艘大型双桅帆船，顺流而下开始新的征程。

费尔南多·德·古兹曼、阿吉雷和随从一行很快航行到了亚马孙河，但他们相互之间仍充满猜忌、怀疑及仇恨。阿吉雷命手下谋杀古兹曼和伊内斯·德·阿蒂恩萨，还有伊内斯的新欢洛伦佐·德·萨尔都恩德（Lorenzo de Salduendo），伊内斯左右着萨尔都恩德，就如同当初左右着乌苏亚一样。实际上，伊内斯凭借自己非凡的魅力影响着“所有其他重要人物”。阿吉雷的两名手下安东·利亚诺萨和弗朗西斯科·卡里翁最后用铁锹杀死了伊内斯。阿吉雷之后在对远征队发表演讲时，不仅承认自己谋杀了古兹曼和伊内斯，还对此自吹自擂：

> 骑士们、绅士们，我们当中有些人是多么疯狂、多么无知，但这种疯狂和无知更像是一种消遣，无足轻重。你们已经杀死了国王派来的行政长官，这是代表王室的人，他身上有王权护佑；你们是否认为有了我们编造的文件，就可以证明自己是清白无辜的？你们难道认为国王和法官不知道这些文件是怎么制造出来的吗？这简直太疯狂了！大家都知道如果有人就此问及签字的人，如果他们只顾自己的利益招出实情，最后大家都势必难逃一死。是的，我们一起杀死了国王派来的官员，我

们曾一起为此欢庆；大家一定要凭良心说话。我们都参加了叛变，都参与了暴动，都曾一致认为我们要找到一块自己的土地，在那里建立自己的国家，在那里定居下来。[7]

演讲完毕后，他们就马不停蹄地继续向前行驶。为了减轻船只负重，加快航行速度，阿吉雷把 170 名来自秘鲁的老实忠厚的印第安人留在了亚马孙河河岸上，他们都是基督徒。凡是为这些印第安人说情的人，都被无情绞杀了。

1561 年 7 月初，阿吉雷率领的远征队驶入大西洋，随后向委内瑞拉东北沿海附近的玛格丽塔岛驶去，7 月 21 日他们到达了这座岛屿。阿吉雷登岸占领了该岛，杀死了管理该岛的胡安 · 德 · 比利安德兰多（Juan de Villandrando）。之后阿吉雷从位于委内瑞拉沿海的卡贝略港驶离，当时的卡贝略港可是委内瑞拉的一处重要港口。阿吉雷残忍地杀害了许多他怀疑有可能会背叛他的人，其中就包括指挥官马丁 · 佩雷斯（Martín Pérez）。据记载，当时惨遭杀害的还有大量修士、妇女和乞丐；有一名叫安东尼奥 · 法里亚斯的葡萄牙人因为问了一句他是在岛屿上还是在大陆上就被处死了；当地一位颇有名望的妇女因为曾经在她家借宿的一名士兵逃跑了而被处死；还有一名远征队员因为生病而被处死，阿吉雷还在他的尸体上竖了一块牌子，上面写着“他因为无用和拖后腿而被处死”；还有一个人被处死之后，阿吉雷从他身旁经过时看着身首异处的他说：“啊，阿拉尔孔兄弟，你还在吗？卡斯蒂利亚的国王怎么没来让你重生？”[8]

阿吉雷手下现在只剩 140 人了，他带着这些士兵朝内陆行进，天气极其恶劣时，他就会咒骂安第斯山：“上帝是否认为只要下雨，我就没法到达秘鲁，我就不能毁灭这个世界？”疯狂的阿吉雷叫嚣道：“那是因为他不了解我！”[9]

他们最终抵达了马拉开波湖以东的巴基西梅托，1552 年胡安·德·比列加斯（Juan de Villegas）在此建立了居留地，城里的居民出于谨慎防备的考虑或者仅仅是出于恐惧，纷纷逃离了这里。他们带走了所有的粮食，只留下了赎罪券，他们认为也许有人需要这些赎罪券。王军此时已从南部的梅里达出发，向北朝阿吉雷的队伍行进，领导王军的是梅里达行政长官佩德罗·布拉沃，随他同行的有睿智聪明的埃斯特雷马杜拉人迭戈·加西亚·德·帕德斯（Diego García de Paredes）[10]，还有 200 名装备精良的骑兵。此外，智利诗人阿隆索·德·埃尔西利亚（著名史诗《阿劳坎纳》的作者）也一同随行。

新格拉纳达（哥伦比亚）的波哥大都督、探险家希门尼斯·德·克萨达组织了另一支抵抗阿吉雷的军队。希门尼斯·德·克萨达之前已被任命为新格拉纳达的阿德兰塔多。1561 年 10 月，阿吉雷给国王腓力写了一封言辞狂妄的信：

> 国王陛下，您虽有王室头衔，却不能从这些土地上得到分毫利益，当然您也不曾在这里付出什么，只有那些付出血汗的人才能从这里得到回报……我相信没有几个国王会下地狱，因为世界上本来就没有几个真正的国王，但纵使有很多国王，也没有一个能入得了天堂，因为我相信你们这些国王比魔王还可怕，你们渴求的是人的鲜血……我看不起你们，我蔑视你们，

在我眼里你们的政府就如同气泡一样瞬间灰飞烟灭……查理五世当初为什么要付出那么大的成本去征服德意志？他那次征服战的所有开销都是我们从美洲挣来的，真是不幸……因为你们的忘恩负义，我会誓死反抗。

漫步者洛佩·德·阿吉雷亲笔[11]

很快，阿吉雷就同巴基西梅托的殖民者开战了。虽然阿吉雷有很多火绳枪手，但也于事无补，因此他准备向沿海地区撤退。阿吉雷发现自己的随从都已四散逃走，为了让自己的混血女儿艾薇拉（Elvira）和她的侍女免受王军蹂躏，他用一把匕首亲手结束了她们的生命。1561 年 10 月 27 日，阿吉雷的部下用火绳枪刺杀了他，他的尸体被分解成 4 块，分别悬挂在 4 个不同的市镇上，他的头被装在铁笼子里，悬挂在托库约市（Tocuyo），这座城市就建在海滨，地处一处美丽的山谷尽头。他的双手被砍下来喂狗，之后被抛入河中。这就是整个故事的结局，一个悲惨而又非比寻常的故事。阿吉雷并没有想象中的那么不幸，他是个天赋极高的恶人，彻头彻尾的邪恶之人，20 世纪不乏他这类人。沃纳·赫尔佐格（Werner Herzog）在 1972 年导演的电影《阿吉雷：上帝的愤怒》（*Aguirre,Wrath of God*）中生动再现了这次远征。

第十八章

圭亚那与黄金国

……没有受蹂躏的圭亚那，这座吉里昂子孙的城市，称它是黄金国……

——约翰·弥尔顿，《失乐园》，1667 年

到 1560 年时，南美洲南部已被西班牙征服，成为西班牙帝国的一部分。这里建起了数不清的城市，英雄式的征程告一段落。

南美大陆北部的情况有所不同，依然弥漫着令人魂牵梦萦的神话传说，尤其是有关埃尔多拉多的传说特别令人神往。据说埃尔多拉多是黄金国，三代探险者对其孜孜以求，但最终都没能寻到这一宝地。南美大陆北部也流传着其他传说，据说在 16 世纪 30 年代的远征中，迭戈·德·奥尔达斯留下 200 名征服者，他们就生活在一座用金属栅栏围起的房子里，靠近奥里诺科河的发源地，[1] 他们就处于当地国王加里凡（Carivan）的控制下，1560 年，波哥大有人对这个传言进行了调查。[2] 一个名叫胡安·罗德里格斯（Juan Rodríguez）的人说，他在这里见过金色的蜥蜴、青蛙等动物——它们是金属皮肤还是肉肤尚且不清楚——断言这是一片富庶之地。

在此之前，胡安·德·阿韦利亚纳·德·特米尼奥（Juan de Avellana de Temiño）在圣胡安平原建起了一座市镇，市镇坐落在阿利亚里河（Ariare River）的河岸上，距离阿吉雷的葬身之地巴基西梅托以南约150英里（约246千米）。阿韦利亚纳的家乡在布尔戈斯东北部的金塔纳帕拉（Quintanapalla），离埃布罗河畔的米兰达（Miranda del Ebro）不远。市镇在大平原的边缘，北部紧邻西班牙殖民地委内瑞拉。从1532年起，阿韦利亚纳就一直管理着这片地区，在此期间他不断旅行，总旅程长达600英里（约966千米）。起初，他同聪明的德意志人尼古拉斯·费德曼（Nicolas Federmann）一起北上来到了波哥大，1555年，他担任波哥大市政长。委内瑞拉的征服者希门尼斯·德·克萨达随后命令阿韦利亚纳前往波哥大附近省份瓜尤佩省（Guayupes）寻找黄金，瓜尤佩省是希门尼斯的监护区。发现圣胡安平原后，阿韦利亚纳便开启了另一段发现之旅。他将随行人员分为两队——一队由弗朗西斯科·德·巴斯蒂达斯（Francisco de Bastidas）、弗朗西斯科·巴尔瓦（Francisco Barba）率领，另一队由阿隆索·德·奥尔特亚（Alonso de Ortega）和他自己率领。后来，阿韦利亚纳在著名的赫罗尼莫峡谷建起了一座市镇，他欣然命名为“布尔戈斯”。[3]

这些成功的探险经历引起了贡萨洛·希门尼斯·德·克萨达极大的兴趣，他当时控制着名叫“南部平原”的地区。希门尼斯虽已年近古稀，却仍然努力为新的探险之旅寻到了一笔赞助。1569年7月，腓力二世正式把“南部平原”授予希门尼斯管理，任命他为帕图托（Patuto）及巴巴梅内（Papamene）地区的最高行政长官，这片地区面积广阔，北至圭亚那，南抵亚马孙。希门尼斯得意洋洋地认为自己是“胜利的大公”（*victor ludorum*），他向王室允诺，至少带400人前往该地，其中包括8名司铎。他还带了很多黑奴帮自己修建房屋。腓力二世承诺，如果远征成功，就封他为侯爵，像科尔特斯和皮萨罗那样（当时科尔特斯、皮萨罗都已被封为侯爵）。[4] 他组织了一支庞大的远征队，包括300名西班牙人、1100匹马、600头牛、800只猪、1500名印第安人，还有不计其数的非洲黑奴。

或许因为听说过贡萨洛·皮萨罗在同弗朗西斯科·德·奥雷利亚纳（Francisco de Orellana）前去远征前，希门尼斯亲耳听闻有一位从头到脚都敷着金色粉末的王子，就让一位著名的雕刻家仿造了一尊金人像。1569年12月，希门尼斯和同伴离开波哥大，穿过广袤的大平原，一路忍饥挨饿，还要忍受热病的折磨，这一路蚊子成群，经常有人意外身亡，还有人私自逃走。[5] 希门尼斯既没有找到金矿，也没有找到银矿，几年之后狼狈地回来了，他的远征也就此终结。不久之后，希门尼斯就去世了，当时他已年近八旬。

黄金国的传说实在是太过诱人，西班牙王室急切地四处招募探险家寻找此地。迭戈·费尔南德斯·德·塞尔帕（Diego Fernández de Serpa）应王室之托开始了他的新世界之旅，前往奥里诺科河南部山区寻找传说中的黄金国。塞尔帕当过一段时间的木匠，是安达卢西亚省韦尔瓦市附近的帕洛斯市民。1569年10月，塞尔帕启程去寻找他所谓的“新安达卢西亚”——之前也有人这么称呼那块传说之地。王室授权他及其三代子孙统治这块土地，还给他一年4000达克特的俸禄。塞尔帕要求王室授予他“新安达卢西亚”的阿德兰塔多称号，还要求赠予他30平方里格（约534平方千米）的土地。

起初，费尔南德斯·德·塞尔帕热衷于珍珠开采。1535年他去了基多，但却早已对圣玛尔塔及玛格丽塔岛上的圣多明各产生了浓厚的兴趣，也还心心念念想返回西班牙。1569 年，已经 60 岁的费尔南德斯带着大批牛群及近乎一个农业部落的劳力开始了长途旅行。他沿途建立的居留地扩展至今天的安索阿特吉州（Anzoategui）、莫纳加斯州（Monagas）、苏克雷州（Sucre），他此次旅行的出发地是委内瑞拉北部的一座市镇，后来成为库马纳城（Cumana）。费尔南德斯途中一直在寻找盐矿和黄金。他的一位传记作家说他“属于新一代的多拉多主义者（doradists）”。[6] 但在 1570 年朝着奥里诺科河向南行进时，费尔南德斯的部队受到了潜伏在灌木丛中的印第安人的突袭，费尔南德斯中箭身亡，他的两名将领和 74 名部下也一并身亡。[7]

此外，王室还准许佩德罗·马拉韦尔·德·席尔瓦（Pedro Maraver de Silva）去寻找黄金国，他属于第一拨从查查波亚斯（Chachapoyas）到波哥大的远征人员。西班牙王室授予马拉韦尔的土地距离授予费尔南德斯·德·塞尔帕的土地约 1000 英里（约 1609 千米）远，他把授地称为“新埃斯特雷马杜拉”。但他似乎从未到达，他的部下在途中发生了分裂，有些将领弃他而去。[8]

另一继希门尼斯·德·克萨达前去寻找黄金国的是他的侄女婿安东尼奥·德·贝里奥（Antonio de Berrio），他是塞戈维亚人，娶了希门尼斯的侄女玛丽亚为妻。遵照希门尼斯的遗愿，贝里奥继承了“埃尔多拉多最高行政长官”的头衔。[9]

贝里奥是一名老兵，在欧洲身经百战。他大约出生于 1520 年，自青少年时起就作为王室侍从同很多骑士形影不离。他的 3 个兄弟在查理五世的军队中服役，后来都战死了。贝里奥参加过西班牙在佛兰德斯和德意志地区的战争，后来还参加过对抗摩里斯科人的阿尔普哈拉斯（Alpujarras）战役[10]，1555年参加了夺取锡耶纳的战役。1580年，他带着妻儿去了波哥大，希望能在那里获得丰厚的回报。他们在哥伦比亚的赤塔市安顿下来，收入基本来自这里的监护区缴纳上来的贡赋，赤塔位于安第斯山的高处。贝里奥对黄金国的存在还抱有希望，于是，一年后他带着80人向东出发寻找黄金国。和之前的很多人一样，他希望自己能建立新的王国，至少像科尔特斯在16世纪20年代那样建立一块侯爵领地。

1584年2月，贝里奥抵达梅塔河，8月雨季时节，来到了奥里诺科河附近。根据贝里奥自己的记载，我们得知阿查瓜印第安人（Achagua Indians）的茅草屋严实到蚊虫都进不来，他们会用凤梨酿出浓郁的龙舌兰酒，还得知了他们是如何食用鱼和番石榴的，又是如何在箭头涂上烈性毒药攻击敌人的。据说有一次，亚马孙妇女攻击这里不能充分满足她们性欲的男人，阿查瓜印第安人就用了这种箭头有毒的弓箭来抵御她们。[11] 当时有许多传说讲的是在奥里诺科河南部的深山里，有很多人口稠密的村子，那里“遍地黄金”。除此之外，传说在神秘的马诺阿盐湖边，遍地是金子；马诺阿盐湖面积很大，印第安人撑独木舟横渡盐湖需要3天时间。穿过盐湖之后就到了圭亚那，圭亚那地域广袤，人们认为它一直延伸到了亚马孙。有人猜想奥里诺科河是否就是传说中的盐湖。

奥里诺科河远方的山峦于是成了寻找黄金国的焦点区域。据玛格丽塔岛的最高行政长官胡安·德·萨拉斯（Juan de Salas）记载：“据说圭亚那地区有很多黄金，这消息既来自居住在此的阿拉瓦克印第安人（Arawak Indians），也来自从事奴隶贸易的西班牙人……那些富有的地主下令说等他们逝世后，就把他们所有的珠宝丢进这湖里。”[12] 贝里奥带着 13 名手下朝着这片山区出发了。他们抄近路来到了一处峭壁边上，奥里诺科河在此尽收眼底。之后他们乘着木舟沿奥里诺科河顺流而下驶向了阿杜尔（Atures）险滩。贝里奥一行后来回到了波哥大，打算再招募 3000 名人手。[13]

3 年之后，即 1587 年 3 月，贝里奥带着仅有的 80 名随从再次起程。在这 80 人当中，有一半是火绳枪手，此外还有 500 匹马、500 头牛。但与此同时，费利佩 · 德 · 卡塞雷斯等其他探险家也已经在寻找黄金国的路上了。贝里奥筹集了 2.5 万达克特供这次远航花费，随后他们便驾着木舟沿卡萨纳雷河顺流而下驶入了梅塔河，之后又沿奥里诺科河顺流而下。他把部下阿尔瓦罗 · 豪尔赫（Álvaro Jorge）留在了奥里诺科河边的一块陆地上，命他负责看管河岸上的牛群和马匹。阿尔瓦罗是葡萄牙人，先前参与过很多次寻找黄金国的远航。[14]

贝里奥在阿杜尔险滩附近建起了一块小居留地，他的妻子玛丽亚也来到了这里，但由于几名新部下的反叛，他再一次被迫放弃探险。

1589 年，贝里奥组织了第 3 次探险远航，他预计这次远航的开销高达 4 万达克特。在这次远航中，阿尔瓦罗 · 豪尔赫依然负责看管牛群和马匹。贝里奥 13 岁的儿子也加入进来。[15] 但这一次他们遇到了更多灾难。当时正赶上奥里诺科河支流库奇韦罗河（Cuchivero River）沿岸进入雨季，大多数追随者因此染上了一种类似癫狂症的病，甚至连狗和马也都染上了这种病。很多人还因饥饿而丧生。尽管如此，待雨势变小之后，贝里奥继续航行，溯帕鲁河（Parucito）而上。最后，贝里奥仿照科尔特斯的做法宰杀了马匹，“如此一来就彻底断了士兵回波哥大的念头”，其后他们沿着卡罗尼河（Caroní River）继续航行。在此之前，他在卡罗尼河（汇入奥里诺科河）河口遇到了当地酋长莫雷基托（Morequito），还同他进行了交谈；贝里奥坚信卡罗尼河就是通往黄金国的河流，当地居民也证实了他的想法，据贝里奥报告：“他们向我透露了关于黄金国的大秘密，还证实了我从别处听来的所有消息……”[16] 贝里奥声称：“这些神秘的地方位于两条大河即奥里诺科河与亚马孙河之间……从亚马孙河的河口一直延伸到了奥里诺科河的河口，地图显示黄金国宽约 400 里格（约 1931 千米），长约 1500 里格（约 7242 千米）。”

贝里奥在距离河岸 60 里格（约 290 千米）的内陆地区发现了规模较大的印第安城镇。在漫漫长途中，贝里奥在每一个地区都能看到黄金，印第安人说这些黄金来自“山的遥远的另一边，他们夸张地说，那里的黄金多到令人难以置信……我要立即去圭亚那。哪怕他们的话只有二十分之一可信，圭亚那也一定比秘鲁富有”。[17] 但因为当时手下的人纷纷死去，贝里奥最终没能到卡罗尼河峡谷探险。1591 年 9 月，贝里奥撤到了特立尼达岛，后来又撤退到了玛格丽塔岛，想在那里再招募一批人手。

当时，这里来了一位新的征服者多明戈 · 德 · 伊瓦戈伊恩 – 贝拉（Domingo de Ibargoien y Vera），他体形高大，平易近人，事实上，他给予了贝里奥最有力的支持。伊瓦戈伊恩写了一部充满浪漫色彩和想象的备忘录，他写道：“大批将领带着大批人手、马匹和牛群，迷失在了进入黄金国的路上……他们找不到路，因为这里有高山大川，他们就在这大川之间来来回回。”当时伊瓦戈伊恩已经在特立尼达岛上建起了一座新城，即圣何塞 – 德奥鲁尼亚城（San José de Oruña）。伊瓦戈伊恩口才很好，他几乎能说服所有人加入自己的队伍，例如，他说服了来自加拉加斯、波哥大，甚至还有已经回到西班牙的人加入他的队伍。

最后，据伊瓦戈伊恩说，贝里奥在1593年，

> 将远航探险的重任交给了我。我带着35名士兵轻而易举地找到了圭亚那的入口；于是我来到了传说中的圭亚那（原文如此），这个地方长达35里格（约169千米），我在这里见到了很多大型居民点，这里的印第安人都很和善……他们一丝不挂地四处行走，只遮住了身上我不便于说的那些部位。这里环境怡人，气候温润，土壤肥沃，种着当地特产的各种水果，看上去像一片一望无际的森林。这里有很多娱乐活动，鱼类丰富。在我见过的所有新地区中，这里最适宜种植粮食、最适宜享受生活。此地盛产黄金，当地居民想带我去看他们在哪里开采黄金。但为了不显得过于急切渴望，我说自己探险不是为了寻找黄金，而是为了和当地人建立友谊。我只带回了17块加工过的黄金，这些是要献给国王陛下您的，还带了3把石斧，这石斧说明虽然当地人有时候很野蛮，但他们却有办法让自己变得文明开化。他们告诉我，往内地再走7天的话，就可以到达一块蕴藏着无尽黄金的地方，不过除了部落首领及其妻子，没有人会去那里。他们开采出黄金后，有很多迷信的做法，比如为此斋戒3天；当地的河流里也有很多黄金，他们可以尽情开采，从河里开采出的黄金粒有玉米粒那么大。我觉得这些人很友好，很有礼貌，而且慷慨大方，他们把我们招待得很好，一切都安

排得井井有条。我离开那里时身边没有几个随从，所以就返回了特立尼达岛……之前我就是遵从最高行政长官安东尼奥·德尔·贝里奥的命令从这里出发的。[18]

伊瓦戈伊恩接着讲到他给了遇到的印第安人不计其数的礼物，和他们建立了友好关系。这本备忘录有趣的地方不在于它写了什么，而是它的写法很有新意，像一本宣传册。伊瓦戈伊恩后来还描述了圭亚那的市镇——那里至少有上百座市镇——描述了这些市镇的方方面面，包括每个市镇上有1000名至1万名印第安人。这其中免不了有他幻想的成分，当然他也乐意幻想。在他去过的所有市镇上，伊瓦戈伊恩都留下了十字架，他以腓力二世的名义占有了这些市镇。伊瓦戈伊恩深信，他已经到了埃尔多拉多黄金国的外缘。有些人，包括秘鲁的编年史家佩德罗·谢萨·德·莱昂认为，“这里居住的一定是著名的秘鲁将军安可阿罗（Ancoallo）的后裔”。[19]但贝里奥反而认为印加人是圭亚那人的后裔。

英国探险家沃尔特·雷利爵士（Sir Walter Raleigh）现在也开始对这些神秘的地理难题产生了兴趣，他在1592年侵入了圣何塞－德奥鲁尼亚城，烧毁了城里西班牙人的居住区，俘获了贝里奥和阿尔瓦罗·豪尔赫。跟贝里奥一样，雷利也认为这个庞大、富有、美丽的圭亚那帝国就是最后一代印加人的避难所。他从某处得到了一份伊瓦戈伊恩写的关于卡罗尼河峡谷的报告。

就在几年前，伟大的编年史家理查德·哈克卢特（Richard Hakluyt）在雷利的启发下，于1589年出版了《航海志：英吉利王国的重大航海、航行、交通和发现》（*The Principal Navigations, Voiag es, Traffiques,and Discoveries of the English Nation*，下文简称《航海志》)，现代历史学家称其为“现代英国的散文史诗”。哈克卢特在书里否认了西班牙对北美洲的宗主权，谴责西班牙人虐待美洲印第安人（哈克卢特如是说），强烈呼吁英国王室开拓殖民地，以解决英国国内的所有问题。雷利意识到，西班牙的国力正是建立在这些从美洲运来的金银之上的，因此，他也计划在美洲北部沿海地区建立英帝国殖民地。1598 年，哈克卢特《航海志》第一卷第二版出版发行，第二卷和第三卷分别于 1599 年和 1600 年相继发行。

雷利自己也写了一部关于圭亚那的著作，即《发现圭亚那：一个富庶大帝国》(*The Discovery of the large, rich, Empire of Guiana*)，并于 1596 年出版。《发现圭亚那：一个富庶大帝国》取材于伊瓦戈伊恩那本充满想象的备忘录，虽然伊瓦戈伊恩并没有提到长在树上的牡蛎，也没有提到长相怪异的埃维帕诺马人（Ewaipanoma），据说埃维帕诺马是圭亚那的一个部落，他们的眼睛长在肩上，嘴巴长在胸上。雷利懂西班牙语，他在 16 世纪 70 年代就学会了这门语言。和伊瓦戈伊恩一样，雷利也认为圭亚那的“黄金比秘鲁的任何地方都要多”。他研究了西班牙人写的关于马诺阿的报告，报告中写道：“马诺阿……是西班牙帝国建立的城市，西班牙人管这里叫埃尔多拉多……因为这里很富有……地理位置极佳……地处一片长达 200 里格（约 965 千米）的盐湖之上……”[20]

最后，雷利在库马纳港口释放了贝里奥和豪尔赫，库马纳港是美洲大陆的一个港口，临近玛格丽塔岛，费尔南德斯·德·塞尔帕首次远航时就是从这里启程的。被释放后，贝里奥立即去了充满诱惑力的卡罗尼河，以前他也经常在这条河流上航行。贝里奥在卡罗尼河上建了一块小型居留地，取名为“圣多美－德圭亚那”，正如英国观察家劳伦斯·凯米斯（Laurence Keymes）所说，这是“一个有着二三十间房屋的小村庄”，贝里奥计划把这里当成他下次伟大远航的营地。但这次他却受到了来自旧友伊瓦戈伊恩的威胁，1596年，伊瓦戈伊恩带着一支庞大的舰队回到了新世界，那些跃跃欲试地想要重新征服圭亚那的志愿者组成了这支队伍，总共约有3500人。虽然伊瓦戈伊恩的队伍人数众多，但食物却不充足。路易斯·德·桑坦德（Luis de Santander）写道：“看到这么多壮丁、妇孺死于饥饿，真是一场悲剧。”[21]

伊瓦戈伊恩的部下有的死于印第安人的进攻，有的死于疾病。最后，伊瓦戈伊恩返回了特立尼达岛，当时贝里奥正派出400人横穿圭亚那。这支队伍沿着卡罗尼河航行了100英里（约161千米），沿途几个印第安部落给他们提供了食物。阿尔瓦罗·豪尔赫死于半途，军中群龙无首。幸存下来的人内讧不断，印第安人便乘势在托图莫（Totumo）山顶对他们发起进攻，不费吹灰之力就对他们大开杀戒，约有350人因此丧生，其余的人跟着一名方济各会修士去了圣多美。1596年8月，他们回到了特立尼达岛。

几个月之后贝里奥逝世，享年80岁，就这样，主张去黄金国探险的主要人物也去世了。为了实现父亲的梦想，贝里奥的儿子费尔南多·德·贝里奥花了10年时间，前后探险18次。他似乎到达了卡罗尼河支流上的安赫尔（萨尔托－德尔安赫尔）瀑布，这是世界上海拔最高的瀑布。费尔南多很了解卡罗尼河，他曾尝试着翻越把奥里诺科河与亚马孙河分开的科迪勒拉山，但最后失败了。费尔南多还曾沿库奇韦罗河航行，经过一番艰辛的旅程，终于在

1619 年担任了圭亚那都督。后来他想返回西班牙寻求更多的支持，却在途中被海盗抓获，海盗把他囚禁在阿尔及尔，1622 年费尔南多在狱中离世。

英国和法国探险家都想占领贝里奥的领地，在 17 世纪初的头几年里两国都进行了声势浩大的探险远征。“海上牧羊人”（正如埃德蒙 · 斯宾塞所称[22]）沃尔特 · 雷利爵士却让自己身败名裂，他写的关于圭亚那的著作虽生动却一文不值，因为书中有太多子虚乌有的内容。[23]1618 年 10 月，雷利因叛国罪在威斯敏斯特被处决。

第三卷

帝国背景

第十九章

西葡合并

> 尽管阿拉贡和卡斯蒂利亚由同一位君主统治，但它们和当初各自保持独立时没什么两样，依然是相互独立的主体，而不是联合的统一体，因此，王国之间的联合统一并不必然产生一位真正意义上的统一君主。
>
> ——国王腓力二世致奥苏纳公爵和克里斯托瓦尔·德·莫拉的信，《西班牙未刊历史档案集》(*Colección de documentos inéditos para la historia de España*)，第五卷，第519、520页，1579年6月30日

自13世纪脱离摩尔人的统治后，葡萄牙王国成为独立的主权国家。1578年8月4日，葡萄牙王室军队在摩洛哥的凯比尔堡(Alcázarquivir)战役中惨败，年少英俊的塞巴斯蒂安国王[1]——年仅24岁——在战事结束后就这样永远地消失了。国王的最高统帅、才华横溢的诗人弗朗西斯科·德·阿尔达纳（Francisco de Aldana）也战死沙场，他曾写下这样的诗句："噢！伟大的征服者，印第安人信仰的征服者，新世界的征服者，就这样奇迹般地从尘世间消失了！"[2]

阿尔瓦公爵评论道，这次失败"也许是所有可能出现的结果

中最糟糕的结果”。毕竟，塞巴斯蒂安国王是腓力二世的远房表弟，也是他的侄女婿。[3] 在接下来的几年里，一直有人坚信塞巴斯蒂安并没有死，还有各种人假扮他。

塞巴斯蒂安曾经一直梦想着要对伊斯兰国家发动“圣战”，腓力国王曾劝说他不要莽撞地开始一场战争。可想而知，在装备精良、人数众多的摩洛哥军队前，寡不敌众的葡萄牙军队溃不成军，结果只能证明塞巴斯蒂安不善指挥作战。众多葡萄牙贵族也被摩尔人俘获，必须花重金才能将他们赎回。

9 天之后即 8 月 13 日，塞巴斯蒂安阵亡的消息传到了在埃斯科里亚尔宫办公的腓力二世耳中。[4] 塞巴斯蒂安的叔叔恩里克枢机主教（Cardinal Enrique）顺理成章地继承了王位，但他已年近七旬（恩里克出生于 1512 年），况且他一生都在为教会服务，并不熟谙统治之道。恩里克虽然机警敏锐，但年老体弱，患有严重的痛风和肺结核，在位不到两年（1578—1580），按他的身体状况看，这已经算得上是奇迹了。恩里克召集葡萄牙议会，就王位继承人问题进行表态。他个人更青睐西班牙的腓力二世，而腓力也最有继承的优先权，他的母亲是葡萄牙已故国王曼努埃尔的长女。

议会在王位继承问题上分成了两派，一派主张布拉干萨公爵继承王位，他是枢机主教兼葡萄牙国工恩里克的远亲；另一派主张克拉托修道院院长安东尼奥（Antonio, the Prior of Crato）继承王位，他是塞巴斯蒂安叔叔（刘易斯亲王）的私生子。如果连古稀之年的枢机主教都能继承王位，为什么私生子就不能继承王位？[5] 不幸的是，安东尼奥的母亲维奥兰特 · 戈麦斯（Violante Gomes）是基督教改信者，她生得美丽动人，是改信基督教的犹太人后裔，这样的家系对于他继承王位毫无帮助。另一要求继承王位的是卡塔利娜（Catalina），她是恩里克主教的弟弟杜阿尔特（Duarte）的女儿，嫁给了布拉干萨公爵。

1580年1月，枢机主教兼葡萄牙国王恩里克逝世后，有7人公开要求继承王位，安东尼奥表现得最为积极，但没过多久他就在圣米格尔岛（属于亚速尔群岛）海岸附近被西班牙舰队击败。2月，离恩里克去世还不到一个月的时间，西班牙军队就在卡斯蒂利亚整装待发，随时听候腓力调遣，突袭里斯本。当时，锡多尼亚城公爵（Duke of Medina Sidonia）——未来无敌舰队的指挥官，已经募集了4000名步兵和450名骑兵。腓力二世不愿使用武力，葡萄牙裔贵族克里斯托瓦尔·德·莫拉（Cristóbal de Moura）深信不疑地对腓力说，里斯本的葡萄牙议会最终会把王位主动交到他手里的；莫拉十分聪慧，在很多事情上都会给腓力提供建议。在这件事上，莫拉极有可能贿赂了几个葡萄牙贵族。[6] 此时耶稣会在葡萄牙的势力日益壮大，他们似乎早已在支持腓力二世继承王位了。

1580年6月13日，腓力接受了大臣们的建议：若想赢得里斯本的王位继承权，可能需要采取军事行动。他于是下令由年事虽高却机敏警觉的阿尔瓦公爵率领2万名步兵、1500名骑兵出兵里斯本。阿尔瓦命军队必须在2周之后进入葡萄牙，他还下令携带大量轻型二轮手推车上阵，开首次使用轻型二轮手推车作战的先例。[7] 当时除了在大城市，别的地方很少能见到轮式车辆，就算在大城市，轮式车辆也被看成是“德意志的风尚”[8]。在当时人看来，四轮马车（coach）是匈牙利人使用的一件神秘莫测的物品，因为“coach”一词源于匈牙利语中的“*kocsi*”。

安东尼奥虽然在亚速尔群岛被西班牙舰队击败了，但仍然自封为葡萄牙国王。要不是腓力的军队攻进了葡萄牙，安东尼奥早就继承王位了。当时几座大城市如锡图巴尔（Setubal）、圣塔伦（Santarem）乃至里斯本都宣布支持安东尼奥。1580 年 8 月，一场规模不大但却意义重大的战役爆发了。阿尔瓦公爵要求支持安东尼奥的城市主动投降，在其指挥官拒不投降后，阿尔瓦命部下洗劫了这些城市。安东尼奥率领的一小撮军队因寡不敌众，在里斯本城外被击败。[9] 阿尔瓦没有料到战役的规模比自己原想的要大，不过最后还是赢得了胜利，所有葡萄牙人转而臣服于腓力。安东尼奥仓皇逃走了，随后再次在特塞拉岛（属于亚速尔群岛）被击败，不过他一直是西班牙统治葡萄牙的最大威胁，直到 1595 年他在巴黎去世，这一威胁方才解除。腓力二世承诺，他不会任用西班牙人来统治葡萄牙人，而是要让葡萄牙人（葡萄牙的臣民、贵族和官员）统治葡萄牙本土及葡萄牙帝国。他大体兑现了这一承诺。

为了确保王国之间实现象征性联合，腓力二世于 1581 年 4 月在葡萄牙境内巡游，他释放了沿途经过的市镇上近期关押的战囚，宣布自己是葡萄牙属地果阿王国和锡兰王国的国王。在里斯本，腓力同他最器重的建筑师、埃斯科里亚尔建筑群设计师胡安 · 德 · 埃雷拉改建了延伸至杜罗河河口的里贝拉广场，重新设计了广场建筑的窗户，透过这些窗户可以俯瞰下面的港口。他们还建了一座拱顶塔楼，即托里阿奥塔（Torreão）。腓力还下令用之前沉没的西班牙大帆船“圣五伤号”（La Cinco Llagas）的木材做一个十字架，“圣五伤号”被遗弃在了里斯本的海滩上。建造“圣五伤号”的木材来自东印度群岛，后来这个十字架就高高地矗立在埃斯科里亚尔大教堂的神坛上。[10]

接下来还需要罗马教皇认可西班牙对葡萄牙的统治。1581年3月，来自博洛尼亚的教皇格列高利十三世乌戈·邦孔帕尼（Ugo Buoncompagni）承认腓力二世为葡萄牙的统治者，前葡萄牙驻罗马大使戈麦斯·德·席尔瓦（他是埃博利亲王的远亲）也代表腓力二世向罗马教皇致敬。教皇格列高利十三世曾在西班牙担任罗马教廷大使，他个人也十分了解和欣赏腓力。

腓力的即位仪式在托马尔市*女隐修院的圣殿骑士团教堂外举行。他在给两个女儿的信中抱怨说，他不得不穿着长长的葡萄牙礼服"国袍"（穿起来很不舒服）履行仪式。[11] 托马尔议会力主应将卡斯蒂利亚与葡萄牙的行政管理彻底分开，甚至应该禁止西班牙与葡萄牙之间的贸易往来，尽管此时两国的商人早已习惯了他们之间日益密切的贸易往来。

腓力继承葡萄牙王位的消息传到了菲律宾的马尼拉，马尼拉的葡萄牙人开始重新考虑进一步征服远东的计划，此前，葡萄牙同澳门之间以丝绸、瓷器换军火的贸易往来备受谴责，此时却进一步活跃起来。远东地区的葡萄牙人仍然时刻警惕西班牙的势力，但在西印度群岛，腓力身兼两国国王的消息却获得了热烈欢呼。腓力开始明白，自己现在统治着一个广袤无边的庞大王国，疆域远至巴西、果阿、马六甲等地。[12]

腓力通过里斯本王宫的窗户就可以看到下面络绎不绝的船队，他在写给女儿的另一封动人的亲笔信中描绘了该场景。[13] 正如费尔

* 托马尔是一座坐落于拿邦河（Nabão）上的美丽城市。——原注

南·布罗代尔所说，里斯本是绝佳的瞭望台，从这里可以俯瞰整个海面。[14]1582 年 4 月，尚在里斯本的腓力目睹了西班牙舰队和葡萄牙舰队一起离开港口的盛大场面；4 月下旬，腓力为即将首次远航前往新世界的葡萄牙舰队践行。他在停泊于港口的王室大帆船上用了早膳，在船上待了一整天，在此期间，腓力封布拉干萨公爵（布拉干萨曾于 1580 年声称自己有权继承葡萄牙王位）为“金羊毛”骑士，随后两人结伴去参加了弥撒。这便是哈布斯堡家族宽容大度的极好证明。

9 个月后，1583 年 2 月，在葡萄牙待了两年后，腓力终于回到了西班牙，这是自 1559 年他从佛兰德斯返回西班牙后离开西班牙最久的一次。腓力任命自己的侄子阿尔韦特大公（Archduke Albert）为里斯本摄政王，阿尔韦特大公的母亲是腓力的妹妹玛丽亚公主，父亲是神圣罗马帝国皇帝马克西米利安。虽然阿尔韦特当时还没正式成为司铎，但他已经是一名枢机主教了。

腓力没有将首都设在里斯本也许是他的失误。正如布罗代尔所说，里斯本原本有望成为伦敦、那不勒斯那样的大都市，而且会比伦敦和那不勒斯更美。[15]然而，事实是卡斯蒂利亚贵族已经动身返回了马德里，他们起初住在马德里粗陋不适的房子里，但很快便纷纷在马德里大规模购置房产，更不用说建造富丽堂皇的教堂和宫殿了。西班牙王室这一路上行得慢慢悠悠，途经塞图巴尔、埃武拉（Evora）、巴达霍斯（Badajoz）、瓜达卢佩（Guadalupe）及塔拉韦拉（Talavera），最后终于抵达了埃斯科里亚尔。到达埃斯科里亚尔后，腓力继续前往马德里，并于 4 月 29 日抵达。腓力从葡萄牙带回了一头印度象和一头犀牛，埃斯科里亚尔的人们看了无不觉得叹为观止。

西葡合并是卡斯蒂利亚王国最后的政治创举，标志着自公元711年西哥特王朝覆灭以来，伊比利亚半岛首次实现统一，终于不再受制于伊斯兰国家。合并葡萄牙后，算上葡萄牙在巴西、远东占领的殖民地，西班牙的海外属地进一步扩大，尽管属地分布得有些凌乱。世界性的统治责任（如果不是统治权力的话）就落在了腓力二世的肩上，不过，他从未陷入妄自尊大的幻想而无法自拔。[16]

第二十章

征服背后的大商人

> 这里商贾往来不绝，无数的毛皮、甘蔗、草本植物被运往西班牙，这些草本植物就是西班牙人和阿拉伯人日常熟知的“绯红色”（carmesí），可以用来制作紫色染料，染出的布匹和正宗的紫色一样好看，但却比正宗的紫色染料便宜得多。
>
> **——乌尔塔多·德·门多萨，《格拉纳达之战》，1627 年**

16 世纪时，绝大多数伟大远征的背后都有大商人赞助。例如，早期赞助埃尔南多·科尔特斯的是塞维利亚商人路易斯·费尔南德斯·德·阿尔法罗（Luis Fernández de Alfaro）[1] 和改信基督的犹太商人胡安·德·科尔多瓦 [2]，后期给科尔特斯提供赞助的是布尔戈斯人佩德罗·德·马卢恩达（Pedro de Maluenda）*，马卢恩达之前也曾赞助班彼罗·德·纳尔瓦埃斯。皮萨罗家族远征的主要赞助人是加斯帕·德·埃斯皮诺萨。在新格拉纳达（哥伦比亚）和委内瑞拉，为希门尼斯·德·克萨达的远征提供赞助的是数位科尔多瓦商人，而

---

* 马卢恩达是科尔特斯远征最重要的赞助者，当时他的家族已经是布尔戈斯经济实力最雄厚的家族，为布尔戈斯所有重要城市提供最有力的财政支持。——原注

为卡塔赫纳的佩德罗·德·埃雷迪亚（Pedro de Heredia）提供赞助的则是马德里的佩德罗·德·西富恩特斯。赞助圣玛尔塔（今哥伦比亚）的佩德罗·费尔南德斯·德·卢戈（Pedro Fernández de Lugo）的是狡猾的热那亚商人阿尔贝特·杰拉尔迪尼（Alberto Gerardini）和克里斯托瓦尔·弗朗西斯基尼（Cristóbal Francesquini）。费尔南德斯·德·卢戈在玛格丽塔岛上的珠宝商那里持有股份，不过有一半的利润最后还是落入了两位热亚那商人的腰包。赞助胡安·加西亚·德·罗埃萨（Juan García de Loaisa）远征摩鹿加群岛的是韦尔瑟家族；赞助塞巴斯蒂安·卡沃特去拉普拉塔河探险的是热那亚的银行家们。

当时投资赞助远征新世界的商人还有布尔戈斯人克里斯托瓦尔·德·哈罗（Cristóbal de Haro），他后来成为塞维利亚的银行家。他曾卖掉1522年胡安·塞巴斯蒂安·埃尔卡诺（Juan Sebastián El Cano）用“比托里亚号”载来的48吨丁香[3]；他的第一桶金是在马德拉贩卖甘蔗赚到的。[4]16世纪时西班牙最大造船商是胡安·安东尼奥·科尔索（Juan Antonio Corzo）和罗德里戈·巴索·德·安德拉达（Rodrigo Bazo de Andrada），他们都是来自塞维利亚的犹太人。[5]

至于赞助的数额大小，我们无从猜测。但对于每一位征服者而言，这样的赞助助益良多，因为他们知道，危难之时只有钱和武器才能帮他们解除困境。

更重要的是，新世界带来的无限机遇标志着资本主义的发展进入了生机勃勃的新阶段。许多人都很了解马克斯·韦伯和他的信徒理查德·亨利·托尼（R. H. Tawney）的观点，也十分熟悉维尔纳·桑巴特（Werner Sombart）关于犹太史的讨论，熟悉亨利·皮雷纳（Henri Pirenne）在其见解独到的作品里对资产阶级兴起的描述。很多解释16世纪资本主义兴起的理论都会谈到宗教和文化的作用，但在重新考量资本主义的发展时还要考虑新世界的因素。在一个充满赌注的世界里，投资赞助探险本身就是一场赌博。布罗代尔告诉我们，赌博不仅在贵族阶层的生活中占有重要地位，在商人的生活里也发挥着重要作用，比如拿糖、水银和酒的价格打赌。任何东西都可以用来打赌，比如被擢升的枢机主教人数、待出生婴儿的性别，甚至某个名人的生死，这些都可以成为赌博的对象。[6] 在赞助远征的商人和银行家看来，占领新区或某个岛屿也相当于为自己带来了一笔实实在在的收入。

商人现在需要一种更高效、传递范围更广的邮政服务，邮政业的兴起同印刷术的革新一样意义重大。书信的兴起得益于欧洲各国邮政业的逐步发展，后者便利了书信的传递。

法王路易十一*统治时期，法国首次开始发展沿途邮政服务。路易十一建立了分程传递的邮政制度，每隔7里格（39千米）设立一个驿站；后面的几位继任国王继续完善邮政体系，有驿站的道路数量大幅增加。[7]

西班牙的邮政业掌握在来自贝加莫的望族塔克西斯家族（the Taxis）的手里。15世纪时，塔克西斯家族已经在威尼斯与尼德兰之间建立了稳定的邮政系统。1505年，“美男子”腓力一世（Philip the Fair）的邮政大臣弗朗索瓦·德·塔克西斯（François de Taxis）成了“卡斯蒂利亚邮政总长”，后来这一职位传给了他的几个儿子（先

---

* 路易十一是沃尔特·司各特爵士（Sir Walter Scott）的著名小说《惊婚记》（*Quentin Durward*）的核心人物。——原注

是马特奥，后来是雷蒙多，再后来是胡安），当时莱昂纳多·德·塔克西斯（Leonardo de Taxis）正在布鲁塞尔担任邮政总长。[8]

到16世纪末，西班牙已经铺设了6条主驿道，驿道的起点都在马德里，由此向四周辐射：东北通往萨拉戈萨和巴塞罗那；正北通往伊伦和布尔戈斯；西南通往托莱多、卡塞雷斯，再到葡萄牙；正南通往科尔多瓦、塞维利亚和塔里法；向东通往巴伦西亚。第六条驿道则通往马德里西北的巴利亚多利德。[9]

那时，每隔15天就会有一名信使骑马离开马德里，经由伊伦、里昂去往热那亚、米兰、罗马和那不勒斯。夏季，从马德里到罗马需要24天，冬季则需要27天。从布尔戈斯到布鲁塞尔的邮程为7—8天，中间设有106所驿站，距离为314里格，大约是1700千米。法国国王弗朗索瓦准许西班牙信使过境法国。当时布尔戈斯是西班牙航运的枢纽，就如同鲁昂是法国航运的枢纽一样。[10]据布罗代尔的说法，当时欧洲速度最快的信使是加布里埃尔·德·塔克西斯手下的信使，加布里埃尔负责意大利—蒂罗尔—布鲁塞尔之间500英里（约805千米）的邮驿业务，当时他手下的信使只需要5天半时间就能从意大利到达布鲁塞尔。[11]

到1580年时，西班牙与新世界之间建立了完善的邮政系统。1579年5月，西班牙准许马丁·奥里维瑞斯（Martín Olivares）担任新西班牙总督侍从，垄断新西班牙与世界各地的邮政业务，西班牙与新世界的邮政系统在此基础上发展起来。1580年，新西班牙的韦拉克鲁斯、普韦布拉、瓦哈卡、克雷塔罗和瓜纳华托纷纷建立了邮政官署。新西班牙的邮政业一直由私人控制，直到18世纪波旁王朝将邮政业收归王室所有。[12]1580年，秘鲁也建起了相应的邮政系统，和在新西班牙时一样，恩里克斯总督对秘鲁邮政系统的建立发挥了重要作用。

热那亚是西班牙重要的商业和金融枢纽，因此，在热那亚建成高效的邮政系统至关重要。热那亚人当时垄断了盐和羊毛，布罗代尔认为，他们正是通过银行汇兑业务才在塞维利亚与美洲之间建立了贸易往来的。当然，我们这里所说的“热那亚人”指的是热那亚的名门望族，包括格里马尔迪家族（the Grimaldi）、斯皮诺利家族（the Spinoli）、琴图廖尼家族（the Centurioni）、洛梅利尼家族（the Lomellini）。[13]

1528年，意大利海军总司令安德烈亚·多里亚（Andrea Doria）顺利促成西班牙与意大利结为海上“复仇同盟”，热那亚人由此开始在西班牙的经济事务中占据主导地位；1627年，奥里维瑞斯公爵提议让葡萄牙的马拉诺人（改信基督教的犹太人）成为卡斯蒂利亚的主要放债人，热那亚于是丧失了在西班牙经济事务中的主导地位。不过在整个16世纪，热那亚这个金融帝国依旧是其他各城市的最大担保人，[14]也依旧是美洲白银的集散地。[15]热那亚的货币种类十分丰富，商人在这里可以兑换自己家乡使用的货币，当然，他们也乐意筹集资金放贷给西班牙王国，支付王室在佛兰德斯的军费。阿尔瓦公爵和亚历山大·法尔内塞公爵的部下都要求国王用金币支付他们部分薪水。

塞维利亚西北部与梅迪纳－德尔坎波镇之间每周都有邮件往来，两地相距300英里（约482千米，测量两地之间的距离很有必要，因为当时西班牙规模最大的集市在这里举办[16]）。假如周二晚上有包裹抵达塞维利亚西北部某城，那么邮差在周三中午就已经取回了包裹，返回了梅迪纳。有时邮差还负责运送较大的包裹，包括成箱的珠宝。

我们在《堂吉诃德》读到过一种 *peón* 信，桑丘 · 潘莎就给妻子特蕾莎邮过一封这样的信。[17] 从塞维利亚送往北欧的信件会先到马德里，然后再从马德里送往萨拉戈萨和巴塞罗那。1510 年，发往新世界的急件专门由洛伦佐 · 加林德斯 · 德 · 卡瓦哈尔（Lorenzo Galíndez de Carvajal）负责，他是王室高级顾问，来自埃斯特雷马杜拉，是科尔特斯的远房表弟。[18] 后来，卡瓦哈尔把邮政专管权转租给了贸易署的几位成员——当时贸易署负责管理西班牙与新世界之间的移民、贸易等事务。从 1562 年起，邮政总长一职由洛伦佐的堂兄弟胡安 · 德 · 卡瓦哈尔 – 巴尔加斯（Juan de Carvajal y Vargas）担任。后来卡瓦哈尔 – 巴尔加斯将西班牙境内的邮政专管权卖给了塞维利亚邮政总长胡安 · 德 · 萨阿维德拉 · 马莫莱霍（Juan de Saavedra Marmolejo）[19]，将美洲地区的邮政专管权交给了他的弟弟迭戈。没过多久，美洲的邮政总长换成了罗德里戈 · 德 · 赫雷斯（Rodrigo de Jerez），他是塞维利亚市政议员，后来在 17 世纪，塔克西斯家族买断了美洲邮政总长一职。

在 16 世纪晚期，从塞维利亚送一封信到利马最快需要 88 天，而从墨西哥送到利马最快也要 112 天。如果从利马和墨西哥往同一个地方送信，从利马送出的信最慢需要 175 天就可以到达目的地，而从墨西哥送出的信最慢则要 262 天，[20] 因此人们都喜欢从更为富庶的利马邮寄包裹。当时，邮费是按照邮件重量和寄送距离来计算的，这么算下来邮费相当高，在腓力二世统治期间，邮费是唯一没有上涨的费用。16 世纪末，从塞维利亚邮寄一封信到梅迪纳 – 德尔坎波需要花费 17 马拉韦尔迪，而从巴利亚多利德邮寄一封信到梅迪纳的话只需花费 10 马拉韦尔迪。1561 年，布尔戈斯大商人西蒙·鲁伊斯（Simón Ruiz）[21]的管家总共为他支付了 6656 马拉韦尔迪的邮费，这意味着西蒙在这一年总共邮寄了 350 封信。相比之下，新世界的邮费就比较难估算了，在秘鲁或新西班牙，把一封一两页的信送到塞维利亚，邮费相当昂贵，需要花费 2 里亚尔（约 68 马拉韦尔迪）。

1575 年，腓力二世的挚友路易斯·德·雷克森斯在给同僚即西班牙驻法国大使迭戈·德·祖尼加的信中写道："我不知道从西班牙到法国的邮费是多少。不过，我自 11 月 20 日之后就再也没收到过陛下关于尼德兰事务的相关信件……陛下的信真是送得太慢了。"[22] 腓力二世自己也说："安全送达更重要，多花四五天时间也没有关系。"[23] 但也有急速送达的时候，比如卡斯蒂利亚王室总管写道，曾有一封信闪电般地送到了巴利亚多利德，"如果邮寄的是一条鲑鱼的话，可能送到的时候它还活着呢"。[24]

当时西班牙是明令禁止外国商人同美洲地区进行贸易往来的，因此在 1578 年，塞维利亚历史学家弗朗西斯科·莫罗维利·德·普韦布拉（Francisco Moroveli de Puebla，祖籍意大利，他的父亲来自卢卡）抱怨道："所有的商业活动都掌握在佛兰德斯人、英国人和法国人的手中。"[25] 事实上，1538 年以后，外国商人并不像人们设想的那样真正参与了同美洲的贸易往来，通常外国商人需要挂靠在一位西班牙托运人的名下。热那亚人一般会假冒登记为西班牙人，四五十年之后，奥古斯丁·斯宾多拉（Agustín Spindola）、卢西恩·森图里翁（Lucián Centurión）及潘塔莱奥·尼格罗（Pantaleo Negro）等商人看起来更像西班牙人，而不是热那亚人。当时塞维利亚最富有的人可能要数托马索·马里诺（Tomaso Marino）和阿达莫·森图里翁（Adamo Centurione）了，他们都是有西班牙身份的热那亚人，两人身价均达上百亿达克特。1559 年，森图里翁买下了埃斯特帕（Estepa）和佩德雷拉（Pedrera）两座村庄，他的大儿子马科斯成了埃斯特帕侯爵，整个家族都被卡斯蒂利亚化了。

1579 年，意大利的皮亚琴察（Piacenza）举办了一场大型商品交易会，皮亚琴察地处米兰和博洛尼亚之间，离热那亚也很近，热那亚银行家自然而然就成了这次国际交易和支付的主导者。[26] 这些银行家当中还有一部分佛罗伦萨人，其中包括安德列斯·德尔·巴诺（Andrés del Baño）、科尔特斯的朋友雅科姆·博蒂（Jacome Boti）、莱昂纳多·安吉洛（Leonardo Angelo），以及米兰人胡安·包蒂斯塔·罗维拉斯加（Juan Bautista Rovelasca），他与王室达成协议，王室授权他每年可以向看好的美洲任何地区贩送 300 名奴隶（但要将三分之一的利润上交王室）。当时在塞维利亚活跃的威尼斯商人就是 16 世纪 20 年代主导塞维利亚贸易活动的那些人的同乡，但他们现在主要贩卖胭脂虫，有时也贩卖巴西苏木、珍珠、水银、亚麻、内衣及明矾，偶尔还会贩卖小麦、食用油、皮革，也会贩卖奴隶，相比之下他们也较为富裕。到 1600 年时，威尼斯府库丰盈，每年有七八百艘船络绎不绝地从威尼斯港驶出。[27]

亚麻布及男女式内衣等法国商品日益成为美洲地区的必需品，最畅销的要数鲁昂产的亚麻布和类似于帆布的粗糙亚麻布料，这两样商品的销量占交易会所有商品销量的四分之三。16 世纪时，法国主要的对外贸易港是南特和鲁昂，此外，诺伊堡、卢维埃、博蒙勒罗热也是当时重要的对外贸易港。[28] 鲁昂腹地农村地区的棉织品产量迅猛上涨。一位法国作家这样描述粗糙亚麻布料的装运盛况：“他们有船，但我们有他们船上的帆。”[29]

法国也生产白布、科莱塔斯布（似乎是产自中国南京的紫花布）、布列塔尼布（bretañas）、纸张、剪刀，以及男子服饰用品、起绒机、精梳机等，主要销往美洲。新世界需要大量布鲁塞尔的挂毯，荷兰的上等亚麻布（包括产自布拉班特省马利纳地区的布料）在新世界也很畅销。[30]

正如佛兰德斯商人和英国商人一样，法国商人也在繁华的安达卢西亚港口有了一席之地，虽然后来的尼德兰起义破坏了法国与西属美洲的贸易活动。当时肥皂的销售量非常大，塞维利亚是著名的肥皂产地，其中，萨尔瓦多地区（这里原是塞维利亚的一座大教堂）盛产黑肥皂，地处塞维利亚港口西部的特里亚纳盛产白肥皂。

酒水是卡斯蒂利亚出口贸易的重要商品。16 世纪末，每年都有两万桶（约30万升）酒水横渡大西洋运到美洲。[31]酒水销量如此之大，其中一部分原因是新世界的印第安人喜爱品尝欧洲酿造的酒，虽然他们知道酒对身体的伤害很大。大部分酒水产自加那利群岛，历史学家费尔南德斯 · 德 · 奥维耶多（Fernández de Oviedo）说，同卡萨利亚的酒水一样，莫雷纳山的酒水实际上也是西班牙人手中的秘密武器。[32]当时产自赫雷斯 – 德拉弗龙特拉（Jerez de la Frontera）的雪利酒在新世界也颇受欢迎。新世界的殖民者打算在美洲打造以小麦、酒水及橄榄油为主要特色的新地中海文化。[33]这一时期，印第安人对油和酒水的需求很大，这也是 16 世纪油和酒水的产量大幅增长的原因。

16 世纪 50 年代，塞维利亚的巴托洛梅 · 德 · 梅迪纳采用“汞齐法”提炼白银，提炼过程离不开水银，自此以后，水银在白银生产中起着必不可少的作用。“汞齐法”一直沿用到20世纪。此前，来自德意志地区的梅斯·洛伦佐（Maese Lorenzo）到过西班牙中南部雷阿尔城附近的阿尔马登汞矿，他向西班牙王室申请将“汞齐法”介绍到新西班牙，但遭到了拒绝，梅迪纳就是向他学习了“汞齐法”。

几名西班牙官员给国王卡洛斯一世写信，向他介绍了梅迪纳想在新西班牙率先运用“汞齐法”的想法。[34]巴伦西亚人莫森·安东尼奥·博泰拉（Mosen Antonio Boteller）声称自己早先就曾运用过“汞齐法”，但他的说法并未获得认可，[35]王室之后特许梅迪纳率先在新西班牙使用“汞齐法”。

腓力二世决定让势力庞大、精明能干的富格尔家族负责将水银分发到新世界，毕竟富格尔家族控制着阿尔马登的好几座汞矿。虽然数十年前水银就为人所知，但直到16世纪50年代人们才意识到水银在白银生产中的重要作用。1563年，克里斯托瓦尔·埃尔南签署了第一份保证水银供应的协议，此后，王室在阿尔马登汞矿的工作由一大批承包商负责。[36]接管汞矿的都是塞维利亚人，但他们的名字却通常都是热那亚人的名字，例如森图里翁或菲耶斯科（Fiesco）。随后成箱的水银开始运往新世界，每箱重50.8千克，运费每箱高达500马拉韦尔迪。

秘鲁万卡韦利卡开采的硫化汞（汞和硫化合而成的亮红色矿石）稳定供应着波托西银矿所需的水银，万卡韦利卡离波托西较近（虽然两地之间的直线距离有804千米）。人们也从硫化汞中提炼朱砂作为染料，当时越来越多的艺术家开始用朱砂修饰人脸部的红晕。

恩里克 · 加尔塞斯（Enrique Garcés）去过新西班牙，1563 年他目睹了帕拉斯地区的托马卡（Tomaca）矿和瓦克亚（Huacoya）矿开采汞矿的全过程。这两座矿海拔 1.1 万英尺（约 3.3 千米），来自埃斯特雷马杜拉的征服者阿马多尔 · 德 · 卡夫雷拉（Amador de Cabrera）发现了它们。[37]

从 1570 年起，托莱多总督就坚持说波托西和万卡韦利卡应当成为新西班牙经济的重要支柱。他想尽办法把万卡韦利卡纳为王室名下的财产，让这里主要的采矿者卡夫雷拉把四分之一的收益上交西班牙王室，在当时，一般而言，上交五分之一的收益即可。

1569 年时，秘鲁万卡韦利卡一年的水银产量达 15.7 吨，而西班牙阿尔马登的水银产量更高达 86 吨。此后水银的产量大幅增长，到 1578 年时，万卡韦利卡的水银产量已经可以为波托西银矿提供充足的供应了。

新西班牙白银生产使用的水银有五分之一产自秘鲁，汞矿一直沿太平洋沿岸分布到阿卡普尔科。从 16 世纪 60 年代格拉西安 · 德 · 巴尔克拉（Gracian de Valcola）的汞矿使用情况判断，他应该拥有着当时新西班牙规模最大的汞矿，每年生产的汞矿高达 10 多吨。[38]

波托西地处今玻利维亚高原，是每个殖民者梦寐以求的地方。波托西的银矿山海拔将近 1.6 万英尺（约 4.87 千米），正如我们之前提到的，[39] 早在 1545 年西班牙殖民者就发现了波托西银矿。在发现后的头 20 年里，波托西的矿石中银矿含量丰富，矿石品位较高，因而只需简单熔炼就可以提炼出白银，后来也采用了“汞齐法”提炼白银。当时国王卡洛斯一世称波托西为“帝国之城”，他准许波托西的第一批武器涂上如下字样：“我是富庶的波托西，是世界之宝，是众王之妒。”[40]

1572年，托莱多总督来到波托西召集矿主开会讨论建设水力磨矿厂等事宜，并颁布条例，规定不得因债务原因拘禁采矿者。波托西很快就会成为南美最大的城市，世界各地的寻宝者（人们戏称他们为“寻宝者”）蜂拥而至寻找白银，他们坚信自己一定能找到，这些寻宝者当中西班牙人居多。塞万提斯创作《堂吉诃德》（1605年出版）时，“波托西”一词（在《堂吉诃德》里出现了2次）已经成了“财富”的代名词。1556年1月，为庆祝腓力二世即位，波托西举办了一场规模盛大的庆祝活动，活动持续了24天。

1598年腓力离世时，波托西已经有36所赌场、1家剧院、14所舞厅、8座教堂。喷泉口喷着酒水，类似于啤酒的奇查酒（*chicha*）种类繁多。这里还有很多家妓院，风尘女子更是数不胜数。[41]波托西开始修建大型水库，为居民提供优质清洁的水资源。一年一度在波托西举办的商品展销会规模盛大，交易品类繁多，包括丝绸、兵剑、铁器、亚麻、绸缎、奴隶、骡马。1956年，阿根廷经济史学家劳尔·莫利纳（Raúl Molina）写道，路过布宜诺斯艾利斯的走私贸易“有且只有一个目的：抵达波托西，这里是西班牙的商业圣地……是美洲的撒马尔罕”。[42]

殖民地政府强制数百英里以内的印第安人到波托西银矿做苦力，大量印第安人在此丧生，多明我会修士多明戈·德·桑托·托马斯（Domingo de Santo Tomás）把波托西比作“地狱之门”[43]。尽管如此，印第安人还是在这里做着苦力。总督托莱多设立了管理印第安人的机构，建立了“米达制”，强制一定数量的印第安人必须在特定时间段内在银矿劳动。米达制持续推行了近两个世纪，实际上直到 18 世纪才得以废除。

1492 年新大陆发现后，黄金很快便开始从新世界流入西班牙。到腓力二世即位时，黄金这类贵金属贸易相对而言变得不那么重要了，白银的重要性日益凸显——大型船队满载着白银回到了西班牙。1580 年，腓力国王的私人秘书胡安 · 德 · 伊迪亚克斯（Juan de Idiáquez）给枢机主教格兰维尔写信说："腓力国王说得对，从来没有一位神圣罗马帝国的皇帝像他一样积聚了如此之多的财富。"[44] 按理说，这些贵金属不应外流到西班牙以外的国家，但还是外流了，要么是通过商人的商业活动非法外流，要么是通过进口小麦或支付战争费用合法地外流。1580—1626 年，逾 1.1 万吨的贵金属运进了塞维利亚，其中 2500 吨流入了尼德兰，800 吨流入了意大利。

财富是难以估量的。在利马，拥有 1100 万马拉韦尔迪的人可谓是富人，但在新西班牙，这一标准则要低很多——大约拥有 700 万马拉韦尔迪算得上是富人了。在塞维利亚，拥有 1500 万马拉韦尔迪的人才称得上是有钱人，梅迪纳 - 德尔坎波的商人西蒙 · 鲁伊斯的资产远不止这个数，据说他的资产达 1.36 亿马拉韦尔迪。[45] 比鲁伊斯更为富有的是豪尔赫斯（Jorges）家族，该家族资产达 1.83 亿马拉韦尔迪。豪尔赫斯家族销往新世界的主要产品是卡萨利亚（Cazalla）人葡萄园生产的葡萄酒，卡萨利亚地处西班牙西南部的莫雷纳山；此外，该家族在瓜迪斯和格拉纳达哈恩省的阿拉梅迪利亚还有一座大型橄榄树农场。[46]

在不受束缚的自由环境下，银行开始在新世界运营，这种自由运营的氛围一直持续到了 1576 年艾比诺萨银行（Epinosa banks）和摩根银行（Morga banks）倒闭，这两家银行总部都位于塞维利亚（艾比诺萨银行的债务高达7.5亿达克特，摩根银行的债务达4.5亿达克特）。两家银行之所以会倒闭，是因为腓力二世1575年暂停偿付债务，此前腓力二世庞大的官僚机构维持了很长一段时间的财政赤字。此后，银行业迎来了垄断时代，银行体系由一两个大人物主导：最先主导银行体系的是胡安·奥尔特加·德拉·托雷（Juan Ortega de la Torre），其次是迭戈·德·阿尔武凯克（Diego de Alburquerque），到16世纪80年代控制银行体系的是米格尔·兰比亚斯（Miguel Lambias）。其后继者是巴尔塔萨·戈麦斯·德·阿吉拉尔（Baltasar Gómez de Aguilar）和阿隆索·佩雷斯·德·萨拉萨尔（Alonso Pérez de Salazar），接下来是贡萨洛·德·萨拉萨尔和胡安·德·卡尔莫纳（Juan de Carmona），到17世纪早期，主导银行体系的是亚当·比瓦尔多（Adam Vivaldo）。大多数商人会选择把钱存放在一两家银行，而不是放在家中。布罗代尔认为，“私人银行之所以会倒闭，原因在于这些银行经常把客户的钱用于商业周转，而周转周期又相当漫长。遇有紧急情况，银行根本无力在短短几天之内把钱支付给储户，因为这些钱还在‘周转途中’”[47]。1576年，佛兰德斯人彼得·凡·欧德加斯特（Peter van Oudegherste）曾劝说腓力二世成立国家银行，但腓力拒绝了。

到1600年时，主导美洲金融业的是布尔戈斯人，热那亚人与他们比起来都相形见绌。在美洲活跃的布尔戈斯人主要有伊斯拉（de Isla）家族，该家族连续数代活跃于美洲的商贸活动，此外还有马伦达（Maluenda）家族、科林德雷斯（Colindres）家族及努涅斯（Núñeze）家族。巴斯克人也相对活跃，但仅限于小范围内的活跃。当时，西班牙能积聚财富还得益于新币种“八片币”（piece of eight）的发行。“八片币”铸造于卡斯蒂利亚，外形小巧，采用美洲白银铸成，16 世纪下半叶通行于整个地中海贸易领域。

16 世纪时，在西班牙美洲帝国境内讨论任何商业话题，最后都会落到贩卖非洲黑奴的问题上。从 15 世纪 40 年代起，一心想淘金的商人早已开始从西非贩卖奴隶到葡萄牙。[48]1510 年，斐迪南二世首次提出与商人签订奴隶贸易协议，1518 年他的外孙卡洛斯一世也提议签署奴隶贸易协定。[49] 此后，西班牙王室同各色商人签订了一系列协议，每个商人在奴隶贸易中都享有不同的权利，可以通过不同的方式进行奴隶贸易。

起初，他们贩卖的非洲奴隶主要来自佛得角群岛，到后来，越来越多的奴隶来自几内亚和圣多美，但这些地方都是奴隶贸易的中转站，实际上这些奴隶来自喀麦隆和刚果地区。17 世纪，安哥拉成为西班牙和葡萄牙奴隶贸易的主要中心。大量载有奴隶的木筏沿着非洲河流逆流而上，目的地越远，奴隶遭受的苦楚自然也就更多，例如运往秘鲁的奴隶得乘船穿过巴拿马地峡，再沿着太平洋海岸一路南下。开往新西班牙首府的运奴船先要到达新西班牙加勒比海岸的韦拉克鲁斯港，再辗转北上运往墨西哥城，奴隶在途中受尽坎坷和折磨，而那些被运往卡塔赫纳、圣多明各和古巴的奴隶经历的旅程稍短一些，所受折磨也相对较少。

16 世纪 70 年代，西班牙港口、西班牙商人面临着来自葡萄牙商人施加的巨大压力，后者从事奴隶贸易已有百年。佩德罗 · 德 · 劳伦哈（Pedro de Loronha）、贝尼托 · 巴埃斯（Benito Báez）和戈麦斯 · 德 · 阿科斯塔（Gómez de Acosta）要求政府特许其贩卖 1650 名奴隶。自 1580 年西葡合并以来，来自葡萄牙商人的压力有增无减。腓力答应每年可以从葡萄牙港口向西班牙帝国运输 300—750 名奴隶。当时最大的奴隶贸易商是佩德罗 · 戈麦斯 · 赖内尔（Pedro Gómez Reinel），一个有权有势的葡萄牙人，在 1595 年之后的 9 年时间里，赖内尔总共向葡萄牙和美洲运输了近 4 万名奴隶，即每年运输约 4500 名奴隶。[50]

16 世纪的西班牙物价普遍飞涨，所有与西班牙有贸易往来的国家也因此深受其苦。当时人都对物价猛涨感到十分意外，但却从没有人对此进行过解释。当时人猜测物价上涨部分是因为美洲贵金属流入了欧洲，美国著名学者厄尔 · J. 汉密尔顿（Earl J. Hamilton）也在他 1934 年完成的著作《美洲财富与西班牙价格革命（1501—1650 年）》（*American Treasure and the Price Revolution in Spain, 1501—1650*）[51] 中提出了类似观点。1937 年，意大利经济史家路易吉 · 伊诺第（Luigi Einaudi）做出了惊人的统计：1571—1598 年间，物价总共上涨了 627%，其中 300% 的上涨幅度要归因于贵金属的流入。[52]

1559 年 4 月 2 日至 4 月 3 日《卡托－康布雷奇和约》签订时的场景。
法王亨利二世（1519—1559）与西班牙国王腓力二世（1527—1598）正在相互拥抱

1559 年 6 月 30 日，法王亨利与新教徒加布里埃尔·德·蒙哥马利骑士在巴黎圣安东尼奥大道进行骑马比武大赛。亨利不幸身受重伤，10 天后崩逝

35 岁的腓力二世的画像。画像创作于 1565 年，由来自克雷莫纳的意大利画家索福尼斯巴・安圭索拉（Sofonisba Anguissola）创作，她从 1565 年起就成了西班牙王室画家

腓力是地地道道的欧洲人：他的妻子有来自葡萄牙的玛丽亚·曼努埃尔［左上，画作由安东尼斯·莫尔（Anthonis Mor）于1550年左右创作］，有来自英格兰的玛丽·都铎（右上，由安东尼斯·莫尔于1554年创作），有来自法国的伊丽莎白·德·瓦卢瓦（左下，由阿隆索·桑切斯·科埃略于1570年创作），还有来自奥地利的安娜（右下，由索福尼斯巴·安圭索拉于1573年创作）

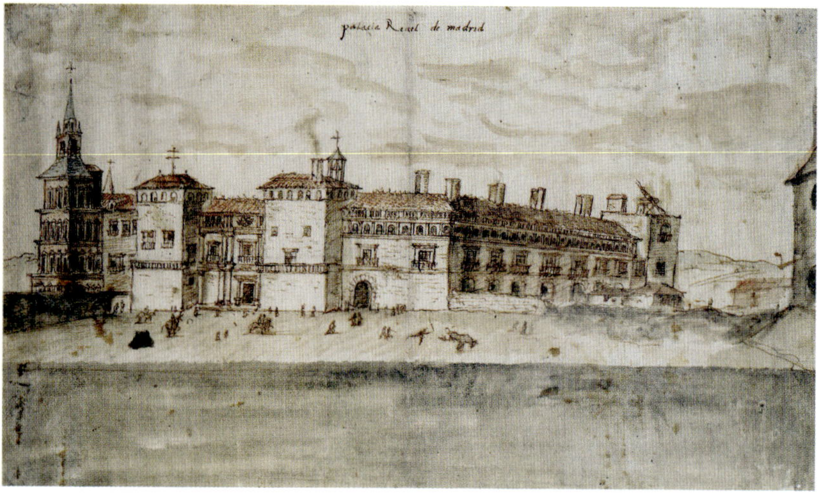

马德里的旧皇家城堡，该城堡由摩尔人建造，1734 年被焚毁，在此之前城堡的规模一直不断在扩大。画作由安东・凡登・温加尔德（Anton van den Wyngaerde）创作于 1569 年

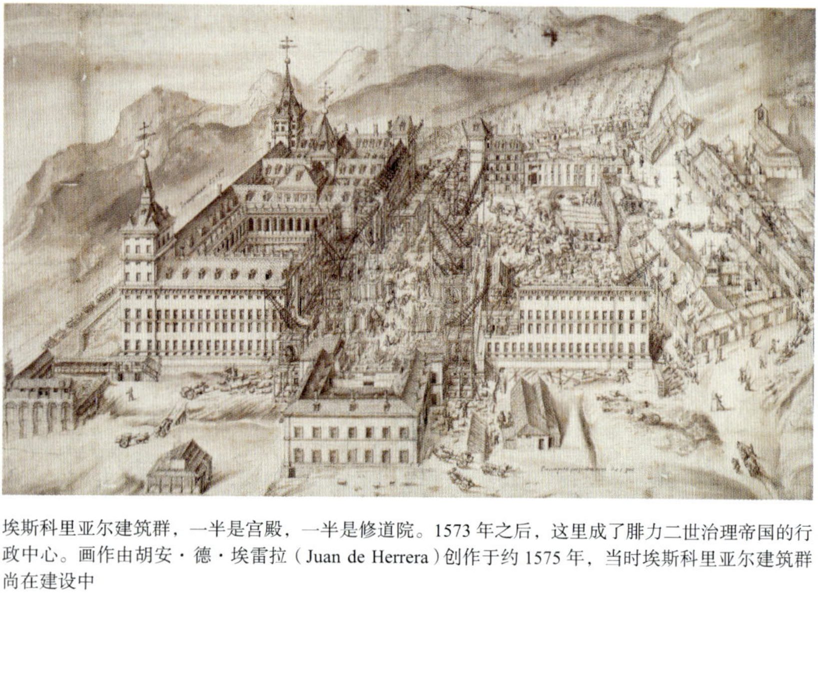

埃斯科里亚尔建筑群，一半是宫殿，一半是修道院。1573 年之后，这里成了腓力二世治理帝国的行政中心。画作由胡安・德・埃雷拉（Juan de Herrera）创作于约 1575 年，当时埃斯科里亚尔建筑群尚在建设中

奥地利的约翰。腓力二世同父异母的弟弟，查理五世的私生子。1571 年取得勒班陀战役的胜利

阿尔瓦公爵，腓力二世手下的得力大将，也是其军事心腹。画作由提香创作

弗朗西斯科·德·托莱多，16 世纪最有权势的秘鲁总督

加斯帕·德·祖尼加－阿塞维多，蒙特雷伯爵，1595—1603 年间担任新西班牙总督

马丁·恩里克斯·德·阿尔曼萨，一位血统高贵、睿智温和的贵族，曾先后担任新西班牙总督（1568—1580）和秘鲁总督（1581—1583）

小路易斯·德·贝拉斯科，新西班牙总督路易斯·德·贝拉斯科之子，曾两次担任新西班牙总督（1590—1595,1607—1611），还曾担任秘鲁总督（1596—1604），并于 1611 年担任西印度院主席

新西班牙总督老路易斯·德·贝拉斯科与蒙图法大主教正在参加墨西哥城第一座大教堂的奠基仪式。这二人是墨西哥城的最高统治者。一位佚名画家在 1562 年捕捉到了这一画面，随手画了下来

墨西哥现存的大教堂，始建于 1573 年，落成于 1667 年

位于尤卡坦半岛上的奇琴伊察。神庙和金字塔在古玛雅人和墨西哥人的宗教信仰中占有重要的一席之地

基多的方济各会修道院，由来自布拉班特的方济各会修士霍多科·里克·德·马塞利尔（Jodoco Ricke de Marseler）主持修建，是南美洲第一座基督教堂。始建于 1535 年，70 年后方才竣工

波托西，位于今玻利维亚，城市环抱一座银矿山而建

波托韦洛的防御工事，工事位于今巴拿马境内。在长达数百年的时间里，波托韦洛一直是西班牙帝国在加勒比海域最重要的港口，秘鲁、波托西的所有货物由此运往各地

阿隆索·埃尔西利亚画像，埃尔·格列柯（El Greco）约于1577年创作。埃尔西利亚创作的史诗气势雄伟，描写了16世纪50年代末西班牙征服者远征智利的历史

圣母及其子。耶稣会画家贝尔纳多·比蒂创作。比蒂出生于卡梅里诺（安科纳），于1575年前往新世界，后活跃于秘鲁、波托西、拉巴斯、利马及库斯科

画作描绘了罗耀拉家族成员与印加公主之间的联姻，这场联姻可谓意义非凡。（罗耀拉的）圣依纳爵是罗耀拉家族的一名成员。这位印加公主也是最后一位显赫的秘鲁王室成员

玉米是印第安人的主食，图为阿兹特克人在玄武岩上雕刻的玉米，生动形象

尼古丁（烟草），印第安的农作物之一。尼古丁在过去长达 450 年的时间里给欧洲人带去了偌大的享受

马铃薯，这是新世界出产的伟大蔬菜，它的块茎可以食用，极大地改变了人类的饮食结构

新世界重点发展农业和纺织业。图为一份 16 世纪用西班牙文和纳瓦特尔文写作的手稿，描绘了印第安人在西班牙人的监视下进行农耕劳作和纺织棉布的场景

寻找黄金是西班牙征服新世界的主要动机之一。画中一名印第安人正在为西班牙人制造美观、昂贵的黄金制
该画作选自贝尔纳迪诺·德·萨阿贡修订的《佛罗伦萨药典》（约 1540—1585）

第一代西班牙征服者命印第安人把甘蔗化成糖浆。加勒比海地区首先采用了这种制糖工艺，但至1590年时，巴西成为最大的蔗糖制造区

西班牙人在惩治敌人时，最喜欢将他们扔进狗群。“嗾群狗咬”（*aperrear*）一词描述的就是这种场景

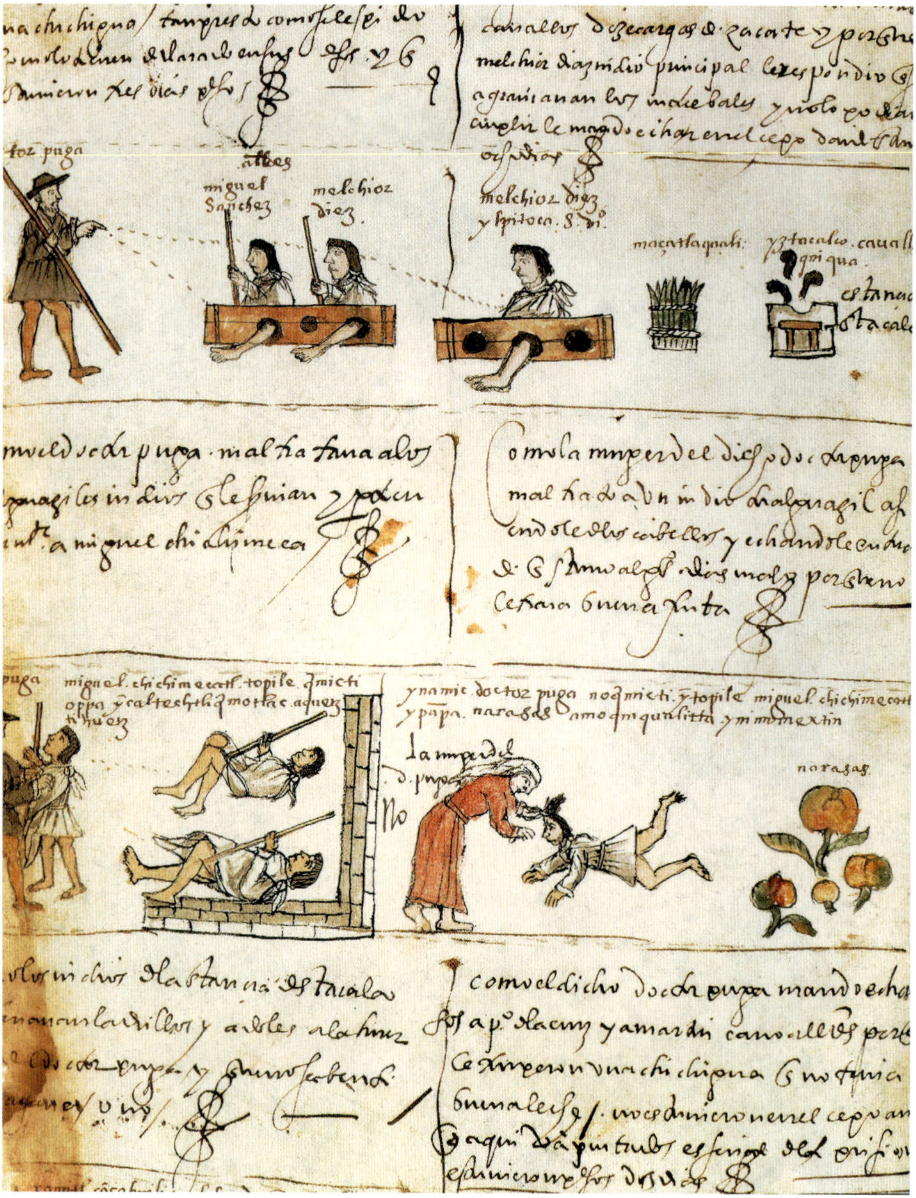

西班牙殖民者酷爱用枷刑、鞭刑惩罚自己的印第安仆人和奴隶。在 1563—1565 年间，“总视察官 ”杰赫罗尼莫 · 德 · 巴尔德拉马报告了包括枷刑、鞭刑在内的多种刑罚，以此作为抨击总督老路易斯 · 德 · 贝拉斯科的证据

第二十一章

海盗与掠夺

在2万个日日夜夜里，他孜孜不倦地读着一本书，即《查理大帝和十二圣骑士》。

——玛丽亚·卡迪利亚·德·马丁内斯，《波多黎各流行诗》(1933年)，引自胡安·阿方索·卡里索的《阿根廷传统诗歌里的中世纪西班牙背景》(*Antecedentes hispano-mediaevales de la poesía tradicional argentina*)，布宜诺斯艾利斯，1945年，第79页

腓力二世统治的前12年里，非法贸易远比海盗猖獗，但到了1568年之后，西班牙的海船频频遭到邻国打劫。英国人经常攻击开往尼德兰的比斯开帆船（一种小型海船），这些帆船载满了新世界生产的白银。从16世纪80年代起，西班牙就把贵金属贮存在里斯本，兑换成汇票，以此躲避海盗的劫掠。有时，西班牙也选择借道法国运输白银。1572年，经法国政府许可，装有50万达克特白银、黄金的西班牙运输船借道法国开往尼德兰，驻扎在那里的西班牙士兵正等着这批军饷呢。西班牙后来最青睐的一条运输路线是从巴塞罗那到热那亚。从美洲运回的白银、黄金有时继续北上运到尼德兰，

有时则留在意大利，支付西班牙在热那亚、佛罗伦萨和米兰的债务。热那亚当时是最主要的白银结算中心。[1] 每年通常有 1000 万达克特金银币送抵西班牙，其中，600 万要运至国外，这里面一半是由国王支付出去的，剩下的经由私人运出；其余 400 万有的走私外流，有的留在了西班牙国内。[2]1573 年，弗朗西斯 · 德雷克船长在巴拿马附近从一支骡车队那里劫掠了黄金和白银，就在几年前，德雷克船队曾在韦拉克鲁斯港被恩里克斯的军队摧毁，他本人则狼狈逃回了英国。20 多年来西班牙不断遭到诸如此类的抢劫，但只有 1573 年的这一次抢劫给西班牙造成了严重损失。[3]

1578 年，沃尔特 · 雷利同母异父的哥哥、德文郡的汉弗莱 · 吉尔伯特（Humphrey Gilbert）说服了伊丽莎白女王同意他去北美北部“寻找遥远的由异教徒统治的野蛮之地”。但 1583 年他在一场风暴中失踪了，据编年史家理查德 · 哈克卢特记载，他最后的遗言是“我们来到了天堂附近，临海毗陆”。[4]

1585 年，德雷克率领 22 艘船从普利茅斯起航，驶向西班牙统治的加勒比海域。这次远航实际是一场大规模的军事行动。1586 年，德雷克率领的船队洗劫了圣多明各和卡塔赫纳（位于今哥伦比亚）。西班牙立即增援哈瓦那，封锁了哈瓦那港入口。德雷克的船员患了热带疾病，于是他们一行被困在了海湾。德雷克迅速在哈瓦那西部的圣安东尼奥角登陆，他告诉部下，除非有十足的把握，否则他不会轻易进攻哈瓦那港。英国人就这样放弃了进攻哈瓦那的计划。

从 1588 年无敌舰队战败到 1598 年腓力二世去世，再到 1603 年伊丽莎白女王去世，在此期间，英国水手多次劫掠西班牙船队或在西班牙属地上四处打劫。在 1589 年到 1591 年间，英国船队在西班牙海岸、葡萄牙海岸、亚速尔群岛及加勒比海岸进行了不下 235 次的私掠巡航。在大西洋，私掠船通常只有一两艘，但在加勒比海，英国海盗——实际上他们的确是海盗——通常成群出现，他们有 4 艘或更多的“随航船”或“同路人”，他们当时就以这样的外号而闻名。[5]

大多数海盗船都是承重 50 吨至 100 吨的商船、“平底船”，通常装有 3 种船桅，包括一支前桅帆，一支前桅中帆，一支主帆和一支主中帆，还有一支大三角后桅帆。[6] 每艘船通常配有 4 支枪（一支“迷你枪”，就是一种小型枪支，还有 3 支猎枪或小型加农炮，每台加农炮装有 2—4 磅弹药），船上可能有 40 名船员。抛去武器弹药的成本，单单是建造这样一艘海盗船就可能需要 300 英镑。此外，有些船上的船员可能还要携带毛瑟枪和矛枪。还有一些小型船只，比如承重 50 吨的轻型帆船[7]，船上只有桨和帆，通常需要 20—25 名海上劫掠经验十分丰富的桨手。

海盗船经常从布里斯托尔起航，有些也从德文郡起航，但大多数是从主港伦敦起航的。这些船只有时为几个人共同所有，比如 1595 年的“玫瑰狮号”为 8 个人共同所有。船上的食物甚至可以维系数月之久，有时够吃一年。

有些船的船体相当庞大，可以承重 350 吨，挂有 6 张帆，装配有 6 支枪，战斗力一点儿都不逊于女王的船队，组装一艘这样的船要花费4000—5000英镑。这些大型帆船主要在西印度地区进行抢劫，也会在西非和地中海地区劫掠，有时还会参与海上军事行动，比如，在 1586 年德雷克抢劫卡塔赫纳、1587 年抢劫加的斯的军事行动中都能见到私掠船的身影。私掠船可能也配备着火枪、中型加农炮、猎枪等少量武器。[8]

私船劫掠实际上是半官方性质的活动，海军上将（当时英国的海军上将仍然是霍华德勋爵，他曾指挥船队与无敌舰队交战）有权分享十分之一的战利品。俘获西班牙船只后，英国船长通常会按每船 3000 英镑的标准给海军上将分红。[9]

有些私人战船则归大人物所有，其中的佼佼者要数英国海军上将霍华德勋爵、坎伯兰伯爵和沃尔特·雷利爵士。英国人从抢劫中获利甚丰，后来著名的东印度公司第一批骨干就来自这群在西印度四处打劫的海盗，其中包括约翰·摩尔（John More）、保罗·贝英（Paul Baying）、托马斯·科代尔（Thomas Cordel）、托马斯·麦得顿（Thomas Myddleton）、约翰·沃茨（John Watts）、克里斯托弗·纽波特（Christopher Newport）及兰开斯特船长（Captain Lancaster），约翰·沃茨的战利品多达 4 万英镑。

在绝大多数航行中，私掠船上通常都有一名熟悉加勒比海海况的领航员。船上通常都会安排军舰副官、大副、炮长、事务长、木匠、外科医生、水手长、厨师、管家、箍桶匠、号兵、军需官各 1 名，配备这么多人员是因为综合考虑到航行中可能会出现人员伤亡，当然还有可能缴获战利品。

和所有的户外行动一样，私掠巡航也会选择在特定的季节出发。船长一般选择在 3 月和 4 月离开英国，然后乔装成西班牙商船朝着加那利群岛向南驶去，乘着信风驶向多米尼克、波多黎各和伊斯帕尼奥拉岛。接下来他们便朝着美丽的加勒比海诸岛驶去，那里有广袤的牧牛场，有制糖厂，而且港口没有设置任何防御。皮革是他们的主要战利品，数量甚至超过了贵金属。除牛皮外，他们还抢劫甘蔗、白银、黄金、珍珠、胭脂虫、洋苏木、香脂及姜。此外，他们还会抢劫木薯面包、猪肉、乌龟，但通常情况下这种小战利品会被船员就地吃掉，不会带回英国。

私掠船可能会穿过向风海峡朝着西班牙在牙买加的殖民地驶去，然后再驶往洪都拉斯，最后可能会停泊在盛产珍珠的玛格丽塔岛沿岸。玛格丽塔岛有很多可供掠夺的战利品，在宽阔的海面上打劫几艘西班牙船只是轻而易举的事，在海岸附近也有很多小型船只遭到抢劫。如果船上的战利品值得抢劫一番的话，这些英国船员势必会来打劫，他们会把船上的西班牙水手撂在岸上，带一两个人随他们离开，让他们在英国海事高级法庭前作证说，这是他们的战利品。他们经常会不定期地抢劫农场和港口，这里的印第安人一般会同海盗达成协议，交纳罚金或送交一定数量的牛皮即可平安无事。印第安人也常常会预测海盗什么时候来抢劫，在海盗到来之前，村民会把所有能带走的物品和钱财都带走，迅速撤离到附近的山里。

所有船长都知道，为避免遭遇飓风，船队最好在 8 月底之前驶离佛罗里达海湾。装备精良的西班牙商船队在六七月份会在哈瓦那聚集，私掠船也会小心翼翼地避开这些商船。英国私掠船很少会攻击哈瓦那和韦拉克鲁斯这样的大港，他们的小型私掠船队往往活跃在圣地亚哥港、圣多明各的阿苏阿港。当地人从来都不知道英国海盗的下一个攻击目标是哪里，也不知道海面上会突然出现多少艘英国海盗船。

为了从西班牙本土得到更多的军事支持等各方面的保护，殖民地官员经常夸大英国海盗对西班牙本土的威胁。西班牙王室的主要目标是保护大型商船的运输干线不受侵扰，他们在这方面做得颇有成效。

到1580年时，西属加勒比群岛周边的大型港口已经修建了防御工事，包括波多黎各的圣胡安港，古巴的哈瓦那港和新格拉纳达北海岸的卡塔赫纳港。这些防御工事由意大利人包蒂斯塔·安东内利（Bautista Antonelli）主持修建，他是在西班牙开始了他漫长的堡垒建筑生涯的——他在西班牙的卡塔赫纳、巴伦西亚、纳瓦拉修筑过防御工事，还在阿尔及利亚的奥兰主持过防御工事的修建工作。1581年，安东内利去了美洲，为卡塔赫纳岛、巴拿马、哈瓦那修建了新的防御工事，后来又在新西班牙的太平洋沿岸一带为圣胡安－德乌卢阿、波托韦洛（Portobello）、圣胡安－德波多黎各修筑了防御工事。西班牙帝国的小型港口如圣多明各的阿苏阿港、古巴的圣地亚哥港仍未设防，但大型港口因为有了安东内利修筑的防御工事基本已经免于英国海盗的攻击了。[10]

截获西班牙船只后，海盗会把抢来的船货堆放在甲板上靠近主桅杆的地方，然后分给船员。通常，西班牙船长的船长柜（sea chest）归海盗船船长所有，其余的海盗则根据既定规则和资历瓜分战利品，比如，炮长得到的就是西班牙炮手的财产和船上的二等枪。一般说来，船员并不领取薪水，他们期待的报酬就是劫掠的战利品。

上述瓜分战利品的规则在实际操作中千变万化，也经常被搁置一旁置之不理。在登上西班牙船只的激战中，每一个水手作战的时候想的都只是他自己。船上也经常发生叛变、打斗和骚乱，最和平的解决方式是船员同意把自己的战利品卖给军需官或船长。倘若战利品当中有酒的话，船员便会喝得烂醉如泥。1595年，哈瓦那的一名船长胡安·德·特克斯达（Juan de Texeda）十分明智地开除了几名酗酒的船员。[11]

英国“海盗船”（自16世纪30年代起，西班牙人就是这么称呼这些英国船的）对西班牙的威胁变得日益严峻，1595年10月，圣多明各司库迭戈·德·伊瓦拉（Diego de Ybarra）写道，过去4年里，英国海盗船已经数不胜数，频频出击，把这里当作了自家领地：

> 海盗船来来往往，随时出没在我们的视线范围内。再这样下去的话，这座岛屿上的人口数量就会急剧减少，或者我们就得被迫与它们进行贸易往来，而不是与西班牙……它们安然入侵，再找到中间商讨价还价……为免再遭受来自这些海盗的破坏，只能把它们从海上驱逐出去，这项任务只能由陛下的船队来完成，我们恳求陛下立即派船队驱逐它们。[12]

实际上，在16世纪末，西班牙就感到必须从伊斯帕尼奥拉岛的西北部撤离，把雅瓜那（150户人家）、巴亚贝及普拉塔迁到伊斯帕尼奥拉岛的南部。伊斯帕尼奥拉岛西部和西北部就此成为海盗的地盘，17世纪时，法国人侵入了这里，到1780年时，这里成了巴黎人熟知的“佩鲁”（Pérou），又在日后成为法国的富庶殖民地圣多明各。[13] 玛格丽塔岛和岛上繁荣的珍珠贸易一并被西班牙人遗弃、遗忘了。

整个16世纪80年代和90年代，英国海盗继续四处打劫。英国海盗船中的佼佼者是“德雷克号”，船主是约翰·沃茨，他还是“考察者号”的船主之一。此外，还有罗伯特·亚伯拉罕（Robert Abraham）的“黑狗号”（*The Black Dog*）、约翰·奇德雷（John Chidley）的3艘帆船，分别是“野人号”（*The Wilde Man*）、“白狮号”（*The White Lion*）、“布里斯托尔之乐号”（*The Delight of Bristol*），其中最后一艘船的投资人是伊丽莎白女王的表哥哈德逊男爵，伊丽莎白本人也赞助过这些海盗。1591 年，至少有 11 艘英国海盗船在加勒比海诸岛蓄意捣乱，其中 5 艘属于约翰 · 沃茨，3 艘属于哈德逊男爵，另外 2 艘归伦敦的一群商人共同所有，沃尔特 · 雷利爵士持有该团体的股份。1592 年，克里斯托弗 · 纽波特的 4 艘海盗船不断地给西班牙人制造麻烦。此外，还有约翰 · 伯格（John Burgh）爵士，他是爱尔兰副总督、伯格男爵的弟弟，参与攻打了几内亚、特立尼达岛和玛格丽塔岛。

有一份报告特别提到，1593 年有 2 艘英国海盗船和 2 只小帆船抵达圣多明各的雅瓜那港。海盗上岸后径直来到了雅瓜那市政议员格雷戈里奥 · 德 · 阿亚拉（Gregorio de Ayala）的制糖厂，烧毁了糖厂的木结构教堂和洗糖（sugar-purging）作坊，还烧毁了奴隶住的小屋和衣物，抢走了糖品和兽皮，夺走了制糖用的铜质器具，带走了所有的椅子和家具。他们绑架了这里的一名黑奴，让他写信给阿亚拉，威胁阿亚拉用 6000 达克特赎回还没有烧毁的东西，例如糖厂的甘蔗和糖厂建筑。后来，糖厂居民给腓力二世写信，请求他从圣多明各海岸附近的皇家舰队抽调 2 支船队驻扎在这里。至于腓力二世是否回信了或是如何回复的，我们不得而知。

塞维利亚人赫罗尼莫 · 桑切斯 · 德 · 卡兰萨（Gerónimo Sánchez de Carranza）* 的一份报告也给我们留下了类似的印象：

---

* 1589 年到 1594 年间担任洪都拉斯都督，也是一名击剑大师，从细节上对击剑术做了很多改良。——原注

敌人知道这些港口防御薄弱，甚至连小小的轻帆船也抵御不了之后，便无所畏惧了。今年，一艘承重60吨的双桅船（这是一种外形粗陋的船只，靠桨和帆共同驱动）和一艘承重250吨的大船出现在海面上，后面还有3艘轻帆船跟随，所有船只都载有武器和弹药，装备精良。这几艘船对着迭戈·拉米雷斯（Diego Ramírez）指挥的旗舰开火了。虽然拉米雷斯和另外5艘船上的船员英勇抗敌，但寡不敌众，而且船上伤病员居多，最后敌军（英国人）俘虏了所有人，夺走了旗舰，把其余船只上最珍贵的货物装运到了旗舰上。拉米雷斯在船上没留下任何武器和船帆，所以英国人没法在今年把船开到别处。在我给阁下写完上述这些话后（1594年4月25日），哨兵就释放了烟雾信号，表示他看到了大型船只，而此时我正因发烧卧病在床，5天前还受了伤，血流不止。等能看清那些船只的时候，我们才发现那似乎是英国的船只。我立即穿好衣服，命人用椅子把我抬到了海滩。之后我让人牵来骡子，紧急有序地组织居民和商人赶紧带着钱财和珍贵的货物逃离市镇。之后我命人贴出公告，不来抵抗的以死罪论处。但最后只有20人……响应。他们带来的5把火绳枪里既没有火药，也没有子弹。尽管如此，我还是把居民编成3个分队……部署开来，我的部下原本没有几个人，但现在看起来似乎有很多。虽然我发烧得越来越厉害，敌人也在对着市镇集中开火，但我依然没有离开海滩……大约在晚上6点钟，英国人登陆了，他们进到第一所房子后就发现里面没有钱财，居民也已经悄悄撤走了，于是便不再进攻，匆忙回到了船上。第二天，英国船长（克里斯托弗·纽波特）给我送来了一封信，信中说他很快俘获了船只，占领了市镇，命我赎回船只和市镇，不然就把它们付之一炬；他还要求我给他们提供补给。我回信说两周以前，一位叫兰顿的船长已经进攻并夺走了我的船只，但并没有烧毁市镇，因为焚毁遗弃的房子和船只是不合法的。我还说援兵已到，给我们带来了马匹等补给，如果他要冒险烧毁市镇就请来吧，我们会奋起抵抗。阁下，我敢向您保证，我得到的援兵只有一名，来自圣佩德罗……是他给我出的这个计谋，此外他还出了别的主意。我就是这样恐吓了这名英国船长，把他从港口驱逐了出去，他在港口所做的最严重的破坏就是烧毁了他开不走的船只……他没有得到一个子儿，空手离开了市镇。[14]

1595年，来自伦敦莱姆豪斯的迈克尔·吉尔（Michael Geare）船长在哈瓦那展开了一场更大规模的进攻。吉尔在哈瓦那市以东数英里的地方登陆，然后朝西行进，试图占领哈瓦那港。吉尔遇到了阻击，最后被迫承认战败。此战双方死伤无数。[15]

研究英国海盗史的杰出历史学家、已故学者肯尼思·安德鲁斯（Kenneth Andrews）教授评论道："虽然英国海盗贪婪卑劣，海盗船上的生活残酷不堪，他们有时也会虐囚，但还是应该承认，海盗鄙视懦弱和不忠，他们甘愿并肩面对劲敌。至少有些船长及其部下部分是出于民族情感和宗教情结而抢劫的。"毕竟，官方许可了海盗的抢劫行为。英国海盗四处劫掠既是出于罪恶的探险心理，也是出于英国对抗西班牙的对外政策所需。[16]

到17世纪时，法国探险家也在加勒比海和墨西哥湾（Spanish

Main）站稳了脚跟，他们和英国人一样，专事洗劫市镇、盗取糖品、武器、肉类及贵金属。令法国人十分高兴的是，他们占领了伊斯帕尼奥拉岛北岸附近的龟岛及古巴附近的松树岛。从1537年起，法国和西班牙就开始了在加勒比海的漫长战事，当时哈瓦那埃尔莫洛堡垒上的卫兵报告，一艘法国轻帆船正在哈瓦那港部战。第二天，古巴圣地亚哥都督、塞维利亚人贡萨洛·德·古兹曼报告说，一艘西班牙船只在新格拉纳达的查格雷斯河被法军俘获；自1511年古兹曼第一次跟随迭戈·贝拉斯凯兹来到这座岛屿后，他就再也没有离开过（他先前是圣多明各的第一批制糖商）。俘获西班牙船的法国船只似乎与出现在哈瓦那的是同一艘，西班牙舰队追击到了马里埃尔，要求对方投降。对此，法国船长的回答是"杀死将死之人，我们宁死不降"，然后立即掉头转回了哈瓦那，抢劫了载有墨西哥白银、腌肉、纸张的西班牙船只。最后，为防止哈瓦那港再遭进攻，西班牙在这里筑起了富华沙（Fuerza）堡垒。

后来又发生了海盗抢劫，1555年，法国著名海盗雅克·德·索瑞斯彻底洗劫了哈瓦那，在这座城市停留了一月有余。另一名叫吉约姆·梅里奥特（Guillaume Merriott）的法国海盗则专门抢劫小麦、葡萄酒、皮革和糖。

在历数这些著名海盗时，我们不应忘记大名鼎鼎的西班牙混血儿（穆拉托人）迭戈·格里约（Diego Grillo），他虽然是古巴人，却伙同荷兰海盗科尼利厄斯·约尔（Cornelius Jol）及他国海盗一道抢劫西班牙船队。格里约行事残暴的作风是从弗朗西斯·德雷克那里学来的。1572年，德雷克从巴拿马地峡迪奥斯港口的一艘西班牙船上俘虏了他，后来他陪同德雷克周游世界，之后便独自开始了自己辉煌的海盗生涯。他有时同英国人联手，有时又和法国人联手，偶尔还跟荷兰人联手。

毫无疑问，最危险的海盗当数荷兰海军上将皮特·海恩（Piet Heyn）。1628 年，海恩率领 21 艘船——共有水手 2300 名，士兵 1000 名——抢劫了西班牙的 21 艘商船，其中只有 2 艘战船。在这场浩劫中，西班牙损失了 400 万达克特金币，损失的白银达几百万弗罗林。西班牙舰队被困在了古巴北海岸的马坦萨斯海港，包括海军中将胡安·德·贝纳维德斯（Juan de Benavides）在内的指挥官后来均因玩忽职守罪被处决。对西班牙而言，这的确是一场悲剧，但这也是西班牙商船队唯一一次被海盗成功劫掠。[17]

第二十二章

帆船——狭窄的牢狱

一艘船就是一座狭窄坚实的牢狱，无人能从这里逃脱。

——托马斯·德拉·托雷的报告，约 1544 年

他们身后跟着一辆四轮马车，马车由四五匹马拉着，后面还跟着两个要跑断了腿的侍从。后来我们才知道，马车里坐着一位从比斯开湾来的妇人，她正赶往塞维利亚，她的丈夫在那儿得了份从塞维利亚前往美洲的肥差。

——米格尔·德·塞万提斯，《堂吉诃德》（1605 年），上卷，62 页

起初，往返于西班牙与新世界之间的船队并不需要护航。在 1580 年之前，西班牙一直称雄于整个大西洋，法国历史学家皮埃尔·肖尼（Pierre Chaunu）称 1580 年之前的大西洋是“塞维利亚的大西洋”[1]。尽管如此，早在 1521 年，西班牙船队驶离伊比利亚半岛时就有 5 艘巡逻舰为之护航，这支舰队名叫“补损舰队”（*armada de avería*）。西班牙政府有专门一项税收是用来支付护航费的。1525 年，西班牙海军护航的范围扩大到葡萄牙岛屿、亚速尔群岛，后来进一步扩展到了直布罗陀海峡附近的塔里法和加那利群岛。严谨的西班牙历史学家吉列尔莫·塞斯佩德斯·德尔·卡斯蒂略（Guillermo Céspedes del Castillo）说，当时的西班牙帝国规模空前，疆域无比广阔，海上护航变得十分有必要。[2]

在加勒比海和新世界并没有海军护航，但自16世纪30年代法国人开始在这里大肆劫掠以来，每当面临威胁时，港口居民就会逃到内陆腹地。他们也经常同入侵者协商，请求用赔款来换取安宁，这种习惯导致他们缺乏防卫意识。

我们已经提到，英国船队很快也和法国船队一样对西班牙构成了巨大威胁。然而，西班牙却反应迟钝，几乎没有什么钱可以用于海军护航，此前，任何一个国家都不曾面临如此巨大的困难，因此也没有先例可供参考。1558年时，国王卡洛斯一世在世时，西班牙王室的债务是700万达克特，但到了1574年，即腓力执政18年后，王室的债务已逾8000万达克特——债务剧增是因为王室严重超支，尤其是超额支出官员的薪俸。

很快，西班船队在航海中也有了“保护者”，即航行中几艘船结伴而行。[3]军舰也开始负责登记在加勒比沿岸一带停泊靠岸的船只，后来王室又给圣多明各派去了一支“迎风舰队”（*armada de barlovento*），由于船只数量有限，这支舰队在1557年才最终组建起来。不过从1554年起，建立一套常规的护航体系已是大势所趋，1561年到1564年间，西班牙有了稳固的、常规的护航体系。护航体系采用的是中世纪威尼斯商人前往东地中海时所用的防御战略。

驶往美洲的西班牙船舰吃水要比返航的浅很多（因为驶向美洲的船只载货极少）。为避免空舱而归，回航舰队经常会在船舱里装上大量廉价的热带货品。

西班牙舰队当中不仅有大帆船，还有轻快多桅小帆船（*caravelas*）、护卫舰、大型军需船、轻型帆船及双桅帆船。回航时装载货物很耗时，也难以有序管理监督，风向不对或海面浪涛汹涌时，还要花很长时间等待顺风和良好的海况。还有很多窝工时日，虽然船只不能航行，但船员的工资得照付。

在地中海，小船的数量要远多于大船，大多数船只的吨位在100吨以下，甚至50吨以下，但目前我们能看到的航海资料多是吨位约在1000吨甚至2000吨的大船、巨型船的资料。[4]出没在大西洋上的小船越来越少，到1552年，法律规定，去往美洲的船只吨位必须达100吨以上，船员至少32名。1587年，船只的最低吨位提高到了300吨。[5]有几艘船的吨位超过了500吨，但这些船无法穿过桑卢卡尔－德巴拉梅达湾。武装商船“马德雷·德·迪奥斯号”（*Madre de Dios*）吨位在1800吨以上，可以承载900吨货物、32支枪及700名乘客，但在1592年，该船被坎伯兰伯爵截获[6]，献给了英国。建造一艘巨船需要很多木料，光是铸造帆船上的钉子就需要500吨铁。“马德雷·德·迪奥斯号”上大约有船员900名。[7]

16世纪发生的一个重要变化是昔日首屈一指的大帆船逐渐陨落，几乎在地中海地区消失殆尽。大帆船为圆形船替代，意味着大型商船（如600吨吨位）取代了昔日庞大的桨式帆船。[8]

所有驶往美洲的船只都必须在桑卢卡尔－德巴拉梅达（瓜达基维尔河河口）接受三次检查：第一次是在帆船未装载货物之时；第二次是在帆船装载货物完毕之后；第三次是在帆船即将出海之时。第三次检查也是最重要的检查，官员要核查船只是否超载，还要查验是否载有走私货物和偷渡者。

货物主要运往新西班牙、秘鲁及其附属地区，别忘了还有加勒比群岛，这些货物当中有成箱的书籍。所有书籍一律要在桑卢卡尔接受检查，以确保当中没有上了宗教法庭禁书名录的书籍。一般情况下，宗教法庭的官员会亲自进行检查。[9] 书箱中的书种类繁多，有 20—100 本不等，多数是大部头书，首版《阿马迪斯 · 德 · 高拉》就是其中一例，这本书肯定是当时大量运载的书籍。

护航舰的数量有多有少，有时少到只有 2 艘，其中一艘名为“舰长”（*capitana*），上面乘坐的是舰长或将军；另一艘名为“海军上将”（*almirante*），乘坐的是负责远航海务的官员，即“海军上将”。但通常情况下，护航舰由 6—8 艘帆船组成。

很快“西班牙大帆船”（*galleones*）一词就用来指驶往位于巴拿马地峡的“大陆省”（Tierra Firme），即委内瑞拉或波托韦洛的船队，船上满载专供秘鲁的商品。此外，“舰队”（*la flota*）一词专指驶往韦拉克鲁斯港和新西班牙的船只。大帆船与舰队一起从塞维利亚出发，驶向加那利群岛，然后继续朝着多米尼克岛航行；到达多米尼克岛之后，舰队就同大帆船分路行驶了。

每一次远航开始时，就有很多可预知的困难。例如，船只从塞维利亚起航后得在蜿蜒曲折的瓜达基维尔河上航行，穿过以沼泽地闻名的伏尔泰市，涉过梅迪纳 · 西多尼亚家族的所在地桑卢卡尔 - 德巴拉梅达镇上的沙洲。船只经过这片沙洲时经常遇到麻烦，不是丢了船锚就是断了锚链。

按照惯例，驶往美洲的船只从塞维利亚——这是它们真正的起航点——起航时，会有大炮鸣响。公告员会在安达卢西亚镇上公布这次航行的消息，如果有 25—30 岁之间的年轻人希望在海上大展身手的话，可以抓住这次机会。然而，船队驶离桑卢卡尔却是几周以后的事了。船队驶离时，领头的是“舰长”，殿后的是“海军上将”。远航的第一段行程是从桑卢卡尔驶向加那利群岛，大致需要七八天时间；第二段行程是从加那利群岛驶向小安的列斯群岛，需要 25—30 天的时间；等看到瓜达卢佩岛或德塞阿达岛（island of Deseada）时，就表示船队已经穿过了大西洋。

1522 年颁布的法令规定，承重 100 吨的船必须配有 15 名熟练水手、8 名实习水手、3 名船上侍从。后来，法令规定，更大吨位的船只应该配备更多船员。

从 1564 年 2 月起，西班牙舰队的出航安排发生了变化，原本每年的 3 月和 9 月各有一次航行，现在变成了一年只有一次航行，在 4 月或 5 月出海[10]。但从 1565 年的 4 月和 8 月起，每年均会有两支舰队出海，驶向多米尼克岛。[这是出身名门的胡安 · 罗德里格斯 · 德 · 诺列加（Juan Rodríguez de Noriega）的建议，他在塞维利亚拥有 6 艘船。] 到达多米尼克岛后，驶向韦拉克鲁斯港和新西班牙的舰队，即第一支舰队，会先向北驶往波多黎各西部及圣多明各，然后再驶向圣胡安 - 德乌卢阿，有些船只可能会分路，驶向古巴和洪都拉斯。第二支舰队会驶向秘鲁和南美主大陆即大陆省，通常停靠在卡塔赫纳岛，这里的防御体系比较完善，气候也比巴拿马地峡更宜人；之后舰队会驶向农布雷 - 德迪奥斯，在这里停靠。想去委内瑞拉和圣玛尔塔的船只就可以在合适的时候离开第二支舰队。

1560 年时，船员在船上的饮食相对粗陋，但一般来说都能管饱：每个船员一天的食物配给是 24 盎司面包和 3.8 盎司鹰嘴豆或大豆。船员们一周能吃上 3 顿腌牛肉，2 顿奶酪，2 顿或几盎司的鳕鱼。偶尔还能吃上葡萄干、柑橘果酱、无花果、椰枣、油橄榄及榛子。很多时候，水手们都能分得 1 夸脱的葡萄酒、些许醋和橄榄油。除此之外，还有大蒜、洋葱、番红花、胡椒、荷兰芹、丁子香、芥菜、肉桂做佐料。有时船上有羊、猪、鸡可以宰杀，改善一下伙食。还有大量的马匹、牛和种子，但这些并不是供途中食用的。用餐时，船员在甲板上铺上桌布，在上面放上木质的盘子或茶碟。船上官员用餐的地方和普通水手不同，乘客也不同水手一起用餐，一般而言他们都自带食物。[11] 用餐时，船上的侍从就充当服务生。条件允许时，船上一天会提供 2 升水作洗涤用。[12]

船上所有乘客都得登记出生地和父母的姓名。一般情况下，妻女不在身旁时，已婚男子不得离开船只。单身女子则不得前往美洲，除非她有家人已经移民到了那里。

1554 年，多明我会神父托马斯 · 德拉 · 托雷（Tomás de la Torre）带着 46 名神职人员随巴托洛梅 · 德 · 拉斯 · 卡萨斯一同返回了新世界，他生动地记述了这段横渡大西洋的旅程。德拉 · 托雷写道：

> 一艘船就是一座狭窄坚实的牢房，无人能从这里逃脱……虽然他身上没有枷锁也没有镣铐。这座牢房一视同仁，对所有的犯人都很残忍。被挤进这狭小的牢房之后，里面炙热的温度和难闻的气味让人窒息。甲板就是床铺，有人可能携带着上好的毯子，但我们的毯子里面只塞了一层狗毛，毯子又小又薄，硬邦邦的；我们身上盖的是用山羊皮做的粗陋的破毛毯……谁都没有食欲，大家几乎看不

到任何甜蜜的东西。在船上，我们极度口渴，主食就是饼干和腌牛肉，但越吃越渴。有些乘客可能碰巧带了葡萄酒，他们就独自享用着自己的美酒。我们被成群的虱子活活吞噬着，也不能洗衣服，因为用海水洗衣服会缩水。船上到处都弥漫着一股恶臭，尤其是甲板下面。水泵运作起来的时候，整条船都臭得让人无法忍受。水泵是否运作要看航行情况。为了把漏进船舱里的水排出去，水泵一天至少得运转 4 次……最重要的是，在我们感到舒服一点儿了之后，却发现船上没有任何适合学习或是可以独处的地方……只得坐在原地，因为船上根本没有地方可以走动。[13]

返程情况也差不多。

到达新世界后的第一站就是加勒比沿岸的波托韦洛，这里都是一些破旧的房子，仅有的装点就是一座都督府和圣费利佩的卡斯蒂略要塞。要塞建于 1604 年，里面驻扎着 50 名士兵。波托韦洛的码头区长约 2 英里（约 3.2 千米），宽约半英里（约 804 米），底部沉积着大量泥沙，泥沙与海岸相接，便于船只靠岸和驶离。农布雷－德迪奥斯港在遭到弗朗西斯·德雷克的进攻后就被遗弃了。1596 年 1 月，德雷克死在了农布雷－德迪奥斯港。

在波托韦洛的码头区，每年都会用船帆搭建帐篷，用于举办一年一度的商品展览会。波托韦洛是整个南美洲的货物集散地，因而每年的展览会可谓是一件盛事。每当此时，市镇广场和街道边就会摆设很多临时店铺和摊位，出售的商品琳琅满目。前来此地的塞维利亚和加的斯商人于此会见他们在秘鲁的客户和合作伙伴。这场盛会要持续数周之久。

远航的第二站是巴拿马城，在这里，黑奴会帮着水手卸下从秘鲁运来的货物，之后船只载着这些货物驶向波托韦洛的加勒比沿岸地区。在波托韦洛，水手再把货物装到经由哈瓦那驶往西班牙的回程船上。[14]

运往秘鲁的货物要用骡子驮过巴拿马地峡，途经线路十分接近1914年开通的巴拿马运河路线。赶骡人一般是非洲的奴隶，他们有时会用驳船沿查格雷斯河把货物运送过去，有时全程都用骡子驮。往返行程都布满危险。运送货物的人要么通过危险的查格雷斯河（需要两周），要么就得走狭窄陡峭的山路，虽然仅需4天时间，但这条路线十分艰险。

巴拿马发展落后，不宜居住，逃走的奴隶在这里肆意抢劫，居民却对此无可奈何。这里有5座带花园的修道院，几乎是巴拿马唯一适于居住的地方。除此之外，还有8座私人宅邸。1607年时，巴拿马仅有550名欧洲男子，其中一半已成婚。黑奴的数量远远超过欧洲白人，有3700人之多，他们依旧说着自己的语言。[15]巴拿马没有监护区，也几乎没有印第安人。巴拿马港口为淤泥充塞，所以即使是吨位50吨的小船也很难进港，只得在这里卸货，由更小的船只载着货物进入。令人意想不到的是，这块对西班牙帝国而言极为重要之所的港口设施却如此简陋不堪，居民竟如此贫穷。

回程的墨西哥舰队和秘鲁舰队年初都会在哈瓦那会和，一同在3月10日前驶离，经由巴哈马群岛返回西班牙，这条路线最早是由聪慧的帕洛斯人安东尼奥·德·阿拉美诺斯（Antonio de Alaminos）规划的，他是科尔特斯船队的领航员，曾在哥伦布的第四次远航中担任侍从。[16]从1565年起，大帆船似乎每两年才出海一次。1573年，西班牙王室颁布法令，如果舰队因为某种原因未能在10月之前从哈瓦那起程返航，那么他们就必须留下来过冬。[17]该决策直接导致梅迪纳－德尔坎波镇应财力匮乏而未能举办大型商品交易会。[18]腓力二世本想借这则法令迫使所有舰队准时起航，但除了偶尔几次准时外，他的预期并没有实现，这是因为出海舰队通常会由于不得已的原因而推迟起航时间。[19]

通常情况下，出海舰船既有战舰又有货船，船上不只载有30名士兵，还装载了火炮。在当时，在船上使用枪支要比在陆地上方便得多。这些舰船也经常用来装运走私货品。当时走私非常频繁，为装载走私货品，造船商甚至扩建了货舱。尽管如此，这些船只都有特定的航线，一般不会在大西洋以外航行。

远航商船的吨位一般在400吨至500吨之间，但桑卢卡尔淤积的沙洲却使得200吨以上吨位的船只很难通过，所以一般都是在过了沙洲后把小型船只上的货物装载到大船上。在哈瓦那和桑卢卡尔，船上主要装载着大量食物，这是因为水手、乘客和奴隶的数量在逐年增加。

在此，我们应该多花点笔墨介绍一下哈瓦那这座名城。16世纪末，马丁·依纳爵·德·罗耀拉曾写道：

> 这是一座良港……有舰队和船只所需的各类供给，有的产自这里，有的则是从其他地方运来的；这里尤其盛产优质木材，这些木材既可以用于修补船只，也可以给从西班牙来的船只做压舱物。陛下在这里任命了一名行政长官和一名军事长官，还有很多英勇的士兵负责守护港口和要塞。这里是美洲地区最

优良的海港。[20]

哈瓦那港是连接新世界和旧世界的桥梁，在长达 3 个世纪的时间里，它在西班牙帝国的历史中扮演了至关重要的角色。[21]

到 1590 年时，哈瓦那已经成了新世界最主要的船只修补地，一方面，这是因为商船舰队的船只经常需要修补，另一方面，哈瓦那附近有大片森林，提供了优质的硬质木材（哈瓦那行政长官特赫达说，这里有着“世界上最优质的硬质木材”）。[22] 这里与欧洲的联系非常紧密，从这里向古巴运输铸铁配件、补给品、船帆、绳索和焦油十分便利。偶尔还会有技艺娴熟的造船工到访哈瓦那，[23] 还有造船工定居在此。哈瓦那最大的修船厂恰好位于宏伟的圣弗朗西斯科修道院与富埃尔萨堡垒之间。此外，位于古巴圣地亚哥附近的埃尔普拉多的铜矿开采业不断发展，西班牙王室还出资（王室在 1597 年募集了 25 万里亚尔的白银）建了一座铸造厂，这样一来王室军队就可获得稳定的火炮供应了。铸造厂还雇用了大量冶炼工和其他工匠。[24] 古巴当时已有好几家制糖厂，1610 年时哈瓦那附近就有 25 家制糖厂，大多数制糖厂使用的是畜力，只有一到两家大型制糖厂使用了水力，其中规模最大的制糖厂里有 30 多名奴隶，该制糖厂就是前任行政长官胡安·马尔多纳多设在圣迭戈的制糖厂，价值 2 万达克特。[25] 制糖业从一开始就需要雇用非洲奴隶，奴隶都是从西班牙和葡萄牙早已开辟的奴隶贸易线上买来的，更别提还有从加那利群岛购买的了。[26]

这些大商船按理说带回的财物应该既有属于西班牙王室的，也有属于私人的，但王室有时会没收私人货物。[27] 在 16 世纪，隐私权尽管已逐渐为人所知，但依然没有获得应有的尊重和重视。

第二十三章

新发现的人口

在这片陆地上，我娶了一位自己非常喜欢的女人为妻，尽管和一位印第安人结婚似乎是一件很严重的事情，但在这里没有人因为和印第安人结婚而有损身份，因为在这里，印第安人身份尊崇，地位高贵。

——安德列斯·加西亚从新西班牙写信给西班牙科尔梅纳尔的侄子佩德罗·吉农，1571 年 2 月 10 日

腓力二世统治初期，即 1570 年左右，西属美洲和葡属美洲总人口为 1000 万，其中美洲原住民约有 950 万，黑人、黑白混血人（穆拉托人）、印第安人和白人的混血种人（梅斯蒂索人）约 25 万，“白人”或欧洲人仅有约 14 万，其中半数白人是在欧洲出生的。[1] 美洲人口最稠密的地区是新西班牙，人口约为 355.5 万，“新西班牙”的命名源于科尔特斯的灵感，从他征服这片土地之日起，就把它命名为新西班牙了。

又过了将近 30 年，到 1598 年腓力二世去世之时，他传给儿子

腓力三世的美洲帝国总人口已有约 1200 万。到 1598 年时，葡萄牙在巴西的属地也归西班牙帝国所有，于是西班牙国王自 1580 年起便开始统治这里。西班牙帝国的人口还包括遥远的殖民地菲律宾人口，菲律宾就是所谓的“西部群岛”（Islands of the West）。

美洲人口多种多样，新来人口包括西班牙人、葡萄牙人、意大利人、非洲奴隶、非洲的自由人，还有各种原住民，新来人口不仅相互之间杂交，还与原住民通婚。每一个人口分支都有自己的名字，白人和黑人所生的孩子叫作“穆拉托人”（*mulatto*），这种命名方式很实用，便于区分，但在道德观念模糊的 21 世纪，似乎没有人再使用这种命名方式了。“夸德隆”（*quadroon*）指的是有四分之一黑人血统的人，而“*octaroon*”则指有八分之一黑人血统的黑白混血儿，这些名称和概念在今天看来简直是无比怪异。如今很少有人会说到“梅斯蒂索人”，他们是印第安人和欧洲人的混血儿后裔。但 16 世纪的人喜欢把人种分得清清楚楚，黑人和印第安人所生的孩子就叫“桑博人”（*zambos*）。[2] 随着种族和血统不再为人们所看重，这些有趣的名词也就在历史上逐渐消失了。在过去，部分由于种族歧视的缘故，所以要明确区分种族和血统。

在整个 16 世纪，大约有 25 万 [3] 西班牙人移民到了新世界，绝大多数来自安达卢西亚，而这其中又有一大部分是塞维利亚人，尽管我们前面提到过，大多数去新世界探险的领导人物是埃斯特雷马杜拉人和卡斯蒂利亚人。当时，安达卢西亚是地中海最富庶的地区，这里有大片的葡萄园和橄榄树果园。安达卢西亚人的主食是面包，用产自北非的小麦面做成，他们向很多国家和地区出口葡萄酒和橄榄油。既然这里如此富庶，安达卢西亚人为什么还要移民呢?

其中的原因令人费解。同样，安达卢西亚也是与新世界来往最频繁、最密切的地方。也许有一种解释可以说得通：财富拓宽了安达卢西亚人的眼界，激发了他们移民的想法，他们想冒险赌一把。朱利叶斯·克莱因（Julius Klein）在他的名作《梅斯塔：关于西班牙经济史的研究，1273—1836 年》（*The Mesta: A Study in Spanish Economic History 1273–1836*）中写道，这里有成群的羊群，它们最适合沿着卡斯蒂利亚的羊肠小道（*cañadas*）[4] 做季节性移牧，正是这些羊群为舰队驶往新世界提供了先例和范例[5]，可能也让安达卢西亚人产生了尝试以全新的规模季节性移牧羊群的念头。

有一个听起来很残酷的经济原因促使安达卢西亚人移民——旱灾频发，使得面包的价格和供应波动巨大。1521 年，威尼斯驻西班牙的外交使臣说："安达卢西亚发生了严重的饥荒，无数家畜死亡，乡间四处荒芜，饿殍遍地。气候十分干旱，小麦颗粒无收，田野里寸草不生。那一年，安达卢西亚人蓄养的大部分马匹都死掉了……"[6]

16 世纪的欧洲也正在经历人口剧变，在 1500 年到 1600 年间，地中海地区的人口数量翻了一番，从 3000 万—3500 万增加到 6000 万—7000 万。卡斯蒂利亚的人口数量从 1530 年的 300 万增加到了 1591 年的近 600 万。塞维利亚市的人口数量从 1553 年的 7.35 万增加到了 16 世纪末的 11.5 万。[7]

塞维利亚是西班牙人口外迁的中心，这里有很多希望能获准去远游的探险家：有流离失所的游民、身强力壮的乞丐、穷困潦倒之人，还有希望去秘鲁东山再起的绅士、士兵、小偷、负债人和流浪汉。塞万提斯在《好妒的埃斯特雷马杜拉人》（*The Jealous*

Extremaduran，1613 年）里向他的读者保证道，美洲是“反叛者的天堂，杀人犯的避难所”，是应许之地。[8]1581 年，塞维利亚市政当局把这里所有的流浪汉聚集在一起，送他们起程前往麦哲伦海峡，市政当局原打算让他们去那里开垦土地，但这些人乘坐的大部分船只都在途中失踪了，大约有 1000 人因此丧生。[9]

西班牙似乎处处都有外移人口，例如，我们知道在 16 世纪，继哥伦布发现新世界后的一个世纪里，巴利亚多利德省有 3076 位市民去了新世界或菲律宾群岛，这些人当中的大多数来自省会城市巴利亚多利德（1066 人），或来自附近闻名遐迩的商业市镇梅迪纳－德尔坎波（639 人）。[10]

自 1492 年的大驱逐之后，[11] 仍有 24 万犹太人留在西班牙，他们聚居在大城市，尤其是港口城市。西班牙虽然明令禁止犹太人和穆斯林——包括皈依基督教的犹太人和穆斯林在内——前往美洲，但规定是规定，实施起来却是另一回事。[12] 马德拉群岛和圣多美岛上住着很多犹太人，有富有贫，还有很多葡萄牙裔的犹太人。来自那不勒斯的犹太商人萨穆埃尔 · 阿布拉瓦内尔（Samuel Abravanel）是马德拉群岛上的一位制糖商。岛上还有很多犹太人，他们可以在这里自由地践行自己的信仰。在新西班牙和中美洲，有一些犹太裔的征服者，在秘鲁－智利可能也有同样数量的犹太裔征服者。勇敢、有恒心的佩德拉里亚斯（Pedrarias）就是新西班牙的犹太裔征服者之一，他是达连和巴拿马的行政长官；阿维拉的圣特雷萨的两兄弟是秘鲁－智利的犹太裔征服者。

自科尔特斯征服墨西哥后，美洲的巴斯克人越来越多，第一位完成环球航行的船长埃尔卡诺的探险即可证明。（麦哲伦在探险结束之前就在菲律宾被杀害了。）我们应该还记得前面章节提到的布宜诺斯艾利斯真正的建立者胡安·德·加拉伊（Juan de Garay），在亚马孙写下“上帝的愤怒”的阿吉雷，智利诗人埃尔西利亚，以及巴拉圭的马丁内斯·德·伊拉拉。[13] 还有一位巴斯克人，即“西部群岛”上的米格尔·洛佩斯·德·莱加斯皮（Miguel López de Legazpi），我们将在后文讲到此人。

1500 年到 1600 年间，7.5 万黑奴被贩卖到了西属美洲，贩运到巴西的奴隶可能比西属美洲的还要多。[14]1552 年，国王卡洛斯一世允许一名叫奥乔亚（Ochoa）的贩奴商人（*negrero*）在 7 年间贩卖 2.3 万非洲奴隶。奥乔亚为这份合约支付了 1.84 万达克特。[15] 在 1570 年时，加勒比群岛上的非洲黑人的数量就超过了当地欧洲人和印第安人的数量。在接下来的 3 个多世纪里，非洲黑人的数量依然多于白人和印第安人的数量，他们用血汗铸造了一个供旧欧洲享用的糖品世界。16 世纪时，奴隶是哈瓦那最贵重的进口品之一，仅次于葡萄酒和纺织品——16 世纪 90 年代，哈瓦那进口的奴隶数量在 1300—1500 人之间。虽然这算不上是个大数目，但古巴的黑人数量却因此剧增。[16] 在新西班牙，非洲奴隶经常被雇作牧羊人，负责放牧新生的羊群。到 1576 年时，墨西哥城的黑人人口（10595 人）已经超过了白人（9495 人），当时这里还有 1000 名穆拉托人。[17] 有几个墨西哥原住民对总督说，他应当雇用非洲奴隶去完成那些无人愿意做的苦工。当时，很多奴隶都更愿意跟随白人主人，不愿自己的主人是黑人。很多奴隶在被贩卖到各地为奴之前就已经沦为了奴隶。

大多数奴隶都是男性，只有四分之一是女性。腓力在位期间，大多数被贩卖到西班牙帝国属地的非洲奴隶来自塞内冈比亚、“几内亚河”流域和刚果，[18]而葡萄牙人贩卖的奴隶大多来自安哥拉。

当时，新世界已经有人在捍卫的黑人的权利了，例如在卡塔赫纳港——从16世纪中叶起，这里便是重要的奴隶贸易港口——毕业于秘鲁圣巴勃罗大学的阿隆索·德·桑多瓦尔（Alonso de Sandoval）就表达了他对黑人的无限关爱，他的名作《论如何改善埃塞俄比亚人的健康》（*De Instauranda Aetopium Salute*）在耶稣会士中广为传阅。1610年，桑多瓦尔的爱徒佩德罗·克拉韦尔（Pedro Claver）也从故乡加泰罗尼亚赶来支持他。克拉韦尔后来被封为圣人。

当时，一些人想要减少对黑奴劳力的过度依赖。1578年10月，耶稣会会长埃弗拉德·默库里安[19]让利马市圣巴勃罗大学的耶稣会士解雇该大学的女性黑奴，但说起来容易做起来难，圣巴勃罗大学的耶稣会士依然继续雇用非洲奴隶。[20]但与黑奴相比，自由的黑人和穆拉托人却相当不受欢迎：1590年，新西班牙总督比利亚曼雷克给继任者路易斯·德·贝拉斯科写信说："你知道，这些人极其危险，他们无家可归四处游荡，尽干些鸡鸣狗盗、烧杀抢掠之事。"[21]还有人指出，往西属加勒比群岛输送大量奴隶十分危险，例如（我们在第14章提到过），1558年时，梅嫩德斯·德·阿维拉在给腓力二世的信中说，圣多明各岛上的黑人数量超过了5万，但西班牙人却不足4000，人口失衡可能会导致奴隶起义，势必酿成惨剧。[22]

到1600年时，因为欧洲疾病传染的原因，美洲印第安人口数量急剧下降。[23]欧洲疾病之所以会传到印第安人中，一小部分原因是当时美洲未经核检就引入了大量染病的欧洲家畜。传染病本身就足以让印第安原住民大批死亡了。印第安人口数量剧减的另一个原因是一部分印第安人离开美洲去淘金。战争伤亡也是人口剧减的原因之一，例如，根据记载，1521 年科尔特斯血洗了阿兹特克帝国首府特诺奇蒂特兰城，不过，这个原因却被忽视了。

有人曾质疑西班牙人到来之前新西班牙和秘鲁的人口数量，著名历史学家伍德罗·博拉（Woodrow Borah）教授和舍伯恩·弗兰德利·库克（Sherburne Friendly Cook）教授认为，蒙提祖马统治下的帝国总人口为 2530 万，[24] 但笔者认为在征服战前夕，墨西哥（日后成为新西班）的印第安（墨西哥）人数量可能在 800 万—1100 万之间。[25] 但到 16 世纪末时，当地原住民总人口数似乎不超过 250 万。博拉和库克教授认为，1548 年时新西班牙的人口数量仅为 630 万，到 1580 年时仅有 190 万。著名方济各会修士阿隆索·庞塞在 1580 年详细记述了特诺奇蒂特兰城的情况——城市里大约住着 4000 名西班牙白人，他们统治下的印第安人不计其数，新西班牙的白人总数不超过 3 万。[26]

秘鲁的情况也与之相似，在 1531 年皮萨罗和其他征服者来到这里之前，秘鲁的印第安人口数量大约为 600 万。传到墨西哥的禽流感、天花等传染病后来也夺去了大部分原住民的生命，到 1600 年时，秘鲁的印第安人口不超过 200 万。

欧洲的流行性疾病是新世界印第安人最大的杀手，很多毫无免疫力的人都染上了疾病。欧洲疾病传播得异常迅速，新西班牙、加勒比地区、秘鲁和南美北部的人口几乎全部死亡，此后经过了好几代人的时间，原住民人口才恢复到原有的规模。[27]

当时，在特诺奇蒂特兰城附近梅斯基塔尔州（Mezquital）的奥托米大峡谷，疫情似乎有所好转，当地人口数量出现了回升。[28] 但紧接着这里又暴发了大型传染病“可克里斯特尔病”（Great Cocolistle），在1576年到1581年间，疾病在新西班牙肆虐蔓延，之后每10年爆发一次，一直持续到1620年，印第安人似乎终于找到了治疗这种新疾病的方法。[29]

新世界暴发的最具破坏性的疾病包括天花、麻疹、家畜流行性感冒、瘟疫和肺结核，其中肺结核易感人群年龄主要在15—50岁之间，这部分人恰好是主要劳动力。新世界的原住民经常同时感染好几种传染病，一旦整个村染上疾病后，村子里的村民便逃去别的地方，疾病也因此传播到了别的地方。当时并没有采取检疫隔离的措施。

在加勒比群岛，原住民人口的锐减更是触目惊心，可笑的是，人们经常会提到1492年时这里的原住民人口是多么繁盛。马丁·依纳爵·德·罗耀拉在他1584年所著的畅销书《环球记》（*Journey Round the World*）中说，在哥伦布时代，圣多明各的印第安人口多达60万。[30]早在1519年，多产的意大利书信体作家、米兰人彼得·马蒂尔（Peter Martyr）就曾写道：

> ……原住民已经所剩无几了。最初是残酷的战争夺去了许多人的生命，后来又有很多人死于饥荒，尤其是那一年，他们拔光了给酋长做面包用的丝兰花，还拒绝播种玉米，玉米本是他们自己做面包用的。从饥荒中幸存下来的人后来又染上了迄今为止未知的病菌，尤其是天花，在1518年，天花在他们中间肆虐蔓延，就好像传染病在牛群中蔓延一样……此外，（西班牙人）对黄金的狂热追求也导致当地人口数量剧减。对于当地

> 人而言，他们习惯了种完地就去享乐，去唱歌跳舞，去追赶野兔，但现在却得无休无止地耕地、挖黄金或筛黄金。王室会议已经决定还他们自由，自此以后，他们只需专心务农……在矿井劳作的苦力活就由奴隶来做。[31]

19 世纪的教育学家巴西利奥 · 巴迪略（Basilio Vadillo）说，1532 年时，加勒比地区的原住民人口可能在 4500—5000 人之间。[32] 1556 年，古巴都督迭戈 · 德 · 马萨列戈斯（Diego de Mazariegos）说这里的原住民人口不过 2000 人。[33] 到 1570 年时，伊斯帕尼奥拉岛上似乎只有 25 个原住民，都是老弱病残、鳏寡孤独之人。但仍有数千名印第安人奴隶。[34]

这些不同种族之间的关系十分复杂，而且也变得越来越复杂。1570 年，一份从利马发往罗马的年度汇报提到几个印第安男孩，他们是“我们大学的学生”，参演了大学的戏剧。1618 年，秘鲁总督、埃斯基拉切（Esquilache）亲王努力为印第安贵族建了一所由耶稣会管理的学校，然而与此同时，利马的圣巴勃罗大学耶稣会人文学院却禁止印第安人的子弟入学。[35]

17 世纪早期，利马总督、蒙特斯克拉罗斯侯爵（Marquis of Montesclaros）胡安 · 门多萨 · 德 · 利马（Juan Mendoza de Lima）在利马组织了一次人口普查，调查结果显示，利马市的总人口为 26441 人，其中有西班牙男性 5258 人，女性 5359 人，还有 820 名女性生活在修道院。[36] 这些修女，不管是在修道院生活的还是在世俗社会生活的，都忙着给她们收养的孩子和他人（包括混血儿梅斯蒂索人）传递对基督教的极大热情，这种宗教热忱弥漫在早期西班牙帝国的各个角落。抚养一个梅斯蒂索人的成本很高，因为他们的抚养方式与真正的欧洲白人无异。16 世纪 40 年代，利马有一个叫弗朗西斯卡·苏亚雷斯的人，她决定抚养一名梅斯蒂索女孩，为补贴培养这个梅斯蒂索女孩所需的开销，利马总督送给她一名奴隶。[37]

许多梅斯蒂索女人和西班牙女人在守寡期间或丈夫外出期间承担起照顾家庭的责任，所以女面包师在当时并不罕见，女江湖医生也司空见惯。因为缺少专业医师，很多女性便学着救死扶伤。有些女性非常擅长把欧洲的植物移栽到新世界。这些女医师年龄较长，经验丰富，同时具备很多项技能——护理、制作陶器、制作帆船，还有制帽，有些人还成了制帽工。

在 16 世纪，大约有 13000 名西班牙女性去了新世界。[38] 从 1508 年起，总督的妻子一般都会随同丈夫前往新世界，迭戈·科隆和他尊贵的妻子玛丽亚·德·托莱多（阿尔瓦公爵的侄女）开了这样的先例。这么多女性的到来势必会将她们对圣母马利亚的热情崇拜普及开来，到 1600 年，已经有上百座马利亚圣殿坐落在中美洲和南美洲的庭院。每个城市至少有一个受马利亚庇护的教友会或兄弟会，这类宗教团体不仅吸引了征服者及其侍从，还吸引了印第安人、黑奴、梅斯蒂索人和女混血儿。我们在第十章提到过，女修道院备受欢迎，女性因此得以从男性专制的枷锁下挣脱出来。正如 20 世纪历史学家路易斯·马丁修士所说，这些女修道院成了“女权主义者的堡垒，是真正的女人岛”[39]。马利亚被视为女性和上帝之间的中保。

西班牙人在新世界最富原创的杰作就是孕育出了梅斯蒂索人，即欧洲人和印第安人所生的混血儿。相较之下，我们会发现，盎格鲁－撒克逊人与北美印第安人之间是多么得泾渭分明，二者之间极少通婚，也极少产生这类混血儿。这背后的原因显而易见——至少并不是因为北美印第安人没有聚居在城市——而是因为盎格鲁－撒克逊人具有更强烈的种族意识。

在下一代人身上，即1600年左右，我们看到有如下种族递变：

1. 西班牙人和印第安人所生的混血儿叫“梅斯蒂索人”。

2. 梅斯蒂索人和西班牙人所生的混血儿叫“卡斯蒂索人”。

3. 卡斯蒂索人和西班牙人所生的依然是西班牙人。

4. 西班牙人和黑人所生的混血儿叫“穆拉托人”。

5. 穆拉托人和西班牙人所生的混血儿叫“夸德隆”（四分之一混血人）。

6. 夸德隆与西班牙人所生的混血儿叫“萨尔托阿特雷斯人”（*salto atrás*）。

7. 萨尔托阿特雷斯人和印第安人所生的混血儿叫“奇诺人”（*chino*）。

8. 奇诺人和穆拉托人所生的混血儿叫“洛博人”（*lobo*）。

9. 洛博人和穆拉托人所生的混血儿叫“希瓦罗人”（*gibaro*）。

10. 希瓦罗人和印第安人所生的混血儿叫“阿尔巴萨多人”（*alvarasado*）。

11. 阿尔巴萨多人和印第安人所生的混血儿叫“卡姆布霍人”（*cambujo*）。

12. 卡姆布霍人和印第安人所生的混血儿叫“桑博人”。

13. 桑博人和穆拉托人所生的混血儿叫“卡尔帕穆拉托人”（*calpamulato*）。

14. 卡尔帕穆拉托人和卡姆布霍人所生的混血儿叫“特特恩埃尔艾尔人”（*tente-en-el-aire*）。

还有些术语已经被其他名词替代了。

第四卷

占领东方

第二十四章

征服菲律宾群岛

于是立刻起锚远航，一路顺风而行，船只整夜未休，到第二天破晓时分，他们远远望见了岛屿。

——加尔西·罗德里格斯·德·蒙塔尔沃，《阿马迪斯·德·高拉》，1508 年

1521 年，麦哲伦伟大远航的脚步抵达了米沙鄢族群（Bisaya Group）的地盘，我们如今所知的菲律宾群岛就是在那时进入了欧洲人的眼帘。菲律宾群岛在 16 世纪时被称为“西部群岛”（*las Islas del Poniente*），麦哲伦赋予群岛一个带有基督教色彩的名字——“圣拉萨罗群岛”（the islands of San Lázaro）[1]。麦哲伦之后抵达宿务岛，就在这年 4 月，就在这里，他在一场愚蠢的冲突中丧生了。他的船长职位最终由一名叫胡安·塞巴斯蒂安·德·埃尔卡诺的巴斯克人接替，埃尔卡诺带着所剩不多的船员回到了西班牙，他们通过这次环球航行向世界证明，地球的确是圆的。[2]

这些远航探险引发了一个问题，即葡萄牙在东亚的领土界线是哪里，西班牙在远西的领土又起自哪里。1493 年罗马教皇发

布的谕旨和1494年西葡签署的《托德西里亚斯条约》(Treaty of Tordesillas)规定，在巴西和大西洋区域竖直画一条线，用来划分东西方。当时没有人知道地球实际上是圆的。16世纪20年代，埃尔卡诺归航后，西班牙和葡萄牙在外交上的矛盾不断加剧，直至1529年，双方在萨拉戈萨签订条约，解决了两国之间的争议。在《萨拉戈萨条约》中，西班牙放弃了对香料群岛即摩鹿加群岛的全部要求，还放弃了摩鹿加群岛以东17°的所有领土，这些领土起自隆博阿岛(Lomboa，后来成为荷属东印度属地)，延伸至婆罗洲、沙巴，最后从香港以东100英里（约161千米）的厦门进入中国，统统属于葡萄牙的势力范围。作为交换，葡萄牙要支付给西班牙35万达克特。[3]

《萨拉戈萨条约》并不为西班牙征服者所喜，但条约依然给西班牙在东印度群岛和菲律宾谋取利益留下了可操作、可酝酿的空间，西班牙征服者继续对这个地区抱有投机心理、心存幻想，因而也有更多的冒险家继续前往东印度群岛和菲律宾探险。16世纪40年代，战无不胜的战神佩德罗·德·阿尔瓦拉多（在征服西班牙之后被誉为“太阳之子”)组织了一支舰队，目标是寻访“西部群岛”，甚至征服其中的部分岛屿。阿尔瓦拉多认可1529年《萨拉戈萨条约》规定的香料群岛（摩鹿加群岛）归葡萄牙所有，但他认为麦哲伦发现的其他地方并未在条约中注明所属权，这些地方西班牙是可以去征服的。精明的新西班牙总督安东尼奥·德·门多萨可能已经在墨西哥的官邸中思考过这个问题了，他对这次远航很感兴趣。远征队分为两支，一支在北部航行，由胡安·罗德里格斯·卡夫里略（Juan Rodríguez Cabrillo)率领，另一支在南部航行，由鲁伊·洛佩斯·德·比利亚洛沃斯（Ruy López de Villalobos)率领。[4]远航舰队共有 13 艘船出航，这是在太平洋上航行规模最大的船队了。罗德里格斯·卡夫里略是一名航海专家，他本是葡萄牙人，曾随佩德罗·德·阿尔瓦拉多去过古巴，后来又随班彼罗·德·纳尔瓦埃斯去了新西班牙。此后，卡夫里略在阿尔瓦拉多手下担任危地马拉的市政议员。

远航舰队的另一名指挥官洛佩斯·德·比利亚洛沃斯的家族曾是斐迪南二世（天主教徒）的近臣亲信。洛佩斯·德·比利亚洛沃斯虽是一名指挥官，但气质上更接近文人，他是门多萨总督的妹夫，这次远航他担任 6 艘船的指挥。

阿尔瓦拉多是这次远航的总指挥，如此一位了不起的船长，远航怎么可能少了他呢？但当时新西班牙中部奇奇梅克印第安人掀起反叛，因此不得不推迟远航，1540 年，阿尔瓦拉多有感必须返回新西班牙总督辖地。但是正如后人所记述的那样，[5]1541 年 7 月，阿尔瓦拉多的马匹在瓜达拉哈拉附近因下雨路滑滑倒了，他因此身受重伤，几天之后便离世了。

远征东印度群岛的计划虽然推迟了，但并没有取消。1542 年 11 月，洛佩斯·德·比利亚洛沃斯率领 6 艘船、370 名船员出发了。他手下的船长后来都是留名青史的大人物，其中包括麦哲伦船队的领航员希内斯·德·马夫拉（Ginés de Mafra）；吉多·德·拉维西利斯（Guido de Lavezaris），他的父亲是热那亚人，是塞维利亚的一名书商，吉多后来担任了菲律宾总督；奥古斯丁会修士赫罗尼莫·德·桑铁斯特万（Jerónimo de Santiesteban），他是这次远航的主要记录人。[6]

洛佩斯·德·比利亚洛沃斯花了 3 个月时间穿越太平洋，船只起初驶进了一处他命名为雷维拉吉哥多（Revillagigedo）的群岛，这可能是根据一位阿斯图里亚斯贵族的名字命名的，这名贵族赞助支持了这次远航。船只随后依次驶过珊瑚岛、马绍尔群岛、加罗林群岛的马托罗特群岛（Matolotes）和帕劳群岛（Palaos）。

这支舰队的领航员加斯帕·里科（Gaspar Rico）为占领陶恩津岛（Taongin）做好了准备。当时，洛佩斯·德·比利亚洛沃斯发现了菲律宾群岛中的大型岛屿棉兰老岛和圣安东尼奥岛，此前当地人把圣安东尼奥岛称为萨兰加尼岛，这座岛屿地处菲律宾群岛的最南端。他们发现，菲律宾群岛的每一处角落都与中国有着密切的贸易往来。之后，远航舰队的大部分船只向南朝着摩鹿加群岛驶去，而比利亚洛沃斯的朋友贝尔纳多·德拉·托雷（Bernardo de la Torre）则向北驶去，寻找大洋洲的火山岛。远航舰队的主要文官、巴斯克贵族伊尼哥·奥尔蒂斯·德·雷特斯（Iñigo Ortíz de Retes）随同加斯帕·里科乘着“圣胡安号”沿着新几内亚岛北部航行。科尔特斯的表弟阿隆索·德·萨阿韦德拉（Alonso de Saavedra）在1528年发现的那座大型岛屿就是新几内亚岛。“圣胡安号”本打算返回新西班牙，但途中遇到了风暴，船只被损坏，所以最后去了摩鹿加群岛的提多雷岛（Tidore）。

洛佩斯·德·比利亚洛沃斯一行在菲律宾地区停留了数月，后来同葡萄牙签订了一份还算合理的协议，不过西班牙人还是觉得脸上无光。双方约定，船上剩下的143名船员乘坐葡萄牙船只返回西班牙——不是新西班牙，1546年2月，载着143名船员的葡萄牙船只在摩鹿加群岛的提多雷岛起航。洛佩斯·德·比利亚洛沃斯本人既没能回到西班牙，也没能返回新西班牙，他在摩鹿加群岛的安汶岛离世了，著名耶稣会士沙勿略亲自陪着他走完了生命的最后时刻。洛佩斯·德·比利亚洛沃斯手下的一名领航员，即奥古斯丁会修士安德列斯·德·乌达内塔（Andrés de Urdaneta）在太平洋上历经艰险，1563 年终于抵达了新西班牙。

正是洛佩斯·德·比利亚洛沃斯用当时还是摄政王的腓力二世的名字为这片有着 7000 座小岛、绵延 1000 多英里（约 1609 千米）的群岛命名，今天我们仍然使用“菲律宾群岛”称呼这些岛屿。[7]

形势很快再一次发生了变化。1564 年，雄心勃勃、地位尊贵的新西班总督路易斯·德·贝拉斯科饶有兴致地听取了领航员乌达内塔的远航汇报，之后，贝拉斯科给国王写信，讨论了再次远征“西部群岛”的计划，同年秋天，他委派米格尔·洛佩斯·德·莱加斯皮·德·古鲁查特古伊（Miguel López de Legazpi de Gurruchateguí）横渡太平洋，见机行事，瞅准机会在菲律宾群岛建立西班牙的势力范围。当时香料价格上涨较快，总督和国王可能对背后的高额利润感到十分心动。[8]

莱加斯皮此时已被授予阿德兰塔多头衔，他于 1503 年或 1504 年出生在吉普斯夸省一个名叫苏马拉加的小镇，小镇位于托罗萨和蒙德拉贡之间，新西班牙第一任主教（后来的大主教）苏马拉加的名字即取自这个小镇。洛佩·德·阿吉雷（“上帝的愤怒”）和巴拉圭征服者马丁内斯·德·伊拉拉也都是蒙德拉贡人。[9]

莱加斯皮在开启横渡大西洋的伟大征程前，曾做过很长一段时间的公职人员。他的父亲胡安·马丁内斯·德·莱加斯皮曾跟随“大将军”（*el gran capitán*）科尔多瓦参加过意大利战争，还曾担任巴斯克区阿里利亚村庄的首席公证官，莱加斯皮后来继承了父亲公证官的职位，但只任职了一年左右（1527—1528）[10]。

从1540年起莱加斯皮就来到了新西班牙，和他在巴斯克的职位相似，他在新西班牙担任了20年的首席公证官，他最重要的工作就是在墨西哥市政厅负责处理各类诉讼案件，他常常提供证据反驳诋毁新西班牙最高法院的人。[11] 莱加斯皮还成立了“耶稣圣名”（*El dulce nombre de Jesús*）兄弟会。[12] 据16世纪40年代来新西班牙视察的弗朗西斯科·特略（Francisco Tello）说，莱加斯皮“十分令人敬重，风度翩翩，儒雅礼貌”“也十分敏锐警觉，洞察力强，总是能随时掌握这座城市里正在发生的所有事情”。莱加斯皮的妻子伊莎贝尔·加尔塞斯（Isabel Garcés）去世得较早，育有9个孩子。莱加斯皮的助理就是他自己的外孙费利佩·德·绍塞多（Felipe de Saucedo），这种上下级关系在当时的征服者当中十分罕见。莱加斯皮还曾在新西班牙的宗教法庭担任过一段时间的秘书。[13]

贝拉斯科给莱加斯皮下达的训令全心全意遵循了萨拉曼卡大学伟大神学家弗朗西斯科·德·比托里亚的教导。（多年以来，比托里亚在萨拉曼卡大学一直致力于从人文主义的角度阐释法律和习俗，是该校最杰出的人文主义学者，他为人温和仁慈，来自布尔戈斯，外祖父是皈依基督教的犹太人。）贝拉斯科指示莱加斯皮，如果菲律宾人拒绝听从他的教导，那就合情合理地去征服他们，行事时一定要“尽可能地谨慎、亲善、温和”。如果菲律宾人武力抵制西班牙人的话，那就应该告诉他们，西班牙人来这里并不是为了定居，给他人带来伤害，也不是为了犯下任何错误，更不是为了抢夺财产，而只是希望本着友善态度与菲律宾人建立友好关系，教他们过上文明生活，让他们认识真正的上帝，为他们解释耶稣基督的教义，从而救赎他们。[14]

和16世纪的多数远征一样，包括科尔特斯和皮萨罗的远征在内，莱加斯皮的远征也是一场私人性质的远征，这场远征的主要投资人就是莱加斯皮本人。但从一开始，新西班牙总督就对这次远征颇为关注。莱加斯皮指挥的舰船是由新西班牙总督拨款建造的，还有士兵、司铎、修士的补给品也是总督拨款支持的，远航途中需要的食物、武器和弹药是由贝拉斯科总督赞助的，而航行期间的其他开销则由莱加斯皮负责。

莱加斯皮死后，官方为他撰写的讣告十分有趣，他被描述成"西部群岛的总督"[15]。他总被人称为"总督"。[16]官方的备忘录里谈论了他的丰功伟绩，描述了他是如何在1564年11月21日从新西班牙西北海岸的纳维达德起航的。当时莱加斯皮可能已经有60岁了，他让很多追随他的新西班牙人以为，他不仅要去菲律宾群岛，还要去中国。这样的传言吸引了很多追随者，当时有流言说中国人比墨西哥人聪明得多，所以更容易统治。[17]

莱加斯皮的舰队包括载重500吨的"圣佩德罗号"，载重300吨的"圣巴勃罗号"，莱加斯皮乘坐的正是"圣巴勃罗号"，此外还有2艘附随的二桅小船，分别是"圣胡安号"和"圣卢卡斯号"。莱加斯皮在"圣巴勃罗号"的船尾绑有护航用的双桅帆船。这支小规模舰队共有150名水手、200名士兵、5名奥古斯丁会修士，其中一名就是前文提到的有远航经验的安德列斯·德·乌达内塔修士，他坦白说，当看到总督指示莱加斯皮征服菲律宾时，他着实感到震惊。此外，舰船上还有大量侍从，舰队总人数多达380人。为了筹资支持远航，莱加斯皮出售了自己在墨西哥铸币局（*Casa de*

Moneda）的司库职位。

乌达内塔不仅仅是一名修士，也不仅仅是一名领航员，他还是舰队中最富智慧的人：他高尚的行为和丰富的航海知识给大家留下了深刻印象。他还参与了西班牙在摩鹿加群岛与葡萄牙人的冲突战，在新西班牙时也参加了与奇奇梅克印第安人的战争。胡安·德·格里哈尔瓦撰写墨西哥史时写道，乌达内塔“精力充沛、多才多艺，和船上的所有普通船员一样，他擅长航海，还擅长打仗、布道、建造房屋，甚至设计教堂”。[18]

莱加斯皮和乌达内塔的舰队（就像我们所认为的那样）抵达了米沙鄢群岛中的莱特岛（Leyte），之后占领了萨马岛，后来又于1565年4月27日占领了宿务岛,44年前，麦哲伦就是在这座岛屿上丧生的。起初，想要劝说当地统治者接受西班牙人的统治似乎很难，因此莱加斯皮总是先正式拜访所到之处的首领，低调而精明地说服他们接受西班牙的统治。菲律宾群岛上的政治组织结构十分松散，群岛多次被日本海盗、中国海盗和马来海盗骚扰，此外，这里幸存下来的原住民人口多以游牧为主，因此群岛上没有强大的中央政权，地方首领只统治着自己的巴朗盖（*barangays*）*，即有30—100户人家的村落和聚居地。首领之间各自为政，相互独立，也经常彼此征战，远航舰队的文书埃尔南多·德·里克尔（Hernando de Riquel）认为，这些首领都是专制君主，在自己的地盘上拥有至高无上的权力和权威。[19]

稍后，另一名奥古斯丁会的著名修士马丁·德·拉达（Martín de Rada）写道，菲律宾既没有贵族也没有国王，只有小村庄，这些

---

* 原意为“双桅帆船”，古代马来人从马来半岛、苏门答腊岛乘帆船移居菲律宾，故而将这群人及其部落称为“巴朗盖”。巴朗盖通常由达图按照传统习惯法进行统治。——编者注

村庄虽小，但却自成一体，像一个由寡头统治的独立共和国。马丁·德·拉达来自纳瓦拉的潘普洛纳，曾在法国求学。[20] 安东尼奥·德·莫尔加（Antonio de Morga）也持类似的观点，“菲律宾群岛，”他写道，“不像其他君主国或地区那样存在统治他们的贵族或国王，有的却是统治很多户家庭的首领。在少数地方还有凌驾于国王之上的政治机构。”安东尼奥·德·莫尔加是一名机智的法官，来自塞维利亚，他的父亲在宗教法庭任职，莫尔加后来在新西班牙和基多供职。[21]

“菲律宾社会，”莫尔加继续写道，“分为3个等级——上层伊达尔戈（*hidalgos*）*，平民（*plebeians*）和奴隶。上层无须缴纳贡赋，但有义务在冲突中始终站在统治者一边。平民要缴纳赋税，而奴隶则负责所有的苦力活。”[22]

在如此艰难的情形下，莱加斯皮开始在宿务岛尝试实施强硬统治。西班牙人说服盘踞在这里的少数几个葡萄牙人离开了菲律宾群岛，但莱加斯皮发现不想纳贡的菲律宾人也开始离开这里。当时岛上有各种各样的反抗。米格尔·德·贝纳维德斯主教（Bishop Miguel de Benavides）写道：“当地人发现这群西班牙人……不是商人而是士兵后，便觉得除掉西班牙人的最好方式就是饿死他们，而不是与他们兵戎相见。所以当地人便不再耕种土地，任其荒芜。”[23] 米格尔·德·贝纳维德斯主教是一位出身相对卑微的多明我会修士，来自巴伦西亚的卡里翁－德洛斯孔德斯，于1586年离开了西班牙，自1587年起就一直留在菲律宾，他是新塞戈维亚主教区第一任主

* 西班牙语，意为绅士。——编者注

教，20 多年后担任了马尼拉大主教。在这一两年里，菲律宾群岛的一些地方如卡马里内斯（今新卡塞雷斯）掀起了非常激烈的反抗，他们有铜火枪——毛瑟枪，甚至还有火绳枪，这些都是从葡萄牙人那里得来的，葡萄牙人还教会了他们如何使用这些武器。

莱加斯皮在宿务岛建了一座堡垒，和当地的菲律宾首领图帕斯（Tupas）达成和解，随后莱加斯皮遣返了那艘载重量最大的“圣巴勃罗号”，莱加斯皮 18 岁的外孙胡安 · 德 · 萨尔塞多（Juan de Salcedo）担任“圣巴勃罗号”船长，率领 400 名船员返回新西班牙，四处活跃的奥古斯丁会修士安德列斯 · 德 · 乌达内塔也在其列。对年轻的萨尔塞多来说，要找到回新西班牙的正确航线的确是个巨大挑战，但在聪明的乌达内塔的帮助下，他最后还是成功率领船队返回了新西班牙。1565 年 6 月 1 日，他们从宿务岛起航，同年 8 月，船队抵达加利福尼亚北部。后来他们向南航行，于 1565 年 10 月 6 日抵达阿卡普尔科，随后很快就到了墨西哥城。抵达墨西哥时，船上的西班牙人还不到 200 人，和出发时的 400 人相比，人口减少到 200 人的好处就是消耗的食物也减少了。

16 世纪 60 年代末，已经没有几个西班牙人留在菲律宾了，剩下的少数人在这里过得极其艰苦。胡安 · 德 · 萨尔塞多从新西班牙回到菲律宾群岛时带了一些补给，但在回航路上，他的船只在太平洋上的关岛失事了。从新西班牙来的另一艘船“圣赫罗尼莫号”的到来让这里的情况变得更糟了，已经没有足够的食物可以供 300 人维持生存了。没有人想靠菲律宾的本土食物果腹，他们想吃小麦或黑麦做的面包，还有腌牛肉。

莱加斯皮让手下胡安 · 德拉 · 伊斯拉（Juan de la Isla）带着一份

详细记录了自己传奇冒险经历的报告，乘坐“圣胡安号”从宿务岛起航返回了西班牙。德拉·伊斯拉回西班牙的路上自然要经过新西班牙，1567 年 7 月 27 日，德拉·伊斯拉从宿务岛起航，于同年 11 月 16 日抵达阿卡普尔科，后于次年 6 月 6 日抵达卡斯蒂利亚——这次航行历经 10 余月。他呈上了莱加斯皮写给腓力二世的信，莱加斯皮在信中把国王的新领地菲律宾群岛描述得天花乱坠，仿佛闪着点点金光。[24]

莱加斯皮改变了策略，首先，他派得力属下马丁·德·戈伊特（Martín de Goyte）前往班乃岛，这是一座面积中等的岛屿，盛产稻米，征服者打算从这里低价收购稻米。然后戈伊特继续航行，来到了吕宋岛，那儿不仅盛产稻米，还有猪、羊、辣椒、香柠檬、薄荷、樟脑，甚至还有少量的黄金。戈伊特还在另一座岛屿上发现了极其珍贵的肉桂。

在吕宋岛，戈伊特遇到了马尼拉的苏丹·苏莱曼（Sultan Suleiman）和他的叔叔罗阇·玛坦达（Rajah Matanda）的抵抗，罗阇·玛坦达虽从葡萄牙人那里得来了火炮，但不大会用。在菲律宾人看来，这些穆斯林和西班牙人一样都是征服者，但穆斯林要比西班牙人更为残忍，所以莱加斯皮和戈伊特惊讶地发现，他们轻而易举地就能让菲律宾人相信西班牙人是他们的解放者，也是他们的新主人。毫无疑问，穆斯林首领要比前文提到的菲律宾首领令人生畏得多、难对付得多。

1569 年，西班牙人征服了班乃岛，西属菲律宾帝国的领土曾一度囊括了班乃岛、宿务岛和莱特岛。现在莱加斯皮开始运用智慧统治这里，他禁止一切无组织的武装袭击，希望借此向菲律宾人证明西班牙人的和平意愿和诚意。至于穆斯林，莱加斯皮的指示很明确：“在任何情况下，任何人都不得奴役东印度地区信仰伊斯兰教的人，但你们可以通过行之有效的方法合法地让他们改信基督，说服他们接受我们神圣的天主教信仰。”[25]

莱加斯皮的新策略开始奏效，宿务人接受了西班牙的统治，也同意给西班牙人缴纳贡金——作为交换，西班牙人要保护宿务人免受穆斯林敌人的进攻。在这几年里，莱加斯皮采取的征服手段可以说完全不同于美洲大陆，多数时候，同当地人的商业协议代替了暴力统治，西班牙人也以合理的价格从当地购买所需的粮食，比如猪肉、稻米和番薯等。宿务岛也再次为当地人真正所有。

的确，正如莱加斯皮1569年给新西班牙总督马丁·恩里克斯·德·阿尔曼萨的信中所说的那样，除了肉桂，还无法从菲律宾给新西班牙运回什么更珍贵的东西；1572年，莱加斯皮再次给恩里克斯写信说，除了肉桂外，现在新西班牙总督辖区还可以从菲律宾群岛得到棉布、蜡、丝线及少量黄金。[26]

早在很久以前，莱加斯皮就接到了新的指示，1568年8月，一艘从新西班牙来的帆船带来了一封给莱加斯皮的信，内容大致是让他尽快“平定”菲律宾群岛，建立西班牙新城。莱加斯皮是那种绝对服从命令且愿意积极配合的人，所以在很短时间内，宿务岛上就建成了2座新城，即后来为人们熟知的耶稣城和宿务城。同时，莱加斯皮的新任副官马丁·德·戈伊特去了菲律宾群岛北部最大的岛屿吕宋岛，他提议在“梅尼拉”海湾（在菲律宾原住民语言中指“葱郁的树林”）建立首府。此时的吕宋岛已发展为商业中心，与中国有着频繁的贸易往来，大约有40户华人定居在此，离中国大陆（相对）较近。1570 年 7 月 22 日，莱加斯皮致信腓力二世，说他即将要离开宿务前往吕宋岛了。莱加斯皮当时已经得到报告说，“梅尼拉”周围的土地盛产“稻米、猪、羊和黄金”。[27]

第二十五章

马尼拉

稻米、猪、羊和黄金……

——有人告诉米格尔·洛佩斯·德·莱加斯皮马尼拉附近的情况

1570年时，早先生活在吕宋岛西南部的梅尼拉（Maynila）[*]旧港的居民遗弃了这里，只有一小部分打算经商的华人留了下来。梅尼拉市坐落在帕西格河（Pasig River）以南，地处帕西格河注入马尼拉湾的河口处，[1]当时这里已经有了土木防御工事。在1570年以前，这里似乎有2000户人家，总人口大约为6000人。马丁·依纳爵·德·罗耀拉写道，这里已经建立了统治范围广阔的君主政体，统治者们看到“神圣的基督教福音传道士轻而易举就可以根除人民对伪先知穆罕默德的信奉”，因此开始大范围征税。[2]马尼拉穆斯林统治者苏莱曼同苏林（Sulin）、婆罗洲（Borneo）的统治家族有姻亲关系，虽然都是穆斯林，但他们也饮酒。

1571年起，西班牙人开始占领梅尼拉。双方进行了一场恶战，

---

* 马尼拉原名“梅尼拉”。——编者注

激战中，苏莱曼的房子被烧，他带着家眷及部下穿过马尼拉湾逃到了唐多（Tondo）。

梅尼拉是天然良港，内陆土壤肥沃，有大片富庶良田。当时穆斯林统治者已经准许华商定居在岷伦洛区（Binondo），这里至今仍然是菲律宾华人人口最集中的辖区。[3]

1571 年 6 月 24 日，莱加斯皮正式建立西属马尼拉城。和建立其他重要的西属城市一样，莱加斯皮也立即组织成立了市政议会，任命了公职人员。他一共任命了 2 名地方行政官、12 名市政议员，1 名治安官和 1 名公证官。后来，马丁 · 德 · 戈伊特和阿德兰塔多莱加斯皮足智多谋的外孙胡安 · 德 · 萨尔塞多征服了吕宋岛其他地方，同时，莱加斯皮与幸存的穆斯林王公之间也建立了友好关系，这些穆斯林王公已经迁徙到了马尼拉湾对面的甲米地（Cavite）。莱加斯皮本想把这座新首府命名为“耶稣圣名”，名从他在新西班牙成立的基督教兄弟会，但后来他决定把“梅尼拉”这个名字西班牙语化，将此地命名为“马尼拉”。

莱加斯皮平定马尼拉之时，马丁 · 德 · 戈伊特正忙着征服邦板牙人（Pampangos），胡安 · 德 · 萨尔塞多先后征服了临近的泰泰镇（Taytay）和马尼拉东南部的卡因沓镇（Cainta），征服期间西班牙人迅速夺取了当地人的火炮。萨尔塞多继续征战，征服了吕宋岛西海岸的帕拉卡莱市（Paracale），他听人说城里有金矿，结果却发现一无所出。其他西属城市也纷纷开始建立，吕宋岛卡加延河（Cagayán River）沿岸建起了新塞戈维亚，还建起了新卡塞雷斯（Nueva Cáceres）和卡马里尼亚斯（Camariñas）；班乃岛上建起了阿瓦拉隆（Averalon）；吕宋岛上的伊罗戈斯省（Ilocos）建起了维甘

(Villa Fernandina)。很快，新建立的西班牙城市全部建造了教堂。偶尔可以在吕宋岛多地发现黄金，有的分布在河里，有的则在矿藏里；西班牙还在这里发现了珍珠。

西班牙人征服吕宋岛，建立马尼拉城后，仍然有三个问题亟待解决：菲律宾群岛上的奴隶制问题；授地主（在新世界称监护主）的义务与权力问题；菲律宾群岛与新西班牙之间的关系问题。菲律宾境内的行政权和行政管理机构问题暂时搁置不议。

首先，征服者在奴隶制问题上发生了分歧。他们对巴托洛梅·德·拉斯·卡萨斯的主张仍记忆犹新，西班牙在亚洲和美洲的所有属地上都散播着他的观点。奥古斯丁会一名叫迭戈·德·埃雷拉(Diego de Herrera)的修士——来自阿斯托加附近的圣佩德罗–德雷加(San Pedro de Rega)——从菲律宾群岛返回西班牙后讲述了殖民者在这片土地上的暴行：

> 如果当地人说他们不想同西班牙人建立友好关系，或者他们建了防御工事的话，西班牙人就可以理所当然地发动战争。西班牙人四处烧杀掳掠，无恶不作。胡安·德·萨尔塞多占领了当地两个族群的堡垒，这两个族群奋起反抗，因此西班牙人以此为借口对他们大肆屠杀；在卡努塔(Canuta)，一位印第安人爬到树上大喊："卡斯蒂利亚人，你想从我们这里得到什么？你为什么要对我们发动战争？为什么还要我们缴纳赋税？我们欠了你什么？你又给我们和我们的祖先带来过什么好处？"[4]

这位印第安人的怒吼被马尼拉战争委员会(Council of War)当成了

发动战争的正当理由，该战争委员会还规定，但凡发表类似观点的村庄都可以被彻底清洗并摧毁，如果有西班牙人在当地遇害，那么当地所有的人都要被抓来当奴隶——“已逝之人的确讨回了公道，但他犯下的罪行却无人问津。”[5] 征服者呈给新西班牙总督一份请愿书，请求新西班牙承认保有奴隶是合法的，他们甚至在离开宿务岛之前就写好了这样的请愿书。[6]

尽管如此，战争委员会在奴隶制问题上也深思熟虑了。毫无疑问，菲律宾群岛和西班牙帝国的其他属地一样进口了很多奴隶。历史学家胡安·希尔（Juan Gil）说，有很多奴隶被“秘密地”从葡属东印度地区贩卖到菲律宾、中国澳门。待售的奴隶脸上大多都会打上烙印。[7] 菲律宾岛上的西班牙人家里的奴隶通常都是华人，虽然也有少数从非洲贩运来的黑奴。

授地制是西班牙征服菲律宾后亟待解决的第二大问题。宿务岛从 1571 年 1 月起建立了授地制。征服者以王室之名建立了一系列授地区（占有土地和人口），还以私人名义建立了 48 处授地区，其中最大的一处是宿务岛上面积达 3000 公顷的授地区，授予给了莱加斯皮最看重的同僚赫罗尼莫·德·蒙松（Gerónimo de Monzón）。[8] 在定居菲律宾群岛的头几年里，西班牙人在内格罗斯岛建立了 16 处授地区，在莱特岛建立了 12 处，在吕宋岛附近建立了 11 处，在宿务岛建立了 3 处，[9] 其中吕宋岛上一块有 8000 人的属地分给了热衷冒险的马丁·德·戈伊特。

菲律宾的授地制在美洲称为委托监护制，该制度规定，授地主有权使用当地人为其劳动，但也要为其提供人身安全保护，教导他们皈依基督教。[10] 为了确保贡赋的征收没有变相成为私人服役，菲律宾的授地制在此基础上做了调整，于是很快有很多人开始讨论菲律宾人能否以实物缴纳贡赋。[11]

对授地制作的另一调整就是实行波洛制（*polo*），波洛制下，菲律宾人被划分在不同的“分区”（*repartos*），每年须服劳役 40 天。波洛制之所以能在这里较为顺利地推行，是因为在西班牙人入侵之前菲律宾本土也有与之相似的劳役制度，因此，西班牙保留了菲律宾部分旧式阶级制度，当地人包括贵族在内，每年要定期替西班牙人伐木、造船、维修火炮、制造索具，遇到战争时，还要在船队服役。

在真正开始授地之前，西班牙世界已经就授地制期限展开了争论：授地制可以维持一代、两代，还是永久世袭？但这个问题始终未能得到妥善解决，这也在我们的预料之中。

菲律宾的西班牙居留地能够维持下去的第三点原因在于马尼拉大帆船自 16 世纪 70 年代起，就频繁往来于菲律宾与新西班牙之间，使得新西班牙和菲律宾之间建立了持久、长期的联系。[12] 起初，每年从马尼拉起航越过太平洋抵达阿卡普尔科的船只数量不定，在最开始的几年里，平均每年有 4 艘船从马尼拉起航驶往阿卡普尔科，虽然 1570 年只有 3 艘船最终抵达了阿卡普尔科。1573 年，第一批真正意义上的大批中国商品渡过太平洋抵达了阿卡普尔科，直到 18 世纪，马尼拉大帆船每年都出海一次，往来于阿卡普尔科与马尼拉之间。

马尼拉大帆船于是开始将酒、药物、丝绸、棉花和中国瓷器运往阿卡普尔科，再运回橄榄油、欧洲和美洲的布料、葡萄酒、铅和锡，最重要的是运回了墨西哥白银。有一次，一艘甲板上载满货物的大帆船抵达了新西班牙，但船上空无一人，所有船员都失踪了："这艘亡灵之船鬼使神差地自己驶入了港口。"[13]

1581 年，一艘开往秘鲁埃尔卡亚俄（El Callao）的货船最后转向去了阿卡普尔科。墨西哥白银极其珍贵，再加上白银在中国很受欢迎，而新西班牙又竞相罗致中国货，于是大量中国商品源源不断地运往新西班牙，西班牙人也就顺理成章地对马尼拉这座城市越来越重视，马尼拉因此很快成了著名的多元文化大都市。[14]

络绎不绝的大帆船穿梭于阿卡普尔科与马尼拉之间，这条航道最大的影响就是让马尼拉成了名副其实的商品交易中心，每年这里都会举办为期数月之久的展销会。大量华人在此期间涌入马尼拉，马尼拉港口还停泊着许多中国帆船，1595 年时在马尼拉港停泊的中国船只多达 50 艘。[15]

1593 年，经过同西印度院的仔细商议，腓力二世下令限制往来于阿卡普尔科与马尼拉之间的船只数量。为什么从两地出发的船只数量都要限制？因为西印度院认为只有这样才能保证航行次数。每艘船的船员数量和他们负责的事情经常变来变去，但一艘船上通常有 1 名船长、2 名副手、3—4 名领航员、2 名水手长、2 名水手长助理，还会雇用 2 名专人看管武器。一般情况下，船上还有 2 名医师、1 名公证官、1 名司铎、1 名造船匠、1 名审计官，可能还有 1 名潜水员和 1 位管家，还可能有 1 名总管。船员人数在 60—100 人之间。从阿卡普尔科起航的船上通常还有 1 名银匠（顶级工匠），1 名中尉官和 1 名军士长。有时船长可能还会受命前往马里亚纳群岛或菲律宾群岛中的小岛。一般情况下，远航的帆船会在 3 月底从阿卡普尔科起航，于当年 7 月从马尼拉起航返回。[16]船长的待遇通常都很优厚，来回一趟的薪酬在 5 万—10 万比索之间。[17]

16 世纪 70 年代前，至少在弗朗西斯·德雷克爵士开始他 1557 年到 1580 年间的环球远航之前，太平洋在西班牙航海家眼里就是一片汪洋，不需要做任何防御，但即使到了德雷克环球远航的时候，西班牙人也是在很久之后才开始切实建立太平洋防御体系的。

到了 16 世纪 80 年代，西班牙殖民者在马尼拉的主要生计就是大帆船贸易，他们几乎没有开发马尼拉城周边地区的农业资源，甚至连吕宋岛上丰富的黄金资源也被忽视了。（南美洲）热销商品就是中国丝绸、瓷器和其他精美手工艺品。马尼拉大帆船上的船员大多为西班牙人，他们运送的大多数精致商品包括瓷器却基本上是华人在马尼拉制造的。

中国于是就这样进入了西班牙人的视野。当时，中国因有序的统治和广袤的疆域而闻名四海，那里十分富饶，有很多用石墙围起的城市，许多城市比欧洲的任何一座城市都要大。1569 年 7 月的一份文件首次显现了菲律宾的西班牙人对中国的野心：

> 首先，我们必须在这些岛屿（菲律宾群岛）上定居下来，因为要在这么多岛屿之间来回穿梭……在中国沿海停泊如此庞大的船只，即使船上只有桨手，没有军队，这种做法也是很不明智的。要占领人口众多的广袤领土的话，必须要有足够的人手以便应对随时发生的状况，虽然我听说（包括中国人也这么说）中国人一点儿也不好战。[18]

因此，莱加斯皮写信给腓力二世，请求征服中国，就这样西班牙征服中国的迷梦初具雏形。1569 年，一些菲律宾的西班牙人试图冒充华人进入中国，但身份最后被人识破了。[19] 实际上，在上述文件之前，莱加斯皮就向腓力二世提议建立一支由 6 艘帆船组成的舰队，“开进中国海岸，和中国大陆签订协约”。[20]

1567 年 12 月 12 日，墨西哥市政议会也向国王谏言，称西班牙王室不仅应瓜分西部群岛（菲律宾群岛），还应该瓜分中国附近的岛屿。[21] 著名的加泰罗尼亚历史学家曼努埃尔 · 奥列（Manuel Ollé）认为，从占领菲律宾伊始，西班牙人就从华人和菲律宾商人那里搜集关于中国的信息，后来又从华人移民和华商（*sangleyes*）[22] 那里套取消息。很快，莱加斯皮就表现得比以往都更像个征服者，他告诉腓力二世，“有了上帝的帮助，我们不需要太多人手，就可以轻而易举地统治他们”。[23]

西班牙人自此产生了把菲律宾作为征服中国的跳板的念头。1571 年 8 月 10 日，奥古斯丁会的马丁 · 德 · 拉达修士从马尼拉写信给新西班牙总督恩里克斯 · 德 · 阿尔曼萨 [24]，谈到了他打算在中国成立传教团的计划，因为有几个华商决定从菲律宾返回广州附近，其中还有一两个人已经皈依了基督教，这几个华商答应带两名修士到中国去。[25] 在拉达的修道院里，有一个叫程科（Canço，音译）的华人在这里生活了半年，他因为季风的原因无法回家。在慢慢克服了语言上的障碍后，拉达从程科这里知道了很多有关中国政治制度的情况，还知道了16世纪晚期及历朝历代中国实行的选官制度。例如，如果一个人足够贤能的话，他可以在年轻时就通过科举考试做官，朝廷会指派他到远离家乡的省份做官。这就是大明帝国的生活。

不久之后，在 1571 年 8 月 22 日，莱加斯皮也给恩里克斯总督写了封信，讲到了自己想去中国考察一番。莱加斯皮在信里将华人称为“土著纯种华人”（Indios Chinos）。[26] 他十分自信地说，中国政府一定会欢迎他，因为他手下的一些船员曾救过中国一艘大帆船上的船员，这艘帆船在马尼拉南部的民都洛岛（Mindero）遭遇了海难。获救的中国船员回国后讲述了西班牙人的义举，随后大明官员给他们寄来了礼物表示感谢。

一年半之后，恩里克斯总督（他从未掩饰自己对菲律宾群岛的兴趣）给莱加斯皮手下的船长胡安·德拉·伊斯拉下达了新命令，让他对中国做进一步的探索。莱加斯皮将为他提供 3 艘优质舰船。1571 年 10 月勒班陀战役结束后，腓力二世兴奋之余亲自批准了这项计划。恩里克斯不仅支持西班牙船队到中国海岸探险，还要求他们“占领中国的土地”（*toma de posesión de las tierras chinas*）[27]，这次入侵中国的想法也得到了西班牙王室的支持。

一年以后，1572 年 8 月，莱加斯皮突发心脏病在马尼拉去世，此时仍未形成远征中国的成熟计划。在奥古斯丁会的马尼拉圣福斯托（Saint Fausto）教堂，马丁·德·拉达修士为莱加斯皮念诵了悼词。

莱加斯皮和第一代菲律宾征服者给这里带来的最大变化就是菲律宾群岛首次实现了政治上的统一。之前，正如我们在第二十四章提到的，这里分布着上百个相互独立的政治小团体，但现在菲律宾群岛按照传统的卡斯蒂利亚和罗马的政治模式建立了政治区划，归属新西班牙总督辖区管理，当然，最高权威依然属于西班牙国王。大多数岛屿都有市政厅和军营，实行自治。农村地区的自治主要靠修士管理，修道院院长永久享有土地所有权，这和短期的世俗的授地制有所不同。

莱加斯皮把菲律宾群岛划分为25个行政区（*alcaldías mayores*），每个岛屿的中心城镇都定居着一小撮西班牙人，包括一名负责统辖的市政长（*alcalde mayor*），还有若干下属的市政议员。中心城镇附近的土地授给了授地主，但在菲律宾群岛，授地主必须住在所在地区的“中心村落”（*pueblos cabeceros*），除非他们在马尼拉（甚至在新西班牙，当时有些授地主就在新西班牙）。这里的修士常常精明地利用独有的机会来保护当地人免受殖民者的虐待，但在这个过程中当地人就成了他们的教徒——实际就是他们的统治对象。[28]

到16世纪末，西班牙人已经在菲律宾建立了稳固的统治，菲律宾成为西班牙向中国渗透的起点和跳板。

第二十六章

觊觎中国

漳州城。平民的屋子都很小，主街道宽敞漂亮，各类店铺鳞次栉比。每条街看起来都能跟西班牙最好的那三条街媲美，都和主街一样宽阔。这里的食物五花八门，有鸡肉、阉鸡、鸭肉、猪肉……（还有）大量水果和蔬菜，有樱桃、梨、葡萄、辣椒和多种干果、坚果，还有栗子。这里也有很多烘焙店、杂货铺等各类店铺，像银匠店、裁缝店、鞋店及船帆店等。

——《耶稣会士阿隆索·桑切斯来华之旅》（*Relación del viaje del jesuita Alonso Sánchez a la China*），约于 1582 年（AGI, Filipinas, leg. 79, no. 10, 34）

我们在前面讲到，征服者米格尔·洛佩斯·德·莱加斯皮于 1572 年去世，继任他临时担任菲律宾总督的是吉多·德·拉维西利斯，他是一名意大利书商的儿子，其父在塞维利亚经营着一家书店。拉维西利斯于 1536 年前往新世界，曾在富饶的摩鹿加群岛上待过几年，也曾在洛佩斯·德·比利亚洛沃斯的远征船队中担任事务长，后来途经印度回到了欧洲。之后他便跟着莱加斯皮远航，是第一批远征菲律宾的西班牙人。和莱加斯皮一样，他为人稳重，做事沉稳，在花甲之年受命统治马尼拉。

在莱加斯皮统治时期，拉维西利斯已经征服了匆地岛（Betis）、卢班岛（Luban）等数个重要岛屿，在吕宋岛北部建立了西班牙城市费尔南迪纳（Fernandina），就是后来的维甘。他这一生东征西讨，自然该由他担任总督一职。

拉维西利斯上任后，面临的第一个遗留问题就是如何管理日益扩大的对华贸易。马尼拉最早与福建建立了长期、稳定的贸易往来，此外还与厦门、漳州等地通商。总体来看，拉维西利斯也深切关注着所谓的"中国大业"（*la empresa de China*），当时这个名称可是响彻西印度院和马尼拉的。"中国大业"实际上指的是远征中国，把中国的部分地区，甚至整个中国都纳入西班牙的统治下。从1574年1月11日马尼拉首席公证官埃尔南多·恩里克斯·里克尔所写的一封信中也可以看出西班牙的昭昭野心。和拉维西利斯一样，恩里克斯·里克尔也是莱加斯皮的部下，他认为最多需要60名"西班牙精兵"便可征服中国。大约半年之后，在6月30日，拉维西利斯总督给卡斯蒂利亚寄回了两张地图——一张是中国和吕宋岛的位置关系图，另一张是中国和日本的地图。这两张地图上都没有什么具体的信息，也算不上精确，但西班牙统治者看着这些地图心里却十分乐观。拉维西利斯告诉西印度院，说他希望西班牙的势力能扩展到这些富饶的土地上。他还说："我深信此方略乃顺天应命之举，这将为陛下开疆拓土、广布皇威，同时还将给亿万野蛮而无知的子民带去天主教信仰的真知，这些人就在那里苦苦期盼着天国（*el Gran Cielo*）及早到来。"[1] 马尼拉的西班牙人也十分清楚，只要能和中国有所往来，必将有无尽的财富滚滚而来。[2]

新西班牙总督恩里克斯也一直陶醉在入侵中国的美梦中，1574年10月，他上书腓力二世，说尚未找到率领远征军征服大明帝国的合适人选，他一直在物色像埃尔南多·科尔特斯那样能干的人。[3]胡安·巴勃罗·德·卡里翁（Juan Pablo de Carrión）——他曾是莱加斯皮的第一批副官，也在摩鹿加群岛经过一番历练——一度认为，与菲律宾相比，这些“岛屿”（指中国）物产丰富，格外富庶，幅员辽阔，他甘愿为之赴汤蹈火，把中国最终纳入西班牙的版图。他甚至主动提议出资打造2艘船只，再配上2艘快帆船，由他去完成征服中国的伟业。[4]他所要的唯一回报就是封他为“南海及中国海岸海军上将”。这些提议十分诱人，令人头脑发热，国王显然对此很感兴趣，但当时他正为尼德兰的麻烦而深感焦虑。虽然阿尔瓦公爵[5]已经离开西班牙去了尼德兰，但对于这个提议他依然犹豫不决。

后来发生的其他事情也给这个美梦蒙上了一层阴影。1574年，马尼拉市建起了2家医院，其中一家专为西班牙人提供医疗服务，另一家为菲律宾人和华人服务，两家医院都由方济各会管理经营。后来慈悲的多明我会又专为华人建了第三家医院，即圣加百利（San Gabriel）医院。后来，在1574年11月，海盗林凤*（西班牙人称他为李马芳，据点在中国台湾）率领的中国海盗从华商那里听说驻守菲律宾的西班牙人数量非常少，于是林凤决定立即率2500人进攻吕宋岛，却遭到了拉维西利斯及莱加斯皮的外孙胡安·德·萨尔塞多的

---

* 中国明代海上武装力量首领，广东潮州饶平人，以机智勇敢著称。曾长期盘踞在闽粤沿海一带。势力最强盛时拥有船只300余艘，人员4万余名。1574年11月，在闽粤沿海一带被明朝官军追剿而无法立足，遂率战船62艘、工匠2000人、水手2000人等远征菲律宾吕宋岛，多次被西班牙殖民者挫败。后不知所终。——编者注

阻击，始终未能攻克吕宋岛。林凤损失了200名部下，几艘西班牙船只也被烧毁，马丁·德·戈伊特也战死了，他曾一直担任莱加斯皮的副官。这对西班牙来说是个沉重的打击，因为我们在前面的章节中提过，马丁·德·戈伊特在征服菲律宾群岛中功不可没。后来，林凤依然留在了菲律宾，他在马尼拉北部的班诗兰（Pangasinan）安营扎寨。

当时出现的一些其他麻烦也推迟了征服中国的计划。1574年9月，腓力二世接见了两名奥古斯丁会修士迭戈·德·埃雷拉（Diego de Herrera）修士和胡安·冈萨雷斯·德·门多萨（Juan González de Mendoza）修士[6]，他们向国王诉说了新封的授地主是如何在吕宋岛滥用权力、滥施刑罚的。[7]马丁·德·拉达也向国王弹劾佩德罗·德·查韦斯（Pedro de Cháves）和胡安·德·萨尔塞多这些为非作歹的征服者，说他们威胁吕宋村民，让他们要么和平归顺，缴纳贡赋，要么就接受战争。吕宋当地人拒绝向他们屈服，查韦斯和萨尔塞多便向这些村庄发动了战争。拉达坚持认为这绝非正义的战争。后来拉维西利斯总督向腓力上书，辩称这些战争都得到了著名的领航员及修士安德列斯·德·乌达内塔的认可，乌达内塔说这似乎是让东方皈依基督教的唯一方式。腓力二世似乎接受了这样的辩解。

翌年，即1575年3月，向来好战的萨尔塞多率领2艘大船和6只小船偷袭了林凤在马尼拉城外的营寨。一场旷日持久的包围战开始了。围城期间，明朝派遣使团出使菲律宾，使团由明朝福建把总王望高率领，西班牙人向中国代表承诺他们会继续追击，直到抓获林凤，不管他是生是死，都会将他交还中国。王望高也带了一小队西班牙代表团回国。西班牙代表团接受的指令是尽力在福建沿海一带建立一块类似于澳门的飞地，与中国通商。这块新殖民地将由两名奥古斯丁会修士来管理，其中一名就是我们之前提到的马丁·德·拉达，[8]另一名是刚从新西班牙来到菲律宾的赫罗尼莫·德·马林（Jerónimo de Marín），他貌似是科尔特斯手下那名热那亚籍的舰长路易斯·德·马林［又作马里尼（Marini）］的孙子。一队西班牙士兵会护卫二人来华，卫兵由莱加斯皮手下的米格尔·德·卢阿尔卡（Miguel de Luarca）统领，卢阿尔卡来自阿斯图里亚斯，是授地主，分得了吕宋北部奥顿（Otón）地区的土地。奥顿地区另一位授地主佩德罗·德·萨米恩托（Pedro de Sarmiento）为他们此行提供了资助，也加入了他们的队伍。顺带说一句，卢阿尔卡的授地较大，有1600名原住民，而萨米恩托的授地上只有300名原住民。[9]

1575年6月12日，第一批远征中国的西班牙军队从马尼拉启程。这是一桩惊心动魄的“伟业”，随行士兵甚至觉得他们即将建立的丰功伟绩可以与科尔特斯和皮萨罗的功绩相媲美。此行的计划是抵达中国后，远征军中的世俗人员包括卢阿尔卡和萨米恩托在内应尽快返回马尼拉，肩负传教任务的两名修士要去杭州寻求庇护，到时会有一支中国军队带领他们去觐见中国皇帝。[10]

7月17日，西班牙远征军抵达福建福州，福建巡抚刘尧诲接待了他们。刘尧诲上陈明神宗，转达了拉达和马林的请求，他们希望皇帝可以许可其留在中国传播基督教，同时学习汉语。刘尧诲让他们先回马尼拉，静俟皇帝决策。如蒙圣上恩准，他将派船迎接他们来华。[11]

事实上，因为海盗林凤已经给中国和西班牙带来了诸多困扰和破坏，明朝已经宣布一旦西班牙人抓还林凤，便将台湾对岸厦门的一处岛屿或大陆上的一处山地赐给他们。西班牙军队于是撤回了马尼拉。

然而，击败林凤绝非易事，远非西班牙传教士想象的那么容易。1575 年 8 月，林凤在当地菲律宾人的帮助下成功地从营寨逃了出来，他们给他提供木材，造船逃生。新任菲律宾代理总督弗朗西斯科·德·桑德·毕贡（Francisco de Sande Picón）博士——他是西印度院现任主席胡安·德·奥万多的门生——对此局面束手无策。桑德不善处理外交事务，起初，他对老谋深算的中国人还真是束手无策。

但桑德很快就展现出了卓越的才能。他曾在萨拉曼卡大学学习法学，后来担任公诉官，还在新西班牙担任过负责刑事案件的地方法官。在新西班牙任职时，桑德执法严厉，连科尔特斯的那些子孙后代及其同党都对他心有余悸。[12] 在菲律宾时，虽然一开始桑德的统治方式有失当之处，但很快他就能够谨慎、灵活、睿智地统治那里了。在他担任代理总督的 5 年时间里，西班牙巩固了在菲律宾的统治。他还热情地迎接了第一批方济各会修士（他的哥哥是危地马拉方济各会修士），用武力占领了霍洛岛（Joló）和棉兰老岛沿海地区。西印度院下达给他的委任状里有一条说的是“要与中国建立联系，并维护与他们的关系，让他们知晓西班牙王国的真诚和善意”[13]。

当时，澳门已经成了葡萄牙人的居留地，隶属于果阿当局管辖。中国其实打算将允诺给西班牙的土地仿照葡萄牙人在澳门的租地来设立。[14]

同时，王望高率中国使团再次来到了马尼拉，但桑德起初的那些失当举措激怒了他们，他们便从菲律宾愤而离开，不仅带走了在这里收集的西班牙商品，还将原本打算赠给已故拉维西利斯总督的丝绸、棉布及马匹等礼物一道带走了。此外，他们离开时还带上了拉达修士和他手下一名叫阿尔贝托·德·阿尔伯克基（Alberto de Alburquerque）的侍从，但行至博赫阿尔多角（Cape Bojeador）附近林加延湾（Lingayon）岬角上的波里纳科岛（island of Bolinaco）时，他们把这两人丢在了这座小岛上。[15]

然而，西班牙人仍对“中国大业”念兹在兹，到 1576 年仲夏之时，桑德还在筹划征服中国的各种计划。6 月 6 日，桑德写信告诉腓力二世，说他已经谋划妥当，只要从新西班牙和秘鲁调遣 4000—6000 人的兵力前去征服，就能让明王朝归顺。不过，士兵要自费配备火绳枪或长矛。[16]

桑德还给西班牙寄去了一份明王朝统治下的中国的详细报告，他知道大明王朝已经统治中国长达 200 多年了。明王朝曾让中国摆脱了蒙古人的统治，他们一直小心翼翼地守护着这片土地，不允许任何外国人踏足，这样的天朝不需要贸易，也不需要从别国进口商品。唯一的例外就是葡萄牙人，1557 年，葡萄牙人在澳门建起了贸易点，欧洲的制造商便可通过澳门进入广州的对外贸易商行，在这里用欧洲商品交换中国的丝织品。为了开展这样的贸易，每年都有一艘“大船”载着珍贵的商品和欧洲火器开往日本。

当时的明朝皇帝就是著名的明神宗，他励精图治，在位时间很长，取得了诸多文化成就。自 1421 年起，明朝就定都北京。15 世纪时，中国多次开展远航——例如，中国的舰队就曾远至非洲——但到了 16 世纪，这样的探险活动便告终了。[17] 桑德多次提议派一支墨西哥—秘鲁来的精锐部队，发起一场“极其正义的战争”（*una Guerra justísima*）来征服中国。中国士兵“盲目崇拜，腐败堕落，任由强盗和海贼蹂躏”，他们难道不应该遭到鄙视吗？但中国有很多贵金属，这里最小省份的人口也比新西班牙和秘鲁的总人口多得多。桑德认为最明智的方法是先征服中国的一个省份，中国人会欢迎征服者的到来，会把他们当成解放者和救世主。新西班牙的特拉斯卡拉不就曾出现过这样的情况吗？之后西班牙便可以利用已经被征服的中国人，把他们当成垫脚石，进而征服其他省份。[18]

桑德深知中国平民——中国的“原住民”——既不淳朴，也不愚昧，更不会轻易被恐吓，威胁似乎并不能让他们屈服，但可以用武力控制他们，或者用黄金、白银等重礼收买他们。桑德说：“如果他们和新西班牙、秘鲁、大陆省（委内瑞拉）或美洲其他地区的人有共通之处的话，那循循善诱可能也会取得良好的效果。”[19]

作家兼军人贝尔纳迪诺·埃斯卡兰特（Bernardino Escalante）在1577年出版的《航海记》（*Discursos de la navegación*）中批判了西班牙入侵中国的计划，他认为向中国派遣一支和平使团就足以让中国人知道归顺西班牙的好处了。[20]

1576年，桑德把上述想法上奏给了腓力二世，次日，他又向西印度院送去了同样的奏疏，但腓力二世和西印度院都没有做出答复。

两年之后即1578年（当时像涉及这类重要决策的国际通信花费两年时间并不算长），腓力二世又收到了一份桑德的奏疏。在这份奏疏中，桑德说单单是菲律宾群岛的面积就比德意志地区还要广阔——埃尔南多·科尔特斯也曾这样比较——这里物产丰富，府库丰盈，民众也已习惯改弦易辙。[21]桑德的这份奏疏送出去没多久，就有17名方济各会修士来到了马尼拉，这支传教团由佩德罗·德·阿尔法罗（Pedro de Alfaro）修士率领，他的父亲可能是科尔特斯的资助者路易 · 费尔南德斯 · 德 · 阿尔法罗。[22] 方济各会修士在马尼拉建起了一座修道院，即圣费利佩（San Felipe）修道院，后更名为圣大额我略（Saint Gregory the Great）修道院。佩德罗 · 德 · 阿尔法罗后来离开马尼拉去了中国，他把胡安 · 德 · 普拉森西亚（Juan de Plasencia）留在马尼拉，让他编撰一本有关菲律宾本土语言塔加禄语（Tagalog）的语法词汇书。普拉森西亚后来宣布说，他用了 9 年时间让 25 万菲律宾人皈依了基督教。

阿尔法罗的成就也毫不逊色，他写了一封长长的书信，记述了他在广州城的经历。[23] 当时有几个方济各会的修士陪同他，他还有一名华人译者，是个华商，大家都把他称为“华尼科”（Juanico，音译）。

佩德罗 · 德 · 阿尔法罗修士描述了他们被广州人阻截的经历。当地民众对他们心怀疑虑，把他们围得密不透风，寸步难行，这些传教士告诉民众，他们来这里的唯一目的就是布道。阿尔法罗总结说，中国幅员辽阔、人口众多，管理起来非常难，需要极高的统治技巧，然而中国政府却管理得卓有成效。[24] 在阿尔法罗看来，菲律宾群岛可以成为广袤的（西班牙）东印度帝国的中心，帝国疆域从印度的果阿一直延伸到中国的澳门。

美洲的征服者也日益沉迷于征服中国的美梦。危地马拉检审法院（最高法院）法官迭戈 · 加西亚 · 德 · 帕拉西奥（Diego García de Palacio）在一份 1578 年 3 月给腓力二世的奏疏中写道，在中美洲募集 4000 名士兵，让他们乘 6 艘大帆船去征服中国，这是轻而易举的事，也是民心所向。他请求国王给他们提供大量制造枪支所需要的铜。[25]

和国王一样，西印度院对这些大胆的提议也十分纠结。毫无疑问，不管王室就中国问题做出什么样的决策，西印度院的官员都必须对其负责。看过无数关于中国的报告后，这些官员得出的印象是：中国国土长约 1100 里格（约 5500 千米），宽约 500 里格（2500 千米），边境线长约 3000 里格（约 1.5 万千米），可能有 15 个省份，大约 300 座城池，还有 1000 座小市镇，此外还有大量村落；中国皇帝麾下可能有一支 500 万人的军队守护着他的帝国，这些士兵也配有火绳枪、长矛、利剑、弓箭等武器，此外还有当时在欧洲攻城略地所用的各种作战武器。西印度院因此认为，“征服中国绝没有加西亚·德·帕拉西奥所想的那么简单”。[26]

国王对征服中国的计划也越来越深感怀疑。1579 年 4 月 29 日，腓力二世在圣马丁－德拉韦加（San Martín de la Vega）小镇——位于马德里和托莱多之间——拟下了重要谕旨：“至于你所提议的征服中国的大业，现在为时尚早。当下我们应与华人建立友好关系，切勿与之作对，或与当地海贼暗中勾结，以免中国对我们心生怨怼。”[27]

前一年，即 1578 年夏天，桑德率领一支侦察队从马尼拉出发，远至南部的婆罗洲。马丁·德·拉达修士原与他同行，但后来在途中逝世了。8 月，赫罗尼莫·德·马林修士——现在他成了菲律宾资历最深的奥古斯丁会修士——带着一份桑德的奏疏来到了西班牙，这份奏疏让腓力二世和西印度院都开始重新考虑对华政策。然而，直到 1581 年 2 月，马林才在弗朗西斯科·德·奥尔特亚（Francisco de Ortega）修士和安东尼奥·冈萨雷斯·德·门多萨修士的陪同下起程返回，他们先从卡斯蒂利亚起航去了新西班牙，然后再穿过太平洋回到菲律宾，还带着要献给中国皇帝的礼物，其中包括风靡一时的威尼斯宫廷画家阿隆索·桑切斯·德·科埃略[28]画的腓力二世的骑马像一幅、腓力二世的单人站立像一幅、已故卡洛斯一世画像一幅，还有一幅圣母马利亚的画像和耶稣画像。[29]桑切斯·德·科埃略创作这些画作的报酬总共是400比索。这些画作虽然在当时很流行，但后来都失传了。[30]

然而，与中国交好的计划却受到了新西班牙新任总督科鲁尼亚伯爵（Count of Coruña）[31]的反对，支持他的还有即将离任的新西班牙前任总督马丁·恩里克斯和菲律宾前任总督桑德。桑德当时已经离开了马尼拉（正要去危地马拉赴任最高法院主席）。莱加斯皮统治时期的宿务岛首席治安官及菲律宾现任检察官（*procurador general*）加布里埃尔·德·里韦拉也反对与中国交好，他当时正好逗留在新西班牙。这些贪婪的人（尤其是桑德）都认为西班牙使团可能会在中国受到冷遇，中国皇帝可能会拒绝他们献上的礼物。

这些礼物送出去两年之后，腓力二世发现他还得重新任命一名菲律宾总督。桑德已然离世，接替他担任总督的是1578年8月任命的贡萨洛·龙基略·德·佩尼亚洛萨（Gonzalo Ronquillo de Peñalosa）[32]，他的父亲是巴利亚多利德市的市政议长罗德里戈·龙基略（Rodrigo Ronquillo），龙基略曾因血腥镇压西班牙城市公社起义而闻名。腓力二世提醒这位新任总督，1573年的法律适用于新近征服的领地，根据该法，所有奴隶——不管是在西班牙征服的领地上抓捕来的还是从其他地方带来的——均得释放。当时，龙基略向新任马尼拉主教、为人开明睿智的多明戈·德·萨拉萨尔请教，能否以一种“更加温和、较少损害基督徒利益”的方式执行新法。[33]

龙基略带着大量亲朋故旧和新移民者——大约600人——来到了马尼拉。实际上，在1580年抵达马尼拉的西班牙人比16世纪的其他任何一年里都多。[34] 龙基略希望能终身担任菲律宾总督，在1581 年的一次任期调查中，龙基略说，为了到菲律宾赴任，他花去了大部分积蓄。与他一同来的还有他的侄子迭戈，后来继任了菲律宾总督一职。

龙基略精力充沛、行事张扬，他在马尼拉城外的八连（Parian）设立了华人聚居区，派重兵把守，还派兵征服了卡加延省，并命胡安 · 巴勃罗 · 卡里翁赶走了盘踞在这里的一伙日本海盗，后来卡里翁又在这里建起了 2 座市镇，即新塞戈维亚和新阿利瓦洛（Nuevo Arévalo）。龙基略对进出口中国的货物征收 3% 的关税，遭到了西班牙人和华人的一致反对，但他依然没有做出任何调整（因为关税一旦起征便很难取消）。[35] 后来他还对所有菲律宾的进出口货物征收 3% 的关税，这与当时在塞维利亚征收的一项关税十分相似，但塞维利亚的税率比这里的低（为 2.2%）。[36] 这类关税逐年提高，珍珠需要单独征税。

龙基略在宗教界的同僚萨拉萨尔主教是当时西班牙最著名的主教之一，他 1513 年出生于萨拉曼卡附近的拉瓦斯蒂达（La Bastida），在萨拉曼卡大学求学时，他的导师是提出“正义战争”理念的哲学家弗朗西斯科 · 德 · 比托里亚。1546 年，萨拉萨尔进入巴利亚多利德的圣艾斯特本（San Esteban）修道院，成了一名多明我会修士。后来他又去了新西班牙，熟练掌握了纳瓦特语，并能用纳瓦特语布道。1556 年时，他提出新西班牙的印第安人不应该缴纳什一税。1558 年，萨拉萨尔加入特里斯坦 · 德 · 卢纳（Tristan de Luna）的部队，远征佛罗里达；1561 年，他担任墨西哥城圣多明各修道院院长。法官阿隆索 · 德 · 苏里达（Alonso de Zurita）说他是个令人钦佩的教士，“堪称兼具各种美德的典范，是个非常杰出的传教士，其教义意蕴深远，令人深思”[37]。后来他去了如今的墨西哥中部的萨卡特卡斯（Zacatecas）传教，还在1567年负责审理征服者后代叛变的案件。[38]萨拉萨尔似乎还去过委内瑞拉，但稍做逗留便很快返回了新西班牙。

受巴托洛梅·德·拉斯·卡萨斯的直接启发，萨拉萨尔开始用拉丁文写一部西班牙统治印第安的历史著作，书中还谈及统治正义性的问题，他打算把这本书献给西班牙的西印度院。现在已经找不到这本书残存的蛛丝马迹了，但萨拉萨尔的确向西印度院提交了关于印第安人境况的报告，为此教廷大使将他监禁了一段时间。后来他又在阿托查（Atocha）修道院——拉斯·卡萨斯在这里离世——宣传他对美洲问题的看法，完全无视教廷大使的态度，但他终究还是引起了腓力二世的注意。腓力一直在寻找热忱的传教士，于是他任命萨拉萨尔担任马尼拉主教。但直到1581年9月，萨拉萨尔才抵达菲律宾就任主教一职，他发现这块主教辖区是一块“放牧羊群可以不需要牧羊人”的地方。正如预期的那样，他立即开始了向原住民传教，但他也因为“苛刻的性格和强烈的控制欲”而招致反感。一名士兵曾要求他讲话温和一点儿，否则他将站在50码（约15米）开外的地方用火绳枪打掉他的僧帽。萨拉萨尔还坚持让皈依基督教的华人剪掉头发，这也引起了华人的敌视。[39]龙基略向腓力二世抱怨，请求他调离萨拉萨尔，他在奏疏中写道：“萨拉萨尔固执己见，认为自己的观点不应称之为观点，而应称之为真理。”[40]

萨拉萨尔主教组织当地所有教会团体的高级神职人员召开会议，在会上他提出了很多极具煽动性的问题，他们对此一并做了讨论。第一个问题是："总督疏于公布并执行法令仅仅是因为境况艰难吗？"第二个问题是："代表几个奴隶主向国王请愿，就可以凭此罔顾国法吗？"第三个问题是："总督应立即执行法律，还是仍可以稍做宽限？"对于这些问题，所有与会人员的回答都是否定的，他们说，尤其是"印第安人（原住民）的自由问题不能再拖延了，因为这是神圣法律的原则之一"。

如果腓力坚持征服中国的计划的话，萨拉萨尔肯定会被任命为北京地区大主教的[*]。

---

* 在本章的撰写中，我读了《西印度档案集》（Archivo de Indias）第10号文件，即菲律宾卷宗第79中的大量信件和报告。至于该档案馆中的其他馆藏，请参考本章第18条注释。——原注

第二十七章

征服中国

如果我们可以自由地向他们传教，那么就可以轻而易举地让其皈依我们的信仰。

——马丁·依纳爵·罗耀拉，1585 年

1582 年 3 月，阿隆索·桑切斯修士终于率领 3 艘船舰朝着他所谓的“中华帝国”（*los reynos de China*）进发了。桑切斯家族世代为工匠，他本人是个既有才华又自负的耶稣会士，出生于瓜达拉哈拉附近的蒙德哈尔（Mondéjar），1579 年就去了新西班牙。与他同行的有他的“左膀右臂”尼古拉斯·盖拉多（Nicolás Gallardo），还有两名方济各会修士，其中一名是胡安·波夫雷（Juan Pobre）修士，此外还有 22 名水手随行。在远东地区，耶稣会和多明我会之间互相竞争，但他们却与方济各会相处融洽。

在从菲律宾到中国的途中，远征队遇到了大风暴，船在中国的柘林港附近沉没了，当时的柘林港因走私而闻名。桑切斯修士在一封信中记述了此次远航，读来引人入胜。信中提到“船只在海面上颠簸，周围巨浪如山”。还有一名领航员惊呼：“这个夜晚极其可怕！”但桑切斯和他的同伴最终还是获救了，他们被带到了柘林。[1]

记述完这起海难后，桑切斯讲述了他和同伴在中国的所见所闻。他回忆道，在棕榈主日：

> 所有的中国船舰都聚集在一起，每一条船的船尾都挂着四面丝制大旗以及很多三角旗；船上兵士荷枪实弹，器械严整，彩旗攒动。战船及其旁边一座城堡里集结了许多士兵，那城堡由体形硕大的斗兽（狗）守卫着，那些斗兽身着黄色衣衫，非常醒目，但我们猜不透这背后的用意。我们以为他们想要将我们杀掉，但到了中午时分，我们才明白原来他们正在陆地上进行一场精心安排的操演，海上的水师也鸣响枪炮，声震云霄，表现得十分勇猛。
>
> 事毕，有三位船长过来通报我们，说守备要把我们送到兰博（*lanbo*）去。我们不知道兰博是什么地方，便要求他们把我们送到广州，我们还说要把我们都送走，一艘快艇恐怕不够。结果他们给我们派了 3 艘船，其中一艘整洁美观，像一把宝剑，纤尘不染，船上连个蜘蛛网或昆虫都看不见，壁橱宽敞明亮，甚至可以在里面睡人。
>
> 我们从那里起程，穿过一个大海湾，经过了许多小岛……我们连夜航行，在圣周的那个周一我们就弃舟登车，然后经陆路继续前行。在一些风景秀丽的田野乡村，我们还见到了许多跟西班牙的农夫一样的农民，他们在田里劳作，驱着水牛，但在某个地方我们却见到了一头套着犁具的骆驼。

因为葡萄牙人的缘故，中国人也有了火绳枪和犁具，这着实令西班牙人感到不安。*

后来，桑切斯和同伴被送到了一座不知名的城堡里，在这里，他们被严加盘审了一番，所用的翻译也不尽人意。这 4 名传教士获得允许，可以直上广州，而其他船员则在柘林滞留了 7 个月之久。[2] 教士们一路舟马劳顿，涉过无数江河，到达惠州后又被拦下再次盘问他们此行的目的。他们见到了当地知府，知府允许他们继续前往广州。在广州他们遇到了葡萄牙商人和耶稣会士。当时有个叫马卡 · 马蒂亚斯 · 潘尼拉（Maca Matias Panela）的葡萄牙船长，他结识了一些华人，手下还有许多华人侍女。潘尼拉将桑切斯他们从监禁——甚至更糟的处境——中解救了出来，安顿在来自那不勒斯的耶稣会士米格尔 · 罗吉耶洛（Miguel Ruggiero）的豪宅里。[3]

就在桑切斯一行正在进行这次史诗般的远行（这似乎是西班牙人首度来到中国内地）时，马尼拉的西班牙教士召开了一次会议，讨论兼并整个菲律宾群岛计划的合法性和授地制的改革方案。[4]1582 年年初，龙基略总督命弗朗西斯科 · 杜恩纳斯（Francisco Duenas）率领一支船队从马尼拉出发，向南前往摩鹿加群岛，他们此行一是为了通知提多雷岛上的葡萄牙人，西班牙已经合并了葡萄牙，二是为了收集有关特尔纳特岛（island of Ternate）的信息。[5] 与此同时，龙基略总督将菲律宾的西班牙军队集结在新塞戈维亚，这是在吕宋岛东北部新建的一座城市，是未来向中国扩张的基地。

---

* 此处作者对史实的掌握有不确之处，火绳枪可能的确最早由葡萄牙人引进，据记载，明水师在 1521 年西草湾之战后缴获了火绳枪；但至于犁具，中国在西周晚期至春秋时代时就出现了铁犁，到西汉时已经有了直辕犁，故作者在此处的说法不够严谨，与史实不符。——译者注

1582年5月，历经数月的艰苦跋涉后，阿隆索·桑切斯终于抵达澳门。在那里他遇到了瓦利尼亚诺，瓦利尼亚诺是一名很有才华的那不勒斯人，也是耶稣会的“督查官”，他当时正要从长崎回欧洲，途经澳门。瓦利尼亚诺来自佩斯卡拉附近基耶蒂（位于意大利阿夫雷乌齐南部）的一个世家，他的父母同位高权重的卡拉法教皇（后来的教皇保罗四世）相交甚好，卡拉法教皇先前在他的家乡担任过主教。瓦利尼亚诺本人在18岁时就成了某修道院院长，到20岁时已然成了教士，之后被擢升为罗马新修士的督学，没过多久，他又在安科纳附近的马切拉塔耶稣会学院担任院长。后来，耶稣会第四任会长、荷兰人埃弗拉德·默库里安又任命他担任驻印度地区的耶稣会传教团督查官。在默库里安看来，“印度”也包括日本。

瓦利尼亚诺是耶稣会在远东地区的殖民先驱，正是他告诉自己聪慧的门徒利玛窦要学习汉语的，利玛窦早在1582年时就已经从意大利来到了中国澳门；瓦利尼亚诺本人也在1577—1578年间在澳门待过10个月。瓦利尼亚诺蔑视印度的莫卧儿王朝，认为印度人与牲畜无异。他起初对日本人印象深刻，但后来对日本人的幻想也破灭了，要说他还对殖民东亚有一点儿热情和兴趣的话，那么中国就是他关注的唯一焦点。据记载，瓦利尼亚诺曾在1578年给默库里安的继任者克劳迪奥·阿夸维瓦写信说，他相信日本人能帮助西班牙人征服中国（“日本人能在陛下的中国伟业中发挥重要作用”）。[6]

一名澳门的中国官员告诉阿隆索·桑切斯，他很清楚瓦利尼亚诺及随行修士的诡计。听了这话，桑切斯觉得自己最好先躲藏起来。所以在1582年7月，桑切斯便启程前往日本，他乘坐的是一位名叫巴尔托梅奥·巴斯·兰代罗（Bartolmeu Vaz Landeiro）的葡萄牙商人的商船，船只行至台湾岛附近时遇到了海难。桑切斯和随行的一名葡萄牙修士弗朗西斯科·佩雷斯便另造了一艘船，同年10月初，他们乘坐这艘船返回了澳门。

当时，西班牙统治阶层在中国问题上的争论依然很激烈。1582年6月，西班牙王室在马尼拉的代表——或高级官员——胡安·包蒂斯塔·罗曼（Juan Bautista Román）上书腓力二世，要求全面与中国建立商贸联系，他在奏疏中称，如果不能与中国和平建立商贸联系，那就使用武力强行建立。[7]但龙基略总督却告诉腓力二世，目前菲律宾的军事力量尚不足以入侵中国。要征服中国，正如前面其他人所提的那样，需要从新西班牙派一支庞大的精锐部队。[8]龙基略当时命阿隆索·桑切斯再度返回澳门，一来是让他探查澳门是否有克拉托修道院院长安东尼奥的活动迹象，他自称是葡萄牙王位的继承人；二来是为了确保把澳门移交给葡萄牙的新任国王，即西班牙国王腓力二世。桑切斯返回澳门还有一个目的，即摸清中国军队士气如何，一旦决定对中国实行永久性的军事占领行动，那掌握这些情报十分有必要。

1582年4月，果敢的葡萄牙船长马蒂亚斯·潘尼拉从澳门出发，向北前往广东省肇庆。后来，赫罗尼莫·德·布尔戈斯（Jcrónimo de Burgos）又进行了一次这样的远征，随行的有17名方济各会修士，还有一支军队。在肇庆，时任两广总督陈瑞要求潘尼拉将银币出售给他，但潘尼拉并没有出售银币，而是将一块手表赠予了他，手表在当时还算得上是稀罕物件，陈瑞得到手表后便就此作罢了。[9]澳门作为葡萄牙飞地的地位进一步得到巩固。耶稣会士获准在这里传教，聪慧有才、别出心裁的意大利人利玛窦很快便开始了自己长达27年的传教历程。[10]

1583年2月，贡萨洛·龙基略总督在马尼拉逝世，他的逝世引发了悲剧性的一幕。当时，龙基略总督的葬礼正在新建的临时教堂里举行，灵柩台上点着蜡烛，这时一阵狂风吹过，火苗点燃了教堂的木房顶，教堂烧成了一片灰烬，最后只有圣餐从大火中挽救了出来。在马尼拉，大多数房子都是用竹子建的，房顶上铺满了茅草，在这场大火中，大多数房屋也因此烧毁。新任主教的宫殿也被熊熊大火吞噬了，主教区的教堂被烧毁，连带教堂仓库里的货物悉数化为了灰烬，这些货物本来是要由马尼拉的船只运往新西班牙的；大火还烧毁了大量萨拉萨尔主教图书馆中的书籍和一座储存兵器的城堡，火炮及其他铜质枪械在高温炙烤中熔化了。这里的西班牙人约有700名，其中大多数人在这场大火中失去了故园，有的在大火中丧生，马尼拉的3000名华人（华商）也蒙受了灾难。

重建马尼拉城的重任落到了龙基略总督的侄子、菲律宾临时总督迭戈·龙基略的身上。在重建马尼拉期间，坚决果敢的耶稣会士安东尼奥·德·塞德诺（Antonio de Sedeño）修士发挥了关键作用，他教会了菲律宾人制造砖瓦，还负责建造了一座石头堡垒，此外还主建了马尼拉第一座石灰窑。在西班牙帝国历史上的这个阶段，很多发明都是由耶稣会士推动的。

正是从这时开始才有了别具一格的西班牙—菲律宾式建筑，尤其以马尼拉的奥古斯丁修道院和方济各会修道院最具特色，此外还有建造精美的圣克莱门特医院、规模宏大的多明我会教堂“真正的圣何塞大教堂”（Real Colegiata de San José），以及城堡式教堂——圣母马利亚·德·吉亚（Nuestra Señora de Guia）教堂。当时，马尼拉还建起了一处新市场，里面有150家店铺，有600名华人在这里经营。但到16世纪末，马尼拉再度发生火灾，这些新修的建筑毁于一旦。

在马尼拉，萨拉萨尔主教与新任总督鲜能达成共识，主教为人仁慈公正，而总督却心胸狭窄。但在1583年年初，这二人却在一件事情上达成了共识：只要有8000名西班牙精锐部队，再加上12艘战舰，西班牙国王就足以征服中国了。萨拉萨尔主教承认，过去他的确曾支持西班牙国内大多数饱学之士的观点，反对征服印第安人，但自从他来到菲律宾后，他同很多忠于上帝的饱学之士进行了深入交流，改变了主意。他认为科尔特斯也会同意这种做法。[11]

1583年3月27日，耶稣会士阿隆索·桑切斯从中国返回了马尼拉，他表示支持萨拉萨尔主教的意见。桑切斯说，要在中国传教，背后没有武力的支持是不可能的。他对征服中国能够带来的商业利益和政治利益十分有信心，就此高谈阔论了一番。虽然桑切斯认为彻底征服中国需要1万精兵，这比龙基略和萨拉萨尔估计的人数还要多，但他认为征服广州有200人便足矣。一旦征服广州，中国的其他城市很快便会屈服于西班牙。因为桑切斯去过中国，龙基略总督很容易便相信了他的观点。[12]桑切斯还提到了利玛窦，说他和中国人走得很近，简直与地道的中国人无异。[13]

1583年春，负责“中国大业”的委员会在马尼拉召开会议，讨论了西班牙国王征服中国的详细计划。[14]就征服中国这一问题，萨拉萨尔主教提出了他所谓的“合法的传教过程”，他把自己的计划呈给了教皇格列高利十三世和腓力二世。萨拉萨尔还设计了一份调查问卷，这份问卷有 18 个问题，须找 8 名相关人员回答。这份问卷深受弗朗西斯科 · 德 · 比托里亚的影响，比托里亚是萨拉曼卡大学的神学家，萨拉萨尔是他的门生。该委员会还就这场冲突能否被定义为“正义战争”展开了讨论：萨拉萨尔认为，虽然这算得上是一场正义之战，但现在还不是宣布的时候。此后不久，马尼拉新成立了一所最高法院，主要负责监视菲律宾群岛及中国大陆（“不管是已经发现了的还是尚未发现的”）。这个机构看起来不像个真正能运作的机构，但依然有官员隶属于此，并于次年开始运作。1583 年 6 月 9 日，桑切斯给克劳迪奥 · 阿夸维瓦写了一封长信，当时克劳迪奥 · 阿夸维瓦仍是耶稣会会长，桑切斯在信中要求耶稣会支持武力征服中国的计划。[15]

两个星期之后，菲律宾总督迭戈 · 龙基略向马德里报告中国的风土人情和国力，他在信中说，虽然这里有世界上最为富饶、最为肥沃的土地，但征服这个国家是轻而易举的事。他再次提出有 8000 名精兵便足以征服中国。[16] 在 1584 年年初，萨拉萨尔主教似乎要改变他对入侵中国的看法了，但同年 6 月 25 日，葡萄牙一名耶稣会传教士弗朗西斯科 · 卡夫拉尔（Francisco Cabral）却从澳门给腓力二世写了封奏疏，表示他会无条件支持入侵并征服中国的计划。他还说，中国是一个统一的帝国，要征服这里是轻而易举之事，正如他们之前征服墨西哥和印加帝国那样简单。西班牙士兵将逮捕远在北京的中国皇帝，正如他们逮捕蒙提祖马和阿塔瓦尔帕一样，接下来所有的事情便顺理成章了。不管从精神上还是物质上，征服中国都是有利可图的。卡夫拉尔认为征服中国需要 1 万精兵，他们很容易就能在日本募到2000名兵勇，那些已在日本传道的耶稣会神父可以负责招募兵勇。[17]这些人还认为马尼拉的华人也会支持征服中国的计划。

尽管西班牙对入侵中国及后续的征服满怀期待，但当时也有人在极力提倡采用更加和平的方案。就在卡夫拉尔上奏的同一天，即6月25日，西班牙王室在马尼拉的代表胡安·包蒂斯塔·罗曼提议给北京的中国皇帝献上早年就已经为他备好的礼物，即一套由天鹅绒及锦缎制成的西洋服饰，一条佛兰德斯挂毯，还有一些威尼斯玻璃及半身镜，以及来自米兰的古董，红酒和白酒，几柄宝剑，此外还有我们在前文提过的桑切斯·科埃略的画作。[18]然而，这些礼品只会让中国人感到困惑，而非欣喜。

几个星期之后，阿隆索·桑切斯再次重申在中国和平传教是不可能实现的，尽快采取武力行动不仅是必要的，而且是当务之急。任何一个了解中国的人都认为这场讨论“最终会以中国陷入新西班牙和秘鲁那样的境地而告终”。[19]

因为一次偶然的机会，当时马尼拉的华商已经搬到了一个地理位置特殊的华埠——名为拜拜（Baybay）或帕罗斯区（Parian）——地处马尼拉城内。这块地方无比繁华，周围是井然有序的街道，中央是一处湖泊，可以从海上驾船抵达这里。在湖心中央，有一块专门用来行刑的小岛。当时马尼拉约有4000名华商，自1589年起，拜拜就建起了天主教堂。[20]这里的华人世代经商，有的是钉书商，有的是烘焙师，有的是酒栈店主，有的是石瓦工，后来他们也偶尔搬离过这里，但时间都不长，在19世纪之前，他们基本上一直在这里生活。在这里，敌对双方及两种文化融合得天衣无缝。

尽管如此，有些西班牙人对在菲律宾殖民地日益高涨的主战浪头感到忧心忡忡。葡萄牙认为这样的战争势必会有损他们的商业利益。葡萄牙的耶稣会士则尽力疏远阿隆索·桑切斯，极不赞同桑切斯所说的修道士的生活过于悠闲。1585 年 1 月，耶稣会驻新西班牙的会长安东尼奥·德·门多萨给阿夸维瓦写信，指出阿隆索·桑切斯实际上主张的是“如果采用和平方式的话，我们在中国将一事无成，武力征服不仅是合法的，而且是极为必要的”。[21] 显然，门多萨对此持反对观点。

持同样观点的还有瓦利尼亚诺，他也致信阿夸维瓦，提醒他注意阿隆索·桑切斯的观点，他说，桑切斯“沉迷幻想”，已经做出了“很多轻率的举动，这些举动无一不让我震惊”。[22] 后来，阿夸维瓦给门多萨回信，说桑切斯“在中国问题上”的确犯下了很多错误，“他一再坚持武力征服中国很有必要”。阿夸维瓦说，也许应当把桑切斯遣回西班牙，换个环境，他可能还能提出有用的建议，少制造一些麻烦。[23]

当时，马丁·依纳爵·德·罗耀拉还是个足智多谋的旅行家，他是耶稣会罗耀拉奠基者的侄孙。我们在前文提过，他是一名方济各会修士，他写道，虽然中国人

> 犯了很多过错，但如果我们可以自由地向他们传教，那么就可以轻而易举地让其皈依我们的信仰。如果出现了日食或月食，中国人就会认为是天子想让他们勇敢地舍弃生命，他们就是这样解释自然现象的……虽然他们也相信太阳是男人，而月亮是女人。他们相信灵魂不灭，在下一世的时候，他们将得到赏赐或接受惩罚，这都是他们应得的，主要得看他们如何度过

了这一世……[24]

1586年春，菲律宾最高法院主席圣地亚哥·德·贝拉（Santiago de Vera）博士召集菲律宾所有宗教团体举行会议。贝拉曾在圣多明各、新加利西亚、新西班牙担任法官，还曾负责审理新西班牙总督辖区的刑事案件。在“中国大业”的问题上，他本人也犹豫不决。[25]尽管如此，他还是无法阻止阿隆索·桑切斯作为代表返回西班牙报告主教的决策，也无法阻止他就征服中国给西班牙带来的益处在会议上发表长篇大论。但也许并没有必要发表这样的长篇大论，因为这些宗教领袖都已经被说服了，都相信这些大胆的计划将给西班牙带来什么样的好处。

他们以为由菲律宾总督带领一小支精锐部队便可撬开中国的大门，所需的兵勇可以从西班牙帝国的任何一块属地上招募，虽然巴斯克是招募兵勇的首选之地。菲律宾不就是由巴斯克人米格尔·洛佩斯·德·莱加斯皮征服的吗？埃尔卡诺不也是巴斯克人吗？此外，从菲律宾本土还可以募集到6000名兵勇，另有500名奴隶和6000名日本士兵可以参战。

有些日本人也已经明确表示支持西班牙入侵中国，日本颇有权势的大名小西行长（Konishi Yukinaga）给西班牙提供了6000名兵勇，帮西班牙征服中国、婆罗洲或摩鹿加群岛。[26]

武备是个需要认真考虑的问题。此外，还需要筹集买通中国高官所需的钱财，西班牙人认为只要有足够的钱财，这些官员便会倒戈背主。此外还须仔细筹划入侵方略，入侵中国肯定不同于入侵古巴（入侵古巴时，他们可以不顾西边的岛屿，只集中在东部进军）。[27]

萨拉萨尔主教又回到了征服中国的论战上，他想借用比托里亚的教义粉饰这场征服战。当时已经在中国立足的耶稣会传教士利玛窦及来自萨莱诺的罗明坚（Michele Ruggieri）认为，在西班牙入侵之前，他们应当留在中国。但到了入侵的时候，西班牙可能还希望从他们那里获取情报，了解中国人对入侵战的反应。同时，萨拉萨尔本人也开始揭下伪装，说自己不再是中国人的朋友，还称在菲律宾的中国人“引诱原住民从事邪恶与腐败的勾当”。[28]

利玛窦的想法与他们有所不同。他曾应肇庆知府及两广总督的邀请，和罗明坚去了广州附近的肇庆。肇庆知府给他们划拨土地，允许他们在这里建立教堂，还准许他们自由出行，并为他们提供保护。1588 年，欧洲人最重要的探险旅程便这样开始了。罗明坚回到了意大利，打算说服教皇给中国派一名教廷大使。当时利玛窦依然留在中国，先后在肇庆、江西省首府南昌、南京、北京建立了耶稣会教堂。这些耶稣会传教士这次之所以可以留在中国，得益于罗明坚上次来中国时给两广总督献上了一只精致的手表——“这个精美的铜质小机器可以准点走动，不需要任何人拨动”。他还给两广总督送了几只万花筒。休·特雷弗－罗佩尔（Hugh Trevor-Roper）说，之后的事实证明，这些小物件为“在精神上征服中国提供了强大动力”。[29]

1587 年 3 月，教区领袖们做出决议，他们承诺征服中国之后将会授予征服者大片的监护领地，更不用说还需要任命新的法官、公爵、侯爵及总督，还要建许多大学、修道院、兵营等。从一开始，大家都承认征服中国后，将在那里建起一个由混血人种组成的国度，因为中国妇女“谨守妇道，忠于丈夫，仪态优雅，端庄大方”。这些宗教领袖还认为征服中国后，印度、交趾支那（Cochin China）、柬埔寨、暹罗（Siam）、摩鹿加群岛、婆罗洲及苏门答腊岛等地也会望风归附。西班牙现在似乎即将开始一场胜利大游行！

但凡对西班牙帝国政治稍有了解的人都知道，要等王室批准这些计划尚需时日，所以龙基略总督也就不慌不忙地为入侵中国做着准备。安东尼奥·德·塞德诺开始着手在马尼拉周围筑建防护墙。同年4月，马丁·佩雷斯·德·奥尔萨巴拉（Martín Pérez de Olzabal）从新西班牙率领400名兵勇抵达马尼拉，至此，菲律宾已有900多名火枪手。没过多久，弗朗西斯科·德·卢汉（Francisco de Luján）也从巴亚莫（古巴第三大城市）率领90名意欲参战的士兵来到了这里，其中有一个名叫胡安·包蒂斯塔（Juan Bautista），他出身势力庞大的罗哈斯（Rojas）家族，担任卢汉的副官。这些便是计划入侵中国的第一批西班牙兵勇。可能过不了多久，罗哈斯就会成为黄河侯爵，卢汉会成为北京大公！

1587年12月底，阿隆索·桑切斯代表菲律宾宗教团体返回了西班牙，他在埃斯科里亚尔宫觐见了腓力二世，并与之会谈了2个小时。这可是激动人心的时刻，在耶稣会的历史上值得大书特书。桑切斯给腓力二世呈上了一份题为《菲律宾特点与现状概述》的备忘录，备忘录把菲律宾群岛描述得天花乱坠，还对将来的富庶前景做了一番展望——这里必将成为未来对华贸易的中转站。阿隆索神父也在场，全程遵照耶稣会会长克劳迪奥·阿夸维瓦的教导，在腓力二世面前闭口不提“中国大业”。但阿隆索的确给腓力留下了一份名为《特论入境中国》（*De la entrada de China en particular*）的报告。他告诉萨拉萨尔主教、多明我会修士胡安·沃朗特（Juan Volante）、方济各会修士赫罗尼莫·德·布尔戈斯等人，说他没有同腓力讨论入侵中国的问题，甚至在国王面前没有提过这个问题，“但我把一份秘密报告呈给了国王”。[30] 可惜，这份报告早已遗失。

桑切斯觐见之后，腓力二世在 1588 年 3 月召集组建了委员会（*junta*），专门负责研究阿隆索 · 桑切斯上呈的奏议和马尼拉宗教人士的提议。当时，多明我会修士米格尔 · 德 · 贝纳维德斯请求腓力二世准许多明我会出席委员会。最终，这个负责制订中国行动计划的委员会由以下成员组成：西印度院主席埃尔南多 · 德拉 · 维加，他一心一意地为公共事业服务；卡斯蒂利亚战事委员会（Council of War）的 4 名成员；阿隆索 · 德 · 瓦尔加斯（Alonso de Vargas）；舰队司令胡安 · 德 · 卡多纳（Juan de Cardona），取得过勒班陀大捷，还曾担任西西里舰队的舰长；阅历丰富的秘书胡安 · 伊迪亚克斯；还有腓力二世的首席葡萄牙顾问大臣克里斯托瓦尔 · 德 · 莫拉。此外，佩德罗 · 莫亚 · 德 · 孔特雷拉斯也是该委员会成员之一，曾担任新西班牙宗教法庭庭长和大主教。在这些人当中，伊迪亚克斯已经站在了桑切斯这边，他支持桑切斯入侵中国的计划；莫亚是个很容易就被说动的人，因此也有望站到桑切斯这边；然而维加却是名职业官员，不要指望他能提出什么雄心勃勃的建议。

现在，这位不同凡响的桑切斯神父又给腓力二世呈上了第 3 份题为《论对华关系》（*Relación de las cosas particulares de la China*）的备忘录。桑切斯提到中国富甲一方，希望中国的财富可以为西班牙所用。他把入侵并征服中国的计划称之为“世界上向君王提出的最伟大的建议和计划”。[31] 即便到了这个时候，桑切斯依然没有谈到入侵中国的详细计划，而是一再强调在中国的传教事业离不开军事保护。

委员会在马德里召开会议时，就征服中国的合法性展开了热烈讨论。后来，方济各会修士赫罗尼莫·德·布尔戈斯、多明我会修士胡安·沃朗特的到来打断了委员会的讨论，他们转而就传教与军事征服之间的关系展开了辩论。至于他们具体说了什么，没有留下确切的记录，但我们得知在辩论中，阿隆索神父老调重弹，再次强调要在中国传教就必须有武装力量的配合。他承认，传教士凭着高超的口才就可以创造奇迹，但现在到了需要武力的时候。任何人都不应该忘记在16世纪初，十字架是与刀剑枪炮一起传播到美洲的。[32]

1588年8月初，阿隆索·桑切斯再次在埃斯科里亚尔宫觐见腓力二世，但当时无敌舰队8月8日惨遭败绩的消息正好传到了西班牙，腓力得知后匆忙赶往马德里。虽然说好还有第三次觐见，但他意识到现在跟腓力提议进行另一次大规模海上远征并不是时候。

菲律宾的新任总督戈麦斯·佩雷斯·达斯马里尼亚斯（Gómez Pérez Dasmariñas）接到指示，在他征求“教士、法官、舰长以及其他法学、神学等方面的前辈”的意见之前，不得发动战争。佩雷斯·达斯马里尼亚斯是加利西亚的贵族，很有军事头脑，性格刚毅。他的仕宦生涯开始于担任卡斯蒂利亚枢密院主席时，那时他已是帕索斯的门生。佩雷斯·达斯马里尼亚斯曾率领海军舰队在巴巴里（Barbary）大败海盗，还先后在卡塔赫纳和穆尔西亚担任过督办（由国王钦点的市镇官员）。显然，他能出任马尼拉总督，得益于阿隆索·桑切斯的举荐，桑切斯本打算陪同佩雷斯·达斯马里尼亚斯一道来菲律宾，但阿夸维瓦——当时他仍是耶稣会会长——却想让他去罗马觐见教皇，面陈他那宏伟的征华计划。

谁又能拒绝一份这样的美差呢？桑切斯遵照阿夸维瓦的建议去了罗马，无巧不成书，在短短的18个月里，至少有4位教皇接待了他：西克斯图斯五世（Sixtus Ⅴ），殁于1590年8月27日；格列高利十四世（Gregory ⅩⅣ），殁于1591年10月16日；英诺森九世（Innocent Ⅸ），在位仅2个月便殁于1591年12月30日；最后是克雷芒八世（Clement Ⅷ），他一直活到了1605年3月。1593年10月，佩雷斯·达斯马里尼亚斯总督被华人桨手谋杀，当时他正乘船前往摩鹿加群岛，桨手觊觎他的珠宝，便将其杀害了。* 虽然佩雷斯·达斯马里尼亚斯同萨拉萨尔主教在规章条例的问题上素来不和，但他的确是西班牙历任总督中最为仁慈和善的一位，这一点从他1592年发布的《西印度问题管理章程》（*Ordenanzas sobre las vexaciones de los Indias*）就可以看出来。[33]

西班牙从未正式放弃武力征服中国的计划。如果这项计划得以通过，那西班牙百年征战、开疆拓土的历史就会达到前所未有的顶峰。然而，自从阿隆索·桑切斯从罗马回来后，他为了维护耶稣会的团结统一，似乎决定稍微中和一下自己的观点；主教萨拉萨尔则捏造是非，上书腓力二世说桑切斯神父的观点不能代表宗教领袖委员会的意见。在中国大陆上建立贸易中转站、建立一个“西班牙人的澳门”的想法从未中断，马尼拉也繁华依旧。[34]

腓力二世不愿批准任何远征中国的冒险活动。如果1588年战败的是英国的话，西班牙毫无疑问会制定新的政策。1600年，路易斯·佩雷斯·德·拉斯·马里纳斯（Luis Pérez de las Marinas）向腓力三世上奏，说要征服中国，就得先征服暹罗。[35]

---

* 据查尔斯·曼所著《1493》第200—201页可知，佩雷斯·达斯马里尼亚斯是个杀人不眨眼的魔鬼，他为了侵略摩鹿加群岛，先是绑架、勒索并奴役数百名在马尼拉经商的华人平民，再将他们用镣铐锁在船舱底部充当划桨的船夫，用皮鞭抽打他们；华工们在生命时时受到威胁、忍无可忍的情况下才发动暴动，他也正是因此才死于非命。——译者注

阿隆索·桑切斯是个令人费解的人物，尤其是年事渐高后，他放弃了自己早年坚持的极端观点。他似乎从没放弃鼓吹征服中国，他把征服看成是确保中国人皈依的方法之一，但他现在意识到要征服中国，需要得到所有耶稣会士的赞成和支持。萨拉萨尔这个在宗教界地位显赫的大人物，说话自然得模棱两可。

16世纪末的菲律宾和100多年前的加勒比地区没什么两样，匪盗遍野，平头百姓也可以过上十分奢华的生活，这里还有无数放荡不羁、腰缠万贯的士兵，他们都是卡斯蒂利亚人。当时，新塞戈维亚大约有西班牙人200名，“圣耶稣之城”（Santísimo Nombre de Jesús）的西班牙人数量与之相当，新卡塞雷斯有100人，新阿雷瓦洛（Nuevo Arévalo）有80人，马尼拉有700人。[36] 耶稣会历史学家佩德罗·穆里洛·贝拉尔德（Pedro Murillo Velarde）写道：“定居在菲律宾群岛上的西班牙人只是把这里当成旅馆，而没有当成他们永久的家园。”马尼拉是个充满诱惑的城市，这里有很多赌场，有形形色色的奢侈品，有很多异国物产，人们在这里可以过着醉生梦死的富足生活。从中国运来的商品当中，最重要的当属丝绸，此外还有骆驼、马匹，甚至鸡、水果及蔬菜。这里还有各种各样的瓷器。[37] 马尼拉人口众多，不仅有西班牙人和菲律宾人，还有马来人、华人及日本人。马尼拉也有中国戏曲的表演，1592年宗教法庭禁止了这项娱乐活动，在此之前，精力充沛的阿隆索·桑切斯还看过一次。

在菲律宾，总督不仅是最高行政长官，还是最高法院主席。[38] 菲律宾的司法体系是仿照西班牙的司法体系设立的，运转得相当好。在地级省市，由所长（*gobernadorcillos*）管理本地市镇。从1589年起，菲律宾设立了“印第安人保人”这一职位，隶属于马尼拉主教。[39] 华人在这里也备受欺侮，当时担任新塞戈维亚主教，很快又出任马尼拉第二任大主教的多明我会修士米格尔·德·贝纳维德斯上书腓力二世，报告了华人在这里饱受虐待的情况，他还说“陛下的很多臣下飞扬跋扈，比基督教敌人的行径恶劣千百倍”。[40]

在征服新世界后的那一代人当中，贝纳维德斯是典型的西班牙精英。他于1553年出生于卡斯蒂利亚的一个富农家庭，曾在巴利亚多利德市的多明我会创办的圣巴勃罗大学求学。贝纳维德斯在15岁时就成了多明我会修士。后来，他又去了圣巴勃罗大学旁边的圣戈雷格里奥学院（College of San Gregorio）继续深造。1586年，担任巴利亚多利德的圣多明各修道院总管，次年离开巴利亚多利德，前往新西班牙，又于1590年去了菲律宾。贝纳维德斯还同胡安·德·卡斯特罗一道去过中国。16世纪90年代，他回卡斯蒂利亚短暂待过一段时间。1601年，他被任命为马尼拉大主教，最终于1603年死于任上。贝纳维德斯能力出众，行事保守，循规蹈矩，品德高尚，但缺乏想象力。他是典型的帝国建设者而非缔造者，是由欧洲人培养出来的守成之才，去守卫雄才大略的前辈们打下的这些疆土。

让我们以美丽的加利西亚人伊莎贝尔·德·巴雷托（Isabel de Barreto）的传奇故事结束这段西班牙人在远东地区的探险史吧。如今，伊莎贝尔这个名字总能令人想起曾有女人在太平洋和新世界探过险。1586年，年约20岁的伊莎贝尔嫁给了舰长阿尔瓦罗·梅达纳（Álvaro Medaña），梅达纳被誉为秘鲁最让人艳羡的乘龙快婿，他曾带着40名妇女出海远征。1595年6月，梅达纳一行驾着4艘船从利马起航。船上大约有350名乘客，船朝着瓜达尔卡纳尔岛（Guadalcanal）驶去，瓜达尔卡纳尔岛得名于莫雷纳山一座村庄的名字，梅达纳他们都知道莫雷纳山。之后他们便开始寻找所罗门群岛（Solomon Islands），梅达纳为什么要把这些群岛命名为“所罗门群岛”，背后的原因我们至今不得而知。因为伊莎贝尔和秘鲁总督的妻子卡涅特侯爵夫人特蕾莎·德·卡斯特罗相交甚深，她曾是侯爵夫人的侍女，深得侯爵夫人的青睐，因此，梅达纳把他们沿途发现的一处群岛命名为“马克萨斯群岛”，即“侯爵群岛”，这个名字沿用至今。伊莎贝尔为人骄矜专横，所以同行的妇女给她起了个外号，叫“示巴（Sheba）女王”*——这个叫法十分妥当，他们正好也在寻找所罗门群岛。梅达纳死后，伊莎贝尔就指挥船队继续寻找所罗门群岛；但在 1595 年，伊莎贝尔的远航船队却抵达了马尼拉。

伊莎贝尔在马尼拉逗留了一年，之后便嫁给了菲律宾前任总督的侄子费尔南多·德·卡斯特罗（Fernando de Castro），他从 1593 年起就是马尼拉－阿卡普尔科大帆船和舰队的指挥官。伊莎贝尔和卡斯特罗声明他们要再次出海寻找所罗门群岛，并于 1597 年 4 月 10 日从马尼拉起航，此次远航中，他们驾驶着新造的船只，还带着牛群、种子，甚至还有一些殖民者。他们先去了阿卡普尔科，再去了秘鲁，目的是得到所罗门群岛的统治权。但所有船员签署了一份文件，要求即刻返回新西班牙。伊莎贝尔撕毁了这份文件，她说，但凡有谁再签署类似的文件，就处以绞刑。伊莎贝尔向东远航的计划最终还是失败了，她在故乡加利西亚逝世，只留下了一段百年流传的记忆。[41] 伊莎贝尔并不是 16 世纪唯一一个回归故里后去世的伟大探险家。

* 基督教《圣经》中朝觐所罗门王以测其智慧的示巴女王。示巴地区位于阿拉伯半岛西南角，今也门所在地。——编者注

后记

治理的时代

我们可能不敢把亚历山大大帝说成是一个“旅行家”。

——梅尔乔·卡诺，《西印度属地》（*De dominio indorum*）（Biblioteca Vaticana MS Lat. 4648, 1540, f. 39v），引自安东尼·帕格登的《西班牙的帝国主义及其政治幻想》，第 24 页

殖民地就像长在树上的果实，只有果实成熟后，才能唾手可得。

——安妮－罗伯特－雅克·杜尔哥，德·奥纳男爵
引自 J.R. 西利的《英格兰的扩张》，第 17 页

从来都不曾存在一个西班牙帝国。

——安东尼·帕格登，《西班牙的帝国主义及其政治幻想》，第 3 页

在腓力的统治下，我们从征服者的时代过渡到了管理征服地的时代。

——费尔南德斯·阿尔瓦雷斯，《腓力二世和他的时代》，第 361 页

1605 年，首次印刷出版的塞万提斯的《堂吉诃德》上卷大部分被运送到了新世界。[似乎马特奥·阿莱曼（Mateo Alemán）的小说《阿尔法拉西的古兹曼》（*Guzmán de Alfarache*）也差不多同时传播到了利马和墨西哥。] 阿亚蒙特（Ayamonte）商人胡安·鲁伊斯·德·盖拉多（Juan Ruiz de Gallardo）跟他在新世界的朋友说，1605 年他乘坐自己的“我们的救济夫人号”（*Nuestra Señora de los Remedios*）大帆船来新世界，途中主要靠《堂吉诃德》这本书来打发时间。[1]《堂吉诃德》在美洲大为畅销，我们在前文多次提到，这些新世界的新主人们决心把西班牙的制度、语言、宗教、文化都引进到新近征服的领地上，西班牙人在很多方面都自称是罗马人的后裔，在普及本国制度这一点上也不例外。

到 1600 年时，西班牙控制着自罗马帝国崩溃以来世界上面积最广的领土。就领土面积和帝国规模而言，西班牙远超罗马帝国。皮埃蒙特作家、前耶稣会士乔瓦尼·波特罗（Giovanni Botero）在 1607 年写道，西班牙的领土面积是有史以来所有帝国中最广阔的。西班牙帝国“人口众多，不同的语言、风俗、宗教等特性将他们区分开来”。[2] 当然，帝国版图也是根据距离的远近而划分为不同地区的。乔瓦尼·波特罗后来担任了枢机主教卡洛·博罗梅奥（Carlo Borromeo）的秘书，曾企图让尼科洛·马基雅维利（Niccolò Machiavelli）身败名裂。

1510 年占领纳瓦拉后，伊比利亚半岛就此统一，西班牙自此形成了统一的民族国家。早在 1479 年时，阿拉贡和卡斯蒂利亚就合二为一了。1492 年，格拉纳达也不再是一个独立的酋长国了。我们在第十九章提到过，自 1580 年起，西班牙就同勤奋的葡萄牙合并了，同时兼并的还有葡萄牙在世界范围内的属地。[3] 西班牙也控制着意大利，派遣总督统治着那不勒斯和西西里。西班牙国王继承了米兰公爵的头衔，尽管托斯卡纳大公表面上仍然是独立的，但和美第奇家族一样，也已成为西班牙国王的附庸。得益于腓力二世的侄子亚历山大·法尔内塞的功绩，尼德兰南部（今比利时）也一直处于西班牙的控制之下。[4] 20 世纪的思想家何塞·奥尔特亚－加塞特（José Ortega y Gasset）认为，西班牙之所以要统一伊比利亚半岛，“为的是向世界各地投射西班牙强大的势力”。[5] 不管何塞这么说是为了说明什么，也不管他说的是对是错，西班牙的确向世界各地散播了它的权势和影响力。

西班牙统治着新世界所有的附属国及殖民地，这些殖民地是西班牙王国，或者说是西班牙帝国的一部分，它们之于西班牙王国就如同阿拉贡、那不勒斯之于西班牙王国一样。《大西洋月刊》的特约作家、严谨的法国历史学家皮埃尔·肖尼称西班牙帝国是“由 17 个小王国联合而成的大王国”。[6] 当时法国海盗已经悄悄出没于巴西和佛罗里达地区，而英国很快也会在北美洲发现有利所图，持续活跃在这片地区。

并非所有西属领地的版图都整齐划一。来自热那亚的政治学家保罗·马蒂亚·多利亚（Paolo Mattia Doria）在提到那不勒斯时，说这里就像“一个长满溃疡的肚子”[7]。有名的土匪头子马里奥·斯奇亚拉（Mario Sciarra）就盘踞在那不勒斯，他手下有一支装备精良的匪兵。虽然西班牙在欧洲偏远地区的统治并不牢固，但到 1600 年时，它在新世界的统治却得到了进一步的巩固，在那里建起了一大批宏伟的宗教建筑——教堂、修道院、教会、女修道院及墓园——这表明征服者想要在这片土地上世世代代生活下去。最初的征服是短暂而迅速的，但因征服而产生的大量建筑却经受住了时间长河的磨洗。

西班牙帝国的治理哲学并不难理解。16 世纪著名神学家弗朗西斯科 · 德 · 比托里亚、多明戈 · 德 · 索托、巴托洛梅 · 德 · 拉斯 · 卡萨斯主教都说，他们很清楚西班牙统治的本质。比托里亚的两部作品都清楚地揭示了西班牙人的统治哲学，其中一篇《印第安人》（*De Indis*）是根据 1539 年所做的演讲而写成的，另一篇《正义与法律》（*De justitia et iure*）是根据 1556 年的演讲完成的。两部作品都围绕着同一个问题——在西班牙人到来之前，印第安人在这片土地上享有哪些权利；西班牙人到来之后，他们又享有哪些权利。笔者在本书和《黄金时代》里提到过，西班牙人曾长篇大论地分析了征服战的道德基础。[8] 比托里亚认为，只要不虐待印第安人，西班牙人就有权利在美洲定居，也可以在那里开展商贸；西班牙人也有义务让印第安人皈依基督教，但如果他们拒绝皈依，征服者也无权强迫他们信教。只有印第安人肆意攻击西班牙人时——据说早期征服者就被印第安人进攻过，比如埃尔南德斯 · 德 · 科尔多瓦在 1517 年遭到攻击，胡安 · 德 · 格里哈尔瓦（Juan de Grijalba）于 1518 年在尤卡坦也遭到攻击——征服者才有权还击，甚至可以奴役他们。

当地人理应融入另一个更大的整体。16 世纪时，但丁建立世界帝国的想法被多次讨论，虽然他的《论世界帝国》（*De Monarchia*，著于 1312—1313 年）一书很快就被列为禁书。在这部书里，但丁从哲学角度论述了建立统一的世界帝国的必要性。在第二卷，他提出只有神圣罗马帝国才能完成这一使命，也只有全能的世界君主才能彻底维护和平。[9] 德意志作家乔治·绍尔曼（Georg Sauermann）1520年时曾在西班牙待过一阵子，他在《西班牙的慰藉》(*Hispaniae consolatio*）一书中提出要建立一统世界的基督教君主国。后来，绍尔曼把这本书献给了查理五世的侍臣、顾问大臣鲁伊斯·德拉·莫塔主教；[10]1520年时，鲁伊斯·德拉·莫塔主教声称自己的学生（查理五世）即将成为主宰全世界的皇帝。[11] 伊拉斯谟和胡安·路易斯·比瓦斯（Juan Luis Vives）也曾热衷于建立"基督教统一体"，乔瓦尼·波特罗也认为全人类如果只由一位君主统治，那他们将生活得无比幸福。如果我们能说同一种语言，使用同一种钱币，游遍四海，那将是一件多么美妙的事情！[12] 毫无疑问，在西班牙人看来，美洲的新帝国就是实现世界帝国这个美好愿景的重要一步。

腓力二世的老师、拉斯·卡萨斯的劲敌希内斯·德·塞普尔韦达就查理五世关于世界主义的主张写了两篇机锋照人的文章，即《民主原论》(*Democrates Primus*）和《民主次论》(*Democrates Secundus*）。《民主原论》主张抵制土耳其人，《民主次论》则为西班牙征服美洲辩护。就连拉斯·卡萨斯——他通常被看成是西班牙帝国的敌人——也认为卡斯蒂利亚国王应当成为"全世界的主人、众国之王"。[13]1563年时，有谣言称腓力二世将被封为西印度和新世界之王，但终归只是谣言而已。[14]

16世纪时，"帝国"的观念尚未得到充分的发展。研究"帝国观念史"最权威的是西班牙文学研究院（Spanish Academy of Letters）院长、杰出历史学家拉蒙·梅嫩德斯·皮达尔（Ramón Menéndez Pidal），1937年他曾就查理五世的帝国理念做过一次讲座。当时，西班牙正陷入内战，梅嫩德斯·皮达尔被流放，流放期间，他努力将查理五世诠释为西班牙抵抗伊斯兰国家的杰出代言人。在查理五世的统治下，欧洲所有国家都将会“西班牙化”。梅嫩德斯·皮达尔坚持认为这是查理五世自己的观点，而不是他那位富有远见的大臣默库里安·加蒂纳拉（Mercurino Gattinara）的主意。1520 年，查理五世的老师佩德罗·鲁伊斯·德拉·莫塔主教在科伦纳事务部上将“帝国”的观念广为宣布。莫塔主教是一名皈依者，来自布尔戈斯，他同埃尔南多·科尔特斯手下的一名舰长是堂兄弟关系。科尔特斯手下的舰长在征服特诺奇蒂特兰城的最后一战中发挥了关键作用。[15]

西班牙征服者和传教士里的佼佼者来自四面八方：有意大利人哥伦布；有埃斯特雷马杜拉人，包括奥万多（Ovando）、桑多瓦尔（Sandoval）、塔皮亚（Tapia），以及阿尔瓦拉多家族和皮萨罗家族，还有索托及巴尔迪维亚；有塞维利亚人庞塞·德·莱昂；有卡斯蒂利亚人迭戈·贝拉斯凯兹。去亚马孙平原探险的弗朗西斯科·德·奥雷利亚纳也是埃斯特雷马杜拉人。还有来自萨拉曼卡的蒙特霍家族。征服巴拉圭和阿根廷的是巴斯克人，像马丁内斯·德·伊拉拉、胡安·德·加拉伊，后者是牙买加征服者的族人。菲律宾的征服者米格尔·洛佩斯·德·莱加斯皮及麦哲伦的接班人埃尔卡诺都是巴斯克人。征服新大陆拉丁美洲北部的是科尔多瓦人，包括希门尼斯·德·克萨达和他那刚毅的侄子安东尼奥·德·贝里奥。

尽管安达卢西亚为美洲贡献了第一批移民者，但这些来自各地的征服者恰恰说明西班牙美洲帝国的宏伟大业正是西班牙各省区合力缔造的结晶，绝不仅仅是某个地区的杰作。在费尔南德斯·德·奥维耶多的历史著作中我们读到，那些来自西班牙本土的西班牙人最终意识到他们的祖先都来自巴拿马的热带丛林。[16]

我们可以在绝大多数伟大的远征中见到葡萄牙人、佛兰德斯人、希腊人、佛罗伦萨人、法国人的身影。麦哲伦是葡萄牙人，在其他远航中也随处可见葡萄牙人的身影。佩德罗·德·巴尔迪维亚曾带着德意志人一起去了智利。在西班牙最早的方济各会修士中，就有很多杰出的法国人和佛兰德斯人。

在西班牙人的征服战中，他们也经常得到原住民的支持。玛雅人、托托那卡人，尤其是特拉斯卡尔特克人就在科尔特斯征服墨西哥的过程中发挥了关键作用。但我们也不能忘记奥托米人的帮助。此外，在秘鲁，卡纳里印第安人（Cañari Indians）也曾帮助皮萨罗完成了西班牙的征服大业。

征服战之后，美洲各地的征服者就开始同当地贵族之女联姻，与他们建立姻亲关系。在新西班牙，蒙提祖马的女儿莱昂诺尔就嫁给了征服者胡安·帕斯，后来又改嫁克里斯托瓦尔·德·巴尔德拉马（Cristóbal de Valderrama）。1527 年，她得到了墨西哥市的埃克泰佩克区（Ecatepec），这里成了她的监护区；之后这块领地由她的女儿（也名莱昂诺尔）及女婿阿里亚斯·德·索泰罗（Diego Arias de Sotelo）继承，他们一直保留监护权到 1568 年。[17] 蒙提祖马还有一个叫特凯波（Tcchuipo）的女儿，长得貌美如花，倾国倾城，后来成了科尔特斯的侍女，自此以后便将名字改为“伊莎贝尔”，她先是嫁给了阿隆索·德·格拉多（Alonso de Grado），后来又嫁给了佩德罗·加利戈（Pedro Gallego），最终改嫁了一位埃斯特雷马杜拉人，即来自卡塞雷斯的胡安·卡诺。1526 年，特凯波获得封地塔库瓦；在殖民时代结束之前，这块封地一直归卡诺家族的人所有。[18] 有一首怀念特凯波的诗是这样写的：

> 将军身边的这个美人儿是谁啊？
> 啊，她就是我的外甥女唐纳·伊莎贝尔，
> 她的确已将我的心儿俘获。

蒙提祖马的一个儿子佩德罗后来获得了西班牙的爵位头衔（蒙提祖马公爵），他的子孙后代繁衍成了一个谱系庞杂的混血群体，他本人还得到了监护区图拉（Tula），这里最终发展成了一处繁荣兴盛的大庄园。[19]

跟随西班牙早期的探险者南征北战的还有来自教堂的博学之士，例如，在新西班牙的就有塞维利亚人拉斯·卡萨斯、巴斯克人苏马拉加；在特拉特洛尔科，有王室血统的佩德罗·德·甘特，他在圣弗朗西斯科女修道院旁建了一座医院；在新西班牙活跃的还有严肃简朴的莫多里尼亚；此外还有马尼拉主教多明戈·德·萨拉萨尔，他在新西班牙和菲律宾都有过一段风生水起的主教生涯。还有博学的贝尔纳迪诺·德·萨阿贡修士、特拉斯卡尔主教胡利安·加尔塞斯，以及墨西哥、米却肯州、利马的首任主教们［分别为苏马拉加、基罗加、比森特·巴尔韦德（Vicente Valverde）］，他们都是美洲教会的元老及奠基者。此外，我们还不能忘了那位会说纳瓦特语（墨西哥的原住民语）的西班牙修士安德列斯·德·欧默斯，他因会用 10 种原住民语布道而享有盛誉。

首批前往新世界的方济各会修士——不只是莫多里尼亚——都是一些才能卓越之士，很多人智勇双全，富有创造力，他们通力合

作，用纳瓦特文编纂了记录圣人生平的著作、布道词、《新约》选摘本、语法书、字典及教义问答手册。16 世纪末，在修道院之间互相传阅、流通的纳瓦特文书籍约有上百本。三大托钵修道会（方济各会、多明我会及奥古斯丁会）对新世界产生了重要的影响，很多印第安人都说他们十分喜爱这些修士。到 1600 年时，新世界约有修士 1500 名。[20] 但在此之后，对西属美洲影响最大的当属耶稣会。到了 17 世纪，来自加泰罗尼亚的耶稣会士佩德罗·克拉韦尔尤其受人爱戴，他生活艰苦朴素，传道兢兢业业，在印第安的卡塔赫纳地区传道 40 年，被誉为“为奴隶传道的人”。[21]

当时有很多修士出身的建筑师，他们大多受灵感启发，临时担任建筑师，并非专业建筑师。整个 16 世纪，他们在新世界建起了大大小小 270 处宗教建筑，这些修道院的教堂多是筒形穹顶式建筑，教堂正前方是用四墙围成的中庭。[22] 正如尼古拉斯·奇塔姆（Nicholas Cheetham）男爵所说，这些宗教建筑迸发出了源源不断的创造力，足可与欧洲中世纪掀起的哥特式建筑浪潮相媲美，当时“教堂的白幔布似乎要覆盖整个地球”。在欧洲，教堂好似城堡，但它们也象征着精神堡垒。[23]

伟大的建筑家们和神职人员一样，对新世界的建设做出了杰出贡献，他们也把西班牙教堂、宫殿背后的理念带到了新世界。其中的代表人物就是特鲁希略人弗朗西斯科·贝塞拉，他的祖父曾负责托莱多大教堂建造的终期工程，其父曾在旧西班牙的特鲁希略、巴达霍斯及瓜达卢佩负责主建很多大型建筑。贝塞拉本人则在新世界负责设计了新西班牙的普韦布拉大教堂、墨西哥城圣多明各修道院，之后去了秘鲁、基多、库斯科，最后去了利马，在利马也设计过一座大教堂。此外，城市规划者按照欧洲的矩形城镇布局规划了新世界印第安人主要城市的市中心。很多古老的城市都布局对称，从特诺奇蒂特兰城的布局就可以看出这一点，这也是罗马建筑师维特鲁威（Vitruvius）* 的城市规划理念，这一理念曾鼓舞了意大利的文艺复兴运动。

继教堂建筑之后，新西班牙最令人瞩目的另一发展是“归化区”（*congregación*）的推行，即让印第安人聚居在中等规模的市镇上，名义上是为了关照印第安人的生活，实则是为了便于监管他们。†

虽然保留了印第安人原有的民族公社土地公有制和土地分配制度（土地划分成小块分配给个人耕种），但与被征服之前相比，农民耕种自己土地的时间更少了，大多数印第安农民不仅得向教会缴纳贡赋、服劳役，还要向监护主和墨西哥残留的旧贵族纳贡服役。

虽然帝国境内地大物博，风俗各异，但各地之间却靠一系列的节日和庆祝活动在精神上连为一体。不管是在庆祝圣周或基督圣体节，还是在纪念当地德高望重的殉道者时，宗教游行都是西班牙人钟爱的庆祝形式，他们也满怀热情地将这些庆典引进了新世界。跟随科尔特斯远征的西班牙人在离开韦拉克鲁斯港之前，就组织了宗教游行，庆祝复活节。[24] 历史学家亚历杭德罗·德拉·福恩

---

* 罗马建筑师、工程师，著有《建筑十书》，该书成为罗马建筑师的参考书，主张在神庙和公共建筑中保存古典传统，他的观点基本是希腊化的。他有关人体和建筑对称的观点启发了达·芬奇，在文艺复兴时期十分盛行。——编者注

† 16 世纪初，西班牙殖民者强制将四散而居的印第安人集中安置在归化区里。尽管印第安人进行了抵抗，但西班牙人还是用暴力强制推行了这一政策，他们自称只有这样印第安人才能真正“开化”，所谓的“开化”就是印第安人皈依天主教，适应小农经济生活，接受按劳动付给报酬的规定。其实，这一政策更加便利了西班牙监护主、工场主招募劳工，他们也因此可以从印第安人手中获得更多的土地。——编者注

特（Alejandro de la Fuente）在他那部描写哈瓦那的佳作中写道：“虽然教会礼仪年有不同的循环周期，但帝国各地的循环周期都十分相似。”[25] 这些节令严格来说属于宗教节日，但其中却蕴含着狂欢和盛宴的意味，不管是在马德里、哈瓦那，还是在托莱多、韦拉克鲁斯，这些节日都明显带有卡斯蒂利亚的味道。在庆祝节日庆典时会举行戏剧表演和比赛，比如角逐（*juegos de cañas*）就是其中一种，在这种比赛中，骑手要拿着木矛彼此战斗。当时甚至还有斗牛表演。人们举行庆典主要是为了纪念国王或王室家族，以及受人爱戴的圣人。节日庆典既有诸多雷同之处，又各具特色，丰富多彩。庆典多数时候在西属美洲新建的大广场上举行。

腓力二世统治时期，修士们开始意识到如果在美洲尤其是在新西班牙，通过模仿印第安人传统的节日庆祝形式举行庆典来布道传教的话，那么基督教义就更易被印第安人理解并接受。这些修士希望把印第安人的音乐、庆祝活动与欧洲的音乐、庆祝活动杂糅到一起，用印第安文化色彩装点基督教的门面，以洋为体，以土为用，来调和两个民族不同的宗教信仰。但他们也面临如下困境：修士们经常谴责印第安人酗酒的习惯。在新西班牙，印第安人酷爱饮用龙舌酒，这一点令神职人员十分反感。印第安人也不赞同西班牙教会提倡的一夫一妻制，这些西班牙人言行不一，尤其在巴拉圭，他们发现很多西班牙人过着妻妾成群的生活。

除了建筑师或修士出身的建筑师外，在西班牙征服新世界的过程中发挥过重要作用的还有翻译，其中以翻译玛丽娜为最，在她之后还有睿智但偶尔不服管束的费利皮罗（Felipillo），费利皮罗号称“秘鲁妙舌”（*lenguas*）。[26] 到 1550 年时，除了赫罗尼莫·德·阿吉拉尔（Jerónimo de Aguilar），会说原住民语言的西班牙人还有很多。科尔特斯征服新世界少不了语言天赋极高的阿吉拉尔的协助。

最后一类重要人物是负责治理新世界的西班牙官员，他们当中，有大名鼎鼎的新西班牙总督门多萨、贝拉斯科、恩里克斯，也有秘鲁总督弗朗西斯科·德·托莱多。在1500年时，西班牙王室并不知道统治新世界需要派出此等有勇有谋、刚毅果断的官员，但很快，西班牙就对这一极其严峻的挑战做出了回应。在有些情况下，这些坚定果敢的官员身边还有一群才华出众的法官在旁辅佐。

在他国眼中，西班牙帝国可谓是“臭名昭著”。大英帝国历史学家、剑桥大学教授J. R. 西利（J. R. Seeley）写过一部题为《英格兰的扩张》（*The Expansion of England*）的历史著作，畅销于维多利亚时代晚期。1884年，维多利亚女王的女儿，即另一个叫维多利亚的人［又名“维姬（Vicky）”］在给母亲的信中写道：“亲爱的母亲，我多希望您能读一读西利教授这本著名的小书《英格兰的扩张》。这本书读来引人入胜，富有政治韵味，书中观点富有远见、不偏不倚。”[27] 在西利看来，大英帝国不经意间就“征服了半个世界，统治了世界上一半的人口”。[28]

不管人们如何看待西利对大英帝国的看法，他对西班牙的评断却是完全错误的。他在这本书中只提到了“（西班牙）帝国的残忍与贪婪”，对拉斯·卡萨斯或莫多里尼亚只字未提，对方济各会在16世纪的成就也绝口不提，也显然根本就没听说过萨阿贡这个人，他对西班牙人为其征服的正当性所做的体面的解释充耳不闻。西利在这方面暴露出了自己无知和褊狭的意识形态。

大英帝国和西班牙帝国的统治手段其实有相似之处。约翰·艾略特爵士对比了两大帝国的异同，精彩地揭示了二者的相似之处。例如，19 世纪末，在苏丹任职的英国公务员在 5 年任期未满的情况下，不得携妻眷赴任，而在新西班牙也有类似的规定。[29] 在苏丹，任期不满 2 年的英国公务员不得在当地着“蓝色衣衫”，白色衣衫才是更为正式的着装。[30] 同样，在秘鲁，法官不得身着绸缎衣料，相比之下他们很能理解在苏丹履职的英国公务员的心情。

在本书的后记部分，我们有必要追述一下西班牙征服者的“丰功伟绩”。没有人能比沃尔特 · 雷利爵士总结得更为精辟了：

> 在此，我不免又要对西班牙人的超凡耐心称赞一番了。西班牙人在发现美洲的过程中遭受了众多灾难和不幸，很少有国家像它这样饱经风霜、屡经磨难。尽管如此，西班牙人仍坚持追求“伟业”，锲而不舍，不屈不挠，终于为自己的王国开疆拓土，而往日遭遇的危险和不幸也就此埋葬。他们经历过暴风雨，遭遇过海难、饥荒，经历过原住民的反抗和暴动，忍受过酷暑严冬，挨过瘟疫和其他大大小小的疾病，还忍耐过极度贫困、饱尝物资的极度匮乏，他们的每一项伟大发现都要经历这些挫折。[31]

雷利的政治评论乏善可陈，但他的这段评论却写得富有哲理、不偏不倚。

美国杰出历史学家华盛顿 · 欧文（Washington Irving）也发表过类似的观点：

西班牙人的这些壮举与探险经历虽然可以称得上是骑士传奇，但也有真实的一面。这些经历让我们对西班牙人世代相传的勇敢刚毅的本色更为叹服，正是这种本色才让这个国家登上了实力和荣耀的巅峰，在那些有机会公正评判他们的人看来，他们依然是当之无愧的伟大人物……[32]

欧文把这些冒险经历比作骑士传奇是恰当的，我们之前提过，征服者受《阿马迪斯·德·高拉》或《艾斯普兰迪安历险记》这类小说的影响很大。[33] 伯纳尔·迪亚斯·德尔·卡斯蒂略还把他在墨西哥特诺奇蒂特兰城的见闻同《阿马迪斯·德·高拉》里面的一幕相比拟，这本身就颇有趣味。伯纳尔·迪亚斯出生于商业名镇梅迪纳－德尔坎波，和蒙塔尔沃（《阿马迪斯·德·高拉》的作者）一样，他的父亲也是梅迪纳－德尔坎波的市政议员，所以于他而言，征服新西班牙就像是书中描写的那样令人头晕目眩，只不过故事发生的场景更宏大罢了。

来到新世界的西班牙探险者与征服者对这片时而令人迷醉，时而恐怖骇人的土地充满了幻想。我们之前多次提到亚马孙人十分凶猛，经常有谣言称他们就在附近出没。科尔特斯就曾两次提到亚马孙人，一次在他给卡洛斯一世的第四封信里，一次在给他堂兄弟弗朗西斯科的命令文书中。[34] 传言对征服者是不是也有一定的吸引力？马丁·德·萨利纳斯是负责给查理五世远在维也纳的弟弟斐迪南报告西班牙诸事的官员，他曾经在一份信中声情并茂地写道：

据可靠消息，有 70 艘大船已经驶入了桑坦德港，拉雷多

（Laredo）带着 1 万名亚马孙妇女来与西班牙男子交配，我们这边的男子因其勇猛、阳刚而威名远扬。亚马孙妇女怀孕后，就会付给同他们交配的男子 15 达克特，之后她们会留在这里直到诞下子女。如果生下男孩，亚马孙人就把他们留给西班牙人；如果生下女孩，就把她们带走。

这样的消息导致当地“风尘女子”的价格大为下降，因为“富有的亚马孙女性同她们激烈地竞争着西班牙男子，而这些男子还可以从亚马孙妇女那里得到丰厚的报酬。其他人也确信这则消息准确无误”。[35] 萨利纳斯接着在信中对 16 世纪平民百姓轻信谣言的情况做了一番评论，但他没有注意到征服者及其他人都希望这样的传言是真的。

到了骑士小说不再流行的时候，腓力二世的统治也到了末期，贯穿他统治时期的征服时代也即将落下帷幕。西班牙这段富有英雄传奇色彩的历史及其在美洲的全面扩张也将告终。

16 世纪的征服者在短期内就以神速征服了两大陆地上的大片土地，传教士也在短期内让大量印第安人皈依了基督教，欧洲人的勇猛和想象力就此登峰造极，造就了举世无双的历史传奇。西班牙通过绘制新的贸易航线，以史无前例的规模和力度人力支持征服，在新世界迅速确立了地中海范式的统治结构和政治制度。

西班牙帝国的历史长达 300 多年之久，从 16 世纪一直持续到了 19 世纪。1898 年，继在古巴爆发的美西战争之后，西班牙帝国在美洲的势力最终陨落，这距离哥伦布开始环球航行已过去了 400 多年。西班牙人给美洲留下了天主教信仰和数不清的天主教建筑，以及西班牙传统风俗，还有无数的文学作品。最重要的是，西班牙人在美洲创建了一些附属国，这些附属国最终发展为拉丁美洲的独立国家。拉丁美洲少有硝烟，同世界其他地区相比，这里似乎是和平的绿洲。

罗杰 · 梅里曼（Roger Merriman）教授在他有关西班牙帝国的历史著作《西班牙帝国在旧世界和新世界的崛起》（*The Rise of the Spanish Empire in the Old World and in the New*）最后一章坦言，他也不确定西班牙帝国为什么会衰落。梅里曼在书里指出，“西班牙会突然崛起、突然衰落的根源在于这个国家千百年来未曾中断的帝国传统”，西班牙的衰落“是不同因素共同作用的结果；和罗马帝国的情形不一样，我们尚不能得出结论，指出这些不同因素的相对重要性”。梅里曼这么解释，也许是因为从很多方面来说，西班牙并没有衰落。[36] 正如奥克塔维奥 · 帕斯（Octavio Paz）在他那部有关诗人索尔 · 胡安娜 · 伊内斯 · 德拉 · 克鲁兹（Sor Juana Inés de la Cruz）的生平传记中所指出的，17 世纪时，新西班牙和秘鲁都“和平稳定，相对繁荣……墨西哥城比马德里规模更大、更富丽堂皇”。这里比新英格兰实力更强，更文明开化。[37] 如果有人去今天的拉丁美洲旅行，可能还会纳闷西班牙帝国是否真的陨落了。自 1600 年之后，西班牙帝国的确不再继续扩张了。陆路上盗匪猖狂，远洋上海难频发，西班牙的珍宝船队很快覆亡了（1628 年）。即使腓力三世和腓力四世都不再自称皇帝了，但帝国依然存在。西班牙没能征服中国和日本，但依然疆域辽阔：东起菲律宾，西至古巴，北起加利福尼亚，南抵麦哲伦海峡。在欧洲，西班牙如果算不上是领先国家的话，那她依然是个大国。通过委拉斯贵兹、穆里洛（Murillo）的作品，我们依然能想起 17 世纪的西班牙是世界上最文明开化的国家之一，更不用提塞万提斯、卡尔德隆（Calderón）、蒂尔索·德·莫利纳（Tirso de Molina）、贡戈拉、克维多（Quevedo）、洛佩·德·维加等人的作品了，还有保存下来的布恩雷托宫（palace of Buen Retiro）。[38]我们不应该忘记索尔·胡安娜的诗歌。皮埃尔·比拉尔（Pierre Vilar）甚至说西班牙的18世纪是“一个大殖民时代”（un très grand siècle colonial）。[39]所以，西班牙真的衰落了吗？在哪方面衰落了？衰落到何种程度？对此，约翰·艾略特爵士在他那部著名的备忘录《创造中的历史》（*History in the Making*）中做了贴切的评价，他还指出西班牙并没有真正衰落，而是出现了“观念上的衰落”（perception of decline）。[40]至少从吉本（Gibbon）评价罗马帝国衰落的角度看，西班牙在17世纪和18世纪并没有衰落多少。也许17世纪50年代西班牙败给奥利弗·克伦威尔（Oliver Cromwell）指挥的海军舰队，从此失去了在牙买加的统治权，还可以算得上是西班牙衰落的一个例子，但这次失败不值一提，更算不上是什么灭顶之灾。相反，西班牙还在继续统治着菲律宾，并同中国保持着贸易往来，新西班牙的混血贵族“享用着中国的陶瓷和丝绸，把他们所处的新西班牙当成是世界中心，他们一面与欧洲隔海相望，一面还可以穿过太平洋抵达亚洲这片乐土”。[41]

1598年，腓力国王逝世，此前他备受病痛的煎熬，发着高烧，腿上长了一块肿瘤，还患有痛风——他的手因此不太方便，以及其他疑难病症，如败血症。自1542年卡洛斯一世封他为摄政王后，腓力二世实际上已经亲政了，一直到1598年9月1日，他一直在治国理政，当时的首席大臣是葡萄牙贵族克里斯托瓦尔·德·莫拉。[42]1598年6月30日，腓力国王坐着男仆让·埃尔米特（Jean l’Hermite）为他发明的铰接椅来到了埃斯科里亚尔宫，1598 年 9 月 13 日，他在这里去世。腓力二世的遗嘱写得比他的父亲卡洛斯一世的还要长，但他要求的守灵人数与父亲的一样多：3 万人。[43]

腓力二世用他那专注、开化的性格深深影响了他的国家，他的国家也从未忘记过他。他逝世了，就如同他活着的时候一样，他在新世界留下的影响至今为人铭记，在那里，虔诚的基督徒常祈祷自己能从圣母马利亚或者其他圣人那里，尤其是圣安娜和拉 · 马格达莱纳那里得到帮助。他既是一名修士，也是一位政治家，他十分敬仰阿维拉的圣特雷萨，这也是他为人所铭记的原因。他还是提香画作的忠实粉丝，二人相交甚深，他任命提香为御用画师。他还是一位建筑师，他设计的埃斯科里亚尔建筑群依然是今天最宏伟的建筑之一。他的作品在新世界广为流传，他派到新世界的大臣和工匠也备受爱戴。他应当被所有的欧洲人和拉丁美洲人铭记。在他逝世之前，即 1598 年 5 月，他在韦尔万与法国达成和解，同时还正试图与英国和解。腓力二世一度被认为是一位“审慎的国王”，但同时他也是一位励精图治、“埋身案头”的国王，他总是在忙着写备忘录和文件。他一丝不苟地统治着美洲和欧洲帝国。正如利摩日主教（Bishop of Limoges）所说，从一开始他便“全身心地投身到政务当中，从不浪费一小时，一天到晚都在忙着阅读”。[44] 腓力国王酷爱阅读，他的这一爱好也令大家敬重。在生命的最后 3 天，他一直忏悔自己的过错。费尔南 · 布罗代尔写过一部关于腓力二世及 16 世纪的著作，这部著作非常成功，至今无人超越，在这本书的结尾，他贴切地说，国王认为他的工作就是“解决没完没了的琐事。这个人总是默默地伏在案前阅读那些写满注解的报告，然后慢慢陷入沉思……他集帝国的优点与弱点于一身”。[45]金无足赤，人无完人，每个人身上都有优点，也有缺点，只希望历史能还人以公正。

也许腓力二世最卓越的成就就是提出在美洲建立新基督的世界，在其他任何一个时代，谁能想象得到这里居然建立了这么多女修道院、修道院和教堂呢？1586年，著名的圣赫罗尼莫女修道院在墨西哥城落成。这座女修道院构造坚固，外表朴素，规模宏大，占地1.4万平方码（约1.17万平方米）。诗人索尔·胡安娜·伊内斯·德拉·克鲁兹就在这里度过了她一生当中最美好的时光，此外，这里还举行过盛大的节日庆典。欧洲也有类似的宗教建筑，但在新世界，这些建筑算得上是惊世骇俗的新发明，见证着数百年的正直生活。索尔·胡安娜写过一首篇幅很短的颂词（*loa*），相当于戏剧的开场白，这首颂词经常在王室的周年庆典上朗诵，是索尔·胡安娜为庆祝西班牙王后玛丽亚·路易斯·德·奥尔良（Marie Louise d'Orléans）的生辰而写的。颂词由3人朗诵——分别代表着处于不同时空下的智慧、意愿和记忆——他们谈起了各自时代的音乐：

记忆：我回忆的是逝去的曾经，
天地有常，命运的车轮，
碾过王公的身体，
将历史丹青细细分析。
意愿：我唤醒的是眼前的当下
韶光易逝，白驹过隙
那些赞扬你的人啊
始于当下却已然终结！

智慧：我歌唱的是未到的将来
铜墙铁壁，高耸入云，
献给未知的天使，
她们的秘密只说给上帝听。[46]

附录 1

部分数据

当时最常用的货币单位是里尔（等于 34 或 35 马拉维迪铜币）。马拉维迪是西班牙最常用的货币单位。

1 里亚尔 =34 马拉维迪	35 马拉维迪 =1 达克特
1 比索 =8 里亚尔	400 马拉维迪 =1 埃斯库多
1 普拉塔比索 =10 里亚尔	11 里亚尔 =1 达克特
1 公担 =100 千克 =220.5 磅	

来源：拉·福恩特：《16 世纪的哈瓦那与大西洋》，第 59 页

公元 1600 年左右各国的财富估值

卡斯蒂利亚：900 万达克特	威尼斯共和国：390 万达克特
法国：500 万达克特	奥斯曼帝国：600 万达克特

来源：布罗代尔：《菲力普二世时期的地中海和地中海地区》，第一卷，第 451 页

西班牙的财政收入

查理五世统治期间，西班牙的财政支出（军费另计）比财政收入高出 200 万达克特；
1566 年，超支 1.09443 亿达克特；
1577 年，超支 1304.8 万达克特；
1619 年，超支 2600 万达克特。

注意：1580 年的 1 达克特相当于 2014 年的 100 英镑。
来源：布罗代尔：《菲力普二世时期的地中海和地中海地区》，第一卷，第 553 页；第二卷，第 671、672 页

附录 2

来自美洲的收益（单位：马拉维迪）

	王室	个人	总值
1556—1560	1,500,000	6,500,000	8,000,000
1560—1565	1,800,000	9,400,000	11,200,000
1565—1570	3,800,000	10,300,000	14,100,000
1570—1575	3,300,000	860,000	11,900,000
1576—1580	6,600,000	10,600,000	17,200,000
1581—1585	7,500,000	21,800,000	29,300,000
1586—1590	8,000,000	15,700,000	23,700,000
1591—1595	10,000,000	25,100,000	35,100,000
1596—1600	10,900,000	23,500,000	34,400,000

来源：费尔南德斯·阿尔瓦雷斯，《腓力二世和他的时代》，第 120 页

附录 3

1570 年时西属美洲人口数量

（根据安赫尔·罗森布拉特的统计）

属地	白人	黑人，穆拉托人，梅斯蒂索人	原住民	总人口
新西班牙	35,000	25,000	3,500,000	3,555,000
中美洲	15,000	10,000	550,000	575,000
圣多明各	5,000	30,000	500	35,500
古巴	1,200	150,000	1,350	17,550
波多黎各	1,000	10,000	300	11,300
牙买加	300	1,000	灭绝	1,300
小安的列斯群岛	——	——	20,000	20,000
哥伦比亚	10,000	15,000	800,000	825,000
委内瑞拉	2,000	5,000	300,000	307,000
圭亚那	——	——	100,000	100,000
厄瓜多尔	6,500	10,000	400,000	416,000
秘鲁	25,000	60,000	1,500,000	1,585,000
玻利维亚	7,000	30,000	700,000	737,000
巴拉圭	3,000	5,000	250,000	258,000
阿根廷	2,000	4,000	300,000	306,000
乌拉圭	——	——	5,000	5,000
巴西	20,000	30,000	800,000	850,000
智利	10,000	10,000	600,000	620,000
总计	138,000	260,000	9,827,150	10,225,150

附录 4

美洲移民的来源地

来源地	比例	
	1509—1538	1540—1579
安达卢西亚	34.1	36.9
旧卡斯蒂利亚	18.5	12.7
新卡斯蒂利亚	11.8	17.5
埃斯特雷马杜拉	16.7	17.7
莱昂	8.8	5.4
比斯开	3.1	3.4
加利西亚	1.5	1.0
穆尔西亚	1.0	0.5
阿拉贡	0.8	0.5
阿斯图里亚斯	0.5	0.5
纳瓦拉	0.5	0.7
巴伦西亚	——	——
加泰罗尼亚	1.0	0.6
巴利阿里	——	——
加那利群岛	——	0.6
西班牙人（共计）	98.3	97.8
外国人（共计）	1.7	2.2
总人数	100.0	100.0

据马格努斯·莫勒（Magnus Mörner）统计

附录 5

从美洲各地运回的财宝总数（含王室所有与私人所有）

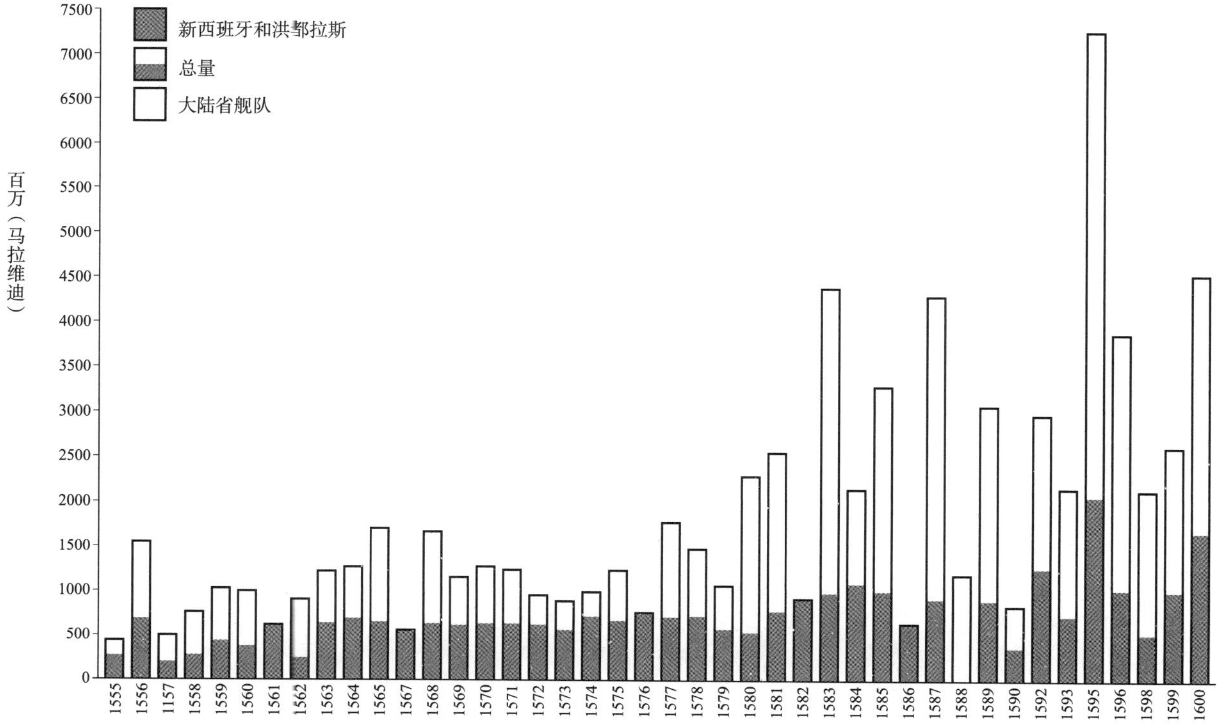

附录 6

总督

菲律宾总督

米格尔 · 洛佩斯 · 德 · 莱加斯皮	1564—1572
吉多 · 德 · 拉维西利斯	1572—1575*
弗朗西斯科 · 德 · 桑德	1576—1580
贡萨洛 · 龙基略	1580—1583
迭戈 · 龙基略	1583—1584*
圣地亚哥 · 德 · 贝拉	1584—1590*
戈麦斯 · 佩雷斯 · 达斯马里尼亚斯	1590—1593
佩德罗 · 德 · 罗哈斯	1593*
路易斯 · 佩雷斯 · 达斯马里尼亚斯	1593—1595*
安东尼奥 · 德 · 马加	1595—1596*
弗朗西斯科 · 德 · 特略 · 德 · 古兹曼	1596—1602

* 代理总督

新西班牙总督

安东尼奥 · 德 · 门多萨	1535—1550
路易斯 · 德 · 贝拉斯科	1550—1564
加斯东 · 德 · 佩拉尔塔，法尔塞斯侯爵	1566—1568
马丁 · 恩里克斯 · 德 · 阿尔曼萨	1568—1580
洛伦佐 · 苏亚雷斯 · 德 · 门多萨，科鲁尼亚伯爵	1580—1583
阿尔瓦罗 · 曼雷克 · 德 · 祖尼加，比利亚曼雷克侯爵	1585—1590
小路易斯 · 德 · 贝拉斯科，后来的萨利纳斯侯爵	1590—1595
加斯帕 · 德 · 祖尼加－阿塞维多，蒙特雷伯爵	1595—1603

秘鲁总督

安德列斯 · 乌尔塔多 · 德 · 门多萨，卡涅特侯爵	1556—1561
迭戈 · 洛佩斯 · 德 · 祖尼加 – 贝拉斯科，涅瓦伯爵	1561—1564
弗朗西斯科 · 德 · 托莱多	1569—1580
马丁 · 恩里克斯 · 德 · 阿尔曼萨	1581—1583
葡萄牙人费尔南多 · 托雷斯，比利亚尔东帕尔多	1586—1589
加西亚 · 乌尔塔多 · 德 · 门多萨	1589—1596
小路易斯 · 德 · 贝拉斯科	1596—1604

附录 7

从非洲港口驶出的运奴船

年份	总数	佛得角	几内亚	圣多美	安哥拉	其他	加纳利群岛
1551	5	5					
1552	3	3					
1553	4	4					
1554	3	3					
1556	1	1					
1557	2	2					
1558	7	7					
1559	2	2					
1560	3	3					
1561	2	2					
1562	11	11					
1563	4	4					
1564	2	2					
1565	6	6					
1567	3	3					
1569	4	4					
1570	2	2					
1571	2	1		1			
1572	2	1	1				
1573	1	1					1
1574	8	5	3				
1575	3	3					
1578	1	1					
1580	1	1					
1581	1	1					
1582	8	8					
1583	4	3	1				
1584	5	2	1			2	
1585	4	2	1			1	
1586	16	2	5			8	1
1587	11	1	3			3	4
1588	19	2	13			3	1
1589	11	1	4	3	1	2	
1590	7	1				6	
1591	18	7	9			2	
1592	22	3	4		4	10	1
1593	17	6	2		2	6	1
1594	9				2	9	
1595	38	2	11			24	1

来源：洛伦佐·桑斯：《腓力二世时期西班牙的商业贸易》，第二卷，第 585 页

宗谱

Genealogies

宗谱 I

腓力二世的宗亲

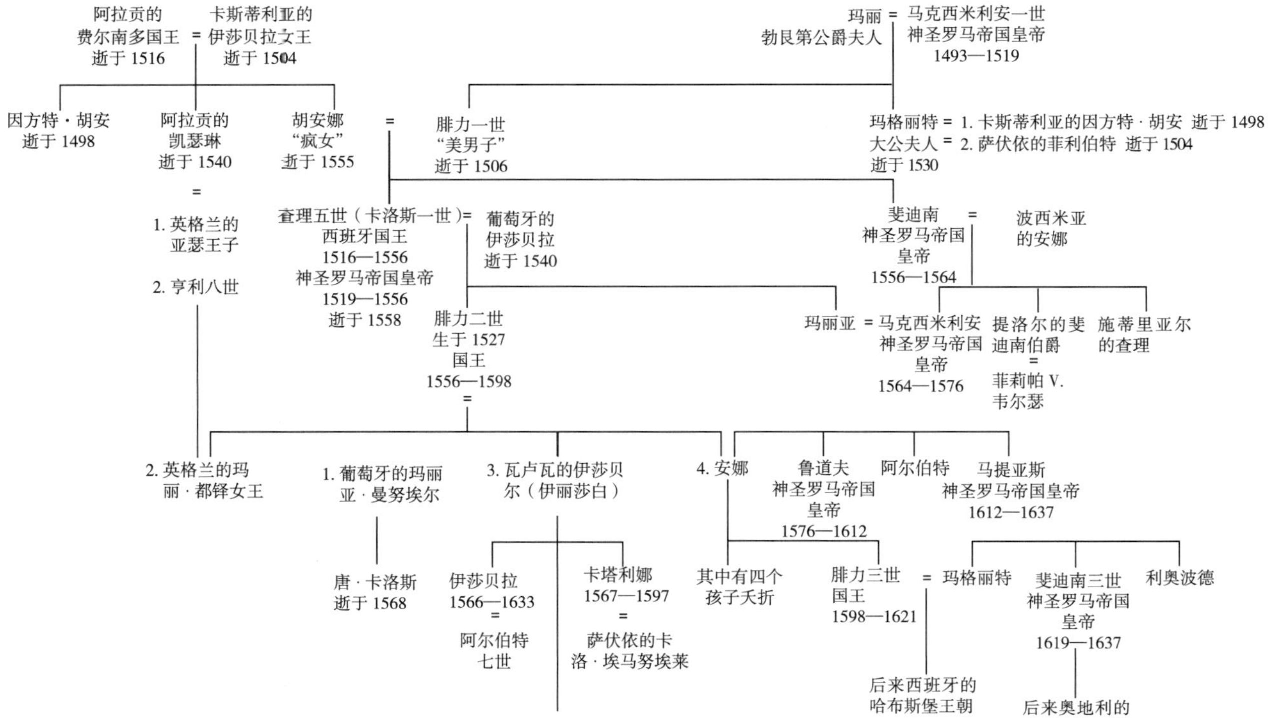

阿拉贡的
费尔南多国王
逝于 1516
=
卡斯蒂利亚的
伊莎贝拉女王
逝于 1504
玛丽
勃艮第公爵夫人
=
马克西米利安一世
神圣罗马帝国皇帝
1493—1519
因方特·胡安
逝于 1498
阿拉贡的
凯瑟琳
逝于 1540
=
1. 英格兰的
亚瑟王子
2. 亨利八世
胡安娜
“疯女”
逝于 1555
=
腓力一世
“美男子”
逝于 1506
玛格丽特
大公夫人
逝于 1530
= 1. 卡斯蒂利亚的因方特·胡安 逝于 1498
= 2. 萨伏依的菲利伯特 逝于 1504
查理五世（卡洛斯一世）
西班牙国王
1516—1556
神圣罗马帝国皇帝
1519—1556
逝于 1558
=
葡萄牙的
伊莎贝拉
逝于 1540
斐迪南
神圣罗马帝国
皇帝
1556—1564
=
波西米亚
的安娜
腓力二世
生于 1527
国王
1556—1598
=
玛丽亚
=
马克西米利安
神圣罗马帝国
皇帝
1564—1576
提洛尔的斐
迪南伯爵
=
菲莉帕 V.
韦尔瑟
施蒂里亚尔
的查理
2. 英格兰的玛
丽·都铎女王
1. 葡萄牙的玛丽
亚·曼努埃尔
3. 瓦卢瓦的伊莎贝
尔（伊丽莎白）
4. 安娜
鲁道夫
神圣罗马帝国
皇帝
1576—1612
阿尔伯特
马提亚斯
神圣罗马帝国皇帝
1612—1637
唐·卡洛斯
逝于 1568
伊莎贝拉
1566—1633
=
阿尔伯特
七世
卡塔利娜
1567—1597
=
萨伏依的卡
洛·埃马努埃莱
其中有四个
孩子夭折
腓力三世
国王
1598—1621
=
玛格丽特
斐迪南三世
神圣罗马帝国
皇帝
1619—1637
利奥波德
后来西班牙的
哈布斯堡王朝
后来奥地利的
哈布斯堡王朝

宗谱Ⅱ

葡萄牙王位的继承

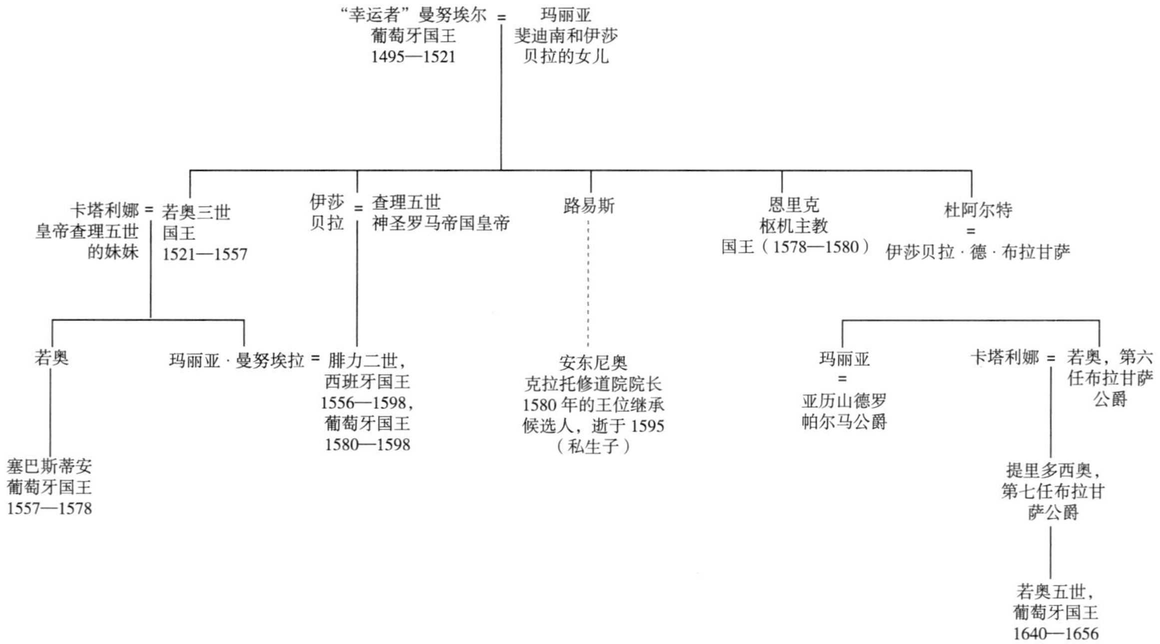

宗谱Ⅲ

法国瓦卢瓦王朝晚期的国王

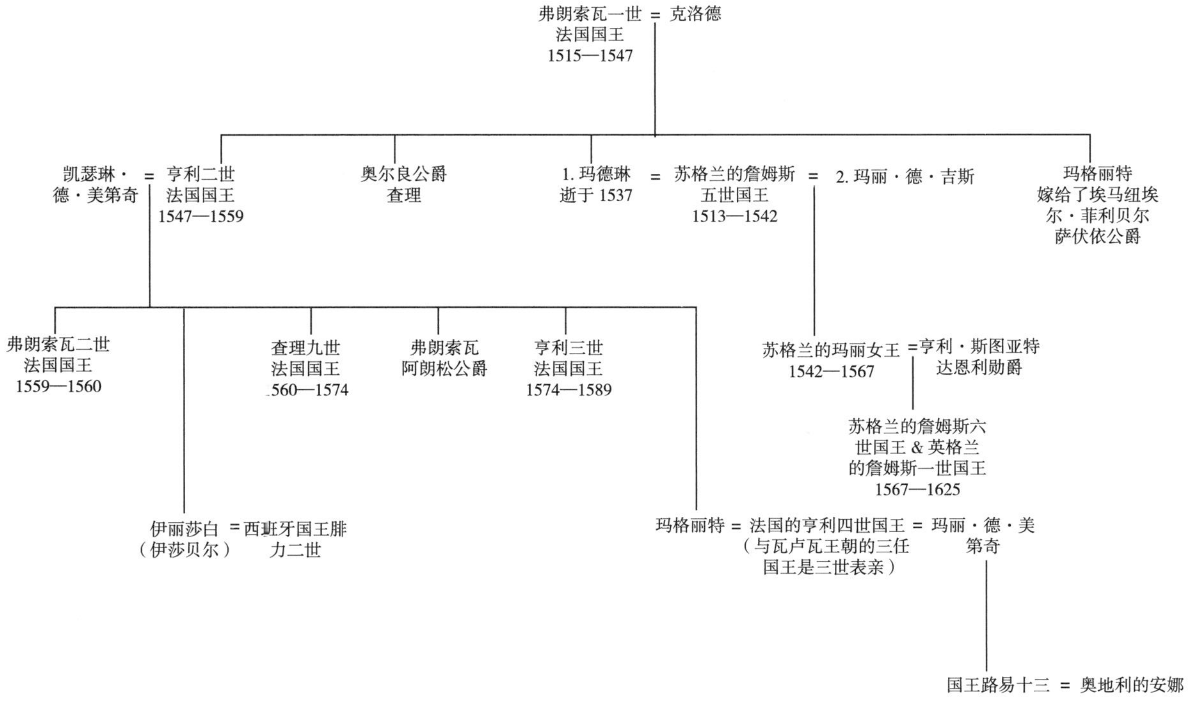

宗谱Ⅳ

16 世纪的哈布斯堡王朝

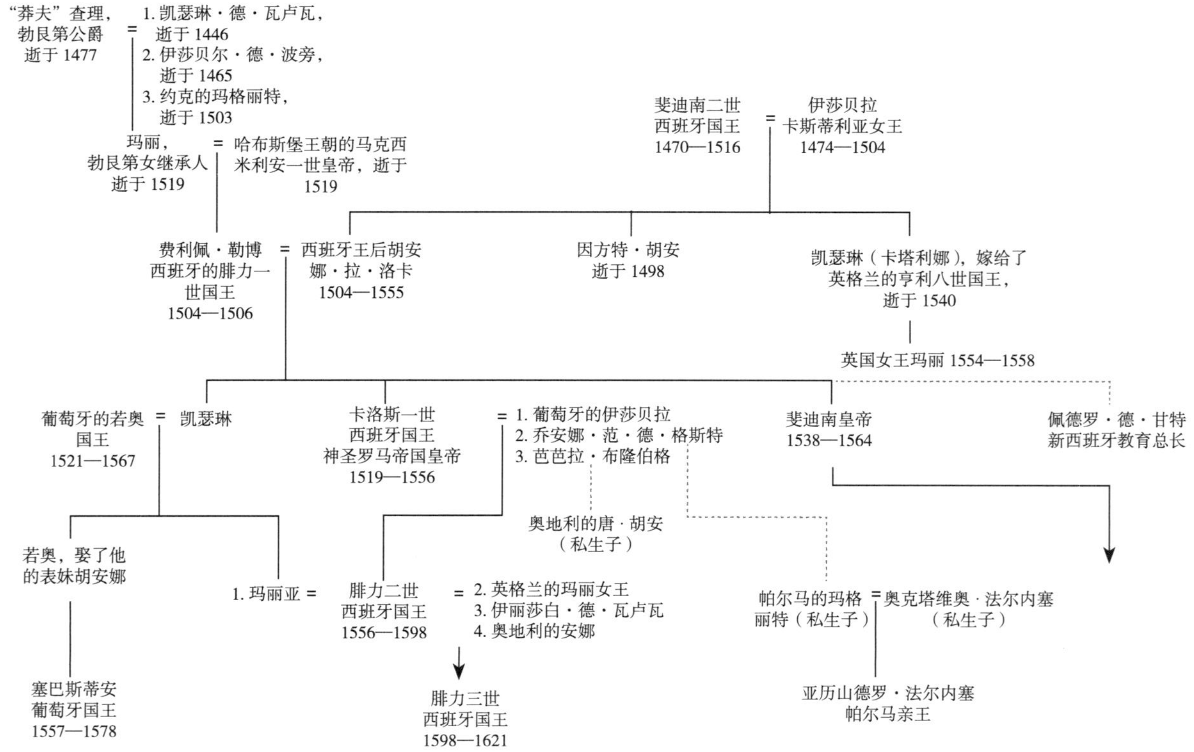

地图

Map

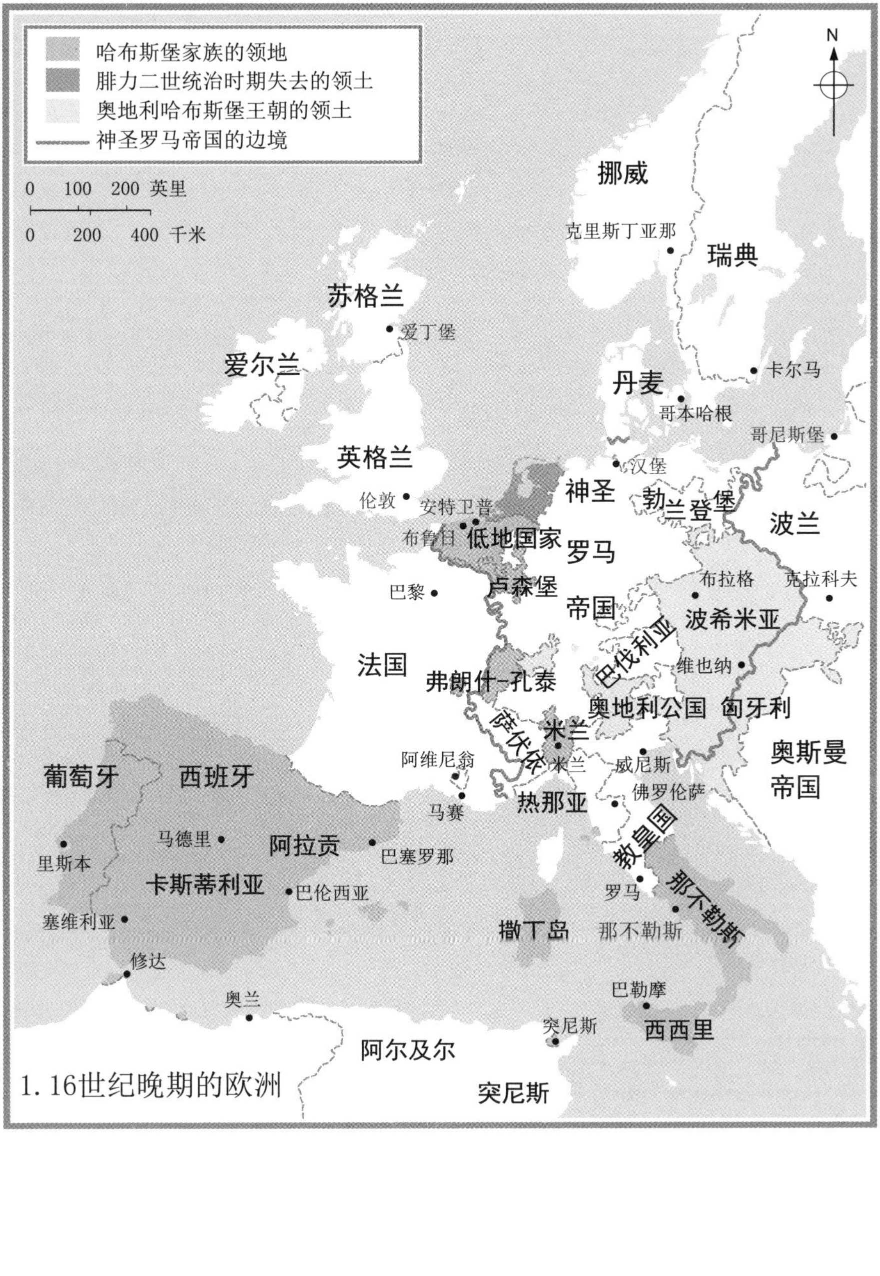

哈布斯堡家族的领地
腓力二世统治时期失去的领土
奥地利哈布斯堡王朝的领土
神圣罗马帝国的边境
0 100 200 英里
0 200 400 千米
N
挪威
克里斯丁亚那
瑞典
苏格兰
爱丁堡
爱尔兰
丹麦
卡尔马
哥本哈根
哥尼斯堡
英格兰
汉堡
伦敦
安特卫普
神圣
勃兰登堡
波兰
布鲁日
低地国家
罗马
巴黎
卢森堡
布拉格
克拉科夫
帝国
波希米亚
巴伐利亚
法国
维也纳
弗朗什-孔泰
奥地利公国
匈牙利
萨伏依
米兰
米兰
阿维尼翁
威尼斯
奥斯曼
帝国
葡萄牙
西班牙
热那亚
马赛
佛罗伦萨
马德里
阿拉贡
巴塞罗那
教皇国
里斯本
卡斯蒂利亚
巴伦西亚
罗马
那不勒斯
塞维利亚
撒丁岛
那不勒斯
修达
巴勒摩
奥兰
突尼斯
西西里
阿尔及尔
突尼斯

1. 16世纪晚期的欧洲

2.1570—1600年的西班牙和葡萄牙帝国

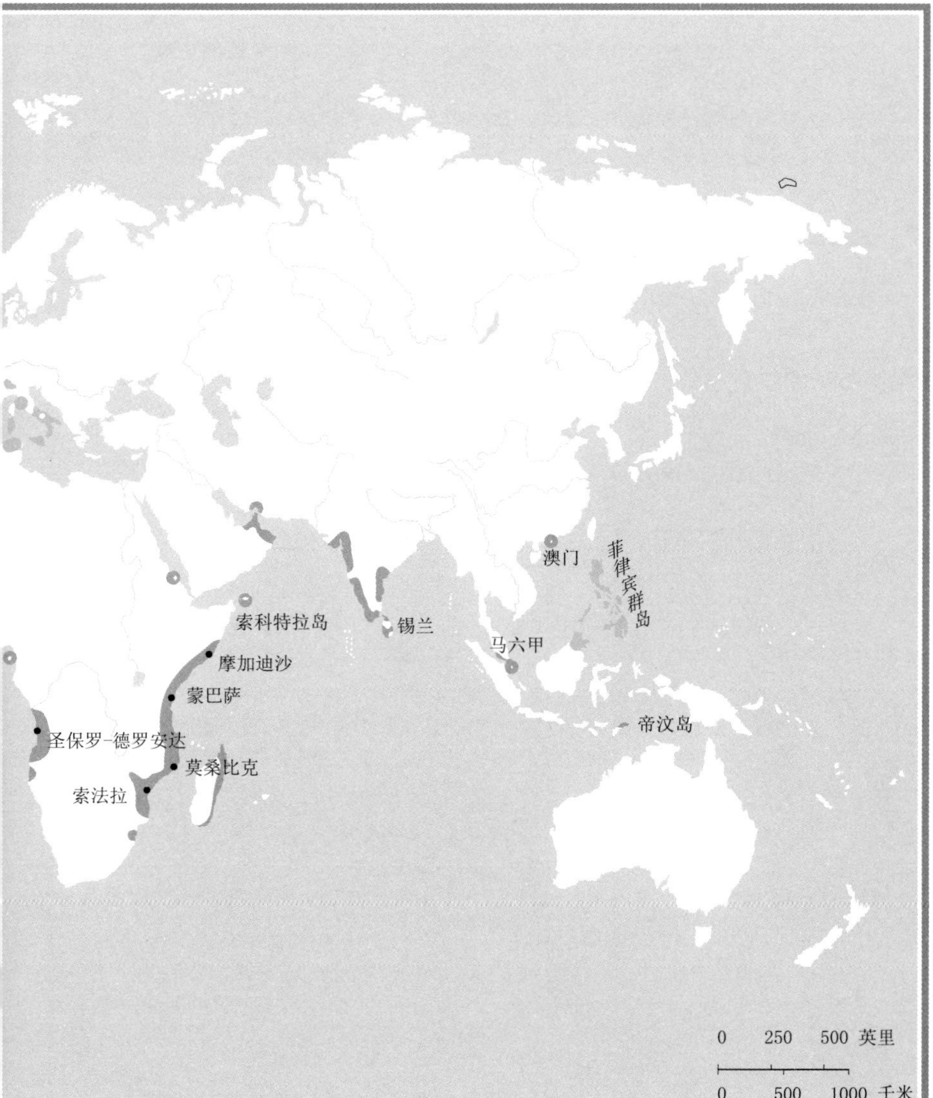
澳门
菲律宾群岛
索科特拉岛
锡兰
马六甲
摩加迪沙
蒙巴萨
圣保罗-德罗安达
莫桑比克
索法拉
帝汶岛
0 250 500 英里
0 500 1000 千米

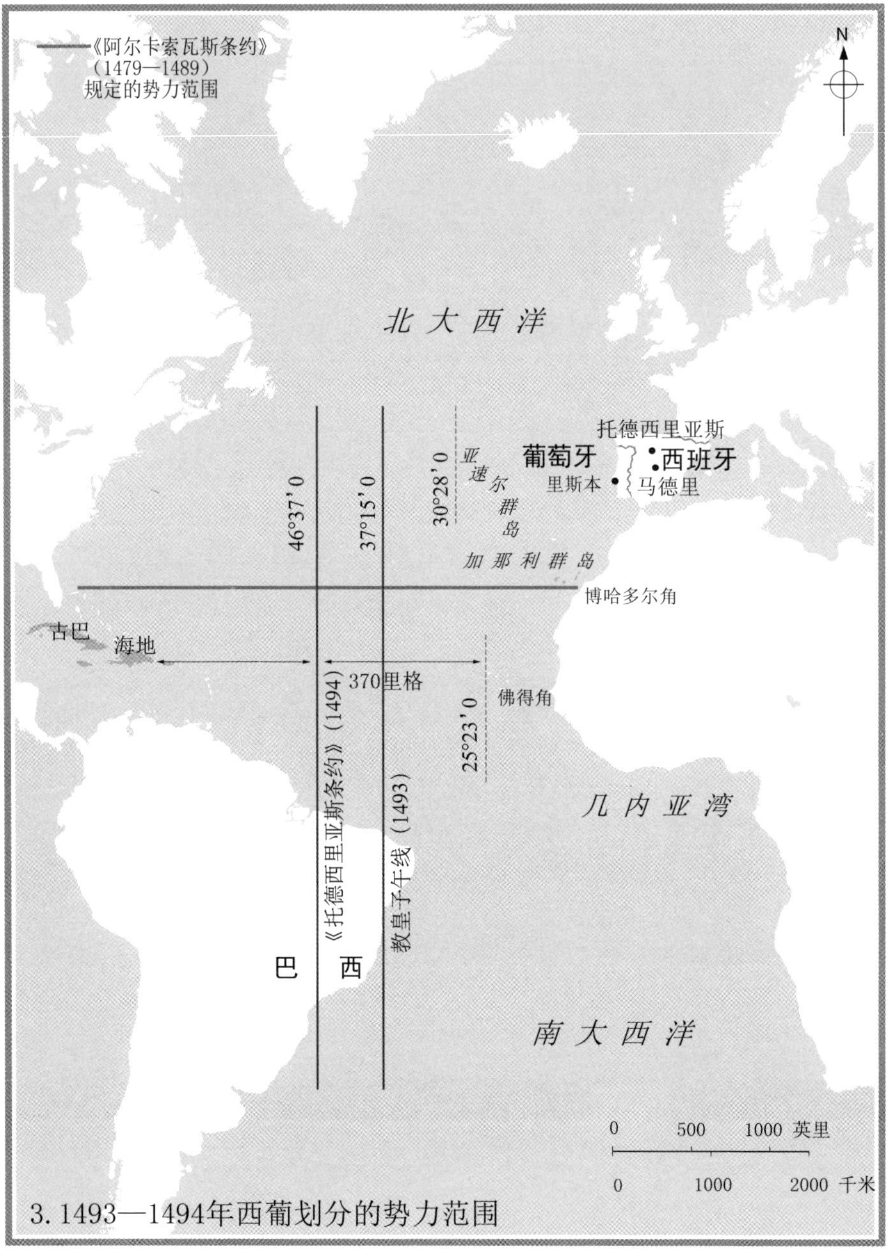

3. 1493—1494年西葡划分的势力范围

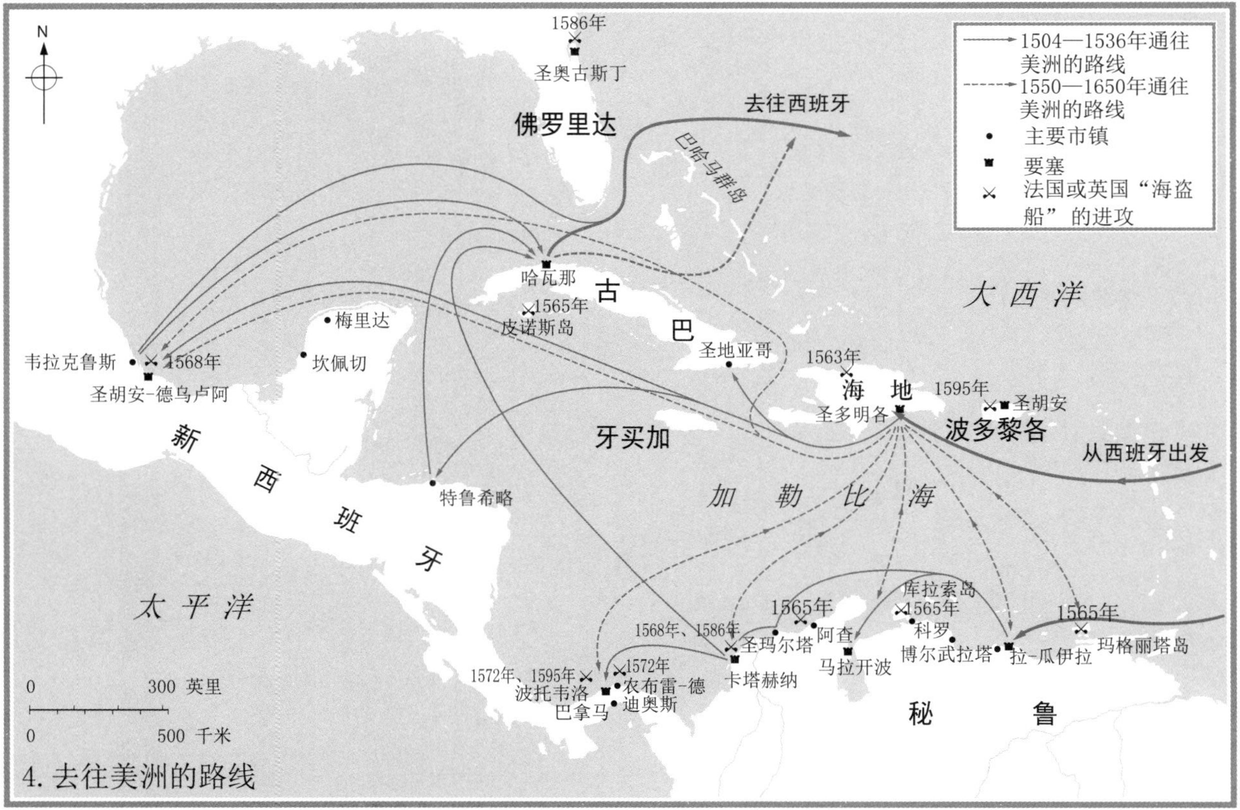

1504—1536年通往美洲的路线
1550—1650年通往美洲的路线
主要市镇
要塞
法国或英国“海盗船”的进攻
N
1586年
圣奥古斯丁
佛罗里达
去往西班牙
巴哈马群岛
哈瓦那
古
巴
1565年
皮诺斯岛
圣地亚哥
大 西 洋
1563年
海 地
圣多明各
1595年
圣胡安
波多黎各
从西班牙出发
梅里达
坎佩切
韦拉克鲁斯
1568年
圣胡安-德乌卢阿
新
西
班
牙
牙买加
特鲁希略
加 勒 比 海
太 平 洋
库拉索岛
1565年
1565年
1565年
科罗
阿查
1568年、1586年
圣玛尔塔
博尔武拉塔
拉-瓜伊拉
玛格丽塔岛
马拉开波
卡塔赫纳
1572年、1595年
1572年
波托韦洛
农布雷-德
迪奥斯
巴拿马
秘 鲁
0 300 英里
0 500 千米

4. 去往美洲的路线

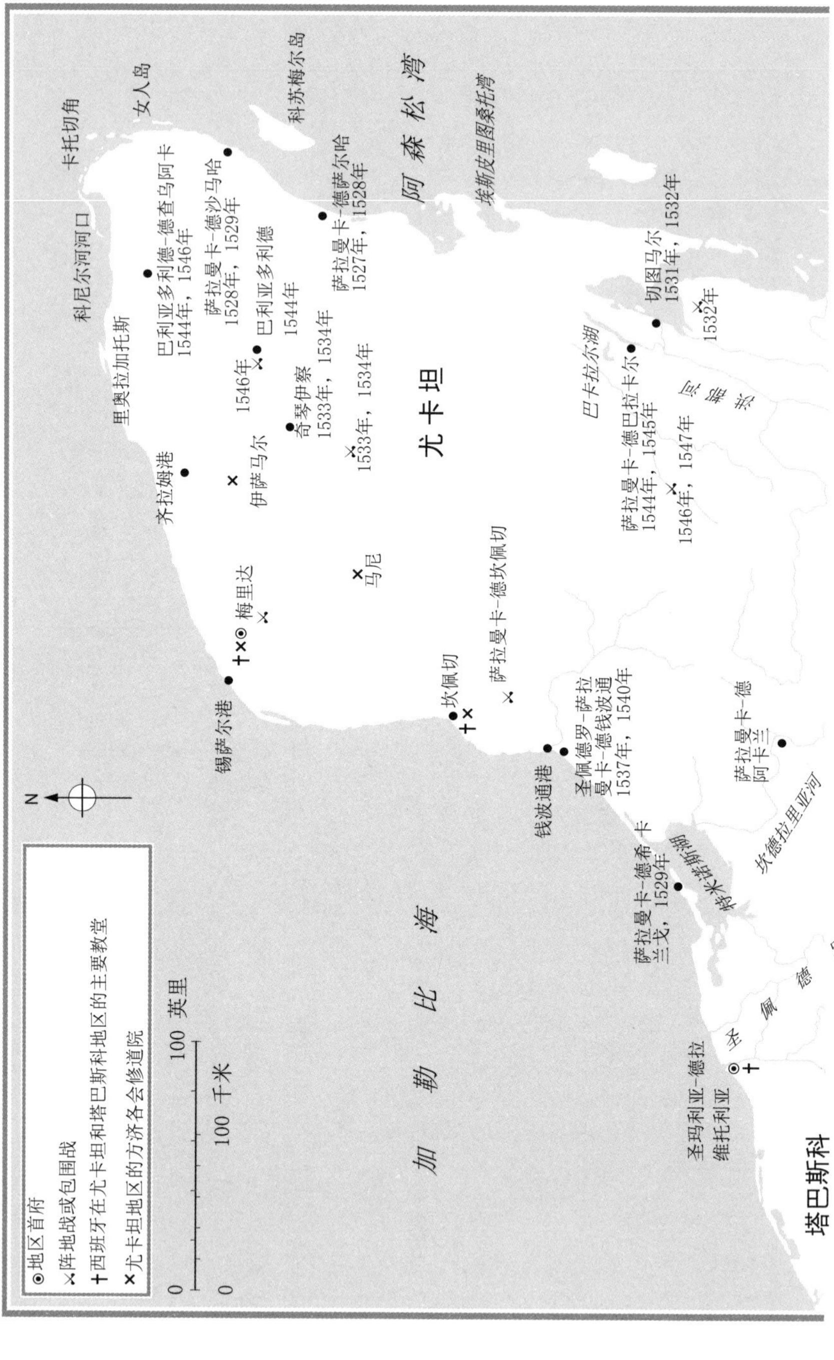
地区首府
阵地战或包围战
西班牙在尤卡坦和塔巴斯科地区的主要教堂
尤卡坦地区的方济各会修道院
0 100 英里
0 100 千米
N
加勒比海
阿森松湾
埃斯皮里图桑托湾
卡托切角
女人岛
科苏梅尔岛
科尼尔河河口
里奥拉加托斯
巴利亚多利德-德查乌阿卡
1544年，1546年
萨拉曼卡-德沙马哈
1528年，1529年
巴利亚多利德
1544年
萨拉曼卡-德萨尔哈
1527年，1528年
齐拉姆港
伊萨马尔
1546年
奇琴伊察
1533年，1534年
1533年，1534年
尤卡坦
巴卡拉尔湖
切图马尔
1531年，1532年
1532年
萨拉曼卡-德巴拉卡尔
1544年，1545年
1546年，1547年
马尼
梅里达
锡萨尔港
坎佩切
萨拉曼卡-德坎佩切
钱波通港
圣佩德罗-萨拉曼卡-德钱波通
1537年，1540年
萨拉曼卡-德阿卡兰
坎德拉里亚河
萨拉曼卡-德希卡兰戈，1529年
特米诺斯湖
圣佩德罗河
圣玛利亚-德拉维托利亚
塔巴斯科

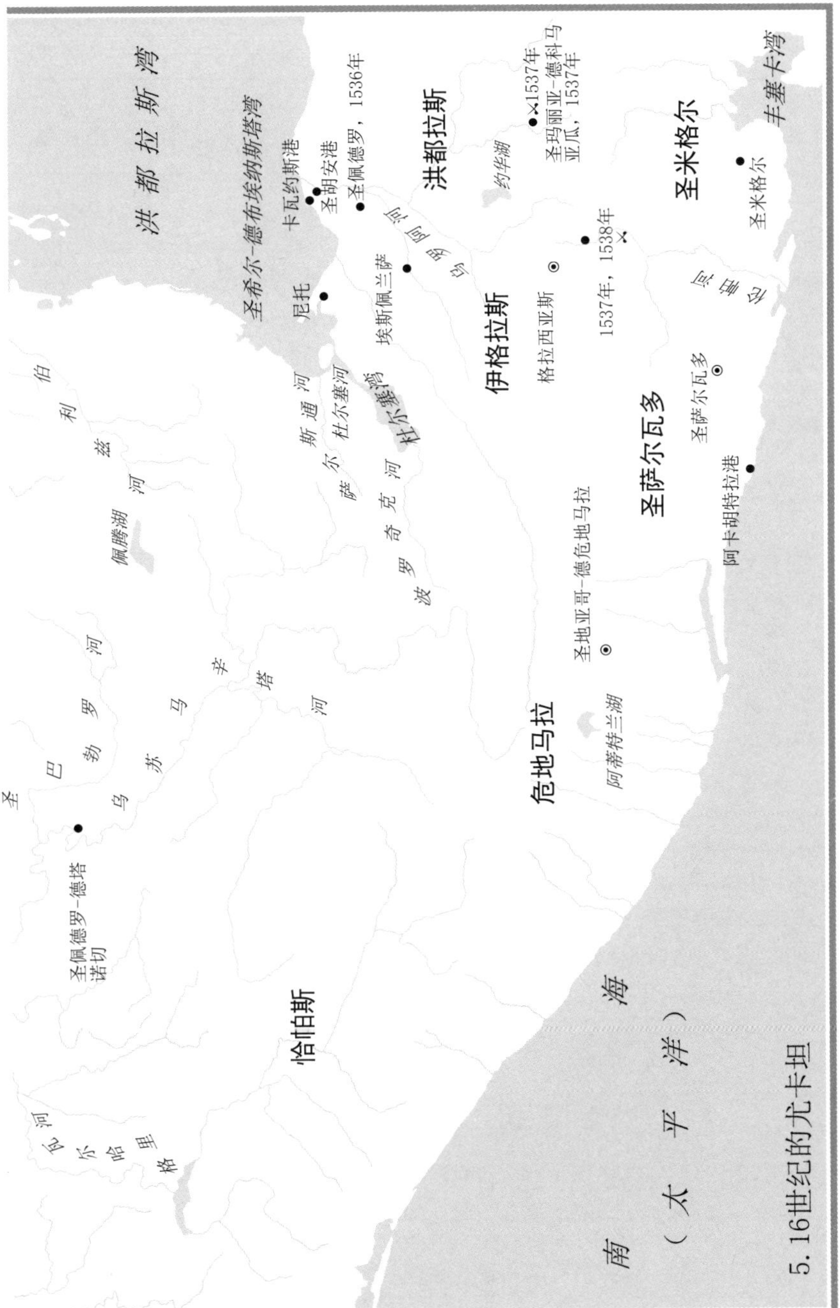
洪都拉斯湾
圣希尔-德布埃纳斯塔湾
卡瓦约斯港
圣胡安港
圣佩德罗，1536年
洪都拉斯
1537年
圣玛丽亚-德科马亚瓜，1537年
约华湖
乌卢阿河
尼托
埃斯佩兰萨
伊格拉斯
格拉西亚斯
1537年，1538年
圣米格尔
圣米格尔
丰塞卡湾
伦帕河
圣萨尔瓦多
圣萨尔瓦多
阿卡胡特拉港
萨尔斯通河
杜尔塞河
杜尔塞湾
波罗奇克河
伯利兹河
佩腾湖
圣巴勃罗河
乌苏马辛塔河
圣地亚哥-德危地马拉
危地马拉
阿蒂特兰湖
圣佩德罗-德塔诺切
恰帕斯
格里哈尔瓦河
南海
（太平洋）
5. 16世纪的尤卡坦

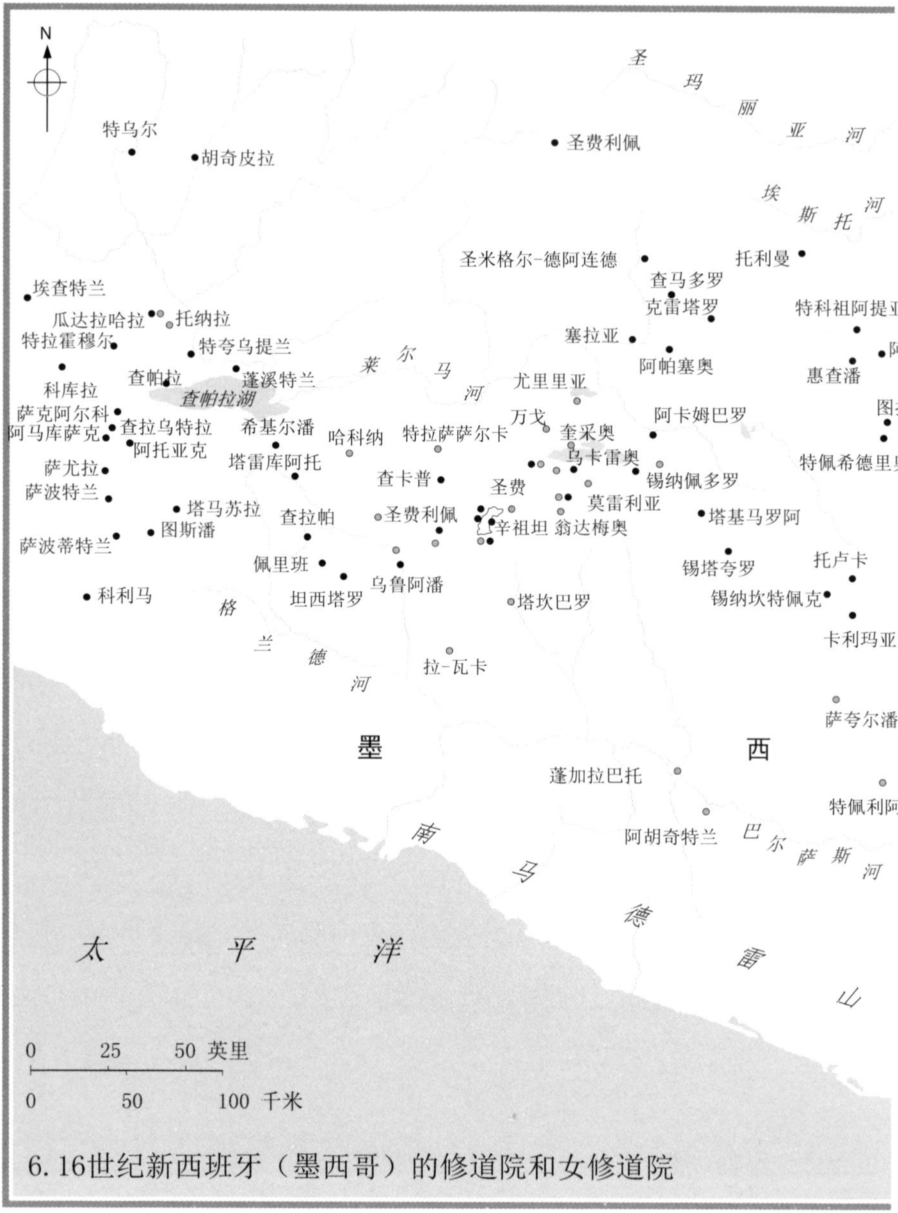

6. 16世纪新西班牙（墨西哥）的修道院和女修道院

16世纪新西班牙的托钵修道会
方济各会修道院
多明我会修道院
奥古斯丁会修道院
墨西哥湾
东
马
德
雷
山
脉
哥
河
潘
阿
洛
帕
帕
滕波阿尔
坦托尤卡
查普瓦坎
韦胡特拉
洛洛特拉
苏丘塔特兰
莫兰戈
萨夸尔提潘
特帕莱提帕
伊斯米基尔潘
图托特佩克
米斯夸瓦拉
阿克托潘
瓦乌奇南戈
帕丘卡
阿卡特兰
森波阿拉
哈拉辛戈
阿科尔曼
阿潘
奥通巴
特斯科科
哈拉帕
墨西哥城
特拉斯卡拉
韦拉克鲁斯
索米奇尔科
特拉马纳尔科
阿莫索克
普埃布拉
阿卡钦戈
特卡马查尔科
特卡利
瓦斯特佩克
特佩奇-德拉塞达
特瓦坎
钱特拉
科伊斯特拉瓦卡
托纳拉
扬维特兰
阿尔莫洛雅
奇拉帕
蒂拉帕
阿奇乌特拉
哈尔特佩克
蒂兰通戈
胡伊措
胡克斯拉瓦卡
特拉希亚科
瓦哈卡
特奥蒂特兰
奥科特兰
奇奇卡帕
内哈帕
特万特佩克

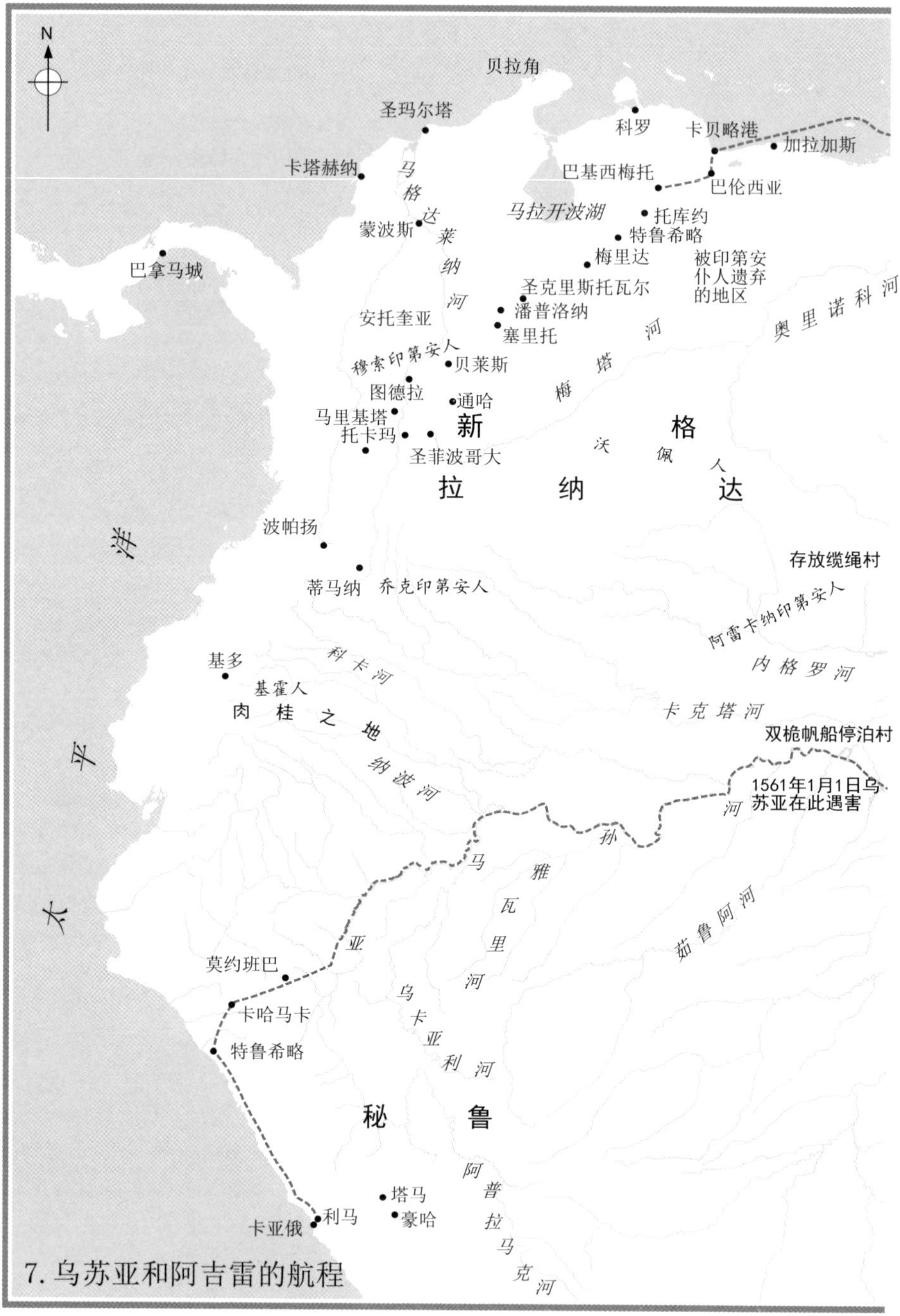

7. 乌苏亚和阿吉雷的航程

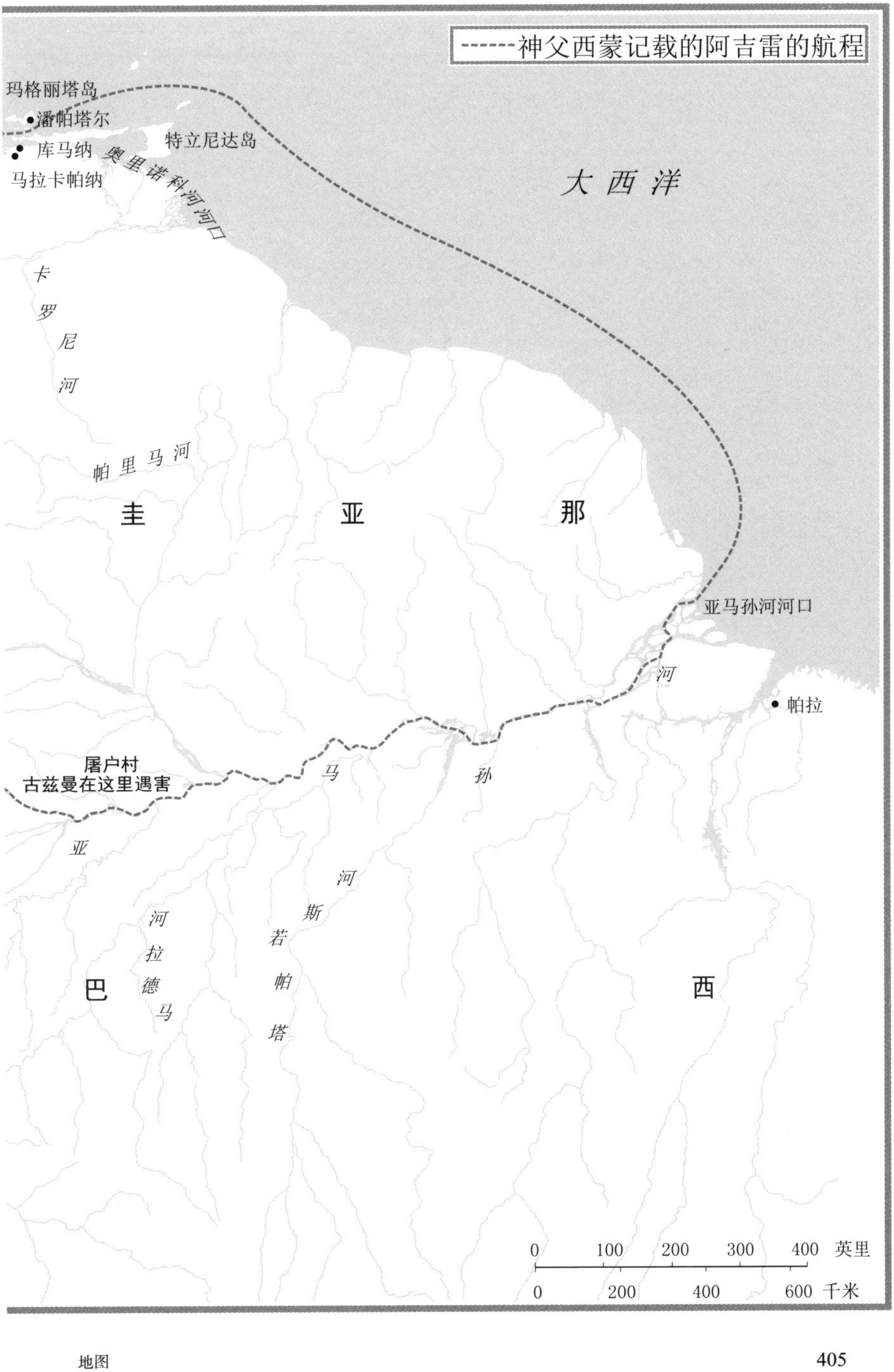

神父西蒙记载的阿吉雷的航程
玛格丽塔岛
潘帕塔尔
库马纳
马拉卡帕纳
特立尼达岛
奥里诺科河河口
大西洋
卡罗尼河
帕里马河
圭亚那
亚马孙河河口
帕拉
屠户村
古兹曼在这里遇害
亚马孙河
马德拉河
塔帕若斯河
巴西
0 100 200 300 400 英里
0 200 400 600 千米

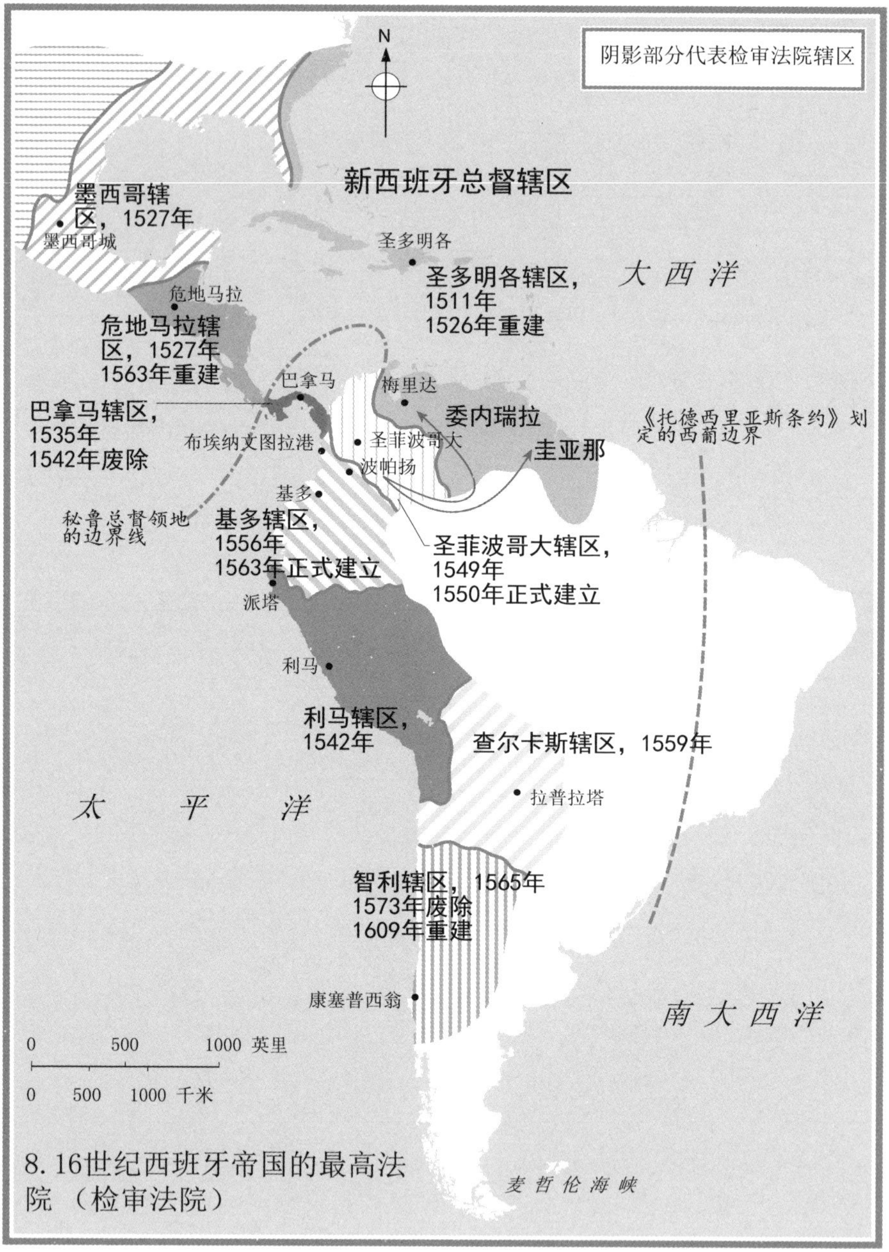

8. 16世纪西班牙帝国的最高法院（检审法院）

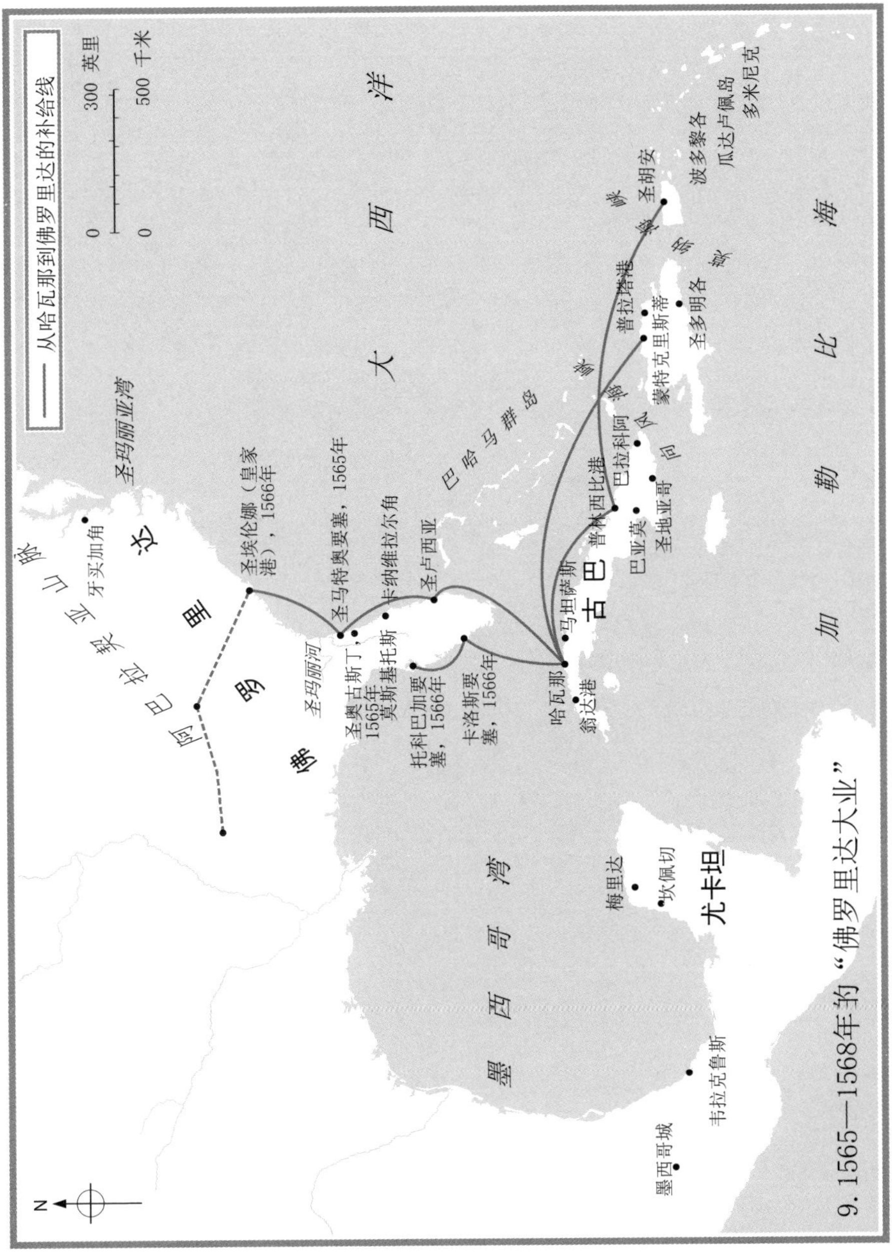

9. 1565—1568年的“佛罗里达大业”

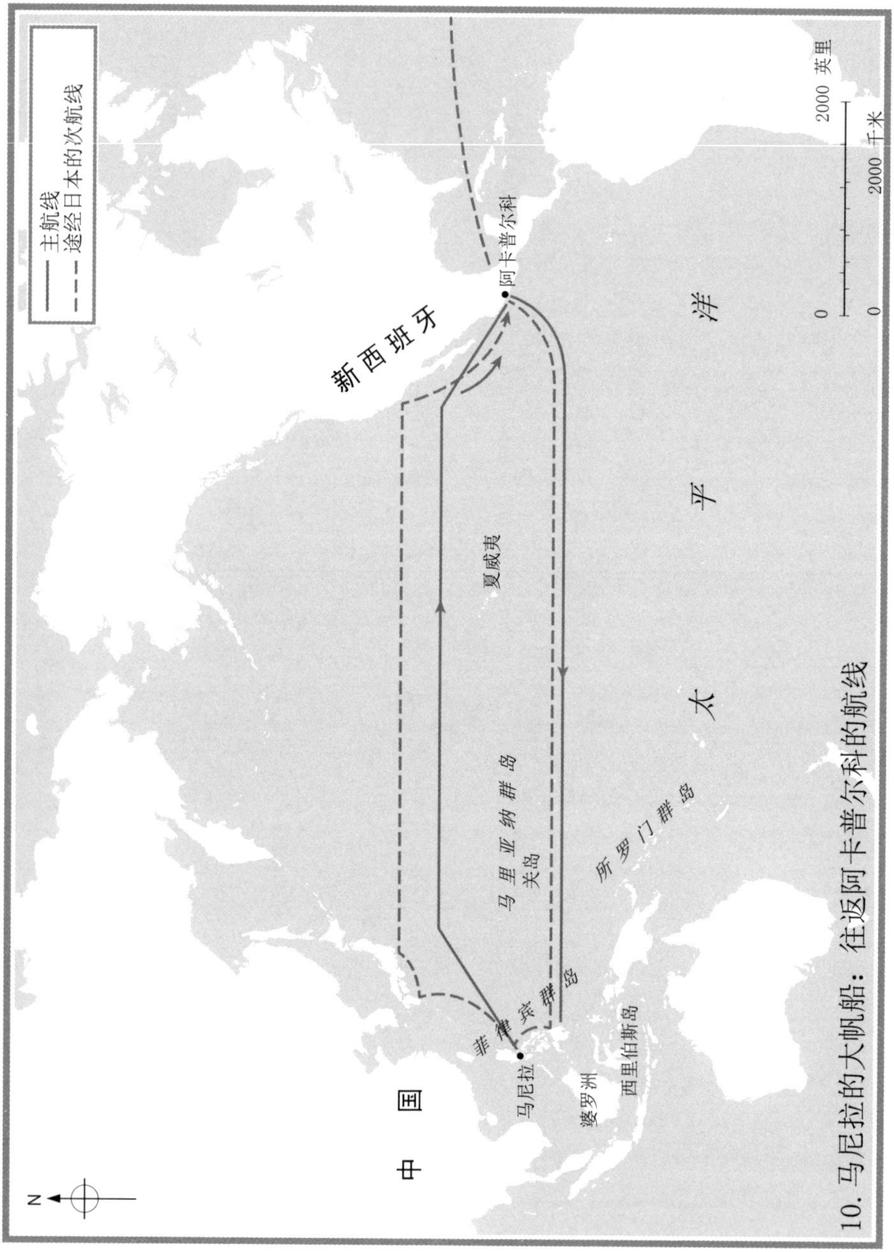

10. 马尼拉的大帆船：往返阿卡普尔科的航线

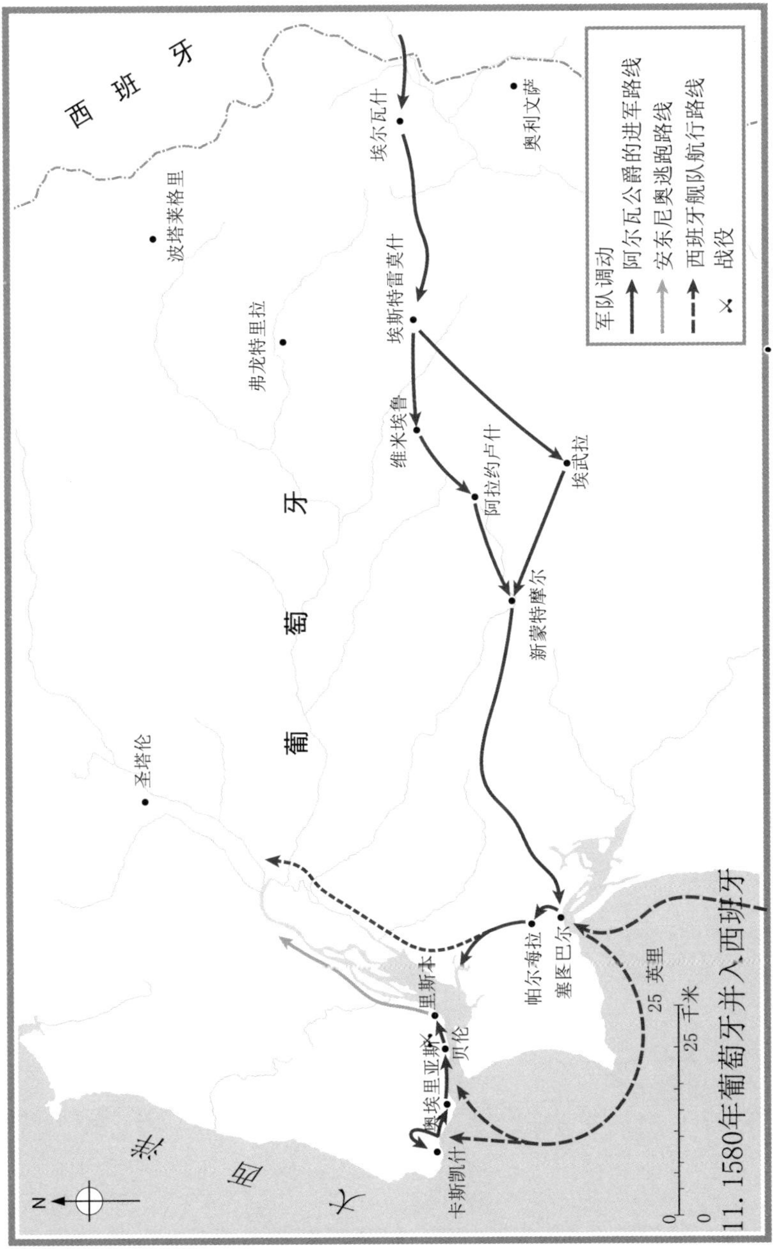

11. 1580年葡萄牙并入西班牙

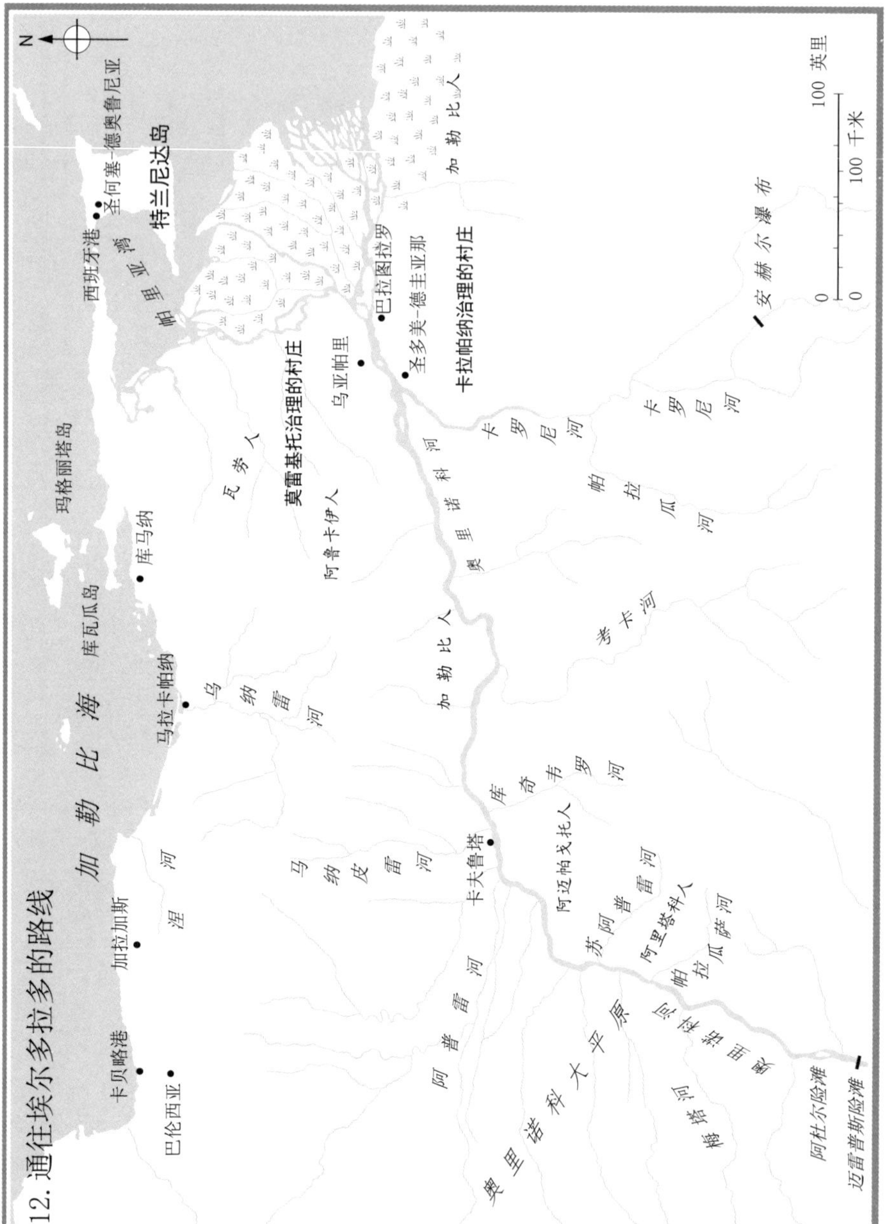
12. 通往埃尔多拉多的路线
N
加勒比海
玛格丽塔岛
库瓦瓜岛
库马纳
马拉卡帕纳
乌纳雷河
加拉加斯
涅河
卡贝略港
巴伦西亚
西班牙港
圣何塞-德奥鲁尼亚
特兰尼达岛
帕里亚湾
加勒比人
巴拉图拉罗
圣多美-德圭亚那
卡拉帕纳治理的村庄
乌亚帕里
莫雷基托治理的村庄
瓦劳人
阿鲁卡伊人
奥里诺科河
加勒比人
卡罗尼河
帕拉瓜河
考卡河
卡罗尼河
安赫尔瀑布
库奇韦罗河
阿迈帕戈托人
卡夫鲁塔
马纳皮雷河
阿普雷河
苏阿普雷河
阿里塔科人
帕拉瓜萨河
奥里诺科大平原
梅塔河
阿杜尔险滩
迈雷普斯险滩
100 英里
100 千米
0

13.耶稣会在西属美洲和巴西建立的机构，约于1600年

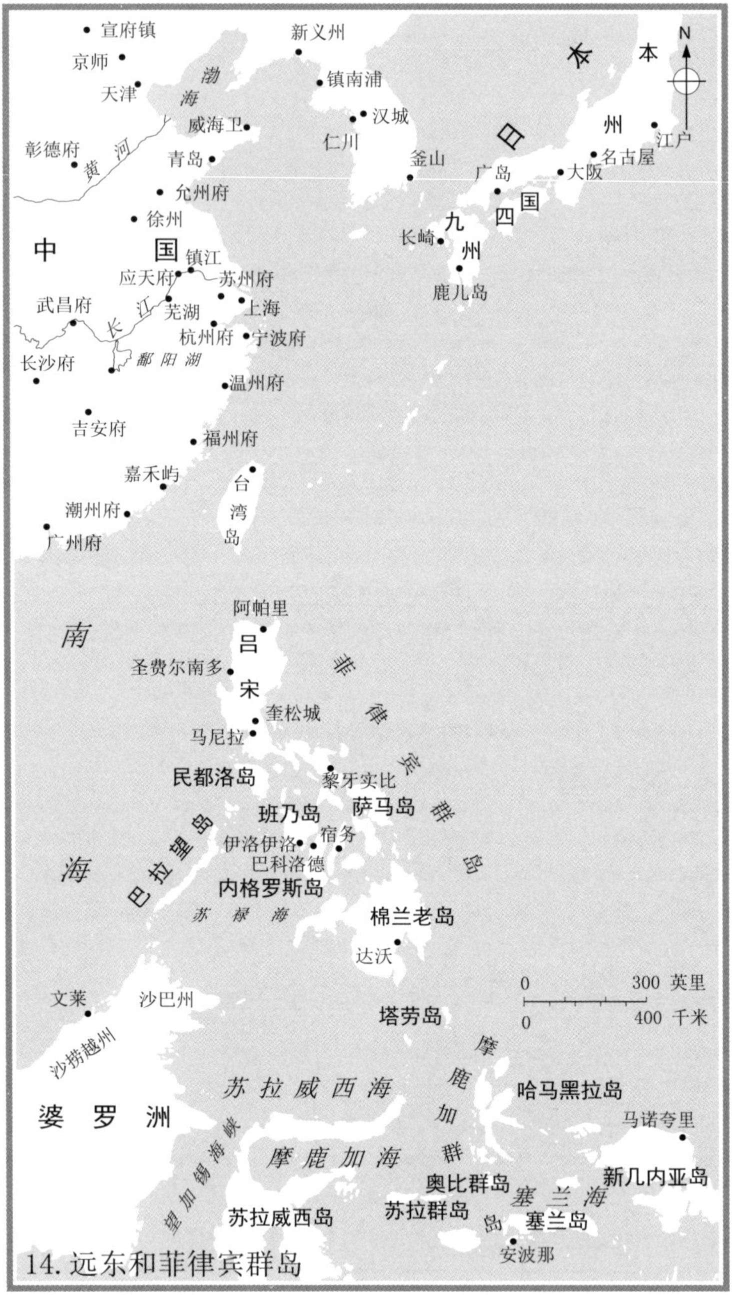
宣府镇
京师
天津
渤海
彰德府
黄河
威海卫
青岛
允州府
徐州
中国
镇江
应天府
苏州府
武昌府
长江
芜湖
上海
杭州府
宁波府
长沙府
鄱阳湖
温州府
吉安府
福州府
嘉禾屿
台湾岛
潮州府
广州府
新义州
镇南浦
汉城
仁川
釜山
日本
本州
江户
名古屋
大阪
广岛
四国
九州
长崎
鹿儿岛
N
南海
阿帕里
吕宋
圣费尔南多
奎松城
马尼拉
菲律宾群岛
民都洛岛
黎牙实比
班乃岛
萨马岛
巴拉望岛
伊洛伊洛
宿务
巴科洛德
内格罗斯岛
苏禄海
棉兰老岛
达沃
0 300 英里
0 400 千米
文莱
沙巴州
沙捞越州
塔劳岛
摩鹿加群岛
婆罗洲
苏拉威西海
哈马黑拉岛
马诺夸里
望加锡海峡
摩鹿加海
奥比群岛
新几内亚岛
塞兰海
苏拉群岛
苏拉威西岛
塞兰岛
安波那
14. 远东和菲律宾群岛

15. 阿根廷和巴拉圭，约于1610年

参考文献

缩略词

AEA – Anuario de Estudios Americanos（《美洲研究年鉴》）
AGI – Archivo General de las Indias（《西印度档案总集》）
BAE – Biblioteca de Autores Españoles（“西班牙作家丛书”）
BN – Bibliothèque Nationale
（国家图书馆）
BRAH – Boletín de la Real Academia de la Historia
（《皇家历史学院简报》）
CDI – Colección de documentos inéditos relativos al descubrimiento, con- quista y organización de las antiguas posesiones españolas en América y Oceania
（《西属美洲和大洋洲机构组织未刊档案集》）
CDIHE – Colección de documentos inéditos para la historia de España（《西班牙未刊历史档案集》）
DBE – Diccionario Biográfico Español
（《西班牙传记词典》）
HAHR – Hispanic American Historical Review
（《西班牙美洲历史评论》）
Indif. Gen. – Indiferente General（其他次要信息汇编）
leg. – legajo（卷宗）
R de I – Revista de Indias（《西印度述评》）

主要来源

Printed documents, first-hand accounts, and sixteenth- and seventeenth- century books. Unpublished papers are marked with an asterisk (*).

Acosta, Fr José de, *Historia natural y moral de las Indias*, Eng. tr. by Edward Grimston 1604, published in the Hakluyt Society, 1st series, vols. 60 and 61, London 1880

Acuña, René, ed., *Relaciones geográficas del siglo XVI*, 10 vols., Mexico 1984

Aguilar, Fr Francisco, *Relación breve de la conquista*, written *c.* 1565, first edn Mexico 1892; new edn by Germán Vázquez in *La Conquista de Tenochtitlan, Historia* 16, *Crónicas de América* 41, Madrid 1988; Eng. tr. by Patricia de Fuentes, foreword by Ross Hassig, Norman 1993

Alba, Duke of, Epistolario del III duque de Alba, 3 vols., Madrid 1952 Alberi, Eugenio, Relazione degli ambasciatori veneti al senato, Florence 1839–40

Albret, Pierre d' (Pedro de Navarra), *Diálogos de la preparación de la muerte*, in *Diálogos muy sutiles y notables*, Tortosa 1565

Altadonna, Giovanna, *Cartas de Felipe II a Carlos Manuel, duque de Saboya*, in *Cuadernos de investigación histórica* 9 (1986)

Álvar Ezquerra, Alfredo, *Antonio* Pérez: *relaciones y cartas*, 2 vols., Madrid 1986

Alvarado, Pedro de, *Proceso de Residencia*, ed. José Fernando Ramírez, Mexico 1847

—, *Juicio a un conquistador*, ed. José María Vallejo García-Hevia, 2 vols., Madrid 2005

*Álvarez, Rodrigo, *Información de servicios y méritos*, AGI, Patronato, leg. 900

Álvarez, Vicente, *Relation du beau voyage que fit aux Pays-Bas en 1548 le Prince Philippe d'Espagne*, ed. M.-T. Dovillée, Brussels 1964

Anales de Tlatelolco, *Colección de fuentes para la Historia de México*, Mexico 1948

Andrews, Kenneth, ed., *English Privateering in the West Indies, 1588–1595*, Cambridge 1995

Ávila, Santa Teresa de, *Obras completas*, Madrid 1984

*Azamour, Juana de, Probanza de, AGI, Mexico, leg. 983

Barrientos, Bartolomé, *Pedro Menéndez de Avilés: su vida y hechos*, 1567, in Génaro García, *Dos antiguas relaciones*, Mexico 1902

Benzoni, Girolamo, Historia del Mondo Novo, 1565. There is a new Spanish translation by Manuel Carrera, Historia del Nuevo Mundo, Madrid 1989

Bernáldez, Andrés, *Cura de Los Palacios*, ed. Manuel Gómez-Moreno and Juan de M. Carriazo, *Memorias del Reinado de los Reyes Católicos*, Madrid 1962.

Bornate, C., *Miscellanea di storia italiana*, 3rd series, xvi, Turin 1915 Borregán, Alonso, *Crónica de la conquista del Perú*, ed. Rafael Loredo, Seville 1948

Bouza Álvarez, Fernando, *La Corte de Felipe II*, Madrid 1986
—, *Cartas de Felipe II a sus hijas*, Madrid 1988
—, *Locos, enanos y hombres de placer en la corte de Los Austrias*, Madrid 1991
Brantôme, Pierre de, Abbé de Bourdeille, *Mémoires*, ed. P. Lalanne, Paris, 12 vols., 1864–96
Cabeza de Vaca, Álvaro Núñez, *Naufragios y comentarios*, ed. Roberto Ferrando, Madrid 1984. An excellent English edn of *Naufragios* only is published as *Castaways*, ed. Enrique Pupo-Walker, Berkeley 1993
Cabrera de Córdoba, Luis, *Historia de Felipe*, II, 4 vols., Madrid 1874–7 Calvete de Estrella, Juan Cristóbal, *El felicísimo viaje del muy alto y muy*
poderoso príncipe don Felipe, Antwerp 1552
—, *Rebelión de Pizarro en Perú*, ed. Paz y Mela, Madrid 1889
*Cárdenas, Juan de, *Problemas y secretos maravillosos de las Indias*, Mexico 1591, facsimile edn, Madrid 1945
Cartas de Indias, Madrid 1877 (BAE, vol. 264)
Casas, Bartolomé de las, *Apologética Historia Sumaria*, ed. Juan Pérez de Tudela, 2 vols., BAE, vols. 95 and 96, Madrid 1957
—, *Los tesoros de Perú*, ed. Angel Losada, Madrid 1958
—, *Tratado de las doce dudas*, BAE, Madrid 1958
—, *Tratado sobre los hombres que han sido hechos esclavos*, in *Opúsculos, cartas y memoriales*, BAE, Madrid 1958
—, *Historia de las Indias*, 3 vols., Mexico 1986, edn of Agustín Millares Carlo. The edition I used was that of Millares Carlo, to which Lewis Hanke wrote an introduction. It is based on the MSS now in the Biblioteca Nacional de Madrid. It is incomprehensible that there has never been a translation into English or any other language that I know.
*Castillo, Andrea del, Probanza de, AGI, Mexico, leg. 974
Cervantes, Miguel de, Don Quijote de la Mancha, 1st edn, Madrid 1606, new edn of Francisco Rico, 2 vols., Barcelona 1998
—, *Novelas Ejemplares*, ed. Francisco Rodríguez, Madrid 1943
Cervantes de Salazar, Francisco de, *Crónica de la Nueva España*, writ- ten 1558–66, first published by the Hispanic Society of America, Madrid 1993
Chagny, A. de, Correspondance politique et adminstrative de Laurent de *Gorrevod, 1517–1520*, Lyons 1913

Cieza de León, Pedro, *Descubrimiento y conquista del Perú*, edn of Carmelo Sánz de Santa María, *Crónicas de America* 17, *Historia* 16, Madrid 1986. There is an English translation of Part 3, ed. by Alexandra Parma Cook and Noble David Cook, Durham, NC, 1998. The last few chapters are a translation of Herrera's chapters which he copied from a lost MS of Cieza.

Colección de documentos inéditos para la historia de España, 112 vols., Madrid 1846 onwards *Colección de documentos inéditos relativos al descubrimiento, conquista y organización de las antiguas posesiones españoles en América y Oceania*, eds. Joaquín Pacheco and Francisco Cárdenas, 42 vols., Madrid 1864–89; 25 vols., Madrid 1880–1932

Colín, Francisco, *Labor evangélica de la compañía de Jesús en las Islas Filipinas por el padre Francisco Colín*, 1660, ed. Pablo Pastells, Barcelona 1904

Colón, Cristóbal, *Textos y documentos completos*, edn of Consuelo Varela and Juan Gil, 2nd edn enlarged, Madrid 1992. Many of the important letters, including the *relaciones* of the four voyages, were translated by J.

M. Cohen in his The Four Voyages of Cristopher Columbus, Harmonds-worth 1969.

Colón, Fernando, *The Life of the Admiral Christopher Columbus, by his Son*, trans. by Benjamin Keen, New Brunswick 1958

Córdoba, Fr Martín de, *Jardín de las nobles mujeres*, Valladolid 1500; also ed. H. Goldberg, Chapel Hill, 1974.

Cortés, Hernán (Hernando), *Cartas de relación*, ed. Angel Delgado Gómez, Madrid 1993 (English trans. by Anthony Pagden, New Haven 1986).

—, *Cartas y memoriales*, ed. María del Carmen Martínez, Salamanca 2003

Cortes de los antiguos reinos de León y de Castilla, vol. 4, 1476–1537, Real Academia de la Historia, Madrid 1882

Cuevas, Mariano, S. J., *Documentos inéditos del siglo XVI para la historia de México*, Mexico 1914

Chirino, Pedro, *Relación de las Islas Filipinas y de lo que en ellas han traba- jado los padres de la compañía de Jesús 1604*, reprinted Manila 1890

Dante Alighieri, De monarchia, Oxford 1916

Delicado, Francisco, La Lozana Andaluza (a novel), Venice 1528, ed. Bruno Damiani, Madrid 1970

Díaz, Fr Juan, *Itinerario de la armada del Rey Católico a la Isla de Yucatán, en la India, en el Año 1518*. A Spanish edn by Joaquín García Icazbalceta in his *Colección*

(see above under Aguilar)
Díaz del Castillo, Bernal, *Historia verdadera de la Nueva España*, 2 vols., Madrid 1982; *The True History of the Conquest of New Spain*, trans. by A. P. Maudslay, 5 vols., the Hakluyt Society, 2nd series, 23–5, 30, 40, London 1908–16. J. M. Cohen prepared an abbreviated edition for the twentieth century.
Dorantes de Carranza, Baltasar, *Sumario de la relación de las cosas de la Nueva España*, new edn, Mexico 1970
Douais, C., ed., *Dépêches de M. Raimond de Beccarie, seigneur de Fourquevaux, 1565–1572*, 3 vols., Paris 1896–1904
Enríquez de Guzmán, Alonso, *Libro de la vida*, ed. H. Keniston, BAE, Madrid 1960. Clements Markham published an abbreviated and very bad English translation for the Hakluyt Society (1st series, vol. 29) in 1862.
Ercilla y Zúñiga, Alonso de, 3 vols., *La Araucana*, Madrid *1569–89*. There seems never to have been an English translation except for that of Canto 1 by Walter Owen, Buenos Aires 1945.
Estete, Miguel de, *El descubrimiento y la conqusta del Perú*, Quito 1918
Federmann, Nicolaus, *Indianische Historia, eine schöne kurtz-weilige Historia*, Hagenau 1557, trans. by Juan Friede, in Joaquín Gabaldón Márquez, *Descubrimiento y conquista de Venezuela*, Caracas 1962
Fernández Álvarez, Manuel, *El corpus documental de Carlos V*, 7 vols., Sala-manca 1973
Fernández de Navarrete, Martín, *Collección de viajes y descubrimientos que hicieron por mar los españoles*, ed. Carlos Seco Serrano, BAE, vols. 75–77, Madrid 1954. An admirable edition of invaluable material.
Fernández de Oviedo, Gonzalo, *Historia general y natural de las Indias*, ed. Juan Pérez de Tudela, BAE, vols. 117–121, Madrid 1959
—, *Las quinquagenas de los generosos e illustres e no menos famosos reyes* . . . vol. 1 (the only one published), Madrid 1880
Florentine Codex, *The General History of the Things of New Spain*, by Fr Bernardino de Sahagún, trans. by Charles Dibble and Arthur J. Anderson, 12 vols., New Mexico 1952 onwards. Spanish edn trans. by Fr Angel Garibay, 4 vols., Mexico 1956
Friede, Juan, *Documentos inéditos para la historia de Colombia*, Bogotá 1955
—, *Gonzalo Jiménez de Quesada a través de documentos históricos: estudio biográfico*, I, *1509–1550*, Bogotá 1960. No other volume published.

Gabrois, M., *Descripción de la villa y minas de Potosí*, Madrid 1603, repub- lished Madrid 1992

Gachard, M., *Correspondance de Philippe II sur les affaires des Pays-Bas*, 5 vols., Brussels 1848–79

—, *Relations des ambassadeurs vénitiens sur Charles V et Philippe II*, Brussels 1855

—, *Correspondance de Charles V et d'Adrien VI*, Brussels 1859

Galíndez de Carvajal, Lorenzo, *Anales breves de los reyes católicos*, BAE, vol. 30, Madrid 1851

García, Género, *Documentos inéditos o muy raros para la historia de Mexico*, Mexico 1907

García Bravo, Alonso, *Alarife que trazó la ciudad de Mexico, información de méritos y servicios de García Bravo*, ed. Manuel Toussaint, Mexico 1956

García Icazbalceta, Joaquín, *Colección de documentos para la historia de México*, 2 vols., Mexico 1980

García Mercadal, J., ed., *Viajes de extranjeros por España y Portugal*, 2 vols., Madrid 1952

Garcilaso de la Vega, El Inca, Royal Commentaries of the Incas and General History of Peru, trans. by Harold Livermore, 2 vols., Austin 1960

Gasca, Pedro de la, *Descripción del Perú*, 1553, ed. Josep M. Barnadas, Cara- cas 1976

Gómez de Castro, Álvar, *De las hazañas de Francisco Jiménez de Cisneros*, ed. José Oroz, Madrid 1984

González, Tomás, *Retiro, estancia y muerte del emperador Carlos Quinto*, c. 1835. An account with letters.

González Alonso, Benjamín, *El corregidor castellano*, Madrid 1970 González de Mendoza, Juan, *The History of the Great and Mighty Kingdom*

of China, published in 1585 as *Historia de las cosas, más notables ritos y costumbre del gran reino de China*. The book had a famous appendix in the shape of Martin Ignacio de Loyola's journey around the world.

Granvelle, Cardinal de, *Papiers d'état du Cardinal de Granvelle*, ed. C. Weiss, 9 vols., Paris 1841–52

—, *Correspondance, 1567–1586*, ed. E. Poullet and C. Piot, 12 vols., Brussels 1877–96

Guiccardini, Francesco, The History of Italy, abbrev. and trans. by Sidney Alexander,

New York 1969
Hakluyt, Richard, *The principal navigations, voyages, traffiques and discov- eries of the English nation*, ed. Sir Walter Raleigh, 12 vols., the Hakluyt Society, Glasgow 1903–5. A useful short version in one volume is Richard Hakluyt, *Voyages and Documents*, ed. Janet Hampden, London 1956
Hanke, Lewis, with Celso Rodríguez, *Los virreyes españoles en América durante el gobierno de la casa de Austria*, 5 vols., BAE, vol. 273, Madrid 1976
—, *Perú*, 7 vols., Madrid 1978
Hans Kraus Collection of Hispanic American MSS, Library of Congress, Washington 1974, 116 letters and documents mostly from the archive of Archbishop Zumárraga and his successors. It includes some Verrazzano material.
Harkness Collection of Calendar of Spanish Manuscripts Covering Peru, 1531–1651, Library of Congress, Washington 1932
—, Documents from Early Peru: The Pizarros and the Almagros, 1531–1578. US Government Printing Office, Washington 1936
—, MSS concerning Mexico. A guide with selected transcriptions and trans. by J. Benedict Warren, Library of Congress, Washington 1974. These include what has been christened the Huejotzingo Codex, a lawsuit between Cortés and the first *audiencia*; some papers relating to the conspiracy of 1566–8 of Martín Cortés, etc.; and the grant of Cortés's arms in 1525.
Hernández, Francisco, *The Mexican Treasury*, Stanford 2000 Hernández, Pedro, *Comentarios*, Madrid 1954
Herrera, Antonio de, *Historia general del mundo, del tiempo del señor rey don Felipe II el prudente*, 3 vols., Madrid 1601
Herrera Heredia, Antonia, *Catálogo de las consultas del Consejo de Indias,* I, *1529–1591*, Madrid 1972
Hojeda, Fr Diego de, La Christada, Seville 1611
Hurtado de Mendoza, Diego, De la guerra de Granada, Madrid 1949, Eng- lish trans. by Martin Shuttleworth, London 1982
Jiménez de Quesada, Gonzalo, *Memoria de los descubridores y conquistadores que entraran conmigo a descubrir y conquistar este nuevo Reino de Granada*, *c*. 1566, in Joaquín Acosta, *Compendio histórico*, Paris 1848, and trans. by C. R. Markham, *The Conquest of New Granada*, London 1912
Khevenhüller, Hans, *Diario de Hans Khevenhüller*, ed. Félix Labrador Arroyo, Madrid

2001
Ladero Quesada, Miguel Angel, *Las Indias de Castilla en sus primeros años. Cuentas de la Casa de la Contratación, 1503–1521*, Madrid 2008
Lalaing, Antoine, Relation du premier voyage de Philippe le Beau en Espagne, en 1501, Brussels 1876
La Marche, Olivier de, *Le Chevalier délibéré*: see Clavería in secondary sources.
Landa, Fr Diego de, *Relación de las Cosas de Yucatán*, edn of Miguel Rivera, Madrid 1985. See Anthony Pagden's translation of 1975.
La Peña y de la Camera, José María de, *A List of Spanish Residencias in the Archivo de Indias, 1516–1775*, Library of Congress, Washington 1955
La Torre, Antonio de, *Documentos sobre relaciones internacionales de los reyes católicos*, 3 vols., Madrid 1952
Lazarillo de Tormes, Antwerp 1553
León-Portilla, Miguel, *La visión de los vencidos*, Madrid 1985; English trans. as *The Broken Spears*, New York 1992
Levillier, Roberto, *Gobernantes del Perú, siglo XVI*, documentos del Archivo de Indias, 3 vols., Madrid 1921
—, *Biografías de conquistadores de la Argentina*, Madrid 1933
López Rayón, Ignacio, *Documentos para la historia de México*, Mexico 1852
López de Ayala, Pedro, *Crónica del rey don Pedro*, BAE, vol. 66, Madrid 1953
López de Gómara, Francisco, *Historia general de las Indias*, Saragossa 1552, new edn in BAE, vol. 22, Madrid 1846
—, *La conquista de México*, Saragossa 1552, new edn of José Luis Rojas, Madrid 1987, English trans. by L. B. Simpson, Berkeley 1964
López de Jerez, Francisco, *Verdadera relación de la conquista del Perú, y provincia del Cuzco, llamada Nueva Castilla* . . . Seville 1534; new edn, BAE, vol. 26, Madrid 1853
López de Mendoza, Íñigo, Count of Tedilla, *Correspondencia del Conde de Tendilla*, vol. I, Madrid 1974
Loyola, Ignacio de, Powers of Imagining: The Collected Works, ed. Antonio T. de Nicholas, Albany 1986
Lucía Megiás, José Manuel, *Antología de libros de caballerías castellanos*, Alcalá de Henares 2000
Magellan, F., The First Voyage Around the World, trans. from Antonio Pigafetta et al.,

the Hakluyt Society, London 1874

March, José María, *Niñez y juventud de Felipe II, documentos inéditos*, 2 vols., Madrid, 1941–2

Marineo Siculo, Lucio, 'Don Hernando Cortés', *De Rebus Hispaniae memorabilibus libri*, vol. 25, Alcalá de Henares 1530, new edn of Miguel León-Portilla, *Historia* 16, April 1985

Marte, Roberto, *Santo Domingo en las MSS de Juan Bautista Muñoz*, tran- scribed by Roberto Marte, 2 vols., Santo Domingo 1981

Martín, Esteban, *Relación de la expedición de Ambrosio Alfinger*, Coro 1534. In the edn of Joaquín Gabaldón Márquez, it is called *Descubrim- iento y conquista de Venezuela*, Caracas 1962

Martorell, Joannot, and Martí, Loan de Galba, *Tirant lo Blanch*, first pub- lished in Catalan 1490, first published in Castilian 1511, and translated into English by David H. Rosenthal, London 1984

Martyr, Peter, De Orbe Novo, trans. by Francis MacNutt, New York 1912.

The translation is eccentric and the names are sometimes misleading. There is a good new Spanish edition by Ramón Alba, *Décadas del Nuevo Mundo*, Madrid 1989.

—, *Epistolario*, vol. 9, *Documentos inéditos para la historia de España*, Madrid 1953.

—, *Cartas sobre el Nuevo Mundo*, Madrid 1990

Maura, V., *Antecedentes de la recopilación de Indias*, Madrid 1906 (for the visita of 1571)

Medina, José Toribio, *Descubrimiento del Río de las Amazonas*, 1894. An English edition with many invaluable appendices was published as *The Discovery of the Amazon* by the American Geographical Society in 1934. It includes an English translation of the work of Galíndez de Carvajal (see above).

—, *Cartas de Pedro de Valdivia, tipografico*, Seville 1929. The letters to Charles V were translated by R. B. Cunninghame Graham in his life of Valdivia. See Secondary Sources.

Mena, Cristóbal, *La conquista del Perú, llamada la Nueva Castilla*, New York Public Library, 1929

*Montejo, Francisco de, AGI, Justicia, leg. 244

Monumenta Centroamérica e Histórica, *Colección de documentos y materi- ales para el estudio de la historia y de la vida de los pueblos de la América central*, eds. Federico Argüello Solorzano and Carlos Molino Argüello, Managua 1997

Morales Padrón, Francisco, ed., *Primeras cartas sobre América*, Seville 1990

Morel-Fatio, Alfred, *Historiographie de Charles Quint*, includes a French translation of the autobiography of Charles (as well as the 1620 edition in Portuguese), Paris 1913. There are also here essays by Morel-Fatio about other histories of Charles V: Giovio, Lorenzo de Padilla, Páez de Castro, etc.

Morga, Antonio de, Sucesos de las Filipinas, Mexico 1609, reprinted Madrid 1997

Motolinía, Fr (Fr Toribio de Benavente), *Memoriales*, ed. Eduardo O'Gorman, Mexico 1971

Muñoz, Juan Bautista, *Catálogos de la colección*, edn in *Real Academia de la Historia*, 2 vols., Madrid 1955

Muñoz Camargo, Diego, *Historia de Tlaxcala*, new edn, Madrid 1988 Münster, Sebastián, *Cosmografía*, 1545. This, the most widely read history of the sixteenth century, gave only desultory attention to America.

Murúa, Fr Martín de, *Historia general de Perú*, in *Crónicas de America* 35, ed. Martín Ballesteros, 1987. The conquest is confined to chapters 58 to 77.

Navagero, Andrea, Il viaggio fatto in Spagna, Venice 1563

Núñez Cabeza de Vaca, Álvar, *Naufragios y comentarios*, Madrid 1984. There is an English translation by Enrique Pupo-Walker, Berkeley 1992.

Ortiguera, Toribio, *Jornada del Río Marañón, con todo lo acaecido en ella y otras cosas notables dignas de ser sabidas acaecido en las Indias Occidentale del Perú*. This was based on the testimony of several participants. For an English version see Medina, *Descubrimiento del Río de las Amazonas*, 310.

Otte, Enrique, *Cartas privadas de emigrantes a las Indias*, Seville 1988 Palencia, Alfonso de, *Crónica de Enrique IV*, 4 vols., Madrid 1904–8

Paso, Francisco del, *Epistolario de Nueva España*, especially vols. 1 to 6, Mexico 1939 onwards

Pastells, Pablo, et al., *Historia general de las Filipinas, catálogo de los centros relativos a las islas Filipinas existentes en el archivo de Indias de Sevilla*, 9 vols., Barcelona 1925–36

Pazy Mélia, A., *Nobilario de conquistadores de Indias*, Madrid 1982 Pérez de Guzmán, Fernán, *Generaciones y Semblanzas*, London 1965

Pizarro, Francisco, *Dos documentos esenciales sobre Francisco Pizarro*, in *Revista Histórica* 17, Lima 1948. This includes (a) *La información . . . en 1529*; (b) *El acta perdida de la fundación de Cuzco*

—, *Testimonio, documentos oficiales*, ed. Guillermo Lohmann Villena, Madrid 1986

Pizarro, Hernando, *Carta a los oidores de Panamá*, 23 November 1533, pub- lished in Fernández de Oviedo, op. cit., bk 46, chap. 16, trans. by Markham in Hakluyt, vol. 47, 113–27

Pizarro, Pedro, *Relación del descubrimiento y conquista de los reinos del Perú*, in *Colección de documentos para la historia de España*, ed. Martin Fernández de Navarrete, vol. 5, Madrid 1844, 201–388. English trans. by Philip Ainsworth Means, Cortés Society, New York 1921

Polavieja, General Camilo, *Hernán Cortés, copias de documentos existentes* en el archivo de Indias . . . sobre la conquista de Mexico, Seville 1889

Popol Vuh, the Maya book of the Dawn of Life, trans. by Dennis Tedlock, New York 1996

Pulgar, Hernando de, *Crónica de los reyes católicos*, ed. Juan de Mata Car- riazo, 2 vols., Madrid 1943

Quiroga, Vasco de, La Utopia en America, ed. de Paz Serrano Gassent, Madrid 2002

Raleigh, Sir Walter, *The History of the World*, 6 vols., at the end of which is 'Voyages of Discovery of Guiana', Edinburgh 1820. The latter is more con- veniently available in *The Discovery of Guiana*, London 1928.

Ramusio, Giovanni Bautista, Della navigazioni e viaggi, first published 1555.

It includes a letter from Oviedo to Cardinal Bembo, about Orellana's jour- ney and visit to Santo Domingo, dated 20 January 1543.

Riba García, Carlos, *Correspondencia privada de Felipe II con su secretario Mateo Vá*zquez *1567–1591*, Madrid 1959

Rodríguez, Pedro and Justina, *Don Francés de* Álava *y Beamonte. Corre- spondencia inédita de Felipe II con su embajador en París, 1564–1570*, San Sebastián 1991

Rodríguez Villa, Antonio, *El emperador Carlos V y su corte, según las cartas de don Martín de Salinas*, Madrid 1903

Rodríguez de Montalvo, Garcí, *Amadís de Gaula*, ed. Juan Bautista Avalle- Arce, Madrid 1991

Rojas, Fernando de, La Celestina, ed. and trans. by L. B. Simpson, Cambridge, Mass., 1955

Ruiz de Arce, Juan, *Relación de servicios*, *BRAH* 1102 (1934)

Sahagún, Fr Bernardino de, *Historia general de las cosas de Nueva España*, Mexico, 1585ff (The *Florentine Codex*)

Salazar, Eugenio de, *Cartas de Eugenio de Salazar*, BAE, Madrid 1926 San Agustín, Fr Gaspar, *La conquista de las islas filipinas*, Madrid 1698 Sánchez, Diego, Probanza of, AGI, Patronato, leg. 69, R 8

Sancho de la Hoz, Pedro, *Relación para su majestad de lo sucedido en la conquista . . . de la Nueva Castilla, colección de libros referentes a la histo- ria del Perú*, vol. V, Lima 1917; trans. by Philip Means, Cortés Society, New York 1917

Sandoval, Fr Prudencio de, *Historia de la vida y hechos del emperador Carlos V*, 2 vols., Valladolid 1604–6, in BAE, vol. 82, Madrid 1956

Santa Cruz, Alonso de, *Crónica del emperador Carlos V*, 5 vols., Madrid 1920–25

Santillana, Marqués de, *Obras*, Madrid 1852

Schmidl, Ulrich, *Voyage to the Rivers la Plata and Paraguay*, in *The Conquest of the River Plate*, the Hakluyt Society, 1891 (voyage with the Welsers and Pedro de Mendoza); *Derrotero y viaje a España y las Indias*, trans. by Edmundo Wernicke, Buenos Aires 1944

Serrano, Luciano, ed., *Correspondencia diplomática entre España y la Santa Sede*, 4 vols., Madrid 1914

Sigüenza, Fr José, *Historia de la Orden de San Jerónimo*, Madrid 1595–1606

Simón, Fr Pedro, *Noticias historiales de las Conquistas de Tierra Firme en las Indias Occidentales*, Cuenca 1627

— *The Expedition of Pedro de Ursúa and Lope de Aguirre*, trans. by William Bollaert, the Hakluyt Society, 1st series, vol. 28, London 1861

Solís de Merás, Gonzalo, *Pedro Menéndez de Avilés*, trans. by Jeannette Thurber Connor, Gainesville 1964

Soto, Fernando de, The Narrative of the Expedition of Hernando de Soto, by the Caballero de Elvas, 1907

Stendhal (Marie-Henri Beyle), Promenades dans Rome, Paris 1829

Suárez de Peralta, Juan, *Tratado del descubrimiento de las Indiasy su Conquista*, ed. Giorgio Perissinotto, Madrid 1990

Tapia, Andrés de, *Relación de algunas cosas de lo que acaecieron al muy illustre señor Hernando Cortés*, first edn in Joaquín García Icazbalceta, *Colección de documentos para la historia de México*, 2 vols., Mexico 1866. New edn by Germán Vázquez, see Francisco de Aguilar, English trans. in Patricia de Fuentes, *The Conquistadors*, Norman 1993

Thevet, André, *Les singularités de la France antarctique*, Paris 1555; *Vie des hommes illustres*, 1584 (favourable to Colón)

Tlaxcala, *Relación de Tlaxcala*, Mexico 1876

Toledo, Francisco de, *Disposiciones gubernativas*, 2 vols., Seville 1986 Toribio Medina, José, *Cartas de Pedro de Valdivia*, Seville 1929

Torre, Fr Tomás de la, *Desde Salamanca, España, hasta Ciudad Real, Chiapas: diario de viaje, 1540–1545*, ed. Franz Blom, Mexico 1945

Trujillo, Diego de, *Relación del descubrimiento del Reino del Perú*, 1571, ed. Rafael Porrás Barrenechea, Seville 1948

Tudela de la Orden, José, ed., *Manuscritos de América en las bibliotecas de España*, Madrid 1954

Ungerer, Gustav, *A Spaniard in Elizabethan England: The Correspondence of Antonio Pérez's exile*, 2 vols., London 1974–6

Valdés, Alfonso de, *Diálogo de las cosas acaecidas en Roma*, Venice 1546 (?); new edn Madrid 1982

Valera, Diego de, *Crónica de los reyes católicos*, Madrid 1927

Vandenesse, Jean de, *Journal des voyages de Philippe II*, in L. P. Gachard, *Collection des voyages des souverains des Pays-Bas*, vols, 2 and 4, Brussels 1882

Van der Wyngaerde, Anton, *Ciudades del siglo de oro. Las vistas españoles de Anton van der Wyngaerde*, ed. Richard Kagan, Madrid 1986

Van Male, Guillaume, *Lettres sur la vie intérieure de l'empereur Charles Quint*, Bruxelles 1843

Vargas Ugarte, Ruben, Manuscritos peruanos en las bibliotecas extranjeras, 3 vols., Lima 1935

Vázquez de Tapia, Bernardino, *Información de servicios y méritos* in Aguilar; see above

Vivar, Jerónimo de, *Crónica de los reinos de Chile*, ed. Angel Barral Gómez, Madrid 2001

Warren, J. Benedict, ed., *La conquista de Michoacán, 1521–30*, trans. by Agustín García Alcaraz, Morelia 1979

Weiditz, Christoph, Trachtenbuch, in the Deutsches Museum, Nuremberg, of which there was a facsimile in 1927

Weiss, Charles, *Papiers d'état du Cardinal de Granvelle*, 9 vols., Paris 1841–52 Wicki, Josef, ed., *Documenta Indica*, 18 vols., Jesuit Institute, Rome 1948–present

Zárate, Agustín de, *Historia del descubrimiento y conquista de la provincia del Perú*, BAE, Madrid, vol. 26

Zúñiga, Francesillo de, *Cronica 1504–1527*, and *Epistolario*, BAE, Madrid, vol. 36

辅助文献

Abulafia, David, The Discovery of Mankind, New Haven 2008

Acosta Saignes, Miguel, Los Caribes de la costa venezolana, Mexico 1946

Addy, George M., The Enlightenment in the University of Salamanca, Durham, NC, 1966

Aguirre Beltrán, Gonzalo, 'The Slave Trade in Mexico', *HAHR* 24 (1944) Aiton, Arthur Scott, *Antonio de Mendoza*, Durham, NC, 1927

Alcalá, Ángel, *El proceso inquisitorial de fray Luis de León*, Salamanca 1991

Alcalá, Luisa Elena, *Fundaciones jesuíticas en Iberoamérica*, Madrid 2002

Alcázar, Cayetano, *Las origenes del correo moderno en españa*, 5 vols., Madrid 1928

Alegre, F. J., *Historia de la Compañía de Jesús en Nueva España*, 3 vols., Mexico 1842

Alegría, Ricardo E., 'Origin and Diffusion of the Term "Cacique" ', in *Accul- turation of the Americas Proceedings and selected papers of the 29th International Congress of Americanists*, ed. Sol Tax, Chicago 1952, 313–15

Altamira, Rafael, *Felipe II, hombre de estado*, with a new introduction byJosé Martínez Millán, Alicante 1997

Altolaguirre, Angel, *Vasco Núñez de Balboa*, Madrid 1914

Andalucia y América en el siglo XVI, 2 vols., Seville 1983

Angulo, Íñiguez, D., and Bautista Antonelli, *Las fortificaciones americanas del siglo XVI*, Madrid 1947

Aparicio la Serna, Arturo, *Mar de sangre*, Bogotá 2010

Argenti, P., The Occupation of Chios by the Genoese, 3 vols., Cambridge 1958

Aritso, Luis Blas, *Vasco Núñez de Balboa y los cronistas de Indias*, Panama 2013

Arranz, Luis, *Don Diego Colón*, vol. 1, Madrid 1982

—, *Repartimientos y encomiendas en la isla española*, Madrid 1991 Arroniz, Othón, *La influencia italiana en el nacimiento de la comedia española*,

Madrid 1969

Aubespine, Sébastien de, *Négociations, lettres et pièces diverses relatives au règne de François II*, Paris 1945

Auke, Pieter Jacobs, *Pasajeros y polzones sobre la emigración española en el siglo*

XVI, Seville 1983
Ávila, Carlos Lázaro, 'Un freno a la conquista: la resistencia de los cacizagos indígenas', *R de I* 52 (1992)
Avilés Moreno, Guadalupe, 'El arte mudéjar en Nueva España, en el siglo XVI', *AEA* 37 (1980)
Azcona, Tarsicio, *Isabel la Católica*, Madrid 1964
Baer, Yitzak, *History of the Jews in Christian Spain*, New York 1961–6 (translation)
Ballesteros, Antonio, ed., *Historia de América*, 1952; see esp. Amando Melón,
Los primeros tiempos de la colonización, vol. 6
Ballesteros Gaibrois, Manuel, *Descubrimientoy fundación de Potosí*, Saragossa 1950
—, *La idea colonial de Ponce de León: un ensayo de interpretación*, San Juan 1960
—, *La fundación de Buenos Aires y los indígenas*, Buenos Aires 1980 Barghahan, Barbara von, *Age of Gold, Age of Iron: Renaissance Spain and* Symbols of Monarchy, 2 vols., New York 1985
Baron, Hans, *The Crisis of the Early Italian Renaissance*, Princeton 1966 Bataillon, Marcel, *Novo mundo e fim do mundo, Revista de Historia* 18 (São
Paolo 1954)
—, *Érasme et l'Espagne*, new edn by Daniel Devoto, Geneva 1991
Baudot, G., *Utopie et histoire au Mexique. Les premiers chroniqueurs de la civilisation mexicaine, 1520–1569*, Toulouse 1977
Bazarte Martínez, Alicia, *Las cofradías españoles en la ciudad de Mexico, 1526–1869*, Mexico 1989
Benison-Wolff, Inge, *El Juez comisario en el Alto Perú, AEA* 39 (1962)
Benítez, Fernando, *La vida criolla en el siglo XVI*, Mexico 1953; English translation, ed. Joan Maclean, Chicago 1962
Benítez, José R., *Alonso García Bravo, primer planeador en la ciudad de México*, Mexico 1933
Bennassar, Bartolomé, *Valladolid au siècle d'or*, Paris 1967
—, *Historia de la tauromaquía*, Ronda 2000
Bennett, Charles E., *Laudonnière and Fort Caroline*, Gainesville 1964
—, *The Settlement of Florida*, Gainesville 1968
Bermúdez de Plata, Cristóbal, *Catálogo de pasajeros a Indias*, 3 vols., Seville 1946
Bernal, Antonio-Miguel, *La financiación de la carrera de Indias, 1492–1824*, Seville 1992

Blair, Emma, and James Robertson, *The Philippine Islands, 1493–1898*, 55 vols., Cleveland, Ohio, 1903–9

Bleichman, Daniela, 'Latin America: The Background of Art', *The New York Review of Books*, February 2012

Bolton, Herbert E., The Spanish Borderlands: A Chronicle of Old Florida New Haven 1921

—, *Coronado, Knight of Pueblos and Plains*, New York and Albuquerque 1949

Borah, Woodrow and S. F. Cook, 'The Aboriginal Population of Central Mexico', *Ibero-Americana* 38 (1958)

Borderje y Morencos, Fernando de, *Tráfico de Indias y política oceánica*, Madrid 1991

Borrego, María Carmen, *Cartagena de Indias en el siglo XVI*, Seville 1963

—, *Locos, enanos y hombres de placer en la corte de los Austrias*, Madrid 1991

Bowse, W. B., *Organización del correo en España y las Indias Occidentales*, Buenos Aires 1942

Boxer, C. R. M., The Portuguese Seaborne Empire, London 1969

—, *The Christian Century in Japan, 1549–1650*, Manchester 1993

Boyd-Bowman, Peter, *Indice geobiográfico de más de 56 mil pobladores de la América Hispánica*, Mexico 1985

Boyden, James M., *The Courtier and the King, Ruy Gómez e Silva*, Berkeley 1995

Brading, David, The First America, Cambridge 1991

Brandi, Karl, The Emperor Charles V, trans. by C. V. Wedgwood, London 1939

Bratianu, G. I., *Recherches sur le commerce génois dans l'outre-mer*, 2 vols., Paris 1973–80

Braudel, Fernand, The Mediterranean and the Mediterranean World in the Age of Philip II, 2 vols., New York 1973

Brotton, Jerry, A History of the World in Twelve Maps, London 2012 Brown, Jonathan, Felipe II coleccionista, 4th Centenario del monasterio del Escorial, Madrid 1986

Brown, Lloyd A., The Story of Maps, New York 1959

Brumar, Henry, The Cultural History of Mexican Vanilla, HAHR 28 (1948)

Burke, Peter, The Renaissance Sense of the Past, New York 1970

Burke, M. B., and Peter Cherry, *Documents for the History of Collecting: Spanish Inventories 1, Collections of Painting in Madrid, 1601–1755*, Turin and Los Angeles 1997

Busto Duthurburu, J. A. del, La tierra y la sangre de Francisco Pizarro, Lima 1993

—, *Los Trece de las Fama*, Lima 1989

—, *Pizarro*, 2 vols., Lima 2001

Butterfield, Andrew, Titian and the Birth of Tragedy, in The New York Review of Books, 23 December 2010

Cadenas y Vicent, Vicente, *Carlos I de Castilla, señor de las Indias*, Madrid 1988

Calderón Quijano, José Antonio, *Colón, sus cronistas e historiadores en Menéndez Pelayo*, Seville, XVIII (1956)

—, *Toponomía Española en el Nuevo Mundo*, Seville 1988

The Cambridge History of China, vol. 8, Cambridge 1998

Camín, Alfonso, *El Adelantado de Florida, Pedro Menéndez de Avilés*, Mexico 1944

Campos y Fernández de Sevilla, S. J., *La mentalidad en Castilla la Nueva en el siglo XVI*, Madrid 1986

Cantera Burgos, F. Álvar García de Santa María, *Historia de la judería de Burgos y de sus conversos más egregios*, Madrid 1952

Carabias Torres, Ana María, *Los colegiales mayores salamintinos en el gobi- erno de las Indias*, in *Res Gesta* 13 (January – June 1983)

Carande, Ramón, *Cartas de mercaderes, moneda y crédito*, Madrid, 9 (June 1944)

—, *Carlos V y sus banqueros*, 3 vols., 3rd edn, Barcelona 1987 Carlos V, *Homenaje de la Universidad de Granada*, Granada 1958

Caro Baroja, Julio, *Los Judíos en la España moderna*, 3 vols., Madrid 1961

—, *Los Moriscos del reino de Granada*, Madrid 1976 Carril, Bonifacio del, *Los Mendoza*, Buenos Aires 1954

Carro, Venancio D., *Domingo de Soto y su doctrina jurídica*, Salamanca 1944

Castañeda Delgado, Pauline, *El mestizaje en Indias*, Madrid 2008

Castilla Urbana, Francisco, 'Juan Ginés de Sepúlveda en torno de una idea de civilización', *R de I* 52 (1992)

Castillo Utrilla, María José, 'Temas iconográficos en las fundaciones Francis- canos en América y las Filipinas en el siglo XVI', *AEA* 38 (1981)

Castro, Americo, trans. by Edmund L. King, *The Structure of Spanish His-*

tory, Princeton 1954

Cebrían Franco, Juen José, *Obispos de Iria Flavia y arzobispos de Santiago*, Santiago de Compostela 1997

Cedillo, Conde de, El Cardenal Cisneros, gobernador del Reino, 2 vols., Madrid 1921 (vol. 2 is composed of documents)

Céspedes del Castillo, Guillermo, *La Avería en el comercio de Indias*, Seville 1945
Chabod, Federico, Carlos Quinto y su imperio (Carlos I e il suo imperio), Spanish trans. by Rodrigo Riza, Madrid 1992
Chamberlain, Robert S., *The Conquest and Colonisation of Yucatan, 1517–1550*, Washington 1948
Chaunu, Pierre and Huguette, *Séville et l'Atlantique, 1540–1650*, 10 vols., Paris 1955–9
—, *L'Espagne de Charles Quint*, Paris 1973
Checa Cremades, Fernando, Felipe II, maecenas de las artes, Madrid 1993
—, *Carlos V: la imagen del poder en el Renacimiento*, Madrid 1999 Cheetham, Sir Nicholas, *New Spain*, London 1974
Chevalier, François, 'Les cargaisons des flottes de la Nouvelle Espagne vers 1600', *R de I* 12 (1943)
—, *La formation des grands domaines au Mexique*, Paris 1952
Chipman, Donald, *Nuño de Guzmán*, Glendale, CA, 1967
—, *Moctezuma's Children*, Austin 2005
Cipolla, Carlo, The Economic Decline of Empires, London 1970
Ciudad Suárez, María Milagros, *Los Dominicos, un grupo de poder en Chiapas y Guatemala, siglos XVI y XVII*, Seville 1996
Clavería, Carlos, *Le chevalier délibéré de Olivier de la Marche y sus versiones españoles del siglo XVI*, Saragossa 1950
Clendinnen, Inga, Ambivalent Conquests, Cambridge 1987
Coello de la Rosa, Alexandre, 'Mestizos y criollos en la Compania de Jesús (Perú, siglos XVI – XVII)', *R de I* 77, no. 243 (May – August 2008)
Colín, Francisco, *Labor evangélica de la compania de Jesús en las Islas,* Filipinas, Barcelona 1904
Congreso Historia del Descubrimiento, Actas, 4 vols., Madrid 1992
Cook, Noble David, *Demographic Collapse in Indian Peru, 1520–1620*, Cambridge 1981
Cooper, Edward, *Castillos señoriales de la Corona de Castilla*, 3 vols., Sala- manca 1991
Cortés Alonso, Vicenta, 'La producción documental en España y América en el siglo XVI', *AEA* 41 (1984)
—, 'El imagen del otro, blancos, indios, negros', *R de I* 51 (1991)

Costa, Horacio de la, *The Jesuits in the Philippines, 1581–1768*, Cambridge, Mass., 1967

Cotarelo y Valledor, A., Fray Diego de Deza, Madrid 1902

Coury, Charles, *La médecine de l'Amérique précolombienne*, Paris 1969 Crane, Nicholas, *Mercator*, London 2002

Cronin, Vincent, The Wise Man from the West: Matteo Ricci and his Mission to China, New York 1955

Crosby, Alfred, 'Virgin Soil Epidemics as a Factor in Aboriginal Depopula- tion', *The William and Mary Quarterly* 33 (1976)

Cuesta, Luis, 'Una documentación interesante sobre la familia del conquista- dor de Perú', *R de I* 8 (1947), 866–71. Hernando Pizarro's will is on pages 879–891.

Cunninghame-Graham, R. B., Pedro de Valdivia, London 1926

Curso de conferencias sobre la política africana de los reyes católicos, Madrid 1953

Cushner, Nicholas P., Spain in the Philippines, Manila 1971

Danvila, Alfonso, *Don Cristóbal de Moura 1538–1613*, Madrid 1900 Deagan, Kathleen, 'El impacto de la presencia europea en la Navidad', *R de I* 47, no. 3 (1987)

Deive, Carlos Esteban, *La Española y la esclavitud del Indio*, Santo Domingo 1995

Delgado Barrado, José Miguel, 'Las relaciones comerciales entre España y las Indias durante el siglo XVI', *R de I* 50 (1990)

Delmarel, Guy, Los Honores: Flemish Tapestries for the Emperor Charles V,

Mecheln (Malines) 2000

Diccionario de Historia Ecclesiástica de España, ed. Quintín Aldea Vaquero et al., 4 vols., Madrid 1972

Dickens, A. G., The Courts of Europe, London 1977

Domínguez, L. L, ed., *The Conquest of the River Plate*, London 1891 Domínguez Ortiz, Antonio, *La clase social de los conversos en Castilla en la* edad moderna, Madrid 1955

—, *Los Judeoconversos en España y América*, Madrid 1988

Doria, Paolo Matta, *Massime del governo spagnolo a Napoli*, Naples 1973 Doussaingue, José María, *Fernando el católico y el cisma de Pisa*, Madrid 1946

Drescher, Seymour, 'Jews and Christians in the Atlantic Slave Trade', in Paolo Bernardini, ed., *Jews and the Expansion of Europe to the West, 1450– 1825*, New York 1999

Duncan, David Ewing, Hernando de Soto, New York 1995

Durme, M. Van, *El Cardenal Granvela, Imperio y revolución bajo Carlos V y Felipe II*, Barcelona 1957 (the first edition was in Flemish)

Duviols, J. Paul, *L'Amérique espagnole vue et rêvée*, Paris 1985

*Dworski, R. J., *The Council of the Indies in Spain, 1524–1558*, unpub- lished, Columbia University thesis, 1979

Édouard, Sylvène, *Le Corps d'une Reine*, Rennes 2009

Edwards, John, *The Spain of the Catholic Kings, 1474–1520*, Oxford 2000

—, *Mary Tudor*, Oxford 2011

Einaudi, Luigi, ed., Paradoxes de Malestroiet touchant les monnoyes, Turin 1937

Eisenstein, Elizabeth L., The Printing Revolution in Early Modern Europe, Cambridge 1983

Elizalde, María Dolores, Josep M. Pradera, and Luis Alonso, *Imperios y naciones en el Pacífico, I, La formación de una colonia*: Filipinas, Madrid 2001

Elliott, Sir John, Imperial Spain, London 1963

—, 'La ética en la conquista de América', Madrid, Corpus Honorum de Pace, 1984. This includes Agueda María Rodríguez Cruz's *Alumnos de la Uni- versidad de Salamanca en la conquista de America.*

—, *Empires of the Atlantic World*, London 2006

—, *Spain, Europe and the Wider World, 1500–1800*, London 2009

—, *History in the Making*, London 2012

— (with Jonathan Brown), *A Palace for a King*, London 2003

Eugenio Martínez, María Angeles, *Tributo y trabajo del Indio en Nueva Granada*, Seville 1977

Evans, Mark, The Sforza Hours, London 1992

Feldman, Lawrence, *Lost Shores and Forgotten Peoples*, Salt Lake City 2004 Felix, Alfonso, *The Chinese in the Philippines*, 2 vols., Manila 1966 Fernández Álvarez, Manuel, *Tres embajadores de Felipe II en Inglaterra*, Madrid 1951

—, *La sociedad española del Renacimiento*, Salamanca 1970

—, *Copérnico y su huella en la Universidad de Salamanca del Barroco*, Sala- manca 1974

—, *El corpus documental de Carlos V*, 5 vols., Salamanca 1973–82

—, *El testamento de Felipe II*, Madrid 1997

—, *Felipe II y su tiempo*, Madrid 1998

—, *Carlos V, el Caesar y el hombre*, Madrid 1999

—, *El imperio de Carlos V*, Madrid 2001
— and Luis Suárez Fernández, *La España de los reyes católicos*, a volume in the series *Historia de España*, ed. Ramón Menéndez Pidal, Madrid 1969 Fernández-Armesto, Felipe, *The Canary Islands after the Conquest*, Oxford 1982
—, *Before Columbus*, London 1987
—, *Columbus*, Oxford 1992
Fernández Asis, Victoriano, *Epistolario de Felipe II sobre asuntos de mar*, Madrid 1943
Fernández del Castillo, Francisco, *Doña Catalina Xuárez Marcayda*, Mexico 1920
Fernández Pérez, Isacio, *Studium* 29 (1984)
Fernández Sanz, Eufemio, *Cuatro mil vallisoletanos y cien poblaciones en América y Filipinas*, Valladolid 1995
Fernando el Católico, *Pensamiento Político*, V Congreso de historia de la cor- ona de Aragón, Saragossa 1956. Essays by, for example, Manuel Ballesteros Gabrois on Fernando and America, Alfonso García Gallo on the title 'Vir- rey', and the Baron de Terratieg on the Valencian contribution to the diplomacy of Fernando el Católico.
Ferrara, Orestes, Philippe II, Paris 1961
Fontana, Michela, *Matteo Ricci, 1552–1610*, Paris 2005 Foronda, Manuel de, *Estancias y viajes de Carlos V*, Madrid 1895
Fortea Pérez, José Ignacio, *Córdoba en el siglo XVI, las bases demog*ráficas *y ecónomicas de una expansión urbana*, Salamanca 1979
Freund, Scarlett, and Teofilo Ruiz, *Jewish-Christian Encounters Over the Centuries*, 1994
Friede, Juan, *Vida y viajes de Nicolás F*édermann, Bogotá 1964.
Frost, Elsa Cecilia, 'Fray Andrés de Olmos en la relación de Alonso Zurita'*, R de I 51* (1991)
Gachard, M., Don Carlos et Philippe II, Paris 1867
Gandia, Enrique de, *Historia de la conquista del río de la Plata y del Para- guay*, Buenos Aires 1931
—, *Crónica del magnífico adelantado don Pedro de Mendoza*, Buenos Aires 1936
García, Casiano, *Vida del comendador Diego de Ordáz, descubridor del Orinoco*, Mexico 1952
García-Abasolo, Antonio, ed., *España y el Pacífico*, Córdoba 1982
—, *Martín Enríquez y la reforma de 1568 en Nueva España*, Madrid 1983 García

Baquero, González A., *La carrera de Indias*, Sevilla 1992
García Bernal, Manuela Cristina, *Yucatán, población y encomienda bajo los Austrias*, Seville 1978
García, Casiano, *Vida del comendador Diego de Ordás, descubridor del Orinoco*, Mexico 1952
García de Prodián, Lucía, *Los Judios en América*, Madrid 1966
García del Pino, César, with Alicia Melis Cappa, *El libro de los escribanos cubanos de los siglos XVI, XVII y XVIII*, Havana 1982
García Granados, Rafael, *Historia* gráfica *del Hospital de Jesús*, Mexico 1956
García Hernán, David, *Historia sin complejos*, essays in honour of Sir John Elliott, Madrid 2010
García Icazbalceta, Joaquín, *Don Fray Juan de Zumárraga*, Mexico 1881
García Oro, J., *El cardenal Cisneros, vida y empresas*, 2 vols., Madrid 1992–3
García Sánchez, Francisco, *El Medellín extremeño en América*, Medellín 1992
García Valdecasas, Alfonso, *El Hidalgo y el honor*, Madrid 1948
Gardiner, Harvey, *Naval Power in the Conquest of Mexico*, Austin 1956
Garrido Atienza, M., Las capitulaciones para la entrega de Granada, Gran- ada 1910
Gerhard, Peter, *Geografía histórica de la Nueva España, 1519–1821*, trans. by Stella Maestrangelo, Mexico 1988
—, *La frontera sureste de la Nueva España*, Mexico 1991 Gibson, Charles, *The Aztecs under Spanish Rule*, Stanford 1964
Gil, Juan, 'Marinos y mercaderes en Indias, 1499–1504', *AEA* 42 (1985)
—, *Mitos y utopias del descubrimiento*, 3 vols., Seville 1989
—, 'Sobre la vida familiar de Vicente Yáñez Pinzón', *R de I* 47 (1987)
—, *Una familia de mercaderes sevillanos: los Cisbón, Studi storici in memo- ria di Alberto Boscolo*, vol. 3, Rome 1993
—, *Los conversos y la Inquisición sevillana*, 8 vols., Seville 2000–2003
—, *Los Chinos en Manila, siglo XVI y XVII*, Lisbon 2011 Gilman, Stephen, *The World of Humanism*, New York 1962
—, *The Spain of Fernando de Rojas*, Princeton 1972
Giménez Fernández, Manuel, *Bartolomé de las Casas*, 2 vols., Seville 1953, 1961
—, *Bartolomé de las Casas, Bibliografía crítica*, Santiago 1954
—, *Breve biografía de Fray Bartolomé de las Casas*, Seville 1966
Giroud, Nicole, *Une mosaïque de fray Bartolomé de las Casas*, Fribourg 2002

Glete, Jan, *War and the State in Early Modern Europe: Spain, the Dutch Republic and Sweden as Fiscal-Military States, 1500–1660*, London 2002

Gómez-Centurión Jiménez, Carlos, *La invencible y la empresa de Inglaterra*, Madrid 1988

Gómez de Cervantes, Gonzalo, *La vida económica y social de Nueva España al finalizar el siglo XVI*, Mexico 1944

Gómez Pérez, María del Carmen, *Pedro de Heredia y Cartagena de Indias*, Sevilla 1984

Góngora, Mario, *Los grupos de conquistadores en Tierra Firme, 1509–1530*, Santiago de Chile 1962. A study of *los de Panama.*

González de Amezúa y Mazo, Agustín, *Isabel de Valois*, 3 vols., Madrid 1949 González, Julio, *Repartimiento de Sevilla*, Madrid 1951

González, Tomás, *Censo de población de las provincias y partidos de la cor- ona de Castilla en el siglo XVI*, Madrid 1829

González de la Calle, Pedro Urbano, *Elio Antonio de Lebrija*, Bogotá 1945 González Novalín, José Luis, *El Inquisidor-General Fernando de Valdés*, 2

vols., Oviedo, 1968–71

González Olmedo, Félix, *Humanistas y Pedagogos españoles: Nebrija, debe- lador de la barbarie*, Madrid 1942

González Palencia, Angel, *Gonzalo P*érez, 2 vols., Madrid 1946 González-Trevijano, Pedro, *La Mirada del poder*, Madrid 2004

Goodman, David C., *Power and Penury: Government, Technology and Science in Philip II's Spain*, Cambridge 1988

Gounon-Loubens, J., *Essais sur l'administration de la Castille au XVIe siècle*, Paris 1860

Goulding, Michael et al., The Smithsonian Atlas of the Amazon, Washington 2003

Greenleaf, R. E., *The Inquisition in New Spain*, Oxford 1969 Griffin, Clive, *The Cromberger of Seville*, Oxford 1988 Grunberg, Bertrand, *L'univers des conquistadors*, Paris 1993

Guerra, Francisco, 'La epidemía americana de influenza en 1493', *AEA* 45 (1985)

Gussaert, Ernest, *Espagnols et Flamands*, Brussels 1910 Gutiérrez, Luis, *The Synod of Manila, 1582–86*, Manila 1990 Gutiérrez Escudero, Antonio, *Pedro de Alvarado*, Madrid 1988

Haebler, Konrad, *Prosperidad y decadencia económica de España durante el siglo*

XVI, Madrid 1899

Hale, Edward E., *The Queen of California, the Origin of the Name Califor- nia*, San Francisco 1945

Hale, Susan, Titian, London 2012

Hamilton, Earl J., 'Wages and Subsistence on Spanish Treasure Ships 1503– 1660', *The Journal of Political Economy* 37 (August 1929)

—, *American Treasure and the Price Revolution in Spain, 1501–1650*, Cam-

bridge, Mass., 1934. Few will not be moved by the statement in the Preface that the author and his wife worked jointly for 30,750 hours on the book, carrying out 3 million computations.

Hampe Martínez, Teodoro, *Don Pedro de la Gasca*, Lima 1989

—, *Don Pedro de la Gasca, 1493–1567: su obra política en España y América, prólogo de Juan Pérez de Tudela*, Lima 2000

Handbook of the Middle American Indians, Austin 1984–2000

Handbook of the South American Indians, Washington 1946

Hanke, Lewis, The Spanish Struggle for Justice in the New World, Philadel- phia 1949

—, *Aristotle and the American Indians*, London 1959

—, *All Mankind is One*, Philadelphia 1974

—, *Los virreyes españoles en América durante el gobierno de la casa de Aus- tria*, Madrid 1976

— and Gunnar Mendoza, *Guía de las fuentes en Hispanoamérica para el estudio de la administración española mexicana, 1535–1700*, Washington 1980

Haring, C. H., Trade and Navigation between Spain and the Indies in the Time of the Hapsburgs, Cambridge 1918

—, *The Spanish Empire in America*, New York 1947

Harrisse, Henry, *The Discovery of North America*, London 1892.

Harth-Terre, Emilio, 'Esclavas blancas en Lima, 1537', *El Comercio*, Lima (3 June 1963)

Harvey, L. P., Islamic Spain, 1250 to 1500, Chicago 1990

—, *Muslims in Spain, 1500–1614*, Chicago 2006

Hauser, Henri, in Louis Halpen and Philippe Sagnac, *Peuples et civilisations*, IX, *La préponderance espagnole, 1559–1660*, Paris 1948

Hazañas, Joaquín, *Maese Rodrigo*, Seville 1909

Headley, John M., *The Emperor and his Chancellor*, Cambridge 1983 Heers, Jacques,

*Gênes au XV*ème *siècle*, Paris 1961
—, *Christophe Colomb*, Paris 1991
Hemming, John, The Conquest of the Incas, London 1970
—, *Red Gold*, London 1978
—, *The Search for El Dorado*, London 1978
Herrera Oria, Enrique, *Felipe II y el Marqués de Santa Cruz en la empresa de Inglaterra*, Madrid 1946
Hidalgo Nuchera, Patricio, *Encomienda, tributo y trabajo en Filipinas, 1570–1608*, Madrid 1995
Hillgarth, Jocelyn, *The Spanish Kingdoms, 1250–1518*, 2 vols., Oxford 1976–8
Himmerich y Valencia, Robert, The First Encomenderos of New Spain, Aus- tin 1996
Hinojosa, R., *Los despachos de la diplomacía pontífica en España*, 2 vols., Madrid 1896
Hinz, Felix, 'The Process of Hispanisation in Early New Spain', *R de I* 68, no. 243 (2008)
Huizinga, J., The Autumn of the Middle Ages, trans. by Rodney J. Payton and Ulrich Mammitzsch, Chicago 1996. The first edition is still in some ways superior.
Humboldt, Alexander V. and Aimé Bompland, *Personal Narrative of Travels to the Equinoctial Regions of America during the Years 1799–1804*, ed. Thomasina Ross, 3 vols., London 1894
Hurtado, Publio, *Los Extremeños en América*, Seville 1992
Icaza, Francisco de, *Diccionario autobiog*ráfico *de conquistadores y pobladores de la Nueva España*, Madrid 1923
Íñiguez Almech, Francisco, *Casas reales y jardines de Felipe II*, Madrid 1952 Insansti, Sebastián, *Miguel López de Legazpi, escribano de Areria in Boletín de la Real Sociedad Vascona de Amigos del País*, San Sebastian 1974 Irving, Washington, *The Life and Voyages of Christopher Columbus*, New York 1863
Iwasaki, Fernando, 'La evangelisación en Perú y Japón', *R de I* 48 (1988)
Jacquot, Jean, ed., *Les* Fêtes *de la Renaissance*, *II*, Fêtes *et céremonies au temps de Charles Quint*, Paris 1960. This includes Bataillon's essay, 'Plus Oultre: La Cour découvre le Nouveau Monde'.
Jensen, J. de Lamar, Diplomacy and Dogmatism: Bernardino de Mendoza and the Catholic League, Cambridge, MA, 1964
Jones, R. O., The Golden Age: Prose and Poetry, London 1971

Jongh, Jane de, Margaret of Austria, trans. from the Dutch by M. D. Herter Norton, London 1954

Kagan, Richard, ed., Students and Society in Early Modern Spain, Baltimore 1974

—, *Lucrecia's Dreams: Politics and Prophecy in Sixteenth-Century Spain*, Berkeley 1990

—, *Anton van der Wyngaerde: ciudades del siglo de oro*, Madrid 1994 Kamen, Henry, *Crisis and Change in Early Modern Spain*, Aldershot 1993

—, *Philip of Spain*, London 1997

—, *The Spanish Inquisition*, New Haven 1997

—, *The Duke of Alba*, New Haven 2004

—, *Imagining Spain*, New Haven 2008

Kellenbruz, Hermann, *Los Fugger en España y Portugal hasta 1560*, Sala- manca 1999

Kelsey, Harry, Sir Francis Drake, New Haven 1996 Kendrick, T. D., St James in Spain, London 1960 Keniston, Hayward, Garcilaso de la Vega, New York 1922

—, *Francisco de los Cobos*, Pittsburgh 1958

Klein, Julius, *The Mesta: A Study in Spanish Economic History, 1273–1836*, Cambridge, Mass., 1920

Knecht, Robert J., The French Renaissance Court, New Haven 2008 Koebel, W. H., Paraguay, London 1917

Koenigsberger, H. G., The Government of Sicily under Philip II of Spain, London 1951

Konetzke, Richard, *El imperio español: origenes y fundamentos*, Madrid 1946; trans. from the German

—, *La emigración española al Río de la Plata*, in vol. 3 of *Miscelánea Ameri- canista*, Madrid, 1953. About the preparations for the expedition of Cabeza de Vaca to Buenos Aires, etc.

Kriegel, Maurice, 'La Prise d'une décision, l'exclusion des Juifs d'Espagne',

Revue Historique CCLX (1978)

Kubler, George and Martin Soria, *Art and Architecture in Spain and Portu- gal and in their American Dominions, 1500 to 1800*, Harmondsworth 1959

—, *La obra del Escorial*, Madrid 1983

Kwarteng, Kwasi, Ghosts of Empire, London 2010

La Fuente, Alejandro de, Havana and the Atlantic in the Sixteenth Century, Chapel Hill

2008
*Lagomarsino, Paul David, *Court Factions and the Formulation of Spanish Policy towards the Netherlands, 1559–1567*, Cambridge unpublished thesis, 1973
Laínez Alcalá, Rafael, *Pedro Berruguete, pintor de Castilla*, Madrid 1935 Lamb, Ursula, *Una biografía contemporánea y una carta de fr. Nicolás de*
Ovando . . . [al rey, November 1509], *Revista de Estudios Extremeños* 3–4, Badajoz 1951, 693–707
—, 'Cristóbal de Tapia vs. Nicolás de Ovando', *HAHR* 33, no. 3 (August 1953), 427–42
—, *Fr. Nicolas de Ovando with comentarios preliminares of Miguel Muñoz de San Pedro*, Madrid 1956
Lapeyre, Henri, Une famille de marchands: les Ruiz, Paris 1955
—, *Géographie de l'Espagne morisque*, Paris 1960
Lasero Quesada, Miguel Angel, *Castilla y la conquista de Granada*, Granada 1993
—, *La incorporación de Granada en la corona de Castilla*, Actas de sympo- sium, Granada 1993
—, *La edad media hispánica: en torno da cuatro centenarios*, Madrid 2012
Laso de la Vega, M., *Doña Mencia de Mendoza, marquesa del Cenete, 1508*–1554, Madrid 1942
Lavallé, Bernard, *Francisco Pizarro*, Paris 2004 Lawley, Alethea, *Victoria Colonna*, London 1889
Lea, H. C., The Inquisition of Spain, 3 vols., New York 1907
Lebroc Martínez, Reynerio, *Episcopologio cubano*, vol. 1, Caracas 2001; vol. 2, Miami 2003.
Leddy Phelan, John, *The Hispanization of the Philippines, 1565–1700*, Madison 1959
León Portilla, Miguel, *Aztecas-Mexicas Desarollo de una civilización originaria*, Madrid 2005
—, *Hernán Cortés y el mar del sur*, Mexico 2005
Leonard, Irving, Romances of Chivalry in the Spanish Indies, Berkeley 1933
—, *Books of the Brave*, New York 1964
Levillier, Roberto, Don Francisco de Toledo, su vida, su obra, Madrid 1935
—, *Anexos* [to the above], Madrid 1935
—, *América la bien llamada*, 2 vols., Buenos Aires, n.d.
—, 'Gobernantes del Perú', in *Cartas y Papeles*, 14 vols., Madrid 1921–6

Lewis, Samuel, 'The Cathedral of Old Panama', *HAHR* 1 (1918)

Lida de Malkiel, María Rosa, *La idea de la fama en la edad media castellana*, Mexico 1952

Lisón Tolisano, Carmelo, *La imagen del rey. Monarquía, realeza y poder ritual en la casa de las Austrias*, Madrid 1991

Liss, Peggy, Isabel the Queen, Oxford 1992

Lissón, Emilio, *La Iglesia en el Perú*, 5 vols., Seville 1943–56

Llorente, Juan Antonio, *Historia crítica de la inquisición en España*, 10 vols., Madrid 1822; 4 vols., Paris 1817

Lobo Cabrera, Manuel, 'Esclavos negros a Indias a través de Gran Canaria', AEA 45 (1985)

Lockhart, James, *Spanish Peru 1532–1560*, Madison 1968

—, *The Men of Cajamarca*, Austin 1972

Lohmann Villena, Guillermo, *Enrique García, descubridor del mercurio en el Perú*, Seville 1948

—, *Las minas de Huacavelica en los siglos XVI y XVIII*, Sevilla 1949

—, *Les Espinosa*, Paris 1968

—, *Los americanos en las ordenes militares*, 2 vols., Madrid 1980

López de Cogulludo, *Historia de Yucatán*, Mexico 1957

Lorenzo Sanz, Eufemio, *Comercio de España en la* época *de Felipe II*, 2 vols., Valladolid 1986

Lovell, W. George, Conquest and Survival in Colonial Guatemala, Montreal 1992

Lovett, A. W., *Early Habsburg Spain, 1517–98*, Oxford 1986

Lowry, Martin, The World of Aldus Manutius: Business and Scholarship in Renaissance Venice, Oxford 1979

Loyola, Martín Ignacio de, *Itinerario. Viaje alrededor del mundo*, Rome 1883; new edn Madrid 1989

Lynch, John, *Spain under the Habsburgs*, 2 vols., Oxford 1954–69

—, *Spain, 1516–1598*, London 1991

Lynn, Caro, A College Professor of the Renaissance, Chicago 1937

Lyon, Eugene, *The Enterprise of Florida: Pedro Menéndez de Avilés and the Spanish Conquest of 1565–1568*, Gainesville 1976

Magalhaes Godinho, Vitorino, *Mito e mercadería, utopia e practica do novegar*, Lisbon 1990

Mallett, Michael, The Borgias: Rise and Fall of a Renaissance Dynasty, London 1969
Maltby, William S., *Alba: A Biography of Fernando* Álvarez *de Toledo, Third Duke of Alba*, Berkeley 1983
—, *Rise and Fall of the Spanish Empire*, Madrid 2009
Manzano, Juan, *Cristóbal Colón, Siete años decisivos de su vida, 1485–1492*, Madrid 1964
Marañón, Gregorio, *Antonio P*érez, 2 vols., Madrid 1958
Maravall, José Antonio, *Carlos V y el pensamiento político del Renacimiento*, Madrid 1960
March, J. M., *Niñez y juventud de Felipe II*, 2 vols., Madrid 1941
—, *El comendador Mayor de Castilla, Don Luis de Requesens*, Madrid 1943
Mariejol, J. H., *The Spain of Ferdinand and Isabella*, trans. by Benjamin Keene, New Brunswick 1961
Mariluz Urquijo, José María, 'Ensayo sobre los juicios de residencia indi- anos', *Hispano-Americanos* 70 (1952).
Marlet, L., Le comte de Montgomery, Paris 1890
Martin, C. and G. Parker, The Spanish Armada, London 1988
Martín, Luis, *Daughters of the Conquistadors*, Albuquerque 1983
—, *The Intellectual Conquest of Peru*, New York 1968
Martínez del Peral, Rafael, *Las armas blancas en España e Indias*, Madrid 1992
Martínez Mendoza, Jerónimo, *La leyenda de el Dorado*, Caracas 1957 Martínez Millán, José, with J. Esquerra Revilla, *Carlos V y la quiebra del humanismo político en Europa, 1530–1558*, 4 vols., Madrid 2001
—, *La monarquía de Felipe II*, 2 vols., Madrid 2005
—, ed., *La corte de Carlos V*, 5 vols., Madrid 2000 Matienzo, Juan de, *El gobierno del Perú*, Madrid 1580
Mattingly, Garrett, *The Defeat of the Spanish Armada*, London 1939
—, *Renaissance Diplomacy*, London 1955
Maura Gamazo, Gabriel, *El príncipe que murió de amor*, Madrid 1944
—, *El designo de Felipe II y el episodio de la Armada Invencible*, Madrid 1957
Medina, José Toribio, *Escritores americanos celebrados por Cervantes en el canto de Calliope*, Santiago 1926
Melis, F., *Mercaderes italianos en España, siglos XIV–XVI*, Seville 1976 Mellafe, Rolando and Sergio Villalobos, *Diego de Almagro*, Santiago 1954

Mena García, María de Carmen, 'El traslado de la Ciudad de Nombre de Dios a Portobelo', *AEA* 40
—, *Sevilla y las flotas de Indias*, Seville 1998 (This is based on the accounts of the flota of Pedrarias which Carmen Mena García found in the AGI, Contratación 3253.)
—, *Pedrarias Davila*, Seville 1992
Méndez Bejarano, M., *Histoire de la juiverie de Séville*, Madrid 1922 Menéndez Pidal, Ramón, *La idea imperial de Carlos V*, Buenos Aires 1941 Menzies, Gavin, *1421*, New York 2002
Merriman, Roger B., *The Rise of the Spanish Empire in the Old World and in the New*, 4 vols., New York 1918–34
Meyerson, Mark D., The Muslims of Valencia in the Age of Fernando and Isabel, Oxford 1991
Mier y Teran Rochas, Lucía, *La primera traza de la ciudad de México*, Mex- ico 2005
Milhou, Alain, 'Las Casas frente a las reivindicaciones de los colonos de la Isla Española', *Historiografía y Bibliografía Americanistas* 19–20, 1975–6
Mintz, Sidney W., Sweetness and Power, New York 1985
Mira Caballos, Esteban, 'Las licencias de esclavos negros a Hispanoamérica, 1544–50', *R de I* 54 (1994)
—, *Hernán Cortés, el fin de una leyenda*, Madrid 2010
Modica, Anne-Marie, *Discussions actuelles sur l'origine de la syphilis*, Marseilles 1970
Molina Martínez, Miguel, 'El soldado cronista', *AEA* 41 (1984) *Monografías historiales sobre la historia de Lima*, 2 vols., Lima 1935 Moorhead, Max, 'Hernán Cortés and the Tehuantepec Passage', *HAHR* 29(1949)
Morales Padrón, Francisco, *Jamaica Española*, Seville 1952 Morison, S. E., *Admiral of the Ocean Sea*, 2 vols., Boston 1942
—, *The European Discovery of America: The Northern Voyages*, Oxford 1971
—, *The European Discovery of America: The Southern Voyages*, New York 1974
Morner, Magnus, *La mezcla de razas en la historia de América Latina*, Buenos Aires 1969
Moulin, Anne-Marie and Robert Delort, 'Syphilis: le mal américain', *L'Histoire* 63 (1984)
Mulcahy, Rosemarie, Philip II, Patron of the Arts, Dublin 2004
Muñoz, Andrés, *Viaje de Felipe segundo a Inglaterra*, ed. P. Gayangos, Madrid 1877

Muñoz de San Pedro, Miguel, *Francisco de Lizaur, hidalgo indiano de prin- cipios del siglo XVI*, Madrid 1948

—, 'Francisco Pizarro debío apellidarse Díaz o Hinojosa', *Revista de Estu- dios Extremeños* 6 (1950)

—, 'Doña Isabel de Vargas, esposa del padre del conquistador de Perú', *R de I* 11 (1951)

—, *Tres testigos de la conquista del Perú*, Madrid 1964

—, 'Información sobre el linaje de Hernando Pizarro', *Revista de Estudios Extremeños* 22 (1966)

Muriel, Josefina, *Hospitales de la Nueva España*, 2 vols., Mexico 1956–60 Muro, Gaspar, *La vida de la princesa de* Éboli, Madrid 1877

Muro, Luis, Bartolomé de Medina, 'Introductor del beneficio de plata en Nueva España', *Historia Mexicana* 52 (1962)

Nader, Helen, The Mendoza Family in the Spanish Renaissance, New Brun-swick 1979

Netanyahu, Benzion, The Marranos of Spain, New York 1966

—, *The Origins of the Inquisition in Fifteenth-Century Spain*, New York, 1995

—, *Toward the Inquisition*, Cornell 1997

—, *Isaac Abravanel*, Philadelphia 1972

Nieto, J. C., *El renacimiento y la otra España*, Geneva 1990

Nordenskjöld, E., 'The Guaraní Invasion of the Inca Empire in the Sixteenth Century', *The Geographical Review* (1917)

Norton, F. J., *Printing in Spain, 1501–1520*, Cambridge 1966

—, *A Descriptive Catalogue of Printing in Spain and Portugal, 1501–1520*, Cambridge 1978

Novalín, José Luis G., *El inquisidor general Fernando de Valdés*, 2 vols., Oviedo 1968–71

Núñez Jiménez, A., *El almirante en la tierra más hermosa. Los viajes de Colón a Cuba*, Cadiz 1985

Ochoa Brun, Miguel-Ángel, *Miscelánea diplomática*, Madrid 2012

O'Gorman, Edmundo, *La idea del descubrimiento de América*, Mexico 1951

Ojer, Pablo, *Don Pablo de Berrio, Gobernador del Dorado*, Caracas 1960

Olachea Labatón, Juan B., 'El aceso de los mestizos a las encomiendas', *R de* I 51 (1991)

Olarte, Teodoro, *Alfonso de Castro*, San José 1946

Ollé, Manuel, *La empresa de China*, Barcelona 2002
Olschidi, Leonardo, 'Ponce de León's Fountain of Youth', *HAHR* 21 (1941)
Orozco y Berra, Manuel, *Historia antigua de la conquista de Mexico*, 4 vols., Mexico 1880
Ortega y Gasset, José, *España invertebrada*, Madrid 1921
Ortiz Belmonte, Miguel A., *Los Ovando y Solís de Cáceres*, Badajoz 1932
Ortiz, Fernando, 'La "leyenda negra" contra Bartolomé de las Casas', *Cuad*-ernos Americanos 65, no. 5 (1952)
Ortiz de la Tabla Ducasse, Javier, *Los encomenderos de Quito, 1534–1660: origen y evolución de una elite colonial*, Sevilla 1993
Otte, Enrique, 'Cartas de Diego de Ordaz', in *Historia Mexicana*
—, 'Aspiraciones y actividades heterogéneros de Gonzalo Fernández de Oviedo, cronista', *R de I* 71 (1958)
—, 'Documentos inéditos sobre la estancia de Gonzalo Fernández de Oviedo en Nicaragua', *R de I* 18 (1958)
—, *Die Negersklavenlizenz des Laurent de Gorrevod*, Spanisches Forschun-gen der Görresgesellschaft, Erste Reihe 22, 283–320, Munster 1965
—, *Las perlas del Caribe*, Caracas 1977
—, Cartas privadas de emigrantes a Indias, Seville 1988 and Mexico 1993
—, 'Los mercaderes transatlánticos bajo Carlos V', *AEA* 47 (1990)
—, *Sevilla y sus mercaderes a fines de la Edad Media*, Seville 1996
Ovideo y Baños, José, *Historia de la conquista y población de la provincia de Venezuela*, Caracas 1967
Padilla, S. with M. L. López Arellano and A. González, *La encomienda de Popayán*, Seville 1977
Pagden, Anthony, Spanish Imperialism and the Political Imagination, New Haven 1990
—, *Peoples and Empires*, London 2001
Parker, Geoffrey, *The Army of Flanders and the Spanish Road, 1567–1659*, Cambridge 1972
—, *The Dutch Revolt*, London 1977
—, *Philip II*, Boston 1978
—, *The Grand Strategy of Philip II*, New Haven 1998
Parry, John, The Establishment of the European Hegemony, London 1961
—, *The Spanish Seaborne Empire*, London 1966

Pastells, Pablo and Pedro Torres Lanzas, *Catálogo de los documentos rela- tivos a las Islas Filipinas*, 9 vols., Barcelona 1925

Pastor, Ludwig von, *History of the Popes*, trans. by Frederick Ignatius Antro- bus, and Ralph Kerr, vols. 5 to 20, London 1898–1930

Paz, Octavio, *México en la obra de Octavio Paz*, 3 vols., Mexico 1987

Pereda López, A., *Conquistadores y encomenderos burgaleses en Indias, 1492–1606*, Burgos 2001

—, *La emigración burgalesa a América durante el siglo XVI*, Burgos 2009

Pereyra, Carlos, *Historia de la América*, 8 vols., Mexico 1924–6

Pérez, Joseph, *Carlos V*, Madrid 1999

—, *La rebelión de los comuneros*, Madrid 2001

Pérez Bustamente, Ciriaco, 'Cuando nací Legazpi', *R de I* 32 (1971)

Pérez de la Riva, Juan, *El Barracón y otros ensayos*, Havana 1975

Pérez de Tudela, Juan, *Las armadas de Indias y los orígenes de la política de la colonización*, Madrid 1956

Pérez López-Portillo, Raúl, *Aztecas-México*, Madrid 2012

Pérez-Mallaína, Pablo Emilio, 'Juan Gutiérrez Garibay, vida y hacienda de un general de la Carrera de Indias en la segunda mitad del siglo XVI', *R de I* 70, no. 249 (2010)

Pfandl, Ludwig, *Felipe II, bosquejo de una vida y de una* época, Madrid 1942

Phelan, John Leddy, *The Millennial World of the Franciscans in the New World: A Study of the Writings of Gerónimo de Mendieta*, Berkeley 1956

Phillips, Carla Rahn, *Ciudad Real, 1500–1750*, Cambridge, Mass., 1979

—, *Six Galleons for the King of Spain*, Baltimore 1986 Pierson, Peter, *Philip II of Spain*, London 1975

Pike, Ruth, Enterprise and Adventure: The Genoese in Seville, Ithaca 1966

—, *Aristocrats and Traders*, Ithaca 1972

Pirenne, Jacques, *Les grands courants de l'histoire universelle*, 3 vols., Neuchâtel 1948–53

Pohl, Frederick J., Amerigo Vespucci, London 1966

Porrás Barrenechea, Raúl, *Cedulario del Perú*, Lima 1944–8

—, 'Dos documentos esenciales sobre Francisco Pizarro', *Revista Histórica*
17 (1948)

—, *Cartas del Perú 1524–1543*, Lima 1959

—, *Las relaciones primitivas de la conquista del Perú*, Lima 1967

—, *El nombre del Perú*, Lima 1968
—, *Pizarro*, Lima 1978
Porrás Camunez, José Luis, *Sínodo de Manila de 1582*, Madrid 1988
Porrás Muñoz, Guillermo, *El gobierno de la ciudad de México en el siglo XVI*, Mexico 1982
Powell, P. W., 'Portrait of an American Viceroy: Martín Enríquez, 1568– 1583', *The Americas* 14, no. 1 (July 1957)
Prescott, William H., *The Art of War in Spain: The Conquest of Granada, 1481–1492*, ed. Alfred D. McJoynt, London 1995 (the chapters dealing with war in Prescott's *History of the Reign of Ferdinand and Isabella*)
Presencia italiana en Andalucía, siglos XIV–XVII, Sevilla 1985 (articles by Otte, Carande, Pike, Heers, etc.)
Pulido Rubio, José, *El piloto mayor de la Casa de la Contratación de Sevilla*, Seville 1950
Pursell, B., 'Gondomar: A Spaniard in King James's Court', *North American Society for Court Studies*, occasional pamphlets
Quenun, Alphonse, *Les* églises *chrétiennes et la traite atlantique du XVe au XIXe siècles*, Paris 1993
Ramos Gómez, Luis, 'Los Lucayos guias naúticas', *R de I* 49 (1986)
Ramos Pérez, Demetrio, 'Castillo del Oro', *AEA* 37 (1980)
—, *El conflicto de las lanzas jinetes*, Santo Domingo 1982
—, 'El repudio al tratado de Tordesillas', *Congreso Nacional de Historia*, Salamanca 1992
—, *Hernán Cortés, mentalidades y propósitos*, Madrid 1992
Ranke, L. von, The Ottoman and Spanish Empires in the Sixteenth and Seventeenth Centuries, London 1843
Redondo, A., 'Luther et L'Espagne de 1520 à 1536', *Mélanges de la Casa de Velázquez* (1965)
—, *Antonio de Guevara et l'Espagne de son temps*, Geneva 1976
Redworth, Glyn, *The Prince and the Infanta*, New Haven 2003
Reiss, S. and D. Wilkins, *Beyond Isabella: Secular Women Patrons of Art in Renaissance Italy*, Kirksville, Missouri, 2001
Reitz, Elizabeth J., 'Dieta y alimentación hispano-americana en el Caribe en el siglo XVI', *R de I* 51 (1991)

Remedios Casamar, María, *Los dos muertos del rey Don Sebastián*, Granada 1995
Remesal, Agustín, *La raya de Tordesillas*, Salamanca 1994
Ricard, Robert, *The Spiritual Conquest of Mexico*, trans. by Leslie Byrd Simpson, Berkeley 1966
Rivera, Javier, *Juan Bautista de Toledo y Felipe II*, Valladolid 1984
Rivero Rodríguez, Manuel, *Felipe II y el gobierno de Italia*, Madrid 1998
—, *Gattinara, Carlos V y el sueño del imperio*, Madrid 2005
—, *La edad de oro de los virreyes*, Madrid 2011
Robertson, William A., *History of America*, 3 vols., Dublin 1777
Rodríguez, Isacio, *Historia de la provincia agustiniania del santísimo nombre de Jesús de Filipinas*, 22 vols., Manila 1965
Rodríguez, Lorenzo, 'El Galeón de Manila', *R de I* (1944)
Rodríguez Demorizi, Emilio, *Los dominicos y las encomiendas en la Isla Española*, Santo Domingo 1971
Rodríguez Moñino, A., *Los pintores badajoceños del siglo XVI*, Badajoz 1956
Rodríguez Prampolini, Ida, *Amadíses en America, la hazaña de Indias como empresa caballeresca*, Mexico 1948
Rodríguez Salgado, María José, *Armada, 1588–1988*, a catalogue for the Armada exhibition in Greenwich, London 1988
—, *The Changing Face of Empire: Charles V, Philip II and Habsburg Author- ity, 1551–1559*, Cambridge 1988
Rodríguez Sánchez, Angel, *La población cacereña en el siglo XVI*, Salamanca 1976
Rodríguez Villa, Antonio, *El Emperador Carlos V y su corte según las cartas de Don Martín de Salinas, embajador del infante Don Fernando, 1522– 1539*, Madrid 1903
—, *Etiquetas de la casa de Austria*, Madrid 1913
Rojas, Pedro, Historia general del arte mexicano, Mexico 1963
Romero de Terreros, M., *Pedro Romero de Terreros, el primer español que pisó el continente americano*, Mexico 1941
Romier, Lucien, *Les origines politiques des guerres de religion*, Paris 1913–14
Romoli, Kathleen, Balboa of Darien, New York 1953
Rosenblatt, Ángel, *La población indigena y el mestizaje en América*, 2 vols., Buenos Aires 1954
—, *La población de América de 1492*, Mexico 1967
Rubio Mañé, J. I., *Mexico 1955, introducción al estudio de los virreyes de Nueva*

España, 3 vols., Mexico 1955
Rublé, Alphonse, *Le traité de Cateau-Cambrésis*, Paris 1889
Ruidiaz y Caravia, Eugenio, *La Florida: su conquista y colonización por Pedro Menéndez de Avilés*, 2 vols., Madrid 1893–4
Ruiz Martín, Felipe, *El siglo de los Genoveses en Castilla*, Paris 1973
—, *La monarquía de Felipe II*, Madrid 2003
Rumeu de Armas, Antonio, 'Colón en Barcelona', *Anuario de Estudios Hispano-Americanos* (1944), 461
—, 'Piraterías y ataques navales contra las Islas Canarias', Instituto Jerónimo Zurita, vol. 1, Madrid 1947
—, *Alonso de Lugo en la corte de los reyes católicos, 1497–1497*, Madrid 1952
—, 'Cristóbal Colón y doña Beatriz de Bobadilla', *AEA* 28 (1954)
—, *Itinerario de los reyes católicos*, Madrid 1974
Russell, Sir Peter, Prince Henry the Navigator, New Haven 2000
Sáenz de Santa María, Carmelo, 'La hueste de Alvarado en Perú', *AEA* 43 (1983)
Salas, Alberto, Tres cronistas de Indias, Mexico 1986 Sale, Kirkpatrick, The Conquest of Paradise, London 1991
Salomon, Noël, *La vida rural castellana en tiempos de Felipe II*, Barcelona 1973
Sánchez, Carlos José Hernando, *Castilla y Napolés en el siglo XVI: el virrey Pedro de Toledo*, Salamanca 1994
Sánchez Blanco, Francisco, 'Descubrimiento de la variedad humana . . . el impacto del nuevo mundo', *AEA* 45 (1985)
Sánchez González, Antonio, *Medinaceli y Colón*, Madrid 1995
Sánchez Ochoa, Pilar, 'Poder y conflicto de autoridad en Santiago de Guate- mala durante el siglo XVI', *AEA* 49 (1992)
Santamaría, Alberto, *The Chinese Parian in the Philippines, 1570–1770*, Manila 1966
Sarabia Viejo, María Justina, *Don Luis de Velasco*, Seville 1978
—, 'Historia española en torno de Hernán Cortés', *R de I* 50 (1990) Sauer, Carl, *The Early Spanish Main*, Berkeley 1966
Sayous, A. E., 'Les débuts du commerce de l'Espagne avec l'Amérique d'après des minutes inédites des archives notariales de Séville', *Revue Historique* (1934) Schäfer, Ernesto, *El consejo real y supremo de las Indias*, 2 vols., Seville 1935.
New edn with prologue by Antonio-Miguel Bernal, Madrid 2003.
Schick, León, *Un grand homme d'affaires au début du XVIe siècle: Jacob Fugger*,

Paris 1957

Scholes, France and Eleanor Adams, *Don Diego Quijada, alcalde mayor de Yucatán*, 2 vols., Mexico 1938

Schurz, William Lette, The Manila Galleon, New York 1939

Serrano, F. Luciano, *Los conversos Don Pablo de Santa María y Don Alfonso de Cartagena*, Madrid 1942

Serrano Sanz, Manuel, *Las orígenes de la dominación española en Indias*, Madrid 1918

—, *Los amigos y protectores aragoneses de Cristóbal Colón*, Madrid 1918, reissued Barcelona 1991

—, 'El Licenciado Juan de Cervantes y Don Íñigo López de Mendoza, cuarto duque del Infantado', BAE 13 (1926)

Serrera, Ramón María, *La América de los Habsburgos, 1517–1700*, Seville 2011

Shergold, N. D., A History of the Spanish Stage, Oxford 1967

Sicroff, Albert A., *Les controverses des statuts de 'pureté de sang' en Espagne du XV*ème *au XVII*ème *siècle*, Paris 1960

Sigüenza, Fray José de, *Historia de la orden de San Jerónimo*, 2 vols., Madrid 1907–9

Simpson, L. B., The Encomienda in New Spain, Berkeley 1934

Soustelle, Jacques, *La vie quotidienne des Aztèques* à *la veille de la conquête espagnole*, Paris 1955

Spivakovsky, Erika, Son of the Alhambra: Diego Hurtado de Mendoza, Aus- tin 1970

Spreti, Marchese Vittorio, *Enciclopedia histórica nobilare italiana*, 8 vols., Milan 1928–35

Stella, Alessandro, *Histoire des esclaves dans la péninsule ibérique*, Paris 2000.

— and Bernard Vincent, 'L'esclavage en Espagne à l'époque moderne; Colloque du GIREA, Naples 1997

Stirling-Maxwell, Sir William, The Cloister Life of the Emperor Charles V, London 1851

Stradling, Robert, *Philip IV and the Government of Spain, 1621–1665*, Cambridge 1988

Suárez Fernández, Luis, *Isabel I, reina*, Barcelona 2000

Super, John C., Food, Conquest and Civilisation in the Sixteenth Century, Albuquerque 1988

Tardieu, Jean-Pierre, *Cimarrones de Panamá: la forja de una identidad afroamericana*

en el siglo XVI, Madrid 2009
Taviani, Paolo Emilio, *Cristoforo Colombo*, 2 vols., Novara 1974 Teixera, Manuel, *Macau no século XVI*, Macau 1951
Telleacha Idigoras, J. L., El arzobispo Carranza y su tiempo, 2 vols., Madrid 1968
Tena Fernández, Juan, *Trujillo histórico y monumental*, Trujillo 1967
Thayer Ojeda, Tomás, *Formación de la sociedad chilena y censo de la población de Chile en los años de 1540 a 1565*, 3 vols., Santiago 1939–41
—, *Valdivia y sus compañeros*, Santiago 1950
Thomas, Henry, Spanish and Portuguese Romances of Chivalry, Cambridge 1920
Thomas, Hugh, The Conquest of Mexico, London 1993
—, *Quién es quién de los conquistadores*, Barcelona 2000
—, *Rivers of Gold*, London 2003
—, *The Golden Age*, London 2010
Thomson, I. A. A., *War and Society in Habsburg Spain*, Aldershot 1992
Tordesillas 1494, Madrid 1994
Tra Siviglia e Genova: notaio, documento e commercio nell'eta Colombina, Milan 1994
Touissant, Manuel, *La catedral de México*, 2 vols., Mexico 1924
—, *La conquista de* Pánuco, Mexico 1948
Tracy, James D., Emperor Charles V, Impresario of War, Cambridge 2002
Tremayne, Eleanor E., The First Governess of the Netherlands, Margaret of Austria, London 1908
Trevor-Roper, Hugh, *From Counter-Reformation to Glorious Revolution*, London 1992
—, *History and the Enlightenment*, New Haven 2010
Turrel, Denise, *Bourg-en-Bresse au XVIe siècle, les hommes et la ville*, Bourg- en-Bresse 1986
Twitchett, Dennis and Frederick Mote, *The Cambridge History of China*, *VIII*, *The Ming Dynasty*, *1368–1644*, Part 2, Cambridge 1998
Ullibari, Saturnino, Piratas y corsarios en Cuba, Tortuga 2004
Ulloa, Modesto, La hacienda real de Castilla en el reinado de Felipe II, Madrid 1986
Vaille, E., *Histoire générale des postes françaises*, 2 vols., Paris 1949 Valdeón Baruque, Julio, ed., 'Isabel la Católica y la política', *Instituto de* Historia Simancas, Valladolid 2001
Valgoma y Díaz Varela, Dalmiro, 'Sangre de Legazpi', *R de I* (1946)

—, *Norma y ceremonia en los reinos de la casa de Austria*, Madrid 1958
Vallee-Arizpe, Artemio de, *Virreyes y virreinas de la Nueva España*, Mexico 2000
Van der Essen, L. *Alexandre Farnèse, Prince de Parme, 1545–1592*, 5 vols., Brussels 1933
Van Durne, M., *El cardenal Granvela, 1517–1586*, Barcelona 1957
Varela, Consuelo, *Cristóbal Colón, retrato de un hombre*, Madrid 1992
Vargas, José María, *Fr Domingo de Santo Tomás*, Quito 1937
Vázquez Fernández, Luis, *La presencia de la merced en América*, Madrid 1991
Ventura, Pietro Tacchi, Opere storiche del P. Matteo Ricci, 2 vols., Macerata 1913
Vergès, Françoise, *Abolir l'esclavage, une utopie coloniale*, Paris 2000
Vernon, Ida Stevenson Weldon, *Pedro de Valdivia*, Austin 1946
Vicens Vives, J., *Política del rey católica en Cataluña*, Barcelona 1940
Vilacorta Bañõz, Antonio, *La Emperatriz Isabel*, Madrid 2009
Vila Vilar, Enriqueta with Jaime J. Lacueva Muñoz, *Familia, viajes y negocios entre Sevilla y las Indias*, Madrid 2003
—, *Mirando las dos orillas*, Sevilla 2012
Vilar, Pierre, *Histoire de l'Espagne*, Paris 1968
Vocht, Henry de, John Dantiscus and his Netherlandish Friends as Revealed by their Correspondence, Louvain 1961
Wagner, Henry R., 'Francisco Ulloa Returned', *California Historical Society Quarterly* 19 (September 1940)
—, *The Rise of Fernando Cortés*, Berkeley 1944
Walser, Fritz, *Die spanischen Zentralbehörden und der Staatsrat Karls V*, Göttingen 1959
Warren, J. Benedict, *La conquista de Michoacán, 1521–1530*, Morelia 1977
—, *Vasco de Quiroga y sus pueblos: hospital de Santa Fe*, Morelia 1990
Wedgwood, C. V., *William the Silent*, London 1945
Whitaker, Arthur P., *The Huancavelica Mercury Mine*, Cambridge 1941
Wicki, Josef, *Documenta Indica*, 18 vols., Rome 1948–88
Wilkinson Zerner, Catherine, Juan de Herrera, Architect of Philip II, New Haven 1993
Wilson, Edward M. and Duncan Noir, A Literary History of Spain: The Golden Age: Drama, London 1971
Wright, I. A., The Early History of Cuba, New York 1916
Yuste López, Carmen, *El comercio de la Nueva España con Filipinas, 1590– 1785*,

Mexico 1949
Zavala, Silvio, *Las instituciones jurídicas en la conquista de América*, 3rd edn, Mexico 1988
—, *Recuerdo de Vasco de Quiroga*, Porrúa 1965. This unites all the articles, etc., by Zavala about the matter.
Zimmerman, T. C. Price, Paolo Giovio, Princeton 1995
Zinny, Antonio, Historia de los gobernantes de las provincias argentinas, vol. 1, Buenos Aires 1920
Zubillaga, Félix, *Monumenta mexicana*, Rome 1956–81

注释

引言

1 See Leonard, *Books of the Brave*, 27.

2 见安东尼奥 · 皮加费塔（Antonio Pigafetta）的《环游世界》（*Prime viaje alrededor del mundo*）, 莱昂尼科 · 卡夫雷罗（Leonicio Cabrero）编，马德里，1985 年。

3 见休 · 托马斯（Hugh Thomas）:《黄金时代》（*The Golden Age*），第 413 页。

4 Diaz del Castillo，311.

5 Leonard, *Books of the Brave*, 29.

6 迭哥 · 克莱门辛（Diego Clemencinn）编:《拉曼查的聪明绅士堂吉诃德》（*El ingenioso hidalgo don Quijote de la Mancha*）第 1 卷，马德里，1833 年，共 8 卷，第 13 页。

7 E.Allison Peers, *Studies in the Spanish Mystics*, London 1927,2 vols.,I,8.

8 *La vida de la Santa Madre Teresa de Jesus…por ella misma* in BAE, Madrid 1861, vol. 53, 24.

9 Leonard, *Books of the Brave*, 78 ; Henry Thomas, 152-3.

序言

1 在蒙莫朗西家族中，安尼属于阳性教名。

2 See Romier I, 299, and Rublé, 14.6 Ⅰ。

3 Cavalli to the Doge, 16 December 1558, cited in Braudel, II, 945.

4 Cf González de Amezúa, I, 38, for the role of Cristina of Denmark, niece of the Emperor Charles V.

5 See Braudel, II, 105。

6 Alba, I, 501. 这封信写于 4 月 3 日，是寄给放荡不羁的费利亚公爵的。

7 Calendar of State Papers, Venetian, 1558–80,49.

8 司汤达（Stendhal）：《漫步罗马》（*Promenades dans Rome*），第 2 卷。

9 Braudel, I, 165 n 238.

10 克莱弗（Clèves）公主提到这是一份“非常壮观的礼物”（118），奕华（Édouard）也提到过珠宝盒（119）。在有关卡洛斯一世的论文中，勃兰托美（Brantôme）也提到科尔特斯曾给皇帝进献过一颗心形珍珠。

11 我是从韦奇伍德（Wedgwood, 29）的作品中得知有这段对话的。

12 亨利二世受洗时名从自己的教父——英国的亨利八世——取名 Henry，而非 Henri。

13 众所周知，沃尔特·司各特的著名小说《惊婚记》（*Quentin Durward*）讲的就是路易十一时期苏格兰卫队的故事，另外，马尔莱特（Marlet）的作品《蒙哥马利伯爵》（*Le Comte de Montgomery*）记录的就是蒙哥马利的故事。

14 关于贝萨留斯，请参看 C. E. 丹尼尔斯（C. E. Daniels）的作品《安德列·贝萨留斯》（*André Vésale*），阿姆斯特丹，1905 年。丹尼尔斯最著名的作品《人体的构造》（*De humani corporis*）于 1543 年出版。关于巴雷，请参看 M. 布鲁萨（M. Broussais）的《安布鲁瓦兹·巴雷》（*Ambroise Paré*），巴黎，1905 年。

15 克内科特（Knecht）的作品里有更为精彩的叙述，见其作品第 241—243 页。

16 路易十二也逝世于这座宫殿。

17 见让－马克·瓦尔斯（Jean-Marc Houasse）的《维克多·雨果》（*Victor Hugo*），第 1 卷，巴黎，2001 年，第 467 页。和雨果一样，蒙哥马利也曾流亡至泽西岛（Jersey）。

18 Alba, I, 509–12.

19 Qu. Braudel, II, 94.

20 Qu. Braudel, II, 948. 这封信没有收入阿尔瓦的《书信集》（*Epistolario*）。

21 腓力二世因此未能出席 1559 年 5 月 20 日在巴利亚多利德举行的大型宗教公判大会（auto-da-fé），大会仪式由胡安娜公主和卡洛斯王子主持。

22 Parker, *Philip II*, 63.

23 我从费尔南德斯·阿尔瓦雷斯的著作《腓力二世》（*Felipe II*）第 87 页查到了这一数据。费尔南德斯说，这些军队中只有 1.2 万～1.5 万人是西班牙人。

24 意大利语原文是：Il re d’Espagna e principe potentissimo e arbitro del mundo，见加查尔德（Gachard）：《威尼斯大使报告》（*Relations des ambassadeurs vénitiens*），第 558 页。

第一章　开明专制君主腓力二世

1 参见加查尔德（Gachard）：《唐·卡洛斯和腓力二世》（*Don Carlos et Philippe II*）里引用的约瑟·德·库特维尔（Josse de Courteville）的话，第 51 页。

2 参见哈克卢特（Hakluyt）的《航行记载》（*Voyages and Documents*），第 365 页。欧

弗拉希亚是普雷哈诺（Préjano）与维拉弗尔蒂（Villafuerte）的领主贡萨洛·弗朗科·德·古兹曼的女儿，贡萨洛曾是卡洛斯一世的弟弟即未来的神圣罗马帝国皇帝斐迪南王子的导师；欧弗拉希亚的母亲是玛丽亚·波雷斯（María Porres），是王后伊莎贝拉的荣誉侍女。欧弗拉希亚还为腓力二世生过一位王子，后来这位小王子于1588年随西班牙无敌舰队出海远征了。

3 包蒂斯塔·德·托莱多于16世纪初生于马德里，后来去罗马游学，在那里学习了数学、哲学、拉丁语、希腊语、雕刻以及建筑。建筑学家胡安·德·埃雷拉（Juan de Herrera）是他的学生，也是他的继任者。托莱多逝世于1567年。

4 伊莎贝拉王后平生只留下一幅画像，由意大利画家提香在她逝世后所作，现收藏于普拉多博物馆（Museo del Prado），这幅画集中表现了王后的美貌。国王卡洛斯一世十分珍爱此画。参见安东尼奥·维拉科塔·巴诺斯（Antonio Villacorta Baños）的《王后伊莎贝拉》（*La emperatriz Isabella*），马德里，2009年，第355、808页。王后画像见希拉·霍尔的《提香》一书，伦敦，2012年，第497页及以后页。

5 佩德罗·冈萨雷斯·德·门多萨也是卡洛斯一世的亲密助手。

6 埃斯特雷马杜拉家族原本叫“斯图尼加”（Stúñiga）。

7 埃尔南·科尔特斯的同代人都称他“埃尔南多”（Hernando），而非“埃尔南”（Hernán）。

8 希门尼斯·费尔南德斯（Giménez Fernández）：《巴托洛梅·德·拉斯·卡萨斯》（*Bartolomé de las Casas*），第2卷，第35页。

9 见休·托马斯（Hugh Thomas）：《黄金之河》（*Rivers of Gold*），以及希门尼斯·费尔南德斯（Giménez Fernández）：《巴托洛梅·德·拉斯·卡萨斯》（*Bartolomé de las Casas*），第2卷，第757页。

10 见费尔南德斯·阿尔瓦雷斯（Fernández Álvarez）《档案集》（*Corpus Documental*）第3卷关于皇帝查理五世的情况，第225页。

11 见肯尼斯顿（Keniston）《弗朗西斯科·德·洛斯·科沃斯》（*Francisco de los Cobos*）里科沃斯呈给卡洛斯一世的信，第271页。

12 Enríquez de Guzmán, 399.

13 在1520—1522年、1529—1534年、1539—1540年、1543—1551年及1554—1556年这几个时间段里，卡洛斯都不在西班牙。

14 西利塞奥的《数学在天文学上的应用与实践手册》（*Liber Aritmétice práctice astrologii*，巴黎，1513年）十分有名，他家族的另一名成员翻译了伊拉斯谟的名著《基督教王储培育手册》（*Enchiridíon: The Education of a Christian Prince*），安特卫普，1516年。

15 路易斯·纳尔瓦埃斯与征服者班彼罗·纳尔瓦埃斯之间并不存在亲属关系。

16 比尤埃拉琴是一种拨弦乐器，属于古提琴的范畴，琴上一般有6到7根羊肠弦，类似鲁特琴。纳尔瓦埃斯把变奏的原理引入了西班牙音乐里，详见《路易斯·米兰与比尤埃拉琴》(*Luis Millán and the Vihuelistas*)，牛津，1925 年，第 54、64 页。

17 唯一一把留存下来的比尤埃拉琴似乎收藏在法国的雅马克儿－安德烈博物馆（Musée Jacquemart-André）。

18 帕莱斯特里纳 (约 1525—1594) 取名于他出生的小镇“帕莱斯特里纳”。帕莱斯特里纳曾在罗马学习，1555 年担任拉特兰大教堂的合唱团首席指挥；1561 年 2 月，开始担任圣马利亚大教堂的合唱团首席指挥。

19 卡尔维特在 1545 年和 1549 年留下的记述正好弥补了西印度院丢失的该部分文件，尤其补充了有关贡萨洛·皮萨罗（Gonzalo Pizarro）在秘鲁反叛的资料。

20 参见卡尔维特的著作《皮萨罗在秘鲁的反叛》(*Rebelión de Pizarro en Peru*)。该书完成于 1567 年 1 月，1889 年由马德里的潘斯－曼拉出版社出版。卡尔维特 (1510—1593) 的父亲是纳瓦拉省埃斯特利亚市的一名外科医生，叔父胡安·金塔纳（Juan Quintana）当时是腓力二世的告解神父。加斯卡本人于 1533 年在博洛尼亚见到了腓力二世，其后一生基本都在担任卡洛斯一世的拉丁文顾问。西印度院详情见本书第三章。

21 Enríquez de Guzmán, 399.

22 Ibid.,137.

23 Keniston, *Cobos*, 270, and Novalín, I, 2。

24 西班牙宗教法庭属于秘密进行宗教调查的官方机构，成立于 15 世纪晚期，主要目的是迫害异端，尤其是迫害改信基督教的犹太人。

25 产褥热是妇女分娩之后常见的疾病，由生殖道感染引起。在葡萄牙人 I. P. 塞麦尔维斯（I. P. Semmelweis，1818—1865）提出产褥热的治疗方法后，产妇死于此病的几率大幅下降。

26 值得注意的是，2012 年在威斯敏斯特大厅举行的伊丽莎白二世钻石大典上，腓力被称为“腓力国王”。

27 费德里科·巴多诺出生于 1518 年，1556 年起开始担任威尼斯驻西班牙大使。他的这段论述见加西亚·梅尔卡达尔（García Mercadal）的著作第 1113 页。

28 Ibid. 后来，据吉安·弗朗西斯科·莫罗西尼（Gian Francesco Morosini）描述，腓力“皮肤白皙，长得十分迷人”，见加西亚·梅尔卡达尔（García Mercadal）：《从远古时代至 16 世纪末途经西班牙和葡萄牙的外国旅行家》(*Viajes de extranjeros por Españay Portugal desde los tiempos más remotos, hasta fines del Siglo XVI*)，马德里，1952 年，第 602—605 页。这位安东尼奥·蒂耶波洛大使自 1567 年起就已经驻在西班牙了。

29 Baodero report in García Mercadal, 1114.

30 见休·托马斯：《黄金时代》，第 522 页。

31 García Mercadal, 1434.

32 路德维希 · 冯 · 帕斯托尔生于 1854 年，见证了两个世纪的历史，1920 年担任奥地利驻罗马教廷大使。

33 摩里斯科人指受过基督教洗礼的穆斯林。

34 迭戈 · 德 · 埃斯皮诺萨 (1512—1572) 12 岁时就已担任司铎，一朝成名，而后又一夕陡落。

35 Parker, *Philip II*, 54. 那本与宗教无关的书有可能就是腓力最喜欢的骑士小说《阿马迪斯 · 德 · 高拉》。

36 阿斯皮利奎塔是纳瓦拉人，出生在潘普洛纳附近，因著有《告解神父手册》(*Manual de Confesores*，1552 年）而享有盛名。

37 贝尔纳多修士于 1509 年出生在阿尔瓦拉多的博那蒂诺（Bernardino de Alvarado）。他与征服者贝尔纳多之间并没有亲属关系。贝尔纳多出生在一个名叫弗雷斯内达的小镇（靠近布尔戈斯），所以人们都管他叫“弗雷斯内达”。在埃纳雷斯堡的阿尔卡拉城求学时，弗雷斯内达得到了腓力的权臣弗朗西斯科 · 德 · 埃拉索（Francisco de Eraso）及鲁伊 · 戈麦斯 · 德 · 席尔瓦（Ruy Goméz de Silva）的赏识。他曾于 1554 年陪同腓力去过英格兰，后来陪同腓力去过尼德兰。

38 迭戈 · 罗德里格斯 · 德 · 查韦斯是埃斯特雷马杜拉人，于 1507 年出生在特鲁希略。迭戈是多明我会修士，1547 年时去了特伦托（Trent），后来又去了萨拉曼卡，1572 年去了罗马。

39 弗朗西斯科 · 德 · 美第奇是科西摩一世（Cosimo I）的儿子，其母是那不勒斯总督的女儿埃莉奥诺拉 · 德 · 托莱多（Eleonora de Toledo），因此他有一半西班牙血统。

40 卢西安 · 弗洛伊德称这些画作是世界上最美的画作，见 Andrew Butterfield, ‘Titian and the Birth of Tragedy’ in *The New York Review of Books*, 23 December 2010. 1550 年，腓力第一次在奥格斯堡遇到提香，自那时起直到 1576 年提香逝世，腓力每年都委托他给自己作一幅画。“诗歌”系列是基于奥维德的《变形记》(洛德维格 · 多尔切译）创作的，文中提到的《迪亚娜和亚克托安》及《黛安娜和卡利斯多》现收藏于苏格兰国家美术馆（爱丁堡）；该系列的其他作品还有《黛安娜》及《维纳斯和阿多尼斯》(均收藏于马德里的普拉多博物馆)、《珀尔修斯和安德洛墨达》(收藏于伦敦的华莱士收藏馆)、《欧洲珍宝蒙难记》(收藏于波士顿的伊莎贝拉嘉纳艺术博物馆）及《阿克泰翁之死》(收藏于伦敦的英国国家美术馆)。普拉多博物馆珍藏的提香作品当中有两幅都画了腓力。参见希拉 · 霍尔的《提香》，伦敦，2011 年 , 第 518 页。

41 Ibid.,512.

42 Ibid.,531.

43 胡安的生母是一名叫芭芭拉 · 普朗博姬（Barbara Plumberger）的德意志姑娘，来自雷根斯堡。胡安可能出生于 1547 年。

44 玛格丽特的母亲是奥德纳德的胡安娜 · 范 · 登 · 吉恩斯特（Juana van den Gheynst）。

45 Parker, *Philip II*, 8.

46 1570 年，教皇庇护五世发布谕旨，指出参加斗牛会是弥天大罪，应当被逐出教会。教皇格列高利十三世减轻了对参加斗牛会的惩罚，但到了教皇西克斯图斯五世时，他又想重新实施庇护五世的那套惩罚措施。尽管腓力二世个人并不喜欢斗牛，但他反对教皇这么做，说"这严重侵犯了他的王国"，并就这个问题同罗马教廷进行了交涉。到了教皇克雷芒八世统治时期，他只对参加斗牛大会的司铎进行惩罚。以上内容请参看本纳萨（Bennassa）：《斗牛史》（*Historia de la tauromaquía*），第 107 页及以后各页。

第二章　腓力二世的官僚治国

1 引自瑞斯忒斯 · 费拉拉（Orestes Ferrara）的著作。费拉拉曾任古巴外交部长，我曾有幸于 1963 年在罗马见到了他，当时他把这部传记作品赠送给了我。

2 该地图的最新版于 1986 年出版。韦恩戈尔德是布鲁塞尔人，起初在低地国家作画；1552—1553 年去了意大利，1557 年成为腓力的御用画家。大多数有关西班牙的画作都是他在 1570 年创作的。1572 年，韦恩戈尔德双手残废，自此辞别画家生涯。

3 弗朗西斯科 · 多明格斯 1576 年去了尤卡坦半岛，但他的调查报告始终未出版。

4 1982 年，雷纳 · 阿库那 (René Acuna) 为墨西哥国立自治大学新编了一套美洲宇宙志，全书共有 10 卷。

5 胡安 · 依纳爵 · 古铁雷斯 · 涅托（Juan Ignacio Gutiérrez Nieto）：《论定都马德里》（"En torno al problema del establecimiento de la monarquía hispánica en Madrid"），载《西欧杂志》（*Revista de Occidente*）第 27—29 期，尤其是第 8 卷，1983 年，第 52 页—65 页。

6 索福尼斯巴 · 德 · 克雷莫纳是这一时期的意大利画家，腓力二世擢升其为宫廷画家。

7 1531 年，阿隆索 · 桑切斯 · 科埃略出生于巴伦西亚的贝尼法伊罗，1558 年在马德里去世。1550 年，桑切斯在里斯本与莫罗共事，后来成著名宫廷画家。

8 胡安 · 潘托哈 · 德拉 · 克鲁斯（1545—1610）是马德里人，师从桑切斯 · 科埃略。他的著名肖像画中有一幅不知名的女性肖像。他还创作了《圣母和基督的诞生》。这两幅画均藏于普拉多博物馆。

9 卡门（Kamen）：《西班牙的腓力》（*Philip of Spain*），参见马丁内斯 · 米兰（Martínez Millán）与埃斯库拉 · 雷维拉（Esquerra Revilla）合著的《查理五世与欧洲人文主义政治的破产》（*Carlos V y la quiebra del humanismo político en Europa, 1530–1558*）第 3 卷，第 331 页。佩雷斯于 1500 年出生在塞戈维亚，其父巴托洛梅 · 佩雷斯在宗教法庭担任秘书大臣一职，是蒙雷亚尔德亚里萨（萨拉戈萨）人。然而，胡安 · 希尔（Juan

Gil）研究皈依者的名作《天主教皈依者与塞维利亚宗教法庭》（*Los conversos y la Inquisición sevillana*）里并没有提到佩雷斯。

10 见帕克（Parker）的《腓力二世》（*Philip II*），第28页，引自托马斯·德·阿尔门特罗斯。阿尔门特罗斯是布拉班特人，但其父母都是西班牙人。1565年6月30日，阿尔门特罗斯开始担任帕尔马的玛格丽特的秘书及顾问。

11 1526年，萨亚斯在埃西哈出生；1546年起为腓力二世效力。

12 See Marañón.

13 休·托马斯：《黄金之河》，第20、21页。

14 见本书第四章。

15 在第二首牧歌中，阿尔巴尼奥向牧羊女卡米拉求爱被拒，只得继续寻找爱情。

16 亨利·卡门（Henry Kamen）非常精彩地记述了阿尔瓦的生平，此前威廉·马特比（William Maltby）也记述了他的生平，这两本著作请见参考文献部分。第十代阿尔瓦公爵将他的书信整理出版，即《第三代阿尔瓦公爵书信集》（*Epistolario del III Duque de Alba*），马德里，1952年。

17 Kamen, *Philip of Spain*, 214.

18 佛罗瑞斯·德·蒙莫朗西是来自卡斯蒂利亚的佛兰德斯贵族，年轻时为卡洛斯一世远征法国。

19 卡门·伊格莱夏斯（Carmen Iglesias）在论文《论君主制政府》（"El gobierno de la monarquía"）中进一步引申了这些观点，详情参见鲁伊斯·马丁（Ruiz Martín）的《君主腓力二世》（*La Monarquía de Felipe II*），第501—550页。

20 曼努埃尔·费尔南德斯·阿尔瓦雷斯（Manuel Fernández Álvarez）将这些基于众多事务部建立的政府体系称为*polisinodial*。

21 Juana to Philip II, 11 October 1558, in Fernández Álvarez, *corpus documental*, IV, 451.

22 使馆花销：罗马为1.2万达克特，维也纳为8000达克特，巴黎为6000达克特，伦敦、威尼斯、热那亚及里斯本各为4000达克特。

23 议会有权对税收政策进行表决，有权监督王位的继承或表达不满。并非每个城市在议会都拥有自己的代表。一直以来，以下18个城市在卡斯蒂利亚议会都拥有2名代表，包括北部的莱昂、托罗、萨莫拉、萨拉曼卡、巴利亚多利德、布尔戈斯、索里亚、塞戈维亚及阿维拉，中部的托莱多、马德里、瓜达拉哈拉及昆卡，南部的穆尔西亚、哈恩、科尔多瓦、塞维利亚及格拉纳达。加利西亚、阿斯图里亚斯、埃斯特雷马杜拉及坎塔夫里亚就没有代表名额，因此就由萨莫拉代表加利西亚，由莱昂代表阿斯图里亚斯，由布尔戈斯代表桑坦德（坎塔夫里亚的首府），由萨拉曼卡代表埃斯特雷马杜拉。议会由国王召集，腓力二世统治期间一共召开过12次会议。阿拉贡议会的召开地点通常在蒙宗，分为三级召开——包括贵族、神职人员及市民，议会成员分为阿拉贡人、加泰罗尼亚人及巴伦西亚人。

24　费尔南德斯 · 阿尔瓦雷斯（Fernández Álvarez）在《腓力二世》（*Felipe II*）的第四章提到过王室的财务问题。

25　康德－杜克 · 德 · 贝纳文特（Conde-Duque de Benavente）拒绝"金羊毛"骑士的封号，他不想要这种勃艮第人的头衔。See Sandoval, III, 172.

第三章　腓力二世和他的帝国

1　有关传记资料请参看马丁 · 米兰（Martínez Millán）的《卡洛斯一世的议会》（*La corte de Carlos V*），第 212—220 页；也可参看 E. 梅内塞斯 · 加西亚（E. Meneses García）的论文《1489—1522 年的蒙德哈尔侯爵路易斯 · 乌尔塔多 · 德 · 门多萨》（"Luis Hurtado de Mendoza, marqués de Mondéjar 1489-1522"），载《西班牙》（*Hispania*）1976 年第 36 期，第 525—566 页。同文亦收于《阿尔汉布拉笔记》（*Cuadernos de la Alhambra* ）第 18 册，1982 年，第 148—177 页。

2　当时负责营造宫殿的建筑师是托莱多人佩德鲁 · 马丘卡，他曾与米开朗琪罗短暂共事过一段时间。王室会议本想把这座宫殿建得传统一点，但门多萨成功按照自己的想法把它建成了文艺复兴时期的风格，为热衷引进意大利文艺复兴成果的门多萨家族做出了恰到好处的贡献。

3　阿尔瓦罗 · 德 · 巴桑（约 1495—1555）的父亲曾担任卡斯特罗韦尔德指挥官，母亲是玛丽亚 · 曼努埃尔。阿尔瓦罗很早便为西班牙国王效力，曾在巴伦西亚抗击德意志人。1523 年，担任王室军舰舰长。1535 年，随卡洛斯一世远征突尼斯。1544 年荣升西班牙西海岸舰队司令。

4　令人惊讶的是，乌尔塔多 · 德 · 门多萨和安东尼奥都是赫赫有名的玛丽亚 · 帕切科（María Pacheco）的哥哥，1520 年的卡斯蒂利亚起义就是由玛丽亚的丈夫胡安 · 德 · 帕迪拉（Juan de Padilla）领导的。玛丽亚后来在葡萄牙避难，门多萨绞尽脑汁想让皇帝赦免玛丽亚，但最终没有成功。

5　（罗耀拉的）圣依纳爵，详见第五章注释 2。

6　卡兰萨大主教，详见第四章注释 22。

7　见希尔（Gil）：《天主教皈依者与塞维利亚宗教法庭》（*Los conversos y la Inquisición sevillana*）第 5 卷，第 377 页。德萨（Deza）也皈依了天主教。

8 见休 · 托马斯：《黄金时代》，第 505 页。

9　此次争议围绕两个针锋相对的观点展开，拉斯 · 卡萨斯坚持西班牙应人道地对待印第安人，而塞普尔韦达却坚称这样做十分危险，没有可行性。《黄金时代》详细介绍了此次争议的讨论情况。

10　请参考菲利浦 · 科尔（Philip Kerr）对罗斯福当任期间华盛顿生活的评价。根据我本人的经历，玛格利特 · 撒切尔当任时唐宁街的生活也是这样。

11 休 · 托马斯在《黄金之河》(第203—205页)中详细介绍了贸易署的组织形式和职能，介绍了贸易署下财务大臣、审计官、代理商及贸易署署长的主要职责。当时西班牙贸易署主要负责监督商业贸易、探险活动及殖民地征服活动。

12 注意区分格拉西亚诺和他的哥哥胡安的职责，胡安当时也在王室任职。见《西班牙传记词典》(*Diccionario Biográfico Español*)第9册，第478页。

13 Suárez de Peralta, 173–83.

14 Fernando Benítez,183.

15 洛克哈特(Lockhart):《西班牙的秘鲁，1532—1560年》(*Spanish Peru, 1532-1560*)，第7页。

16 见休 · 托马斯《黄金时代》(第279—281页)。在征服秘鲁的过程中，阿尔马格罗本是弗朗西斯科 · 皮萨罗的伙伴，后来变成了他的敌人。

17 Hemming, *The Conquest of the Incas*, 294.

18 洛克哈特(Lockhart):《西班牙的秘鲁，1532—1560年》(*Spanish Peru, 1532-1560*)，第37页。马丁 · 德 · 阿万达诺早年为巴尔迪维亚效力，曾率领一支王家舰队驶离秘鲁。1557年时卡洛斯一世在尤斯特修道院接见过阿万达诺，巴尔迪维亚在维亚瑞卡附近授予了他一块不错的监护领地。

19 Noble, 62.

20 托莱多曾在巴利亚多利德担任法官，是西印度院的法官，毕业于萨拉曼卡大学，是胡安 · 萨米恩托的门生。

21 休 · 托马斯:《黄金时代》，第286页。当时埃尔南多还在狱中，据说他杀害了阿尔马格罗。

22 其他股东还包括皮萨罗在巴拿马的大管家迭戈 · 德 · 波拉斯(Diego de Porrás)、神父胡安 · 德 · 阿森西奥(Juan de Asensio，他还是个买马行家)、热那亚人佩德罗 · 宾哈德(Pedro Pinehard)及佩德罗 · 卡塔诺(Pedro Catano)，还有巴斯克人多明戈 · 德 · 索拉露斯(Domingo de Soraluce)。

23 《七章律》,律法第六条，第四章，第三部分。

24 耐心的历史学家通过阅读这类调查问卷，可以大量了解西班牙统治时期印第安人的生活。这类调查问卷与官员离任时接受的司法弹劾讯问没有明显的区别。参见马里卢茨 · 乌尔基霍(Mariluz Urquijo)《论西印度司法弹劾审判》(‘Ensayo sobre los juicios de residencia indianos’)，载《西班牙语美洲》(*Hispano-Americanos*)第70期。也见德 · 拉佩诺-德拉 · 卡梅拉(De la Peña y de la Camera)《西印度档案里西班牙人司法弹劾名单：1516—1775年》(*A List of Spanish Residencias in the Archivo de Indias, 1516–1775*)。

第四章　帝国的神权政治

1 Cuevas, 388, and Ricard, 80.

2 安东尼奥·博内特·科雷亚（Antonio Bonet Correa）:《拉丁美洲的修道院》（*Monasterios Iberoamericanos*），马德里，2000 年。

3 吉贝尔蒂（1498—1585）来自佛罗伦萨的图卢兹。我们不禁会好奇，他是否与佛罗伦萨大洗礼堂的设计者洛伦佐·吉贝尔蒂有亲缘关系。

4 清规派又作 Observantines，指恪守圣方济各制定的会规的修士。清规运动于 1368 年在意大利兴起。

5 Cheetham, 144.

6 Hanke, *The Spanish Struggle for Justice in the New World*, 81.

7 休·托马斯:《黄金时代》，第三十章。

8 Ricard, 189.

9 Ricard, 244.

10 Ricard, 242.

11 Motolinía, 119.

12 有关塞普尔韦达，见圣地亚哥·穆尼斯·马查多（Santiago Muñz Machado）:《塞普尔韦达：神圣罗马帝国皇帝的御用编年史家》（*Sepúlveda, cronista del emperador*），巴塞罗那，2012 年。

13 休·托马斯:《黄金时代》，第十四章。

14 *requerimiento*（“要求书”）是西班牙殖民者读给印第安人的有关天主教信仰声明，企图说服、确保印第安人接受基督教教义，臣服于西班牙国王。胡安·安东尼奥·奥尔特亚－梅迪纳（Juan Antonio Ortega y Medina）认为，路易斯·乌尔塔多·德·托莱多（Luis Hurtado de Toledo）和米凯·德·卡瓦哈尔（Micael de Carvajal）所写的著名诗歌《死亡颂歌》（*Cortes de la Muerte* ）(BAE, XXV,1—41) 就反映了拉斯·卡萨斯和塞普尔韦达在巴利亚多利德的分歧。参见胡安·安东尼奥·奥尔特亚－梅迪纳的《<死亡颂歌>里关于印第安犯人的赦免》（‘El Indio absuelto y las Indias condenadas en las Cortes de la Muerte’），载《墨西哥历史研究》（*Historia Mexicana*）第 4 卷，1955 年 4 月—6 月。乌尔塔多·德·托莱多在圣维森特－托莱多担任堂区司铎，而卡瓦哈尔（生于 1500 年）是来自普拉森西亚的剧作家，出身于埃斯特雷马杜拉一个古老世家，作品《何塞菲娜的悲剧》（*La Tragedia llamada Josefina* ）于 1535 年获得了巨大成功。

15 Hanke, *All Mankind is One*, 116.

16 1604 年阿格特在科尔多瓦逝世，父亲是科尔多瓦市的市政议员。阿格特涉猎广泛，是人文主义者，也是当时著名的检审官。

17 Hanke, *The Spanish Struggle for Justice in the New World*, 117.

18 Pastor, XIV, 278–9.

19 Ibid.,14.

20 当时卡洛斯一世头脑依然很活跃。1557 年 9 月，他从尤斯特致信科沃斯的表弟胡安·巴斯克斯·德·莫利纳，谈论满载美洲珠宝的西班牙战舰抵达国内的问题。

21 Stirling-Maxwell, 186.

22 1557 年 6 月，教皇保罗四世对着威尼斯使臣纳瓦格罗（Navagero）激烈地攻击查理五世，说他是个“异端分子，是分裂教会者，总是采用错误的教条打压宗教法庭。如果他想要卡兰萨官复原职的话，‘我们定会誓死抵抗，让他的皇帝尊严扫地，公开宣布他就是魔鬼选来妨碍教皇进行改革的人’”。

23 希尔（Gil）:《天主教皈依者与塞维利亚宗教法庭》（*Los conversos y la Inquisición sevillana*）第 1 卷，第 338 页。

24 卡门（Kamen）在《想象西班牙》（*Imagining Spain*）中对这一举措进行了批判性探讨，第 172 页。

25 See Wilson and Noir.

26 *CDI*, XLII, 62,466-467. 1531 年 4 月 14 日，在奥卡尼亚。当时查理五世还在意大利。

27 雷纳德在《勇士传奇》第 7 章中精彩地探讨过这个问题。

28 Cuevas, I, 1914, 322.

29 Ricard, 81.

30 Ibid.,244.

31 Pastor, XIII, 303.

32 Ricard, 270.

33 Ibid.,81.

34 Kubler and Soria, *Art and Architecture in Spain and Portugal and in their American Dominions, 1500-1800*, 66.

35 Pastor, XVIII, 344.

36 Ibid.

37 Ibid.,345.

38 Pastor, XX, 501–2.

39 Qu. Ricard, 173.

40 加西亚·伊卡巴尔塞特（García Icazbalceta）:《墨西哥历史档案资料汇编》，（*Colección de documentos para la historia de México*），第 2 卷，第 509—512 页。

41 相关讨论详见 Corresp. Dipl., I, 437ff, cit. Pastor, XVIII, 330.

42 Ricard, 321. 见 too Hugh Thomas, *The Golden Age*, 40, and Cheetham,136ff.

43 萨阿贡是方济各会修士，博学多识，于 1529 年抵达新西班牙。他毕其一生都在研究美洲被西班牙人发现之前的历史。1585 年，代表作《新西班牙纪事》(*Historia General de las cosas de Nueva España*)出版。这本书后来以《佛罗伦萨手抄本》闻名，因为原稿收藏于佛罗伦萨的圣劳伦斯图书馆。这本书用西班牙语写成，有纳瓦特语版本相参照。丹麦作家亨瑞克 · 斯坦格鲁普（Henrik Stangerup）将萨阿贡传奇的一生写成了小说。

44 Hanke, *Aristotle and the American Indians*, 83.

45 Egana qu. Hanke, *The Spanish Struggle for Justice in the New World*, 133.

46 *CDIHE*, XIII,425ff.

47 1567 年庇护五世发布的教皇诏令通过了这项请求。这则诏令实际上延续了教皇阿德里安六世 1522 年发布的诏令，该诏令规定，修士进行听证忏悔、提供圣餐的活动时，不必征得主教同意。这些特权给予修士很大权力，他们在欧洲不曾享有这些权力。见 Ricard, 109; 见 Pastor, XV, 363，总结部分。

48 Pastor, XVII, 210.

49 注意当时还有慈爱圣母会，巴斯克斯 · 费尔南德斯（Vázquez Fernández）在他的书里全面总结了该团体在美洲的活动。

第五章　来自耶稣会的挑战

1 1544 年，耶稣会大学在巴伦西亚建立；1545 年，巴利亚多利德、甘迪亚、巴塞罗那建立了耶稣会大学；次年，阿尔卡拉也建立了耶稣会大学。萨拉曼卡的耶稣会大学可以追溯到 1548 年，布尔戈斯的可以追溯到 1550 年，梅迪纳 - 德尔坎波的可以追溯到 1551 年，奥尼蒂亚的可以追溯到 1552 年，科尔多瓦的可以追溯到 1553 年。1554 年，阿维拉省、昆卡省、帕伦西亚省、塞维利亚、格拉纳达、锡曼卡斯、桑卢卡尔 - 德巴拉梅达纷纷建立了耶稣会大学。1555 年，穆尔西亚和萨拉戈萨相继建立耶稣会大学。1556 年，加利西亚省的蒙特雷市也建立了耶稣会大学。

2 1537 年之前依纳爵名为“伊尼戈”(Íñigo)，1537 年到 1543 年间用拉丁名“伊格那修”(Ignacio)，1543 年之后多称为“依纳爵”。

3 Pastor, XII, 21-2.

4 我们之前提过卡拉法这个人生性乖戾，但很有才。参见第四章。

5 *Spiritual Exercises*.

6 Martín, *The Intellectual Conquest of Peru*, 10.

7 Pastor, XX, 504.

8 Ibid., 476.

9 Ibid., 477.

10 Ibid., 454.

第六章　墨西哥的困境

1　汉克（ Hanke）:《哈布斯堡家族统治时期的西属美洲总督》(*Los virreyes espanoles en América durante el gobierno de lacasa de Austria*)，第 1 卷，墨西哥。

2　Gibson, 175.

3　Ibid., 187.

4　See C. H. Haring, *Trade and Navigation between Spain and the Indies in the Time of the Hapsburgs*.

5　Schafer, I, 9.

6　See Leonard, *Books of the Brave*, 97–8,for a summary.

7　正如洛杉矶艺术博物馆描述的那样，“西班牙殖民世界中富有争议的场景”。

8 See Bleichman.

9　1559 年，拉斯 · 卡萨斯预言，伊斯帕尼奥拉即将成为远胜于西班牙的王国，“法国国王一想到这点就会不寒而栗”。同样在 1559 年，腓力决定在西班牙为不知疲倦的拉斯 · 卡萨斯提供一席之地，“鉴于他一直效忠于卡洛斯一世和腓力，腓力的礼遇提高了卡萨斯的地位”。拉斯 · 卡萨斯连续在卡洛斯一世和腓力二世统治时期任职，是两朝元老，这足以说明他魅力非凡。

10　Gibson, 25.

11　费利克斯 · 欣茨（Felix Hinz）:《早期新西班牙的西班牙化历程》(‘The Process of Hispanisation in Early New Spain’), 收入《西印度述评》(*R de I*)，第 243 期 ,2008 年。

12　Gibson, 160.

13　赫尔哈德（Gerhard）:《新西班牙地理史，1519—1821 年》(*Geografía histórica de la Nueva Espana, 1519–1821*)，第 144—146 页。

14　“调和的妥协”说法见吉布森（Gibson）:《西班牙统治下的阿兹特克人》(*The Aztecs under Spanish Rule*)，第 57 页。

15　See Soustelle.

16　Gibson, 57.

17　Ibid., 174.

18　见休 · 托马斯:《黄金时代》, 第 494 页及以后各页。玛丽亚 · 胡斯蒂娜 · 萨拉维亚 · 别霍（María Justina Sarabia Viejo）的传记作品《路易斯 · 德 · 贝拉斯科先生》(*Don Luis de Velasco*) 写得十分精彩，值得关注。

19　汉克（Hanke）:《哈布斯堡家族统治时期的西属美洲总督》(*Los virreyes espanoles en América durante el gobierno de lacasa de Austria*)，第 128 页。

20　Gibson, 257.

21 1395 年，奥托米人四处奔逃，逃到了萨图坎湖（Lake Xaltucan）东岸、特拉斯卡拉及马萨特兰。

22 Gibson, 309.

23 1 个“*fanega*”约等于 72 平方米可耕地。

24 Gibson, 323.

25 Ibid., 324. 也见沃尔特 · V. 斯科尔斯（Walter V. Scholes）:《迭戈 · 拉米雷斯的视察》（*La visita de Diego Ramírez*），哥伦比亚，1946 年。

26 L. B.Simpson：*The Exploitation of Lands in the Sixteenth Century*,Berkeley 1952, 1–2. 辛普森（Simpson）是 20 世纪中叶加州大学伯克利分校著名历史学家。

27 See Herman Konrad, *A Jesuit Hacienda in Colonial Mexico: Santa Lucia 1576–1767*, Redwood, 1980.

28 Gibson, 277.

第七章　征服者的后裔贪求太多

1 科尔特斯的家臣可能不止 2.3 万名。See Gibson, *The Aztecs under Spanish Rule*, 231.

2 原文为西班牙语。

3 Gibson, 83.

4 Ibid., 36.

5 See below, Chapter 18.

6 有些英国水手被送到了手工工场，如乔布 · 希斯洛普 1570 年在韦拉克鲁斯被抓获，送进了手工工场。

7 La Fuente, 30.

8 Fernando Benítez, 82.

9 Suárez de Peralta, 189.

10 See *CDI*, XXV, 273.

11“克里奥尔人”主要指的是在新世界出生的西班牙人或欧洲人，并非指出生在卡斯蒂利亚的西班牙人。

12 Fernando Benítez, 186.

13 AGI, Patronato, 203 r1 f3; 玛丽亚 · 胡斯蒂娜 · 萨拉维亚 · 别霍说，侯爵与巴尔德拉马走得近，这“给总督贝拉斯科生前的最后几个月蒙上了一层阴影”。

14 Fernando Benítez, 46.

15 汉克（Hanke）:《哈布斯堡家族统治时期的西属美洲总督》（*Los virreyes espanples en América durante el gobierno de la casa de Austria*），第 155 页。

16 这两兄弟是贝纳维德斯之子，1522 年，贝纳维德斯曾从老阿隆索 · 德 · 阿维拉手中获得了库奥蒂特监护领地。

17 Paso, X, 45.

18 See Gibson, 123.

19 Fernando Benítez, 186; 赫尔哈德（Gerhard）:《新西班牙地理史，1519—1821 年》（*Geografía histórica de la Nueva España,1519–1821*），第 66 页。

20 这次的克里奥尔人危机似乎是新西班牙 16 世纪 60 年代遭遇的最严重的问题，但除此之外殖民地还出现了其他危机。例如，在 1565 年 10 月 11 日致检审法院的备忘录中，新西班牙第二任大主教、格拉纳达宗教法庭前庭长联名其他几位新西班牙主教一同谴责残存的旧宗教：“皈依天主教的印第安人随时都做好重拾旧教条、宗教仪式、人祭和迷信的准备，这是众所周知的。”例如，在查尔玛，“信众会在人迹罕至的山洞里集会；在乔卢拉，信众有时会把他们的神像藏在我们的十字架下面，领导这些信众的除了酋长，还有一些老祭司和巫师”。See Fernando Benítez, 199，Ricard, 270.

21 Fernando Benítez, 200.

22 可以在汉克的《哈布斯堡家族统治时期的西属美洲总督》（第 168 页）一书里找到这些命令，都是由腓力二世在 1566 年 3 月 10 日签署的。文件的多数内容与 1550 年下达给路易斯·德·贝拉斯科的任命书一样，不过这份文件中新加了促进胭脂虫颜料和丝织品制造业发展的内容。16 世纪 60 年代，丝蚕广为养殖，莫多里尼亚说：“这个地方将成为基督教世界主要的丝蚕培育地。”科尔特斯似乎是墨西哥丝织行业的创始人。

23 Suárez de Peralta, 208.

24 遭到软禁的克里奥尔人包括：路易斯·德·卡斯蒂利亚、佩德罗·洛伦佐·德·卡斯蒂利亚、贝尔纳迪诺·帕切科·德·博卡内格拉、努诺·德·查韦斯、路易斯·庞塞·德·莱昂、埃尔南多·德·科尔多瓦、弗朗西斯科·帕切科、洛佩·德·索萨、阿隆索·德·埃斯特拉达、阿隆索·德·卡布雷拉、埃尔南·古铁雷斯·德·阿尔塔米拉诺以及胡安·德·古兹曼。

25 Gibson, 63.

26 他也是第一位被正式称呼为“阁下”，而不是“先生”的总督。See Hanke, *Virreyes*, 163，Paso, X, 161-209.

27 这三位分别是：加斯帕德·德·杰拉巴、阿隆索·德·穆尼奥斯业士和路易斯·卡里略博士。

28 参见《西印度档案总集》（AGI）其他次要信息汇编（Indiferente），第 1424 卷宗，以及汉克（Hanke）《哈布斯堡家族统治时期的西属美洲总督》（*Los virreyes espanples en América durante el gobierno de la casa de Austria*），第 169 页及以后各页。

29 Schäfer, II, 54; Hanke, *Virreyes*, 169.

30 Hanke, *Virreyes*, 170.

31 基本上可以说，苏亚雷斯 · 德 · 佩拉尔塔（230 页）受到了和费尔南多 · 贝尼特斯（220 页及以后各页）一样的待遇。

32 我们不要忘记，非洲黑人是这里的第三大种族。

第八章　和平的新西班牙

1 参见 P.W. 鲍威尔（P. W. Powell）:《记一位美洲总督：马丁 · 恩里克斯，1568—1583 年》（'Portrait of an American Viceroy: Martín Enríquez,1568–1583'），载《美洲》（*The Americas*）第 14 卷第 1 期，1957 年 7 月。也见汉克（Hanke）:《哈布斯堡家族统治时期的西属美洲总督》（*Los virreyes espanales en América durante el gobierno de la casa de Austria*），总督的命令见第 188—202 页。另见加西亚－阿瓦索洛（García-Abasolo）编:《马丁 · 恩里克斯 1568 年在新西班牙的改革》（*Martín Enríquez y la Reforma de 1568 en Nueva Espana*）。

2 Hanke, *Virreyes*, 188.

3 费尔南 · 冈萨雷斯 · 德 · 埃斯拉瓦出生在托莱多，他是奥古斯丁会的修士，出生于皈依了天主教的家庭。1558 年，埃斯拉瓦去了新世界，16 世纪 60 年代成为著名诗人、剧作家。正因如此，他的作品中充满对故乡的依恋之情。

4 *CDI*, III, 480.

5 阿图罗 · 阿帕里西奥 · 拉塞尔纳（Arturo Aparicio Laserna）:《血腥之海》（*Mar de Sangre*），波哥大，2010 年，第 248 页。书里详细讲述了英国战败的过程。

6 Hanke, *Virreyes*, 294.

7 本文第 26 章提供了估计的数目。

8 阿尔韦托 · M. 卡雷纳（Alberto M. Carrena）编:《贡萨洛 · 戈麦斯 · 德 · 塞万提斯：16 世纪末新西班牙的社会经济生活》（*Gonzalo Gómez de Cervantes: la vida económica y social de Nueva Espana al finalizar el siglo XVI*），墨西哥，1944 年，第 99—101 页。

9 弗朗西斯科 · 贝塞拉（1545—1601）是托莱多大教堂的主建筑师埃尔南 · 冈萨雷斯 · 德 · 劳拉的外孙。

10 克劳迪奥 · 德 · 阿塞内加（1524—1593）是勃艮第人胡安 · 德 · 马伊乌斯和一位西班牙妇女的儿子。因为他妹夫的重婚罪，阿塞内加和宗教法庭之间有过节。起先他是莱昂一位法国人雇用的雕刻工人，他的第一份重要工作就是在梅里达城堡做雕刻工作，之后又为阿卡拉大学雕刻立面像。16 世纪 50 年代，他参与瓜达拉哈拉圣地亚哥教堂的建设。1554 年，他离开了西班牙，与督办路易斯 · 德 · 莱昂 · 罗马诺一同来到了墨西哥的普韦布拉。之后他又承担了大量的建筑项目，其中最重要的就是对科尔特斯卡萨斯 · 维嘉斯遗址进行改造，其次是建设帕慈库罗教堂、圣奥古斯丁教堂、圣多明各教堂，还有修建查理五世在墨西哥的陵墓，以及修建墨西哥城耶稣医院，据说耶稣医院中还有科尔特斯的遗物。*DBE* 中有关他的传记读来非常令人钦佩。

11 有关这座教堂写得最好的一本书是曼努埃尔·托斯赛恩特（Manuel Toussaint）的《墨西哥的大教堂》（*El catedral de México*，2 册，墨西哥，1924 年）。佩雷恩斯 1530 年出生在安特卫普。在 1566 年随法尔塞斯总督来到新西班牙之前，他曾经广游欧洲。不过最后佩雷恩斯受到了宗教法庭的指控。在新西班牙，他被看作高雅艺术大师，他一生创作过无数画作。

12 See above, Chapter 5.

13 Gibson, 329.

14 Ibid., 93.

15 See Hamilton, *American Treasure and the Price Revolution in Spain,1501–1650*.

16 如今，银汞合金已经广为接受，是非常重要的合金，也是目前水银的主要用途。

17 See Francisco Hernández.

18 *DBE*, XVIII, 296.

19 主教对塞万提斯的性格进行了抨击："加仑·弗朗西斯科·塞万提斯已经 60 岁了，但依然风流成性，他竟然被喻为伟大的拉丁语专家，虽然他已经这把年纪了，没法再……他喜欢被赞美，爱听谄媚之词。他性情反复多变，没有任何的操守或道德可言；他野心勃勃，想出人头地，且深以为自己有一天能当上主教，人们还拿这个跟他开玩笑……"见《印第安地图》（*Cartas de Indias*）, BAE, vols. 95–96, Madrid 1957, 305.

20 这本书的作者可能是罗哈斯。本书英文版由 L. B. 辛普森翻译，译文十分流畅。

21 See Braudel, I, 55.

22 科鲁尼亚是卡斯蒂利亚地区靠近阿兰达·德·杜罗河的一个小村落，与加利西亚省的拉科鲁尼亚港并无关联。

23 司法弹劾制的定义参见本书第三章。

24 见汉克（Hanke）《哈布斯堡家族统治时期的西属美洲总督》（*Los virreyes espanales en América durante el gobierno de la casa de Austria*）引言，第 1 卷，第 202 页。

25 水银主要用于白银贸易。

26 See Parry, *The Spanish Seaborne Empire*, 194.

27 休·托马斯的《黄金时代》对此均有探讨。

28 Gibson, 120.

29 有关萨阿贡的资料请参考休·托马斯《征服墨西哥》（The Conquest of Mexico），伦敦，1993 年，第 777、778 页。方济各会的新任会长罗德里戈·德·塞奎拉要求萨阿贡把他的著作的副本抄送一份给西印度院，萨阿贡按要求送去了副本，但这本书直到 19 世纪中叶才得以出版。

30 门迭塔的纳瓦特语似乎说得很流利。

31 Leonard, 103. 有趣的是,《尼西亚的弗洛里塞尔先生》作者之子迭戈 · 德 · 席尔瓦曾征服印加，在库斯科生活过一段时间。

32 这些著作的出版时间顺序可参考 Henry Thomas, 147–8.

33 参看第十一章。

34 译者似乎是塞维利亚人安德列斯 · 佩斯西奥尼（Andrés Pescioni）。

第九章　托莱多总督在秘鲁

1 汉克（Hanke）:《哈布斯堡家族统治时期的西属美洲总督》（*Los virreyes espanales en América durante el gobierno de la casa de Austria*），第 294 页。

2 Toledo, I, xiii.

3 *CDHI*, XVII, 51ff.

4 Leonard, *Books of the Brave*, 88.

5 至于为什么需要花费这么长时间，请参考第 26 章的分析。

6 阿科斯塔 1570 年去了秘鲁，在 35 岁时就成了耶稣会管事。他跋山涉水，穿越了秘鲁全境。亚里士多德曾说赤道带上的所有地方都十分炎热，阿科斯塔觉得这种说法非常有趣，他发现亚里士多德忽略了一点——即便是纬度相同，赤道带上仍有寒冷的地方。1587 年，阿科斯塔来到新西班牙，他的《论如何在印第安地区说教布道》（*De Procuranda Indorum Salute*，1588 年）是第一部由耶稣会士撰写的关于美洲的著作。这本书的第一章是“为什么绝不能放弃拯救印第安人的希望？”，第二章是“为什么很多人认为拯救印第安人看起来困难重重，也无足轻重？”他反对借口印第安人违背自然法则而犯下罪行，来发动所谓正义之战。实际上，阿科斯塔赞同拉斯 · 卡萨斯的观点，却从不引用他的作品——这可能是因为当时另一名耶稣会士路易斯 · 洛佩斯就因为持有与拉斯 · 卡萨斯相似的观点，在秘鲁被指控并接受调查。阿科斯塔的《印第安人的天性道德史》（*Natural and Moral History of the Indies*，1590 年）提出印第安人“具备被教导的天资，他们的天资甚至比我们自己的民众还要高”。他曾致信腓力二世，反对向印第安人征收不合理的税费，他把殖民者称为“西班牙的废物”。1587 年，他被任命为阿隆索 · 桑切斯的上级，这么做是为了规避桑切斯神父入侵中国的提议。请参看阿科斯塔的‘Parecer sobre la guerra de la China breve y conciso’ (15 March 1587) 及‘Respuesta de los fundamentos que justifican la guerra contra la China’ (23 March 1587), 后面这封信是写给时任耶稣会会长的阿夸维瓦的，阿科斯塔在两封信里都反对了阿隆索 · 桑切斯的观点。参看第 28 章。腓力二世读过阿科斯塔的部分著作，阿科斯塔把他的《拯救印第安人》（*On the Salvation of the Indians*）呈送给了腓力，这本书在 1584 年出版。

7 AGI, Patronato, leg. 127, no.3, R5.

8 和这个时代很多有意思的人一样，何塞 · 德 · 阿科斯塔修士也出生在巴利亚多利德的梅迪纳－德尔坎波，他大约出生于1540年，父亲是一名商人。他有四个兄弟成了耶稣会士，有两个姐妹成了修女，其中一个还成了女修道院院长。阿科斯塔在12岁时成了一名耶稣会士，以其《印第安史》（*Historia Indiana*，1596年）一书而闻名。

9 在秘鲁首次组织小麦种植的也有可能是弗朗西斯科 · 德 · 查韦斯的妻子玛丽亚 · 埃斯科瓦尔。参见马丁（Martín）的《征服者的女儿们》（*Daughters of the Conquistadors*），第57页。

10 AGI, Patronato 55, leg. 27, qu. Kamen, *Philip of Spain*, 61.

11 我们知道枢机主教博尔哈在16世纪50年代加入耶稣会之前，曾经长期在宫廷担任侍臣，管理王家事务。

12 贝尔纳多 · 比蒂（1548—1610）是耶稣会的一名画家，出生在安科纳市的阿马龙，是巴勃罗和科妮莉亚 · 比蒂的儿子。1575年被派往利马之前，曾在罗马工作了一段时间。他也在库斯科市和的的喀喀湖（Lake Titicaca）工作过。

13 亚历山大 · 科埃略 · 德拉 · 罗莎（Alexandre Coello de la Rosa）：《秘鲁耶稣会里的梅斯蒂索人和克里奥尔人》（*De mestizos y criollos en la Companía de Jesus, Perú*），见《西印度述评》（*R de I*）第77期，2008年。

14 金鸡纳碱是从西班牙发现的茜草科树皮上分离出来的，金鸡纳碱可以治疗疟疾的用途是1638年才发现的，当时卢克萨（Loxa）的督办把它推荐给了秘鲁一位高官的妻子钦琼公爵夫人，这位督办官曾在8年前见证过该药材的药用价值。金鸡纳碱是由耶稣会士传到欧洲的，所以这种药材又名“耶稣会树皮”。从森林中提取金鸡纳碱十分不易。

15 See Appendix A in Martín, *The Intellectual Conquest of Peru*, 173ff. 该附录也列举了17—18世纪征服者在秘鲁的投资。

16 Martín, *The Intellectual Conquest of Peru*, 56.

17 17世纪博学的神父包括佩德罗 · 德 · 奥纳特、迭戈 · 德 · 阿万达尼奥（Diego de Avendaño）（拉丁文专家）。同上，参见本书序言。

18 Ibid., 67, 173.

19 *CDI*, XLVII.

20 洛曼 · 比列纳（Lohmann Villena）：《美洲人在军队里的等级》（*Los americanos en las ordenes militares*），第2卷，第218—220页，也见第459页—第461页。

21 Schaer, II, 50.

22 莱维列尔（Levillier）：《秘鲁的统治者》（‘Gobernantes del Perú’），见《信件合集》（*Cartas y Papeles*）第3卷，第96页。

23 Hanke, *The Spanish Struggle for Justice in the New World*, 136.

24 有人质疑，当时是不是挑选了一些唯唯诺诺的人来按照托莱多的期望勾勒出这一幅图景，但与托莱多同时代的最优秀的历史学家罗伯托·莱维列尔（Roberto Levillier）相信调查是可信的。参见莱维列尔（Levillier）:《秘鲁的统治者》（‘Gobernantes del Perú’）。

25 Ibid., II, 11–12.

26 Matienzo, Chap. 2.

27 See Garcilaso de la Vega.

28 Ibid.

29 库斯科人说，市政议会曾经质问他们，库斯科的政权是不是正义的、合理的。法国、德国和其他地方都有“如实记载历史的权利”。市政议会称，库斯科人很嫉妒这些地方，是“因为法国人、德国人等地方的人无须回答别人的质问，也没有人会这样质疑。我们生活在这片土地上的人就没有这么幸运了”。他们说，国王在秘鲁任命的1000个监护主当中，有800名就在镇压反叛时被杀害了。参见莱维列尔（Levillier）:《秘鲁的统治者》（‘Gobernantes del Perú’），第115—130页。

30 Schaer, II, 370.

31 Ibid., 36. 巴伦苏埃拉娶了利马第一任大主教的妹妹加西亚·德·洛艾萨。

第十章　女修道院和圣人

1 *CDI*, VIII, 412.

2 有关恩里克斯家族的介绍请参看本书第八章。

3 埃米利奥·利森:《秘鲁的教会》（Emilio Lisson, *La Iglesia en el Perú*），第3卷，塞维利亚，1943—1956年出版。

4 这是1599年耶稣会发布的教学计划的简称。教学计划是以当时最完善的教育理论为基础制定的。接下来的200多年里，耶稣会的中等教育都是以这份教学计划为基础的。

5 1622年，阿里亚加在去罗马的路上离世。

6 见托里维奥·梅迪纳（Toribio Medina）:《佩德罗·德·巴尔迪维亚书信集》（*Cartas de Pedro de Valdivia*）。

7 Leonard, *Books of the Brave*, 217. 秘鲁的第一位印刷商是意大利人安东尼奥·里卡尔多。

8 1605年，第一批《堂吉诃德》印刷品出现在运往西印度的书目当中，实际上，装载《堂吉诃德》的箱子在船只航行过程中就已经打开了，这艘船由加斯帕·德·摩耶船长率领。其他装运首版《堂吉诃德》的船只还有“圣母马利亚号”和“圣·克里斯多弗号”。See Leonard, *Books of the Brave.*

9 梅迪纳的著作是当时船长进行海上航行的重要指南。

10 虽然我多次把“印第安人”和“印加人”当作同义词使用，但实际上印第安人和印加人在很多方面是有区别的。

11 Vargas Ugarte, I, 245.

12 这部分参考了路易斯 · 马丁（Luis Martín）修士著名的《征服者的女儿》（*Daughters of the Conquistadors*），阿尔布开克，1983 年。

13 Ibid., 178.

14 Ibid., 207. 这是 18 世纪的事情了。

15 贝居安会院是虔诚女信徒的住所，她们还不是真正的修女。

16 虽然在英国人看来，《克里斯塔达》远不如弥尔顿的《失乐园》庄重，但还是有人把《克里斯塔达》同《失乐园》相提并论。

第十一章 智利及其征服者

1 有关阿德兰塔多的定义，请参看本书第六章。

2 休 · 托马斯：《黄金时代》，第 45 章。

3 1521 年，科尔特斯的财政顾问阿尔德雷特坚持拷问夸特莫克，找到蒙提祖马收藏的宝物。

4 阿隆索 · 德 · 埃尔西利亚的《阿劳坎纳》英文版由沃尔特 · 欧文（Walter Owen）翻译，1945 年 7 月在布宜诺斯艾利斯出版。

5 See chap. 19.

6 William Knapp Jones, 'America's First Epic', in *Poet Loves* (Autumn 1942).

7 十分奇怪，这本书竟然没有英文版。

8 See *Don Quixote*, I, chap. VI, 86, in the edition of Francisco Rico, Barcelona 1998.

9 阿古斯丁 · 德 · 萨拉特：《秘鲁的发现史和征服史》第 3 卷，第 11 章，收入 BAE 第 26 卷《早期印第安史学作品集》，第 485 页。（Agustín de Zárate, 'Historia del descubrimiento y conquista del Perú', book 3, chap. 11, in BAE, vol. 26, *Historiadores primitivos de Indias*, 485.）

第十二章 征服尤卡坦半岛

1 Qu. Hanke, *All Mankind is One*, 60.

2 从 1542 年起，比恩韦尼达就一直待在"大陆省"（Tierra Firme）和巴拿马地峡。他是伊斯马尔修道院（Izmal）的第一任看护，后来去了哥斯达黎加，并于 1564 年返回西班牙向国王报告在印第安地区传教的困难，同国王的谈话非常成功，之后比恩韦尼达去了卡塔戈担任卡塔戈修道院院长。

3 这 4 名修士分别是尼古拉斯 · 德 · 阿尔瓦拉特、安赫尔 · 马尔多纳多、米格尔 · 德 · 贝拉、胡安·德·普埃尔塔。其中普埃尔塔被任命为新任代理主教，去了当时尤卡坦最大的城市梅里达，在这里他遇见了洛伦佐·德·比恩韦尼达。

4 《印第安地图》(*Cartas de Indias*)，第 64 页。

5 Hanke, *The Spanish Struggle for Justice in the New World*, 66.

6 莫佐是弗朗西斯科·德·蒙特霍的儿子。

7 Probanza（证词）of Andrea del Castillo, in AGI, Mexico, leg. 974.

8 See Gerhard, 252–3.

9 参见本书第四卷。

10 AGI, Mexico, leg. 299.

11 Clendinnen, 29.

12 Chamberlain, *The Conquest and Colonisation of Yucatan, 1517–1550*, 201.

13 Ibid., 198.

14 Ibid., 206.

15 Ibid., 204.

16 Probanza（证词）of Diego Sánchez in AGI, Patronato, leg. 69, no. 8.

17 AGI, Mexico, leg. 966, and Patronato, leg. 80.

第十三章　尤卡坦征服落幕

1 López de Cogulludo, 3–7. See too Chamberlain, *The Conquest and Colonisation of Yucatan, 1517–1550*, 216.

2 6 万人的说法让人怀疑；López de Cogulludo, 3–7.

3 来自罗德里戈·阿尔瓦雷斯的消息，见《西印度档案总集》(AGI)，墨西哥，第 900 卷宗。

4 《巴利亚多利德纪事》(*Relación de Valladolid*) ,cited in Chamberlain, *The Conquest and Colonisation of Yucatan, 1517–1550*, 231.

5 比恩韦尼达致信卡洛斯一世，1548 年 2 月 10 日，cited in Chamberlain, *The Conquest and Colonisation of Yucatan, 1517–1550*, 235.

6 Ibid., 43.

7 Ibid., 241.

8 Clendinnen, 41.

9 Probanza（证词）of Juana de Azamor in AGI, Mexico, leg. 983.

10 See Chamberlain, *The Conquest and Colonisation of Yucatan, 1517–1550*, 252.

11 有关蒙特霍的司法弹劾，见《西印度档案总集》(AGI)，司法卷，244。

12 *CDI*, XIII, 283ff.

13 有关卡塔利娜的介绍见《西属美洲和大洋机构组织未刊档案集》(*CDI*)第 24 卷，第 453、455 页。

第十四章　来自阿斯图里亚斯的伟大征服者

1 1566 年梅嫩德斯致信加的斯的一位耶稣会朋友，in Díaz, II, 155–6.

2 休 · 托马斯：《黄金之河》，第 282 页。

3 见休 · 托马斯：《黄金时代》，第 36 章。

4 这份写于 1565 年 3 月 20 日的文件收录在 *CDI*, XXIII, 242–58。

5 See Wright. 她是唯一一位写过一首关于《西印度档案集》(Archivo de las Indias)的诗歌的历史学家。

6 值得注意的是，当时负责与索瑞斯谈判的西班牙特使是法国人——这是古巴岛国际化的象征。

7 关于这一主题最好的研究参见 La Fuente 的著作。

8 Ibid., 13.

9 See La Fuente.

10 见拉佩尔（Lapeyre）：《商业家族》(*Une famille de marchands*)，第 402 页。

11 García del Pino and Melis Cappa, 9; See too Pérez de la Riva, 304.

12 三桅帆船笨重、低矮，比单层甲板船要大一些，靠船桨和船帆驱动。

13 AGI, Indif. Gen., leg. 1093, and *CDI*, XIII, 315.

14 平底船是靠桨驱动的小型船只，也可以用于航海。

15 包括 21 名水手、15 名木匠、10 名鞋匠、10 名石匠、8 名铁匠、3 名理发匠、2 名外科医生，还有一些酿酒师、火炮工人、皮革工人、兽医、打理马匹的人、制帽匠及绣工，甚至还有一些书商、3 名铸剑师、1 名造枪工、1 名石弓修理工，还有几个厨子、面包师、园丁、亚麻种植工及制毯匠，还有 1 名丝绸商、1 名药剂师及 1 名文书。

16 胡格诺教徒是法国的新教徒，胡格诺教派的名字来源于中世纪法兰克国王雨果 · 卡佩的故事。

17 1566 年梅嫩德斯致信加的斯的一位耶稣会朋友 , See Díaz, II, 155–6.

18 特伦托会议上表决通过的新节日。

19 一位名叫弗朗西斯科 · 洛佩斯 · 德 · 门多萨 · 格拉哈莱斯的随军司铎记载了这次远征的详细情形，请参见 *CDI*, III,442–79。

20 AGI, Escribanía de Cámara, leg. 1024A.

21 See Lyon.

22 Douais, I, 72.

23 Wright, 280.

24 See Hakluyt, *Voyages and Documents.*

25 约翰·奥根翰姆的旅行故事被查尔斯·金斯利写在了小说《西行记》(*Westward Ho!*，1855 年)里。

26 Wright, *The Early History of Cuba*, 291. 关于蒙塔尔沃家族及其在当代的后裔请参看休·托马斯的《古巴，抑或追寻自由》(*Cuba or The Pursuit of Freedom*)，伦敦，1973 年，附录一。我们应该还记得《阿马迪斯·德·高拉》是由加尔西·罗德里格斯·蒙塔尔沃重写的，来自梅迪纳－德尔坎波的西蒙·鲁伊斯（Simón Ruiz）的第一任妻子也是蒙塔尔沃家族的人。参见拉佩尔（Lapeyre）:《商业家族》(*Une famille de marchands*)，第 75 页。20 世纪最后一位甘蔗王胡利奥·洛沃（Julio Lobo）的妻子也是蒙塔尔沃家族的人，19 世纪时，颇有教养的梅林伯爵夫人也是蒙塔尔沃家族的人。16 世纪 60 年代，安东尼奥·拉米雷斯·德·蒙塔尔沃成了佛罗伦萨柯西莫大公爵的近侍大臣，公爵赐予了他一座位于德尔科索大街的宫殿和两处乡村宅邸。

27 梅嫩德斯·德·阿维莱斯（Menéndez de Avilés）:《佛罗里达的征服与殖民》(*La Florida Conquista y colonización*)，马德里，1893 年。

第十五章 尤卡坦岛上的方济各会

1 竖笛是一种木质长笛，上面没有键，只有指孔。

2 Landa, 71–4. Anthony Pagden 于 1985 年出版的译本非常出色。

3 See Chamberlain, *The Conquest and Colonisation of Yucatan*, *1517–1550*, 321, and the Probanza（证词）in AGI, Patronato, leg. 64, no. 7.

4 Ibid.,134.

5 *CDIHE*, XI, 70.

6 Ibid., VI, 319ff.

7 Clendinnen, 161.

8 Landa, 61, 这些修士并没有使用我们 26 个英文字母中的 D, F, G, Q, R 和 S，但有时也会组合使用这些字母，所以他们笔下的“PA”意思是“打开”，“PPA”则指“打破”，“TAN”通常指“石灰”，但如果用舌和上齿发音时则指“谈话”。

9 *CDIHE*, XIII, 237.

10 兰达呈给迭戈·基哈达的申请书，See Scholes and Adams, I, 222–5.

11 *CDIHE*, XIII, 238.

12 托拉对萨阿贡著作所作修订详见第 8 章第 29 条注释。

13 Scholes and Adams, I, 71.

14 Ibid., I, 200.

15 *CDIHE*, XIII, 236.

16 Clendinnen, 98.

17 Ibid., 177.

18 Scholes and Adams, I, 294.

19 Ibid., I, 62.

20 《印第安地图》(*Cartas de Indias*), 第 407—410 页。

21 *CDI*, XVI, 301.

22 有关司法弹劾的详情，See *CDI*, XVI, page 37.

23 冈萨雷斯 · 德 · 西塞里罗：《宗教观》(González de Cicerio, *Perspectiva religiosa*), 第 238—242 页, 第 235—236 页, 转引自 Clendinnen,107.

24 Clendinnen, 109.

25 See Landa.

26 Clendinnen, 182.

27 Ibid., 159.

第十六章　拉普拉塔河与巴拉圭

1 See Koebel, chap. 1; 见 Hugh Thomas, *Rivers of Gold*, 437–8.

2 休 · 托马斯：《黄金之河》，第 36 章。

3 迭戈 · 加西亚 · 德 · 莫格尔（1471—1535）可能是葡萄牙人。他曾在迪亚斯 · 德 · 索利斯的舰队担任一艘快帆船的船长，他还随同麦哲伦船队一同航行，返程途中他在印度洋发现了迭戈 · 加西亚岛（现在是英属印度洋领地首府所在地）。

4 卡沃特是我们之前提到的在拉普拉塔河被杀的征服者迪亚斯 · 德 · 索利斯的同伴。

5 W. H. Hudson, *Far Away and Long Ago*, London 1918, 94.

6 见休 · 托马斯：《黄金时代》，第 423 页。

7 胡安 · 德 · 阿约拉斯（约 1510—1538）是当时布尔戈斯的著名大商人。

8 双桅帆船是一种双桅的航行船，这种船的龙骨很短，非常适于河上航行。

9 见乌尔里希 · 施米德尔年表，L.Domínguez 已将其译成英文。

10 Schmidl, 45.

11 蒙德拉贡镇因为 1956 年发起的合作社运动（cooperative movement）而出名。

12 圣布莱斯是“十四救难圣人”之一，他在莱茵兰与病魔抗争。据说他是亚美尼亚塞巴斯特地区的主教，在 4 世纪初被罗马皇帝李锡尼处死。据说在被斩首之前，他的身体被羊毛梳撕裂，由此被看作羊毛梳的守护者。

13 See Pedro Hernandez.

14 Ibid., 69.

15 火绳枪是便携式手枪的雏形，在战场上由一个三脚架或支架支撑射击。“火绳枪”

在德语里的原意是指架在支架上的钩枪。

16 费利佩 · 德 · 卡塞雷斯是马德里人，1534 年他随佩德罗 · 德 · 门多萨远征拉普拉塔河。后来他回到了西班牙，之后又随同卡韦萨 · 德 · 巴卡前往亚松森，去了西印度群岛。

第十七章　洛佩·德·阿吉雷的疯狂冒险

1 1534 年戈麦斯 · 德 · 阿尔瓦拉多随同哥哥佩德罗一道远征，佩德罗撤离秘鲁后，他依然留在了秘鲁。戈麦斯起初追随的是贡萨洛 · 皮萨罗，后来转而支持佩德罗 · 德拉 · 加斯卡。

2 迪亚斯 · 德 · 阿门达里斯此前一直在萨拉曼卡的圣巴托洛梅学院读书，1544 年担任新格拉纳达（哥伦比亚）法官。1552 年，因触犯锡古恩萨（西班牙瓜达拉哈拉省的一个市）的一条教规而被处死。

3 Simón, *The Expedition of Pedro de Ursúa and Lope de Aguirre*, 6.

4 见 E. 霍斯（E.Jos）:《谈流放者阿吉雷的狂妄书信》（*Ciencia y osadía sobre Lope de Aguirre el Peregrino*），塞维利亚，1950 年。

5 古兹曼是阿尔瓦雷斯 · 佩雷斯 · 德 · 埃斯基塔尔之子，出身于大贵族之家。1556 年，古兹曼随同乌尔塔多 · 德 · 门多萨抵达秘鲁。See *CDI*, IV, 193ff,see too 215ff.

6 Simón, *The Expedition of Pedro de Ursúa and Lope de Aguirre*, 230–31.

7 Ibid., 49.

8 Ibid., 187.

9 Ibid., 189.

10 迭戈 · 加西亚 · 德 · 帕德斯（1506—1563）曾从事西班牙帝国最有趣的职业之一。他的父亲是帕德斯上校（迭戈是私生子），迭戈因为力气很大，所以被誉为“西班牙的大力士”。迭戈一家来自帕德斯（卡塞雷斯省），他母亲门西亚 · 德 · 巴尔加斯与皮萨罗有亲缘关系。1524 年，迭戈随同弗朗西斯科 · 德 · 利绍尔（Francisco de Lizaur）去了美洲，当时他是巴拿马都督尼古拉斯 · 德 · 奥万多的秘书。1531 年随同皮萨罗一起远征，占领了阿塔瓦尔帕。1533 年他同埃尔南多 · 皮萨罗回到了西班牙，加入了西班牙帝国在意大利的远征军，但随后却加入了弗朗西斯科 · 奥雷利亚纳的军队，建立了新安达卢西亚。后来迭戈在委内瑞拉建立了自己的统治，1556 年成为委内瑞拉事实上的统治者。战胜阿吉雷后，他成了波帕扬（哥伦比亚）的最高行政长官。1563 年在卡沃布兰科附近被印第安人刺杀。

11 Simón, *The Expedition of Pedro de Ursúa and Lope de Aguirre*, 191–4.

第十八章　圭亚那与黄金国

1 Hemming, *The Search for El Dorado*, 146.

2 Loc.cit.

3 见佩德拉 · 洛佩斯（ Pereda López）:《16 世纪美洲的布尔戈斯移民》（*La emigración burgalesa a America durante el siglo XVI*），也见氏著《在美洲的布尔戈斯征服者和监护主，1492—1606 年》（*Conquistadores y encomenderos burgaleses en Indias 1492-1606*）。

4 Hemming, *The Search for El Dorado*, 147. 和英国一样，侯爵是西班牙的二等爵位，地位在公爵之下、伯爵之上。

5 Hemming, *The Search for El Dorado*, 145.

6 Manuel Lucena Salmoral, in *DBE*, XXXI, 498.

7 See *CDI*, IV, 462ff.

8 *DBI*, XXIII, 207.

9 See Hemming, *The Search for El Dorado*, 151. Also *CDI*, IX, 437. 我很感激杰米 · 奥尔梅多，他在 *DBE* 中找到了贝里奥的传记。

10 See Chapter 19.

11 Irving Leonard（*Books of the Brave*, 18）论证说，征服者频繁地提到亚马孙人反映了小说《艾斯普兰迪安的探险》（*Las Sergas de Esplandián*）在当时的普及度比我们之前设想的要广得多。《艾斯普兰迪安的探险》提到了这些亚马孙女英雄们。

12 《胡安 · 德 · 萨拉斯讲述玛格丽塔岛之发现》（*Relación de lo que Juan de Salas hizo y descubrió en la isla de Margarita*），见赫罗尼莫 · 马丁内斯－门多萨（Jerónimo Martínez-Mendoza）:《埃尔多拉多的传说》（*La leyenda de el Dorado*），加拉加斯，1967 年，第 39—40 页。有关萨拉斯的情况见 *CDI*, IV, 第 462 页。不知这样的说法是否与达兹迈瑞湖（Dozmary）之间有一定的联系？亚瑟王在临死前把他的神剑丢进了达兹迈瑞湖里。

13 See Ojer.

14 见雷利（Raleigh）的《圭亚那发现之旅》（‘Voyages of Discovery of Guiana’）里贝里奥写给国王的信。参见西蒙（Simón）:《征服西印度群岛“大陆省”的相关历史记录》（*Noticias historiales de la conquista de Tierra Firme en las Indias Occidentales*）以及哈克卢特学会（Hakluyt Society）相关出版物。

15 Ojer, 197.

16 Berrio in Ojer, loc. cit.

17 Loc. cit.

18 罗德里戈 · 卡兰萨（Rodrigo Carranza）:《一份忠实改编自多明戈 · 德 · 伊瓦戈

伊恩·贝拉故事的手抄本》(*Traslado bien y fielmente sacado de una escritura de posesiones que parece tomó Domingo de Vera Ibargoien*), qu.Ojer,95.

19 Cieza de León, *The Travels of Pedro Cieza de León*, in Hakluyt Society publications, series 1, London 1864, 280.

20 雷利(Raleigh),《圭亚那发现之旅》(‘Voyages of Discovery of Guiana’),第 13 页。雷利说迭戈·德·奥尔达斯为了庆祝从火山中取出硫黄，就在自己的铠甲上刻了活火山的形象，但实际上迭戈从山上带下来的不是硫黄，而是雪。

21 Ojer, 151.

22 他说：“海上牧羊人，朝着女神赐给我的第一缕光辉走来。”

23 这本书收录在雷利写的世界历史相关著作第六卷，书名起得野心勃勃，然而名不副实。

第十九章 西葡合并

1 在葡萄牙语中，塞巴斯蒂安应写成 Sebastião。

2 1537 年，阿尔达纳出生在那不勒斯，他的叔叔是著名骑兵司令贝尔纳多·德·阿尔达纳，他的父亲（安东尼奥·维莱拉·德·阿尔达纳）是驻守意大利的一名指挥官。他从小生活在阿尔瓦公爵的圈子里。年仅 30 岁的他就已经写得一手好诗了，他十分酷爱写十四行诗、宗教诗和神话诗，据说他的作品体现了他那不勒斯的出生地背景。他在诗中所用的词汇都是自己创造的，塞万提斯称他为“圣者”。

3 Alba, III, 640.

4 Parker, *Philip II*, 143.

5 布拉干萨家族在血统上也并不是名正言顺的，他们是第一代阿方索公爵的后裔。第一代阿方索公爵是若奥一世国王的私生子，而若奥一世国王又是葡萄牙国王佩德罗一世的私生子。

6 Braudel, II, 1180. 克里斯托瓦尔·德·莫拉（1538—1613）年轻时就做了腓力的姐姐多纳·胡安娜的秘书。他也是埃沃利亲王和安东尼奥·佩雷斯亲王的挚友。

7 新西班牙当时已经在使用轻型二轮手推车了。

8 Braudel, I, 284.

9 莫尔特比（Maltby）为阿尔瓦所作的传记里生动描写了这场战役，见该书第 280 页及其后页。

10 Mulcahy, 53.

11 见博萨·阿尔瓦雷斯（Bouza Álvarez）:《腓力二世致女儿的信》(*Cartas de Felipe II a sus hijas*)。

12 See chap.20 and Pirenne,II,449.

13 这封信被 L. P. 加沙尔（L. P. Gachard）译成了法语，即《腓力二世巡游葡萄牙期间写给宝贝女儿伊莎贝拉的信，1581—1583 年》（*Lettres de Philippe II à ses filles les infantes Isabella et Catherine écrites pendant son voyage en Portugal,1581-1583*），巴黎，1884 年。这些信件也收录在博萨 · 阿尔瓦雷斯编的《腓力二世致女儿的信》里。

14 Braudel, II, 1185.

15 See Gounon-Loubens, 43.

16 约翰 · 汉明（John Hemming）在《纯金》（*Red Gold*）一书的前半部分深刻分析了葡萄牙人在巴西建立殖民地的历史。

第二十章　征服背后的大商人

1 费尔南德斯 · 德 · 阿尔法罗本来是一名船长，后来成了商人。他的名字经常出现在贸易署 1503—1521 年的档案汇编里，档案由 Miguel Ángel Ladero Quesada 整理，2008 年在马德里出版。也见休 · 托马斯的《黄金之河》。

2 据胡安 · 希尔记载，费尔南德斯 · 德 · 阿尔法罗、胡安 · 德 · 科尔多瓦、马卢恩达都是改信基督的犹太人。详见希尔（Gil）:《天主教皈依者与塞维利亚宗教法庭》（*Los conversos y la inquisición sevillana*）。

3 1 担相当于 100 千克。

4 卡洛斯一世赐给克里斯托瓦尔 · 德 · 哈罗一套上面刻有五只船和赫拉克勒斯之柱的盔甲，还赐予他许多香料。哈罗把这套盔甲置于布尔戈斯圣莱斯梅斯教堂的一个小礼拜堂中，这座教堂是他捐资修建的。

5 见希尔（Gil）:《天主教皈依者与塞维利亚宗教法庭》（*Los conversos y la inquisición sevillana*），第 1 卷，第 345、548 页。

6 Braudel, I, 439, fn 448.

7 见E.拜勒（E. Vaillé）:《法国邮政史》(*Histoire générale des postes frannases*)，第2卷，巴黎，1949 年。

8 See Alcázar.

9 拉佩尔（Lapeyre）:《商业家族》（*Une famille de marchands*），第 166 页。拉佩尔这本概述法国和西班牙邮政业发展历史的书是有关这个主题最好的参考著作。

10 Ibid.,235. 拉佩尔评论道："布尔戈斯作为西班牙航运枢纽的美好时代一直持续到 1569 年左右。"（氏著，第 236 页）

11 见普茨格（Putzger）:《历史地图集》（*Historische Schulatlas*），第 73 版，柏林，1958 年，第 102 页图，《德意志地区邮政发展历史图，1506—1521 年》（'Zur Geschichte der deutschen Post, 1506–1521'）。

12 See *DBE*, XVII, 296.

13 请特别参考费利佩·鲁伊斯·马丁（Felipe Ruiz Martín）:《在卡斯蒂利亚的热那亚人的全盛时期》（*El siglo de los genoveses en Castilla*），巴黎，1973年。

14 Braudel, I, 343.

15 Ibid., 391.

16 拉佩尔说，一直以来梅迪纳的历史都为人所忽视，梅迪纳－德里奥塞科和比亚隆商品交易会的历史也没有受到应有的重视。（氏著，第478页）

17 See Cervantes, *Don Quijote*, Part 2, 1009.

18 见休·托马斯:《征服墨西哥》，谱系表第三。

19 See *CDHI*, XIV, 46ff.

20 Lorenzo Sanz, II, 34.

21 拉佩尔:《商业家族》，第66页。

22 Qu. Braudel, I, 356.

23 Ibid., 358.

24 Ibid., 356.

25 卡兰德（Carande）:《商人书信集》（*Cartas de mercaderes*）。

26 这些交易会是在法国1534年举办的贝桑松和隆勒索涅交易会基础上发展起来的，当时里昂正跃跃欲试地想成为世界的财富中心。皮亚琴察是帕尔马公爵的领地。

27 Braudel, I, 393.

28 拉佩尔详细记述了这些法国商品的交易，见《商业家族》，第505—528页。

29 Braudel, I, 478.

30 地理学家马丁·费尔南德斯·德·恩西索写道："荷兰生产全欧洲最优质的亚麻布，这些亚麻布就以这块土地的名字命名，统称荷兰布。" Qu. La Fuente, 26.

31 Lorenzo Sanz, I, 469.

32 贡萨洛·费尔南德斯·德·奥维耶多（Gonzalo Fernández de Oviedo）:《美洲自然历史概况》（*Historia general y natural de las Indias*），胡安·佩雷斯·德·图德拉（Juan Pérez de Tudela）版本，马德里，1992年。

33 弗朗西斯科·舍瓦利耶（François Chevalier）:《1600年新西班牙进口商品名录》（'Les cargaisons des flottes de la Nouvelle Espagne vers 1600'），载《西印度述评》（*R de I*），1943年第2期。

34 路易斯·穆罗（Luis Muro）、巴托洛梅·德·梅迪纳（Bartolomé de Medina）:《将"汞齐法"介绍到新西班牙》（'Introductor del beneficio de patio en Nueva Espa'ña），载《墨西哥史》（*Historia Mexicana*），墨西哥，1964年，第520页。

35 博泰拉可能于1530年出生在塔拉戈纳，但似乎在1529年时他就已经是新西班牙的金属专家了。1556年，博泰拉凄然离世，一生成就寥寥。

36 这些承包商的名字请参见 Lorenzo Sanz, I, 484.

37 见吉列尔罗·洛曼（Guillero Lohmann）:《恩里克·加尔塞斯：在秘鲁发现汞矿》（*Enrique Garcés, descubridor del mercurio en el Peru*），塞维利亚，1948年，第453页。恩里克·加尔塞斯（1522—1596）出身上层，他就同哥哥加尔塞斯·戈麦斯在1545年前后去了美洲。到美洲之后，加尔塞斯在利马、瓜亚基尔做书商；1558年，他在瓦马加（Huamarga）发现了汞矿，并给涅瓦公爵送去了400座银塑战神雕像，后来他继续在瓦马加开采汞矿。加尔塞斯既是一位发明家，也是一名炼金术师。塞万提斯在《卡吕普索的颂歌》（*Canto de Calipso*）中赞美了他。1589年，加尔塞斯抵达利马，1596年在马德里离世。他是诗人的楷模，是发明家、化学家，也是一名真正的文艺复兴者。

38 洛伦佐·桑斯公布了水银购买者的名单，See Lorenzo Sanz, I, 509.

39 见休·托马斯:《黄金时代》。

40 腓力二世为波托西题写了另外一则标语："效忠神圣罗马帝国大帝，服务于西班牙明君，凭借这座无上的银山，你将征服全世界。"

41 18世纪苏格兰历史学家威廉·罗伯逊（William Robertson）就历史学家们对这个问题的讨论进行了驳斥，他说："描述各类矿石的特性、矿石是如何从地心开采出来的，又是如何通过好几道工序将金属从杂质中通过煅烧或借助水银的引力分离出来的，这个问题应该是自然哲学家或化学家的领域，而不是历史学家的领域。" See *History of America*, Dublin 1777, III, 243.

42 《拉普拉塔河畔的经济史》（*Historia Económica del Río de la Plata*），见汉克（Hanke）:《哈布斯堡家族统治时期的西属美洲总督》（*Los virreyes*），第96页。

43 Vargas Ugarte, 15–21.

44 Granvelle, *Correspondance 1567–1586*, VII, 2.

45 见拉佩尔（Lapeyre）:《商业家族》（*Une famille de marchands*），第66页。

46 有关豪尔赫斯家族的详情请参考 Vila Vilar 的著作。16世纪60年代时，腓力国王花了几年时间尝试在塞维利亚建立垄断贸易，但因为塞维利亚有这个根基深厚的大家族的原因，腓力的努力终究落空。当时腓力国王要求该家族筹集四分之一的款项，但该家族并不认为王室可以成为协助自己的合作伙伴。

47 Braudel, I, 377.

48 见休·托马斯:《奴隶贸易》（*The Slave Trade*），伦敦，1997年，第21页及以后各页。

49 见休·托马斯:《黄金时代》，第156、157页。

50 他实际共贩卖奴隶约38250人。

51 这本书由哈佛大学出版社于1934年出版。当时提出贵金属对物价上涨的影响的还有 Noël du Fail (1585), Marc Lescabot (1612), 以及 Gerard Malynes (1601)。

52 See Einaudi.

第二十一章 海盗与掠夺

1 布罗代尔的《地中海与菲利普二世时代的地中海世界》第一卷中记载了很多类似的债务偿付，运量最大的一次是在 1598 年 9 月，运输额达 220 万克朗，其中有黄金 20 万克朗，银锭 130 万克朗，西班牙货币里亚尔 70 万克朗。

2 Braudel, I, 496.

3 See Kelsey; also Hakluyt, *Voyages and Documents*, 138–40.

4 See Hakluyt, *Voyages and Documents*, 279.

5 有关哈克卢特学会详情请参考安德鲁斯（Andrews）的著作。安德鲁斯著作里引用的大部分档案来自高等海事法院的记录，有的来自编年史家哈克卢特的记载，还有少许西班牙的资料。

6 大三角帆是狭长帆桁上的一种三角形船帆，与船桅成 45 度角。“大三角帆”（lateen）这个词来源于“拉丁”（Latin）帆。

7 轻型帆船泛指所有承重在 50 吨以下的船只。

8 猎枪是一种小型榴弹枪，火枪体型稍微较大。

9 See Andrews, loc. Cit.

10 See Angulo Íñiguez.

11 Hakluyt, *Further English Voyages*, 301.

12 Andrews, 37.

13 法语中依然有“*Gagner le Pérou*”词组，表示“赢得了一大笔财富”，还有“*ce n'est pas le Pérou*”，表示“胜之不武”。

14 AGI, Guatemala, 10, 63–6, qu. Andrews, 306.

15 Ibid.,330. 吉尔登陆的地方离 1762 年阿尔比马尔率领英军登陆的地方很近。

16 Ibid., 28.

17 拉斐尔 · 阿尔瓦雷斯 · 埃斯特维斯（Rafael Álvarez Estévez）、马尔塔 · 古斯曼 · 帕斯夸尔（Marta Guzmán Pascual）:《荷兰人在古巴》(*Holandeses en Cuba*)，哈瓦那，2008 年。

第二十二章 帆船——狭窄的牢狱

1 Qu. Braudel, I, 226.

2 See Céspedes del Castillo.

3 Ibid.,221.

4 布罗代尔的《地中海与菲利普二世时代的地中海世界》第一卷第 298 页探讨了这个问题。

5 See Chaunu, I, 127.

6 即第三代坎伯兰伯爵乔治 · 克利福德（1558—1605），为弥补自己在家无所事事的蹉跎岁月，他便去海上冒险。后来他作为船长指挥“伊丽莎白 · 博纳文图拉号”战舰大战无敌舰队，因此赢得了伊丽莎白女王的青睐。据说他本人是一名美男子，虽然他左脸长有 3 颗瘤。

7 Braudel, I, 302.

8 布罗代尔对此颇有研究，详情参见《地中海与菲利普二世时代的地中海世界》第 1 卷，第 306 页。

9 See Leonard, *Romances of Chivalry in the Spanish Indies*, Appendix IV.

10 Discussed in Bernal, 129.

11 16 世纪后半叶，一名去往拉普拉塔河的乘客需要给自己带 4 英担（约 200 千克）的饼干，1 桶面粉，8 厄罗伯（约 128 升）葡萄酒，3 蒲式耳（约 108 升）大豆或鹰嘴豆，4 厄罗伯（约 48 升）橄榄油，6 厄罗伯（约 96 升）醋，1 厄罗伯（约 11 千克）大米，2 厄罗伯（约 22 千克）腌鱼，还要带大量的腌肉、大蒜、洋葱、油橄榄和无花果、葡萄干及杏仁。最好再带上大量衣物和半厄罗伯（约 5.5 千克）肥皂。

12 有关这些食物请参看汉密尔顿（Hamilton）的《西班牙商船上的薪酬和物资，1503—1660 年》（‘Wages and Subsistence on Spanish Treasure Ships, 1503–1660’）。

13 拉 · 托雷（La Torre）:《从西班牙萨拉曼卡到恰帕斯雷阿尔城的旅行日记，1540—1545 年》（*Desde Salamanca, España, hasta Ciudad Real, Chiapas: Diario de viaje, 1540–1545*）。另外一则相关的叙述是由一名法官在 1573 年写的，当时他正在同家人去往圣多明各的途中。参见《卡塔斯 · 德 · 欧亨尼奥的来信》（*Cartas de Eugenio de Salazar*）,See BAE, vol. 62, Madrid 1926, 291.

14 See in particular Tardieu.

15 《波托韦洛志》（*Descripción corográfica de Puertobelo*）, 1607 年 , in *CDI*, IX, 108–20.

16 见休 · 托马斯:《谁是谁的征服者》（*Who's Who of the Conquistadors*），伦敦，2000 年，第 3 页。

17 La Fuente, 52.

18 拉佩尔（Lapeyre）:《商业家族》（*Une famille de marchands*），第 497 页。

19 Schäfer, II, 326–7.

20 See González de Mendoza, II, 220, and Loyola, 117; the Hakluyt translation.

21 有关这座城市最生动介绍请参见 La Puerta 经常引用的那本书。

22 引自 La Fuente, 130。这些硬质木材主要有红木、雪松和橡树。松树经常被用来制作船桅。

23 到访的造船工人中，最著名的就是来自加那利群岛的托梅 · 卡诺（Tomé Cano），他在 1611 年出版了一部有关造船的专著，即《制造，加固和装备战舰的技艺》（*Arte*

para fabricar, fortificar y aparejar naos de Guerra）。

24 La Fuente, 134ff.

25 这家制糖厂是他和他的侄子，即另一个叫胡安·马尔多纳多的人共同所有的。

26 La Fuente 在其著《16 世纪的哈瓦那与大西洋》（*Havana and the Atlantic in the Sixteenth Century*）第六章（第 147—185 页）对奴隶制做了非常精彩的介绍。

27 Braudel, II, 959.

第二十三章　新发现的人口

1 安赫尔·罗森布拉特（Angel Rosenblatt）:《1492 年的美洲人口》（*La población de América de 1492*），墨西哥，1967 年。罗森布拉特依然是研究拉丁美洲人口史的伟大历史学家。See too Serrano, 162.

2 见本章结尾。

3 布罗代尔的《地中海与菲利普二世时代的地中海世界》第一卷给出的数据是我这里引用的数据的一半，他参考的是 1940 年的《地理杂志》第 209 页。

4 "*cañdas*" 指羊肠小道。

5 See Klein.

6 Navagero, 27–8.

7 这些是布罗代尔的结论，参见《地中海与菲利普二世时代的地中海世界》第一卷，第 404—405 页。

8 塞万提斯:《小说范例》（Cervantes, *Novelas ejemplares*），第二卷，第 87 页及以后。

9 Braudel, II, 741.

10 See Fernández Sanz, 17. 其他各卷包含了乌尔塔多的记述。在《16 世纪的安达卢西亚和美洲》（*Andalucía y América en el siglo* ）第二卷（塞维利亚，1983 年）里有很多关于安达卢西亚人在美洲经历的有趣事件。该书第二卷最后一章（第 535—555 页）描写了用各种出人意料的方法来到安达卢西亚的美洲印第安人。这些印第安人当中没有一个是奴隶，但别人却经常把他们当奴隶对待。这些人当中最有名的是 1520 年被科尔特斯送回西班牙的托托那卡家族，还有很多来自古巴圣多明各的印第安人，以及后来从巴西来的印第安人。这些来自圣多明各的印第安人是由圣多明各司库米格尔·德·巴瑟蒙特（Miguel de Pasamonte）送来的。斐迪南二世给巴瑟蒙特写信说，他想看看吃肉的加勒比海人长什么样（op. cit., 538）。

11 卡罗·巴罗哈（Caro Baroja）:《现代西班牙的犹太人》（*Los Judeos en la Espana moderna*），第 220 页。

12 卡洛斯·佩雷拉（Carlos Pereyra）论述过穆斯林和阿拉伯人对拉丁美洲的影响。

13 见本书第 11、16、17 章。加拉伊在第 16 章中出现过。

14 见卢特加多 · 加西亚 · 富恩特斯（Lutgardo García Fuentes）:《16 世纪美洲从塞维利亚进口的奴隶》（‘La introducción de esclavos en Indias esde Sevilla en el siglo XVI’），收于《16 世纪的安达卢西亚和美洲》，第 249 页及其后。

15 费尔南德斯 · 阿尔瓦雷斯（Fernández Álvarez）:《文艺复兴时期的西班牙社会》（*La sociedad española del Renacimiento*），第 182 页。

16 La Puerta, 35, 40.

17 Aguirre Beltrán, 412–31.

18 La Puerta, 41.

19 见第 5 章。

20 Martín, *The Intellectual Conquest of Peru*, 67.

21 有关比利亚曼雷克总督的情况请参看 *DBE*, XXXII, 117–18。

22 费尔南德斯 · 阿尔瓦雷斯（Fernández Álvarez）在《查理五世档案集》（*El corpus documental de Carlos V*）“档案卷一”中引用了梅嫩德斯 · 德 · 阿维拉 1558 年 6 月 15 日致腓力国王的信。

23 有关疾病的影响请参看罗森布拉特（Rosenblatt）的著作。

24 See Borah and Cook.

25 见休 · 托马斯:《征服墨西哥》（*The Conquest of Mexico*），附录 I，第 609 页及其后。其中讨论了当时墨西哥的人口数量。

26 见休 · 托马斯:《征服墨西哥》（*The Conquest of Mexico*），附录 I，第 89—90 页。

27 Crosby, 289–9.

28 See Borah and Cook, 6.

29 See Gibson, 458–61. 可以在修士托里维奥 · 德 · 贝纳文特（Toribio de Benavente）:《新西班牙印第安人史》（*Historia de los Indios de la Nueva España*），马德里，2001 年，第 302 页中找到相关资料。

30 依纳爵 · 德 · 罗耀拉（Ignacio de Loyola）:《环球记》（*Viaje alrededor del mundo*），第 113 页。

31 马蒂尔（Martyr）:《有关新世界的往来信函》（*Cartas sobre el Nuevo Mundo*），第 2 卷，第 52 页。

32 见巴迪略死后出版的《钟楼》（*El Campanario*），1939 年。

33 Wright, 185.

34 Wright, 194. 1555 年 3 月 31 日，迭戈 · 德 · 马萨列戈斯继任佩德罗 · 德 · 安古洛（Pedro de Angulo）担任古巴都督。在赴任途中马萨列戈斯遇上了海难（副都督马丁内斯业士在这场灾难中丧生），所以他于 1557 年 3 月 7 日才抵达哈瓦那。到那之后，马萨列戈斯很快对安古洛展开了任期审查，同时巩固了自己在哈瓦那的统治。他同安古洛的女儿弗朗西斯卡 · 德 · 安古洛（Francisca de Angulo）同居，而后与之结婚。

后来，他的侄子弗朗西斯科 · 马萨列戈斯（Francisco Mazariegos）给他找了很多麻烦。但马萨列戈斯是一位勤于政事的都督，与前任相比，他更为成功地击退了法国人的进攻。他后来担任了委内瑞拉都督。

35 Martín, *The Intellectual Conquest of Peru*, 36.

36 《利马史史学论著》(*Monografías históricas sobre la historia de Lima*)，第一卷，利马，1935 年，第 408—440 页。

37 Martín, *Daughters of the Conquistadors*, 564.

38 阿里坎特大学的兰加 · 皮萨罗（Langa Pizarro）在 2012 年说，当时在“穆塞奥号”军舰上“没有一个只身远行的”。See *El país semanal*, 20 May 2012.

39 Martin, *Daughters of the Conquistadors*, 20.

第二十四章　征服菲律宾群岛

1 拉萨罗是马大和马利亚的兄长，是耶稣的朋友，耶稣令他起死回生。据说他后来在塞浦路斯担任主教。

2 休 · 托马斯:《黄金之河》，第 436 页。

3 Brotton（186–217）详细论述了西葡之间的矛盾纠葛，包括双方在巴达霍斯（Badajoz）、埃尔瓦什（Elvas）进行的协商。Brotton 在这本书中可能低估了卡洛斯一世与富有的葡萄牙公主之间的婚姻对双方关系产生的影响。

4 *CDI*, XIV, 165ff.

5 休 · 托马斯:《黄金时代》，第 442 页。

6 *CDI*, III, V, 117–220.

7 *CDI*, XVI, 151–65.

8 厄尔 · 汉密尔顿（Earl Hamilton）认为，1558 年到 1565 年间的香料价格上涨与总督、国王的决策可能有一定的联系，参看汉密尔顿（Hamilton）:《美洲珍宝与西班牙的价格革命，1501—1650 年》(*American Treasure and the Price Revolution in Spain, 1501–1650*)，第 233 页。此外，布罗代尔也提出了类似观点（I, 553），还可以参考 *CDI*, VIII, 36ff。

9 见本书第 16 章、第 17 章。

10 See Insansti, 257.

11 Paso, II, 138.

12 当时西班牙人和西属美洲人的宗教生活中有很多现在所说的兄弟会，这些兄弟会通常以某个圣徒或圣母马利亚的名义做善事。现在的塞维利亚大约有 60 个这样的兄弟会。

13 Paso, IV, 223.

14 *CDI*, VI, 375, and XIII, 527ff.

15 Capitán General de las Yslas del Poniente; AGI, Patronato, leg. 52,r 1 (7 October 1578).

16 例如，在 1556 年 5 月 28 日致国王的信中称他为“米格尔·洛佩斯·德·莱加斯皮总督”，请参考汉克：《哈布斯堡家族统治时期的西属美洲总督》（Hanke, *Los virreyes espanaes en América durante el gobierno de la casa de Austria*），第 156 页。

17 请参考休·托马斯在《黄金年代》（第 484—485 页）中引用的贝坦索斯（Betanzos）修士的观点。

18 Qu. Pérez de Tudela, 106.

19 Riquel in Isacio Rodríguez.

20 Rada to Alonso de la Veracruz in 1577, *CDI*, XLI, 41.

21 这和乔纳森·斯威夫特《格列佛游记》中慧骃国的雅虎人的情况相似。

22 西班牙人认为，菲律宾人崇拜邪神，“他们给邪神献上很多祭品，以求邪神赐予他们大量黄金”。依纳爵·德·罗耀拉（Ignacio de Loyola），第 261 页。

23 Benavides in *CDI*, XXXIV, 89–101. 米格尔·德·贝纳维德斯出生于帕伦西亚的卡里翁－德洛斯孔德斯，他的父亲是多明我会的一名务农人员，曾在巴利亚多利德的圣格雷戈里奥种过一段时间的地。1590 年，米格尔·德·贝纳维德斯同胡安·德·卡斯特罗（Juan de Castro）修士去了中国。在马尼拉，他因为教化穷人而备受人们的爱戴（*DBE*）。帕伦西亚一位农民的儿子居然能有这么丰富多彩的人生，这的确令人赞叹！

24 *CDIHE*, III, 325. 1567 年 3 月，法尔塞斯总督也写了一份报告，报告中说他们在新西班牙没有听说任何关于西部群岛的消息。

25 请参考《西印度述评》（*R de I*）第 25 卷，1946 年。该卷收录了达尔米罗·德拉·巴尔戈玛（Dalmiro de la Valgoma）的《莱加斯皮家族》（‘Sangre de Legazpi’）一文。另外，《西印度述评》（*R de I*）第 32 卷（1971 年）收录了西里亚科·佩雷斯·布斯塔门特（Ciriaco Pérez Bustamante）的《莱加斯皮家族谱系》一文。

26 AGI, Filipinas, leg. 79 no. 1, n. 1.

27 希尔（Gil）：《16—17 世纪马尼拉的华人》（*Los Chinos en Manila siglo XVI y XVII*）。

第二十五章　马尼拉

1 *CDI*, XIII, 529ff.

2 Loyola, 148.

3 See Santamaría. Alfonso Felix, ed., *The Chinese in the Philippines, 1570–1770*, 2 vols. (Manila 1966)，引自 1640 年马尼拉一位前穆斯林国王的年迈的儿子的记述 (106 页)。

4 Loc. cit.

5 Blair and Robertson, 253.

6 Memorial cited in Hidalgo Nuchera, 51.

7 希尔:《16—17 世纪马尼拉的华人》(Gil, *Los Chinos en Manila, siglo XVI y XVII*), 第 390—391 页。

8 他在 1665 年给国王写了一封信, 参考 *CDI*, XIII, 第 530 页。

9 Hidalgo Nuchera, 42.

10 见本书第六章。

11 后来在 1602 年, 强制规定以实物征收贡赋。

12 费利克斯·阿尔瓦雷斯·马丁(Félix Álvarez Martín):《阿卡普尔科的大帆船》(*Galeón de Acapulco*)。也见舒尔茨(Schurz):《上帝的怜悯之旅》(*El viaje de la misericordia de Dios*)。

13 Qu. Braudel, I, 378.

14 See Yuste López.

15 希尔(Gil):《16—17 世纪马尼拉的华人》(*Los Chinos en Manila, siglo XVI y XVII*), 第 83—89 页。

16 See Schurtz.

17 See John Wills, 'Relations with Maritime Europeans, 1514–1662',in *The Cambridge History of China*, Cambridge 1998, VIII, chap. 7, 354.

18 《西印度档案总集》(AGI), 菲律宾卷, 第一卷, 第 79 卷宗, 1569 年 7 月 8 日。这份文件里有很多关于中国的材料, 很多都是由奥古斯丁会的修士或耶稣会士用工整的字迹手写的。"要占领人口众多的广袤领土的话, 必须要有足够的人手以便应对随时发生的状况" 的西班牙原文为 'para conquistar una tierra tan grande y de tanta gente, es necesario tener cerca el socorro y acogida para qualquier caso que sucediese...' "虽然我听说(包括中国人也这么说)中国人一点儿也不好战" 西班牙原文为 'la gente de China es nada belicosa.'

19 AGI, Patronato, leg. 263, no. 1, 1ff–2A, 引自希尔(Gil):《16—17 世纪马尼拉的华人》(*Los Chinos en Manila, siglo XVI y XVII*), 第 20 页。

20 AGI, Patronato, leg. 24, R.2. See also in Ollé, 40.

21 伊尔达多·努切拉(Hidalgo Nuchera):《菲律宾人的祖先》(*Los primeros de Filipinas*), 马德里, 1995 年, 第 3 页。"瓜分中国附近的岛屿" 西班牙原文为 'Repartir la tierra de las dichas Islas del Poniente y de la China ...'

22 "sangleyes" 一词的来源比较有趣, 请参考希尔(Gil):《16—17 世纪马尼拉的华人》(*Los Chinos en Manila, siglo XVI y XVII*)。总督桑德(Sande)认为这个词指那些来了又走的人。伯特霍尔德·劳费尔(Berthold Laufer)说这个词体现了 "华人和菲律宾群岛之间的关系", 史密森学会(Smithsonian Istitution)在季刊(Washington 1908,

208）中指出，该词来源于中国的厦门方言，意思是“贸易”。

23 AGI, Filipinas, leg. 79, no. 1, 8 July 1569.

24 恩里克斯·德·阿尔曼萨是纳瓦拉人，是恩里克斯王室的远亲。

25 AGI, Patronato, 24, N 22, cited in Ollé, 46.

26 Ollé, 49.

27 AGI, Patronato, 24, 4, 9, qu. Ollé, 49.

28 Hidalgo Nuchera, 98ff.

第二十六章 觊觎中国

1 AGI, Patronato, leg. 24, Ramo 6, qu. Ollé, 52.

2 见希尔（Gil）：《16—17 世纪马尼拉的华人》（*Los Chinos en Manila, siglo XVI y XVII*），第 24—25 页。

3 AGI, Mexico, leg. 69 r, 190.

4 原话是：“完成征服中国的重任。”（‘*para acometer la conquista de China.*’）

5 1573 年，接任阿尔瓦公爵的是路易斯·德·雷克森斯（Luis de Requesens）。

6 胡安·冈萨雷斯·德·门多萨（1545—1618）是一名奥古斯丁会的修士，他在利帕里（西西里）、恰帕斯和波帕扬担任过主教。门多萨出生于拉里奥哈省，1562 年去了美洲，一直待到 1574 年。1580 年，他受命率使团出使中国。他虽著有《大中华帝国史》（*History of the Kingdom of China*），但却从未到过中国，这本书于1585年在罗马出版，畅销一时。

7 胡安·冈萨雷斯·德·门多萨：《大中华帝国史》（Juan González de Mendoza, *Historia del reino de China*），马德里，1991 年，第 151 页。

8 Ibid.,245.

9 参考 Hidalgo Nuchera, 320。奥顿地区最大的授地主是路易斯·德·阿亚（Luis de Haya），属地上有 6000 人。

10 *Relación de viaje*, in BN, MS 2902 and MS 3042. 这些材料在 Fernández de Navarrete（II, 273）的著作中都有收录，Ollé（59）的著作中也有相关资料。

11 Pastells and Torres Lanzas, II, xliii–xliv.

12 休·托马斯：《黄金时代》，第七章。

13 AGI, Philippines, leg. 339, I, 46–7.

14 在提到日本的时候，弗朗西斯科·卡夫拉尔（Francisco Cabral）——他曾带领一支耶稣会传教团到过日本——给耶稣会现任会长克劳迪奥·阿夸维瓦（出身于那不勒斯贵族家庭）写信说，每年有几千名日本人皈依基督教。卡夫拉尔说他在大村（Omura）的领地已经给 2 万人施过洗礼了，其中包括 60 座修道院及其僧侣。但仍然可能有传教士人数不足的情况，谁能用当地语言来布道呢？

15 Ollé, 72.

16 AGI, Filipinas, leg. 6, V, 28.

17 See Menzies, 1421.

18 Isacio Rodríguez, xiv, doc. 76.

19 Hanke, *The Spanish Struggle for Justice in the New World*, 143.

20 AGI, Patronato, leg. 24, r 37, cited in Pastells and Torres Lanzas, ii, xlix.

21 AGI, Filipinas, leg. 79, no. 2, 8 June 1577.

22 Pastor, X, 478. 16 世纪时，在西班牙帝国各处都有阿尔法罗家族的身影。除了文中提到的金融家、商人外（See Hugh Thomas, *Quien es quien*, 293, and also *DBE*），在圣多明各还有一位叫阿尔法罗的助理神父，后来在新西班牙大教堂做教士；在委内瑞拉也有一个叫阿隆索 · 阿尔法罗（Alfonso Alfaro）的人，他是埃斯皮诺萨的侍从；还有一位叫弗朗西斯科 · 阿尔法罗（Francisco Alfaro）的，他是巴拿马的检查官；还有一位叫梅尔乔 · 阿尔法罗（Melchor Alfaro）的，他是塔巴斯科的领主。

23 AGI, Filipinas, leg. 79, no. 6, November 1579.

24 “人口稠密，防御严密”（‘Una sola ciudad populosísima cercada y murada’）,in AGI, Filipinas, leg. 79, no. 5, 13 October 1579.

25 AGI, Patronato, leg. 24, r 47. 迭戈 · 加西亚 · 德 · 帕拉西奥（1542—1595）出生于坎塔布里亚，于 1573 年前往危地马拉担任法官。他还在新西班牙担任过负责刑事案件的治安官（*alcalde del crimen*），但在任期间却忙着建造开往马尼拉的船舰。

26 AGI, Patronato, leg. 47, qu. Pastells and Torres Lanzas, II, xlix.

27 AGI, Patronato, leg. 24, r 37.

28 Mulcahy, 258, 256.

29 Ibid.

30 阿隆索 · 桑切斯 · 德 · 科埃略（1531—1588）可能是葡萄牙一个皈依基督的犹太家族的后裔，请参考 *DBE*。他年轻时曾在安东尼奥 · 莫洛（Antonio Moro）的画室工作，后来陪同莫洛去了佛兰德斯和里斯本。1555 年，他受命给唐 · 卡洛斯画像，他一共为唐 · 卡洛斯画了 4 幅肖像画。1559 年，他还为腓力二世新娶的法国王后伊丽莎白画像，之后他赢得了宫廷画家的声誉。

31 他并不是来自门多萨家族的那位科鲁尼亚。

32 *CDI*, VI, 465.

33 García-Abasolo, *España y el Pacífico*, 61. 对桑德进行任期审查时发现他犯下了参与非法贸易，尤其是白丝绸贸易的罪行。希尔（Gil）的《16—17 世纪马尼拉的华人》（*Los Chinos en Manila, siglo XVI y XVII*）对此进行了精彩的总结。尽管如此，桑德依然担任了危地马拉检审法院主席（1594 年），后来又担任圣达非检审法院主席（1597 年）。

34 见休 · 托马斯:《黄金时代》，第 356 页。

35 Ollé, 30.

36 希尔（Gil）:《16—17 世纪马尼拉的华人》（*Los Chinos en Manila, siglo XVI y XVII*），第 81 页。

37 García Icazbalceta, *Nueva Colección*, III, xxxiii.

38 Suárez de Peralta, 208.

39 希尔:《16—17 世纪马尼拉的华人》（Gil, *Los Chinos en Manila, siglo XVI y XVII*），第 429 页。

40 Hanke, *The Spanish Struggle for Justice in the New World*, 124.

第二十七章 征服中国

1 AGI, Filipinas, leg. 79, no. 10. 这封信篇幅很长，有 77 页四开本之长。在第一页，桑切斯用到了“菲律宾总督龙基略”（Ronquillo gobernador de las Filipinas）一词，我认为这是桑切斯首次使用该词。

2 关于这点，可参考水手胡安 · 包蒂斯塔 · 贝拉干（Juan Bautista Berragán）和领航员阿隆索 · 戈麦斯（Alonso Gómez）的记载，详见萨拉萨尔大主教的《关于礼拜及其功德》（*Información de servicios y méritos*）。

3 See Teixera, 5–7, and Colín（302 页）. 里面引述了潘尼拉在 1583 年 2 月 10 日写给龙基略的书信。

4 Ollé, 35, and too José Luis Porrás Cameranz, Sínodo de Manila de 1582, Madrid 1982, as well as Lucio Gutiérrez, ‘The Synod of Manila, 1581–1586’, in Filippina sacra, XXV, 74, Manila 1990, 195.

5 乌韦尔特 · 哈科布斯（Hubert Jacobs）:《摩鹿加群岛档案集》（*Documenta Malucensia*），第二卷，罗马，1974 年。

6 参见 1582 年 11 月 14 日贡萨洛 · 龙基略的书信，引自希尔:《16—17 世纪马尼拉的华人》（Gil, Los Chinos en Manila, siglo XVI y XVII），第 401 页。

7 AGI, Filipinas, leg. 79, Isacio Rodríguez, cited CDI, XV, 147, n. 586.

8 Blair and Robertson, 1973, V, 25–7.

9 See Neil MacGregor, Shakespeare’s Restless World, London 2012, chap. 16.

10 有关利玛窦的著作最有名的当属米凯拉 · 丰塔纳（Michaela Fontana）的作品，还有文森特 · 克罗宁（Vincent Cronin）的著作。

11 Pastells and Torres Lanzas, II, 184.

12 《简述阿隆索 · 桑切斯 1584 年再度前往中国的概况》（‘Relación breve de las jornadas hizo el P Alonso Sánchez la segunda vez que fue a la China año de 1584’）,in AGI,

Filipinas, leg. 79, n 13.

13 这句话的西班牙原文是：“Tan semejante en todos a los Chinos que parece uno de ellos en lo hermoso rostro y en la delicadeza.”

14 Ollé, 35.

15 Archive of the Jesuits, Rome, Phil. 9, 16。有关 1582 年马尼拉宗教会议的会议总结，请参看由何塞·路易斯·波拉斯·卡穆内斯（José Luis Porras Camúñez）、奥拉西奥·圣地亚哥－奥特罗（Horacio Santiago-Otero）及何塞·玛丽亚·索托·拉瓦诺斯（José María Soto Rábanos）编纂的《1582 年马尼拉宗教会议》（*Sínodo de Manila de 1582*），马德里，1988 年。

16 Pastells and Torres Lanzas, II 184–5.

17 See Biblioteca Nacional de Madrid, ms 7094, ff. 13–18, qu. Ollé, 158.

18 AGI, Patronato, leg. 25, no. 22.

19 Pietro Tacchi Venturi, *Opere storiche del Matteo Ricci SJ*, Macerata 1913, II, 426. 桑切斯的第二封信详见 AGI, Filipinas, leg. 79, n 13。该档案收集了大量 1569 年到 1590 年间来自耶稣会士（Alonso Sánchez, Cristóbal Velázquez, Miguel Rogerio，及 Francisco Pasio）、方济各会修士（Pedro de Alfaro 及 Agustín de Tordesillas）和奥古斯丁会修士（Martín de Rada, Francisco Manrique，Andrés de Aguirre, Mateo de Mendoza， 及 Francisco Ortegaz）的信件。

20 Isacio Rodríguez, XIV, 1965.

21 Cited in Ollé, 164.

22 Wicki, XIV, 9.

23 Zubillaga, 131–2.

24 Loyola, 169.

25 Schäfer, II, 95, 386.

26 Boxer, 181.

27 See Wright, *The Early History of Cuba*, 123.

28 AGI, Filipinas, leg. 74, 27 June 1588, qu. Gil, *Los Chinos en Manila, siglo XVI y XVII*, 485.

29 Trevor-Roper, *From Counter-Reformation to Glorious Revolution*, 32.

30 Colín, II, 368–74。Ollé（第 200 页）对这个问题做了精彩的总结。

31 这份备忘录收录在 BN, MS 287, ff 198–226。

32 Ollé, 217.

33 佩雷斯·达斯马里尼亚斯还废止了当时强制实行的劳役摊派制（*repartimientos*），代之以免租种地，但在 1609 年，劳役摊派制又死灰复燃。

34 Twitchett and Mote, VIII, 358.

35 希尔（Gil）:《16—17 世纪马尼拉的华人》（*Los Chinos en Manila, siglo XVI y XVII*），第 402 页。

36 安东尼奥·德·莫尔加（Antonio de Morga）:《菲律宾纪事》（*Sucesos de las Filipinas*），墨西哥，1609 年。这本书于 1997 年在马德里再版（第 295—297 页）。莫尔加曾在马尼拉的最高法院担任法官。

37 Ibid.,269-270.

38 最高法院设立于 1583 年，废止于 1589 年，于 1597 年再次运行。

39 见 Hidalgo Nuchera, 113–14。

40 AGI, Filipinas, leg. 18B, 787, cited in Gil, *Los Chinos en Manila, siglo XVI y XVII*, 417.

41 有关伊莎贝尔的情况，请参考路易斯·马丁·SJ（Luis Martín SJ）:《征服者的女儿们，秘鲁总督的妻子们》（*Las hijas de los conquistadores, mujeres del virreinato de Perú*），巴塞罗那，2000 年。

后记 治理的时代

1 《墨西哥宗教法庭档案全集》（Archivo General de la Nación, Mexico, Inquisición），第 13 卷，第 276 卷宗。

2 《关于君主政体的演讲》（*Discorso dell eccelenza della monarchia*），转引自帕格登（Pagden）:《西班牙的帝国主义及其政治幻想》。波特罗做过萨伏依公爵卡洛·埃曼纽尔（Carlo Emanuel）几位儿子的老师，还担任过圣米格尔·德拉·基乌萨（San Miguel de la Chiusa）修道院院长。为了担任枢机主教（后被封圣）卡洛·博罗梅奥的秘书，他退出了耶稣会。

3 腓力二世在遗嘱中提到，务必要保证葡萄牙和卡斯蒂利亚的统一。参见费尔南德斯·阿尔瓦雷斯（Fernández Álvarez）:《腓力二世和他的时代》（*Felipe II y su tiempo*），第 927 页。

4 法尔内塞是帕尔马的玛格丽特的儿子，玛格丽特是卡洛斯一世同一名来自奥德纳德的女子的私生子，天资聪颖。

5 Ortega y Gasset, 51.

6 Qu.Kamen, Imagining Spain, 96.

7 Doria, 38, qu. Pagden, 40.

8 休·托马斯:《黄金时代》，第五卷。

9 见阿利盖利·但丁（Dante Alighieri）:《论世界帝国》（*De monarchia*）。

10 See Bataillon, 395ff.

11 请参考 1520 年事务部的记录，莫塔当时发表了纪念查理五世的演说。他的一个堂兄弟随同科尔特斯去了新世界。

12 Botero, 237.

13 希门尼斯 · 费尔南德斯（Giménez Fernández）:《巴托洛梅 · 德 · 拉斯 · 卡萨斯》（*Bartolomé de las Casas*），第二卷，第 790 页。

14 See Braudel, II, 675.

15 有关莫塔主教的家眷亲属，请参考休 · 托马斯的《征服墨西哥》（*The Conquest of Mexico*）第 470 页；也可参考 *DBE*。

16 奥维耶多（Oviedo）:《美洲自然历史概况》（*Historia general y natural de las Indias*），第一卷，第 52 页。Peter Martyr（II, 12）也讨论过这个问题，也可参考休 · 托马斯的《黄金之河》（第 31 页）。

17 之后，这块封地由利奥诺的二儿子费尔南多 · 索泰罗 · 德 · 蒙提祖马（Fernando Sotelo de Moctezuma）所有，他在 1607 年逝世。在殖民时代结束之前，该家族成员之间互相争夺过监护领地的所属权。请参考赫尔哈德（Gerhard）:《新西班牙地理史，1519—1821 年》（*Geografía histórica de la Nueva España,1519–1821*），第 233 页。

18 See ibid., 254, and Gibson, 431ff.

19 参考赫尔哈德（Gerhard）:《新西班牙地理史，1519—1821 年》（*Geografía histórica de la Nueva España,1519–1821*），第 341 页，“在十七世纪，佩德罗的后代将特佩特克（Tepeitec）和图兰戈（Tulengo）牧场作为私人委托监护地”。（*'En el siglo XVII los descendientes de don Pedro tenían las estancias de Tepeitec y Tulengo en encomienda privada.'*）

20 Cheetham, 149.

21 圣佩德罗 · 克拉韦尔（1580—1654）来自热那亚的贝尔杜（Verdú），曾在巴塞罗那求学，1610 年被派往卡塔赫纳，1615 年在卡塔赫纳受圣职。起初，佩德罗同阿方索 · 德 · 桑多瓦尔修士共事，随后佩德罗终生致力于为奴隶争取权利，当时那些奴隶被运往卡塔赫纳港，船只抵达港口时他们已经被折磨得几近丧命了。1888 年，佩德罗被追封为圣人。

22 See Pedro Rojas.

23 Cheetham, 150.

24 参考休 · 托马斯的《征服墨西哥》（*The Conquest of Mexico*，171 页）。马丁 · 巴斯克斯（Martín Vázquez）曾回忆，他在 1520 年参加棕榈主日宗教游行的场景，他们举着树枝和十字架，还有一幅圣母马利亚的画像。参考 *CDI*, XXVII, 333。

25 La Fuente, 219.

26 有关玛丽娜的情况，参考《墨西哥考古学》（*Arqueología mexicana*）第 20 卷，第 88 页、115 页。

27 J. R.Seeley, *The Expansion of England*, republished Chicago 1971, xi.

28 Ibid., 12.

29 Kwarteng, 242.

30 Ibid., 243.

31 Raleigh, *The Discovery of Guiana*, 236.

32 Washington Irving, III, introduction, xv.

33 这正是欧文·伦纳德（Irving Leonard）的《勇士传奇》的主题。

34 第四封信是《埃尔南多·科尔特斯向他在科利马镇的副官弗朗西斯科·科尔特斯发出的指示》（*instrucciones dadas por Hernando Cortés a Francisco Cortés su lugarteniente en la villa de Colima*），收入 *CDI*, XXVI, 153。

35 罗德里格斯·比利亚（Rodríguez Villa）:《费尔南多后裔的特使马丁·德·萨利纳斯信件里的查理五世皇帝与他的事务部，1522—1539 年》（*El Emperador Carlos V y su corte según las cartas de Don Martín de Salinas, embajador del infante Don Fernando, 1522–1539*），马德里，1903 年，第 529 页。

36 Merriman, IV, 680, 671.

37 奥克塔维奥·帕斯（Octavio Paz）:《一位漂泊在外的爱国者：墨西哥的历史和政治》（*El peregrino en su patria, Historia y política de México*），第一卷，墨西哥，1987 年，第 246 页。也见《索尔·胡安娜·伊内斯·德拉·克鲁兹或信仰的陷阱》（*Sor Juana Inés de la Cruz o las trampas de la fe*），巴塞罗那，1982 年，第 478 页。

38 See Elliott and Brown, *A Palace for a King*.

39 Vilar, 48.

40 Elliott, *History in the Making*, 131.

41 Elliott, *History in the Making*, 207.

42 腓力二世临终前的王亲贵族有钦琼公爵（佩德罗·费尔南德斯·德·卡布雷拉）、贝拉达侯爵及胡安·德·伊迪亚克斯，当时担任西印度院主席的是业士保罗·德·拉古纳（Licenciado Paulo de Laguna），之后继任的是科尔多瓦大主教。腓力二世生前最后一位忏悔神父是迭戈·德·耶佩斯修士（见 *DBE*）。

43 费尔南德斯·阿尔瓦雷斯（Fernández Álvarez）在《腓力二世和他的时代》（Felipe II y su tiempo，921 页）一书中详细解读过腓力二世的遗嘱。他的遗嘱刊印在《腓力二世的遗嘱及其附件》（*Codicilio y ultima voluntad de Felipe II*），巴伦西亚，1997 年。

44 请参考 1560 年 9 月 26 日利摩日写给洛林枢机主教的信件。See Aubespine, 49.

45 *Braudel, II, 1236.*

46 这首诗是由阿隆索·门德斯·普兰卡特（*Alonso Méndez Plancarte*）编辑的索尔·胡安娜诗歌集中的第 379 首（共四卷）（墨西哥，1951—1957 年）。玛丽亚·路易斯是奥尔良公爵路易·菲利普的女儿。